基本面量化投资

运用财务分析和量化策略获取超额收益

第二版

QUANTAMENTAL INVESTING

Fundamental Analysis and
Quantitative Strategies for Achieving Alpha

张然　汪荣飞　著

图书在版编目(CIP)数据

基本面量化投资：运用财务分析和量化策略获取超额收益／张然，汪荣飞著. —2版. —北京：北京大学出版社，2022.1
ISBN 978-7-301-32544-5

Ⅰ.①基… Ⅱ.①张… ②汪… Ⅲ.①投资—研究 Ⅳ.①F830.59

中国版本图书馆 CIP 数据核字(2021)第 192771 号

书　　　名	基本面量化投资：运用财务分析和量化策略获取超额收益（第二版） JIBENMIAN LIANGHUA TOUZI：YUNYONG CAIWU FENXI HE LIANGHUA CELÜE HUOQU CHAOE SHOUYI（DI-ER BAN）
著作责任者	张　然　汪荣飞　著
策 划 编 辑	李　娟
责 任 编 辑	黄炜婷
标 准 书 号	ISBN 978-7-301-32544-5
出 版 发 行	北京大学出版社
地　　　址	北京市海淀区成府路 205 号　100871
网　　　址	http://www.pup.cn
微信公众号	北京大学经管书苑（pupembook）
电 子 信 箱	em@pup.cn
电　　　话	邮购部 010-62752015　发行部 010-62750672　编辑部 010-62752926
印 刷 者	涿州市星河印刷有限公司
经 销 者	新华书店
	720 毫米×1020 毫米　16 开本　24.25 印张　372 千字 2017 年 7 月第 1 版 2022 年 1 月第 2 版　2022 年 10 月第 2 次印刷
定　　　价	88.00 元

未经许可，不得以任何方式复制或抄袭本书之部分或全部内容。
版权所有，侵权必究
举报电话：010-62752024　电子信箱：fd@pup.pku.edu.cn
图书如有印装质量问题，请与出版部联系，电话：010-62756370

目录

序一　注入理性力量,提高市场效率　｜ 刘　俏 ｜ *1*
序二　基本面量化投资的实践及反思　｜ 林　飞 ｜ *3*
再版序　本书的背景　｜ 张　然　汪荣飞 ｜ *7*
前言　基本面量化:研究、教学及实践　｜ *11*

第1章　基本面量化投资综述 ｜ 1

1.1　导论 ｜ 1
1.2　有效资本市场假说和噪声投资者模型 ｜ 2
1.3　基于基本面分析的量化投资 ｜ 6
1.4　量化投资在中国:机遇和挑战并存 ｜ 18

第一部分　财务分析基础

第2章　快速理解财务报表 ｜ 27

2.1　财务报表概述 ｜ 27
2.2　资产负债表、利润表和现金流量表 ｜ 29
2.3　三大报表的勾稽关系 ｜ 39

第3章 个股分析应用:以新华医疗为例 | 44

3.1 衡量公司各项能力的指标 | 44

3.2 相对估值模型 | 57

3.3 绝对估值模型 | 62

3.4 资本运作 | 76

第二部分 基于财务分析的量化投资

第4章 打开量化投资的"黑匣子" | 83

4.1 初识量化投资 | 83

4.2 基本面投资VS量化投资 | 88

4.3 基本面量化:量化投资的重要流派 | 93

第5章 估值维度 | 98

5.1 市盈率 | 98

5.2 市净率 | 101

5.3 市销率 | 104

5.4 企业价值倍数 | 106

5.5 股息率 | 109

第6章 质量维度一:盈利能力 | 112

6.1 盈利能力的价值相关性 | 113

6.2 利用盈利能力预测股票收益 | 116

6.3 衡量盈利能力的指标 | 124

第7章 质量维度二:经营效率 | 131

7.1 分解盈利能力 | 132

7.2 利用资产周转率获取超额收益 | 135

7.3 度量经营效率的其他指标 | 137

第8章 质量维度三:盈余质量 | 140

8.1 盈余操纵 | 140

8.2 财务困境 | 150

第9章　质量维度四：投融资决策 | 160

9.1　投资决策 | 161

9.2　融资决策 | 162

9.3　总资产增量效应 | 167

第10章　质量维度五：无形资产 | 173

10.1　消失的价值相关性 | 173

10.2　研发支出：资产还是费用？| 177

10.3　创新：研发支出真的起作用了吗？| 182

第11章　整合框架：现代价值投资理念 | 188

11.1　什么是价值投资？| 188

11.2　实现价值投资的量化之路 | 190

11.3　价值投资的理论解释 | 194

11.4　价值投资是与非 | 196

第三部分　利用市场信号修正策略

第12章　市场参与者信号 | 203

12.1　机构投资者 | 203

12.2　证券分析师 | 208

12.3　内部交易人 | 216

第13章　市场价格信号 | 225

13.1　价格动量与价格反转 | 225

13.2　动量生命周期 | 227

13.3　评价动量策略 | 231

第14章　市场情绪信号 | 238

14.1　市场情绪与封闭式基金之谜 | 239

14.2　市场情绪综合指标：BW指数 | 241

14.3　市场情绪信号的应用 | 243

第15章　公司关联信号 | 248

15.1　概述 | 248

15.2　公司之间的关联信号及其动量效应 | 251

15.3　其他关联信号 | 268

第四部分　前沿量化投资方法

第16章　文本分析 | 275

16.1　初识文本分析 | 276

16.2　基于文本分析的语调因子 | 283

16.3　其他应用 | 289

第17章　大数据方法 | 295

17.1　大数据方法概览 | 295

17.2　运用大数据方法构建投资策略 | 299

第五部分　量化投资实践

第18章　量化投资组合：实施与管理 | 317

18.1　什么是阿尔法？| 317

18.2　阿尔法模型 | 320

18.3　风险模型 | 325

18.4　投资组合优化 | 331

18.5　业绩归因分析 | 336

第19章　多因子选股模型：将价值投资理念转化为超额收益 | 345

19.1　策略逻辑 | 346

19.2　因子分析 | 349

19.3　组合业绩 | 354

19.4　讨论与展望 | 359

序一
注入理性力量,提高市场效率

中国自20世纪90年代初重启股票市场后,尽管股市发展过程跌宕起伏,但迄今已拥有逾3000家上市公司,股市总市值超过50万亿元,成为全球第二大股票市场。尤其是目前市场上的证券投资账户达到了1.5亿之巨,股市对公众生活的影响巨大,股价走势更是大众关注的重中之重。在近三十年的发展过程中,我们对股票市场的认识也在不断深化,除了融资功能,股市的价格发现与资源配置功能越来越为监管者、企业和投资者所认知。

股票价格具有很大的波动性,在中国市场上尤为如此。但从长远来讲,一只股票的价格还是取决于股票发行企业的基本面,即企业创造现金流的能力。这一理念在发达资本市场已广被认可,所以才有了"有效市场假说"——当股价偏离基本面价值时,这种偏离为投资者提供了套利空间,再通过投资者的套利行为,使得股价最终回归到基本面价值。虽然由于信息不对称、流动性不足、交易成本高、投资者心理及行为偏差等,股价较长时间背离基本面的情形并不鲜见,但"有效市场假说"还是被广泛接受,更是量化投资的逻辑基础。

分析企业的基本面,利用运营和财务指标与股价的关系所反映的信息决定投资策略,是基本面量化投资的本质。在这个过程中,市场摩擦、投资者心理及其他可能导致股价背离基本面的因素并非不重要,它们甚至是很多对冲基金寻找超额收益(阿尔法)的出发点,但基本面价值是股价的"锚",这一朴素的理念正是诸如巴菲特、查理·芒格这样的成功投资者所推崇的。

遗憾的是，在中国股市发展的过程中，因为制度设计的缺陷、对股市本质理解的偏差，投资者尤其是大量的散户对股价形成的基本逻辑的认识是十分不足的，投资被狭隘地理解成"炒"股，大家孜孜于一些"伪"信息，漠视真正有价值的基本面信息；少数认识其重要性的投资者，又囿于分析能力的不足。我们的投资者热衷于讨论巴菲特的财富故事，啧啧称道"与巴菲特共进午餐"的价值，却并未去真正理解巴菲特基于基本面的投资哲学。

令人欣慰的是，张然教授和汪荣飞博士的《基本面量化投资》在很大程度上弥补了这一不足。在《基本面量化投资》中，两位学者系统地梳理了基本面量化投资的相关文献，并采用中国上市公司的案例，对影响股价变化的财务和运营指标进行了详细分析，认真探索价值投资理念的真谛及其在中国应用的广阔空间。本书的架构和大量案例也被应用于张然教授在北京大学光华管理学院讲授的"财务分析与量化投资"课程中，我非常高兴很多光华同学由此成为本书的最初读者，更有机会成为价值投资理念的接受者。我希望更多的读者可以通过本书接受基本面量化投资的基本逻辑，受益于这一理念背后的理性力量。所有这一切实实在在地有利于向中国股市投资注入正面、理性的思考，助其成为一个真正有效率的市场。

精心设计的结构，自成一体的逻辑框架，旁征博引，本书两位作者的良苦用心彰显无遗。读者如果能够静下心，追随本书中严谨而又生动的叙述去思考、去重新认识投资的本质和逻辑，她或他就会发现本书的价值和精华所在。

作为作者在光华管理学院的同事，我特别高兴光华有一大批这样的学者，扎根于中国经济生活中鲜活的实践，以国际通行的学术语言和学术规范，在不同领域创造着真正有思想的著述，真正体现着"因思想，而光华"。

刘 俏

北京大学光华管理学院院长

序二
基本面量化投资的实践及反思

作为在海外证券市场发展多年且比较成熟的一种投资理念和方法,量化投资在中国证券市场的起步时间并不长,但发展速度非常快。作为公募基金的量化投资从业人员,我非常有幸观察并参与了公募量化投资行业起步和发展的过程:投资方法从刚开始简单的指数量化到经典的多因子量化,再到兼容并蓄的多策略量化;产品类型从指数增强量化基金、主动量化基金到量化对冲基金,量化投资的方法和产品呈现多样化的趋势。背后驱动这些变化的是量化投资理念的变迁、客户需求的多元化以及监管环境的变化。

回顾量化投资这几年的发展历程,创新是不变的主题。互联网大数据、云计算、文本分析、人工智能、机器学习等全新的技术手段,总是不断地在量化投资领域被率先尝试和应用,也不停地驱动着量化投资方法的自我进化和更新迭代。然而,无论量化投资的外在形式和技术方法如何变化,基本面量化投资一直是公募量化投资领域核心的理念和方法。新的技术手段不会改变量化投资的内在本质,但它们在量化投资中的合理应用则有助于扩展量化研究的深度和广度,提升量化投资交易的效率,使投资者更及时、更全面地了解投资组合的基本面价值。

事实上,基本面量化投资的概念在国内被接受并不是一帆风顺的。印象中,我在第一次接触基本面量化投资理念时有点不太理解,甚至有些抵触。在传统的思维模式中,基本面投资和量化投资似乎不可协调。侧重于基本面研究的基金经理,以深度挖掘个股基本面信息为主要的投资方法,往往认为量化投资仅仅依靠数据和模型投资,无异于闭门造车、异想天开;而侧重于量化研究的基金经理,以投资科学化为核心理念,在大数据的基础上,借助数量化、系统化、工程化的方法和工具,获取持续、稳定、风险可控的投资收益,则倾向于认为传统基本面投资过于依赖主观判断和情绪直觉,其忽视风险控制、放弃先进模型和技术的投资过程与散户投资者并无太大差异。

我所在的易方达基金管理公司是国内较早开展量化投资业务的基金公司之一。通过深入了解和学习基本面量化投资的理念,我们逐渐感受到它的丰富内涵和价值所在,并在量化投资实践中,逐渐领会基本面量化理念和方法如何把两个看似矛盾的概念融合在一起,汲取双方之所长。我们仍在学习与尝试如何在一个统一和科学的框架下,更大程度地发挥两类不同投资方法的精华所在,并尽量减少不同方法可能带来的不利影响。最近几年,我们将基本面量化最有价值的研究成果运用在大规模资产管理业务上,并为客户取得了相对稳定的投资回报。

随着从业时间的增长和经验教训的累积,一种感受越来越强烈,那就是任何一种投资方法都有自身的长板和短板,都有各自适应或不适应的市场环境,也都有各自发展和进化的空间。不同的投资方法,匹配的是不同类型的投资目标,适合于不同特性的投资者。伟大的科学家牛顿说过:"我能算准天体运行的轨迹,却无法计算人性的疯狂。"从业至今,这句话我依然印象深刻。它非常适用于以科学化理念为指引的量化投资方法,同时也适用于任何一类投资方法。其实不管使用哪种投资方法,始终不能忘记的是:看似自成一体的证券市场或客观的各种数据的背后,永远都是由成千上万的市场参与主体所形成的。而市场之所以伟大,就是因为所有人在里面都能看到自己。每次只要一想到这点,我的内心就会充满敬畏,从而不会因为任何的市场短暂起伏或业绩一时的好坏而轻易对未来产生过于乐观或过于悲观的预期。

由于职业的关系,我阅读了国内外不少量化投资的专业书籍,深感量化投资专业领域的书籍要做到既有理论深度又接地气是非常有难度的,而张然教授和汪荣飞博士的《基本面量化投资》很好地做到了这一点。《基本面量化投资》从生动实际的上市公司财务分析案例到核心基本面因子的提炼和归纳,从单个因子的效果分析到基本面多因子模型的实证分析,从国外的经典理论背景渊源到国内的证券市场实践,为量化投资人士在科学的理念和框架下更快地建立和积累自己的研究体系,提供了非常有价值的理论参考和实践指导。掩卷而思,不难想象张然老师的"财务分析与量化投资"课程为什么在北京大学光华管理学院这样的顶尖学府受到学生如此的欢迎了。

量化投资领域在我国正进入一个关键的发展阶段,迫切需要能够深入浅出地阐释量化投资专业领域的专家和书籍。一方面,可以让更多投资者理解量化投资给他们带来的是何种新的选择和体验;另一方面,作为公募基金量化投资从业人员,我们非常期望量化投资的理性声音能够得到传播,并逐渐得到客户、同行和监管机构更多客观的看待与认可。从这个意义上看,《基本面量化投资》填补了国内量化投资行业本不应有的一个空白。

回顾过往这几年,随着中国经济进入了全新的发展阶段,中国证券市场的驱动因素和内在结构也随之发生了重要的转变,证券市场的效率逐步提高,基本面驱动的投资收益特征也表现得更加明显。基本面量化投资作为一种新的投资理念,其价值逐渐被越来越多的投资人接受,更难得的是近几年努力践行基本面量化投资理念的管理人也为客户创造了丰厚的投资回报。在这个过程中,《基本面量化投资》一书也贡献了自己应有的价值。再版《基本面量化投资》结合量化投资近年新的方法和手段,更新了案例数据,完善了内容框架,进一步丰富和扩展了基本面量化投资的内涵,这些与时俱进的内容,为读者进一步学习量化投资新的方法和手段,站在更新、更高的视角去理解基本面量化投资的丰富内涵带来了更多的启发。

作序之前就此书内容和张然老师进行了多次深入的沟通与探讨,深受启发的同时也对张然老师在量化投资领域的热情和执着有了更深的了解及更多的钦佩。在不断的交流和沟通中,我逐渐意识到,基本面量化投资应该是学术界和投资实务界最为高度融合的一个领域:学术研究成果服务于投资实务,投资实务也会反哺学术研究,提供更多的新研究思路。不仅如此,学界和业界的理念也颇为一致,都在努力践行"于长跑中胜出"!

林 飞

易方达基金基本面增强投资部总经理

再版序
本书的背景

自 2015 年起,结合 2013—2014 年在斯坦福大学访学的经历,我们将斯坦福大学商学院相关课程整合落地,围绕"基本面量化投资"领域开设了一门新课"财务分析与量化投资"。随着大数据与金融科技的崛起,基本面量化投资在中国市场正在成为越来越重要的投资方式。这门课旨在让选修课程的同学们理解基本面量化投资领域实务和学术的前沿。本课程采取"融价值观、科研、实践于一体"的课程体系建设理念,主要分为三大部分:个股估值、策略构建与风险控制。其中每节课都经过精心设计,保证同学们学有所得。下表列示了课程的基本框架。

课程		主题
1		基本面量化投资:理论框架
2	个股估值	数据驱动实现财务报表分析(Datayes)
3		剩余收益模型——一键计算公司价值(RIM model)
4		盈余特征与盈余质量(M-score)
5		华尔街股市经典投资策略
6		基本面量化投资:理论与方法
7	策略构建	"神奇公式"与投资组合构建
8		投资实践:利用优矿进行阿尔法研究
9		价值投资:理论与实践的完美结合
10	风险控制	混合策略:在量化投资选股系统中综合实现最佳选股策略(Barra)
11		基本面量化投资及其在中国的实践

经过三年多的努力,基于前期研究基础与课程开发经验,我们于2017年8月出版著作《基本面量化投资:运用财务分析和量化策略获取超额收益》,出版不到一周即获亚马逊新品排行榜"投资理财类"第一名,出版半年内三次印刷。作为国内首部基本面量化投资领域的引领性著作,该书被多所高校指定为教学用书,推动了"基本面量化投资"领域在中国的发展。在投资界,该书被华夏基金、嘉实基金、易方达基金等国内多家顶级投资机构团购,书中介绍的投资策略和方法,在中国公募基金公司量化投资部门得到了广泛应用,并对其投资的科学化、智能化、数字化发挥了重要的推动作用。

在随后的几年中,我们欣喜地看到基本面量化投资在国内蓬勃发展,基本面量化投资理念也被越来越多的投资者认可,更有许多读者通过阅读本书踏进基本面量化投资的大门。我们不断收到热心读者的来信,有的复制了书中的策略,得到结果后和我们探讨,有的提出宝贵的意见和建议。我们一次次为热心读者的热情所感动,也愈发意识到,之前努力形成的这本书的价值,以及后续不断根据时代发展更新这本书的必要性。

这次再版主要增加了三个章节——公司关联信号(第15章)、文本分析(第16章)、大数据方法(第17章)。作为市场信号的一部分,新增的公司关联信号章节能够帮助投资者关注具有某些共同特征的公司及其股价之间的关联,利用关联公司的信息构建公司关联动量策略以实现超额收益。该章节主要讨论公司关联与未来股票收益的关系,并从关联产生的背景出发,具体介绍行业关联、供应链关联、多元单一关联、技术关联和分析师覆盖关联等重要的"公司关联动量策略"。

在大数据时代的背景下,越来越多新兴的数据分析方法被日益广泛地应用于经济金融领域,为捕捉相关市场信号提供了更及时、更准确的手段,因此本书增加"前沿量化投资方法"这一部分,并基于文本分析和大数据方法两个方面,详细阐明如何借助这些方法提取增量信息、优化投资实践。具体来说,新增的文本分析章节介绍文本分析方法及其实现原理,并从语调、可读性和关注度三个视角具体阐述文本分析在投资策略中的应用;新增的大数据方法章节则介绍大数据量化投资方法及其特征,并着重阐述基于客户评价意见、社交媒体数据、大众盈余预测和线上交易信息四个投资策略,它们对投资者来说都极具应用价值。①

我们还对最后一个章节构建的多因子选股模型进行了样本外拓展,新增了2015—2019年共5年的样本外测试期间。在这5年间,多因子组合均战胜了中证500指数,扣除3‰的交易成本后,年化超额收益仍超过17%。这一样本外检验的结果,充分说明基本面量化投资在中国A股市场的实践价值。

在本书再版过程中,李艾珉、王文昕、赵铭、李开远、刘君瑶、王晓菲、范欣淼等参与了资料整理、文稿撰写和审阅校订等工作。在此,我们特别感谢这些同学。此外,我们针对热心读者提出的意见和建议,对第一版中的纰漏和错误进行了修订,在此向本书第一版的所有读者表示衷心感谢。我们同时感谢近年来所有选修了北京大学光华管理学院"财务分析与量化投资"课程和中国人民大学商学院"智能量化投资"课程的同学,他们的学习热情和意见建议促使我们努力将本书内容持续与时代前沿接轨。

张　然　汪荣飞

2021年10月9日

---

① 本书观点仅代表作者本人,与作者所属机构无关。

前言
基本面量化：研究、教学及实践

本书的目的

2013—2014年，我赴斯坦福大学进行学术访问，有幸聆听了包括Charles Lee、Joseph Piotroski、Maureen McNichols等众多斯坦福大学商学院教授开设的课程。在闻道的过程中，一方面，我为大师们各精一业、传道授业解惑的精神所吸引；另一方面，这些课程让我看到了一个富有前途的方向——基于基本面分析的量化投资。在之前十余年的研究中，我一直和同事从事相关的研究与教学工作，多年的积累加上这些课程的整合，让我对这个领域的研究与教学提升到一个高度，并感觉到基本面量化在我国会很快成为一个蓬勃发展的领域。

正因为有了这样的认识，回到国内后，我进一步梳理这些知识，并将教学方法和教学工具本地化。同时，自2014年起，我受聘为比亚迪股份有限公司独立董事。在这家巴菲特投资的公司的董事会中，我屡屡为王传福董事长的经营战略、韬光养晦及其为中国人做事的理念所触动[①]，并为巴菲特独到的投

[①] 关于王传福董事长的发展战略，我有三点感触：第一，做企业必须不断寻找新的经济增长点，一种模式成熟以后，马上寻找另一种相关但更具前途的成长模式，正如比亚迪从电池到传统车、从传统车到新能源车、从新能源车到云轨的华丽转身；第二，一再强调做企业必须有"经济护城河"，尽量避免竞争激烈的领域，做有技术门槛、资金门槛和政策门槛的项目，提高市场进入壁垒；第三，心怀整个社会，时刻考虑如何为社会发展贡献力量。

资理念①叫绝。基于这些学界和业界的经验,2015年9月,我为北京大学光华管理学院的学生开设了"财务分析与量化投资"课程。课程首次开设便得到了同学们的热情支持,每次上课时连窗台都坐满了学生,我一次次地被学生们的学习热情感动,同时也激发我更好地准备更加接地气的教学内容和教学工具。很幸运的是,光华管理学院会计系的博士生汪荣飞同学担任了课程助教,他不但认同而且实践量化投资和价值投资的理念,为同学们答疑解惑,提供了很多帮助。第一期课程在大家收获满满的冬天结束了,得到了同学们的一致认可,评估成绩在光华管理学院名列前茅。

虽然课程开展得非常顺利,但是我们也意识到,一本适合该课程的教材会收到事半功倍的教学效果。主要原因有三点:第一,现在课程中所用到的参考资料多为英文书籍或论文且没有系统性,同学们必须阅读大量的文献才能形成系统性知识;第二,这是在国内开设的第一门结合财务分析与量化投资的课程,基本面量化是提高市场效率的重要途径之一,选课的人数毕竟有限,如果能通过书籍的方式使基本面量化理念得到更多的认可和使用,对于提高整个市场效率的确是幸事;第三,国内现在关于基本面量化投资的教材和相关参考书都非常欠缺,知识的获取十分零散。

我们现在的时代相比于若干年前,一个很典型的特征是大数据日益丰富。怎样利用大数据筛选出如比亚迪这样极具投资价值的公司,是本书研究和讨论的主要内容。具体来说,我们详细阐述基本面量化中最重要的三个部分——个股分析、策略构建和策略实施,将基本面量化投资形成一个系统性的知识体系。在个股分析部分,我们主要介绍财务会计和公司估值基础,以及如何利用财务指标进行个股价值分析;在策略构建部分,我们以现代价值投资理念为框架,重点介绍基于估值因子和质量因子的投资策略,并说明如何利用市场信号进行策略修正;在策略实施部分,我们着重介绍风险管理和投资组合实施的细节,阐述基本面量化的投资流程。

本书的主要特色在于理论与实践的紧密结合。在每一章中,我们不仅详

---

① 巴菲特于2008年9月投资比亚迪,这也成为他迄今最成功的六笔投资之一。

细介绍相关领域经典和前沿的学术文献,还从中提炼可以实施的量化投资策略。对于选修"财务分析与量化投资"课程的学生或者对证券投资研究感兴趣的读者,本书不仅可以帮助他们整合会计学和金融学相关的研究基础,对基本面量化领域的学术发展脉络形成一个宏观的认识,领悟学术研究对于投资实践的巨大指导价值;还可以帮助他们形成构建量化投资策略的理论直觉,认识到应该如何科学地进行投资,真正做到学以致用。

本书的内容框架

本书第 1 章为综述部分,对基本面量化投资的研究进行概括性介绍,后续分为五个部分:

第 2 章至第 3 章为第一部分,介绍财务分析基础。

基本面量化首先要求对财务分析有一定理解,本部分的主要目的是介绍会计和财务的基础知识,使得读者在阅读后续章节时,一方面不会被会计术语和财务指标困扰,另一方面不会迷失在纷繁的投资策略中而忘却其背后的选股逻辑。第 2 章主要介绍资产负债表、利润表和现金流量表的项目与结构,以及三大报表之间的勾稽关系;第 3 章主要介绍衡量公司各项能力的财务指标及常见的相对估值模型和绝对估值模型,并以一家上市公司为例阐述完整的个股估值分析过程。

第 4 章至第 11 章为第二部分,介绍基于基本面的量化投资,这一部分是本书的核心内容。

从格雷厄姆到巴菲特再到格林布拉特,这些投资大师的成功实践揭示了价值投资的可行性;斯坦福大学教授 Charles Lee 指出,现代价值投资理念可以高度概括为估值和质量两个维度,利用剩余收益模型可以完美地实现理论和实践的结合。本部分以现代价值投资理念为框架,详细探讨基于估值和质量两个维度的量化投资策略。

量化投资的目的是寻找有效的投资策略获取超额收益,这要求我们对量化投资的游戏规则足够熟悉。然而,量化投资领域很宽泛,不同学科、不同理念的读者对量化投资有着不同的理解。相对而言,基本面量化投资的理论最深厚,应用范围最广,理论和实践的联系最紧密。第 4 章系统介绍了基本面量化的基本概念和方法,希望由此为读者打开量化投资的"黑匣子"。

估值指标衡量公司的"廉价"程度,是现代价值投资理念中较简单易行的一部分。不过,出于使用目的的不同,在实际应用中衍生出非常丰富的指标体系。第 5 章选取市盈率、市净率、市销率、企业价值倍数、股息率五个最具代表性的估值指标,详细探讨各个指标的逻辑、效果和适用情形,希望读者能够对不同估值指标的特性形成清晰的认识。

如果说估值维度为投资者寻找"廉价"公司提供了途径,那么质量维度则有助于投资者找到优质公司。然而,质量是现代价值投资理念中较复杂的一部分。第 6 章至第 10 章,我们精炼出五个衡量公司质量的维度,分别进行详细探讨。实际上,公司质量并不局限于这五个维度,我们更希望读者能够在此基础上形成衡量公司质量的逻辑框架。

第 6 章介绍质量维度之一:盈利能力。盈利能力可以帮助投资者找到具备核心竞争力的优质公司,这些公司能够在未来保持竞争优势、持续产生盈利并获取超额收益。本章重点讨论盈利能力的价值相关性,盈利能力为何能够预测股票收益,投资者又该如何利用盈利能力预测股票收益。

第 7 章介绍质量维度之二:经营效率。本章将重点讨论如何利用杜邦分析法将资产收益率拆分为度量经营效率的经营资产周转率指标和度量盈利能力的销售利润率指标;投资者又该如何利用两组指标在时间序列上的差异,更加科学、精确地使用当前盈余预测未来盈余及股票收益。

第 8 章介绍质量维度之三:盈余质量。本章从两个方面讨论盈余质量:一是公司进行盈余操纵的可能性;二是公司陷入财务困境的可能性。进一步地,本章分别介绍如何利用这两个方面的信息构建预测模型,并在未来获取超额收益。

第 9 章介绍质量维度之四:投融资决策。投融资决策是公司财务的重要内容,也往往是投资者最关心的公司政策。本章分别从投资决策和融资决策两方面探讨其对公司价值的影响及其造成的股票"异象",并引入总资产增量效应对前述异象做出总结。

第10章介绍质量维度之五：无形资产。对无形资产价值的认知和理解，是恢复财务信息价值相关性、重新发现公司价值的重要环节。本章从研发投入和创新效率两方面阐述无形资产与股票未来收益的关系。

第11章整合第5章至第10章提到的所有估值维度和质量维度，在剩余收益模型的框架下，从理论角度更系统地介绍现代价值投资理念。

第12章至第15章为第三部分，介绍如何利用市场信号进行策略修正。

虽然价值投资理念是投资者的"信仰"，但是股票价格由市场机制形成，因此必须适当考虑市场参与者的观点。尤其是，市场中有很多或"聪明"或"愚钝"的参与者，有关他们的信息可以作为辅助决策的有效信号。第12章分别讨论机构投资者、证券分析师和内部交易人的行为，以及这些行为是否具有信息含量。第13章详细探讨市场价格信号，介绍价格动量和价格反转的成因、效果和应用以及动量周期理论。第14章则讨论市场情绪信号，介绍市场情绪的含义与诸多衡量指标，并探讨市场情绪指标在投资实践中的应用。第15章介绍了公司间的关联信号及其相关投资策略的构建以及应用。

第16章至第17章为第四部分，介绍前沿量化投资方法。

第16章通过分析投资者关注度较低的文本信息（即文本分析方法）来衡量公司的价值，从纷繁复杂的非结构化文本数据中挖掘阿尔法因子。第17章立足于互联网信息的特征，讨论如何结合计算机编程来构建、训练模型，利用模型进行预测，运用大数据方法解决投资问题。

第18章至第19章为第五部分，介绍量化投资实践。

第18章介绍基本面量化投资实践的主要流程，包括阿尔法模型、风险模型、投资组合优化和业绩归因分析等。第19章构建一个以价值投资理念为基础的多因子选股模型，并通过回溯测试，证实该模型在中国A股市场上具有很高的应用价值。

本书的读者对象

首先,本书的读者对象是选修"财务分析与量化投资"课程或者对证券投资研究感兴趣的本科生和研究生。本书详尽介绍最前沿的投资思想、逻辑和方法,目的就是让中国商学院的学生也能接受科学的投资理念,领悟学术研究对投资实践的巨大指导价值,并采用正确的方法投资以提高市场的效率。

其次,从事股票投资和量化投资的业界人士可以将本书作为重要参考。本书梳理的基于基本面分析的量化投资框架,对于业界人士理解资本市场有效性、了解基本面量化的学术发展脉络、认识超额收益背后的理论逻辑、实际构建量化投资策略等都有切实的参考价值。

当前,我国资本市场与发达国家资本市场相比,还存在非常多的降低市场效率的行为,如盈余操纵、股价同涨同跌、抢涨停板、坐庄等。而在未来若干年内,本书的读者可能进入中国资本市场的主导者之列。本书的深远意义在于,当读者掌握一定资产进行投资时,要记住时刻问自己:"从投资者角度,我提高了市场效率吗?"只有提高市场效率的投资策略,才是可持久并真正能赚钱的方法。采用这个标准,我们就会知道,有些事情是不能做的。我们相信,这种对投资理念的坚守和坚持,将是获得更大成功和最终成功的不二选择。

本书的教学资源

为了能够与读者及时、有效地沟通,我们做了如下三方面努力:

第一,我们建立了微信公众号"然然老师的 Quantmental"。公众号将逐步"同步课程内容,发布最新策略,解读专业知识"。欢迎读者关注,也希望读者能将阅读本书的收获、问题和疑惑通过公众号与我们交流沟通。

第二,为了使读者以更加便捷、快速的方式掌握公司估值方法,利用剩余收益模型,我们建立了 A 股公司价值评估网站 RIMvalue.cn。在该网站上,读者只需输入股票代码,网站即在后台自动调取数据,计算出目标公司的当前价值及历史估值。

第三,在多因子模型中,能够带来超额收益的阿尔法因子是模型的核心,而阿尔法因子最便捷、最可靠的来源是权威的学术文献。作为本书的配套参考书,我们还将出版《基本面量化投资:经典文献导读》,主要针对本书相关章节中的经典文献进行详细解读。在文献导读的基础上,读者可以掌握该领域的经典和前沿文献,从而更好地理解本书各章节的内容。

此外,各章后的思考与讨论的参考答案请扫二维码参阅。

致谢

在本书的编写过程中,许多选修过"财务分析与量化投资"课程的同学参与了资料整理、文稿撰写和审阅校订等工作。在此,我们感谢这些参与同学:杜宜学、霍进一、李子晗、李润楠、李雪钒、李泽堃、刘峻豪、马雨晴、朴柱松、屈楚彤、石谷雨、唐嘉、王丹烨、王子瑶、颜琛、杨启超、余潇潇、张连登、张思安、张玥,特别感谢王丹烨同学对全书的审校。我们同时感谢北京大学出版社李娟和黄炜婷两位编辑对全书专业、认真的审校。此外,我们感谢近年来所有选修了北京大学光华管理学院"财务分析与量化投资"课程的同学,他们的学习热情和意见建议促使了本书的诞生。同时,我们感谢国家自然基金(71273013)、教育部人文社科研究项目(12YJA630186)和光华思想力(♯22)项目的资助。

最后,我们特别感谢斯坦福大学商学院讲席教授和北京大学光华管理学院会计系前共同系主任 Charles Lee 教授。Lee 教授于 2006—2008 年任 Barclays Global Investors(现为 Blackrock)的 Global Head of Equity Research,在学术界和投资实务界均享有盛誉,他的睿智、博识、进取和信念,深刻地影响了我们做人做事的态度和方法。Lee教授在斯坦福大学商学院开设的Alphanomics（Alpha＋Economics，阿尔法经济学）课程，融合了他在业界和学界的经验，讲授基本面量化投资并注重学生的实际参与。我们在Alphanomics课程的基础上，将基本面量化投资进行系统化和本土化，完成了"财务分析与量化投资"课程的开发以及本书的著述。作为作者的人生导师和学术导师，我们对Charles Lee教授致以最诚挚的感谢和敬意。

张　然　汪荣飞
2017年5月20日
修订于2021年10月9日

第1章
基本面量化投资综述

1.1 导论

从《华尔街日报》到著名的金融站点 thestreet.com,价值投资是当今被提及次数最多的投资战略。投机者似乎可以夸耀其短期的高收益;但在中长期,价值投资者却遥遥领先。即使是在 20 世纪 90 年代美国股市泡沫的大崩溃中,价值投资者仍然获得了较高的收益。那么,什么是价值投资呢?简而言之,对上市公司股票进行比较科学的合理估值,当其市场价格低于估值时就有投资价值、就可以买进,这种投资方式就是价值投资。价值投资的基本思路如下:首先,股票市场的价格波动带有很强的投机色彩,但是从长期看必将回归"基本价值",谨慎的投资者不应该追随短期价格波动,而应该集中精力寻找价格低于基本价值的股票;其次,为了保证投资安全,最值得青睐的股票是那些被严重低估的股票,即市场价格明显低于基本价值的股票,这些股票几乎没有下跌的空间,从谷底反弹只是时间问题,投资者集中持有这些股票就能以较小的风险获得较大的收益。

本章主要介绍从价值投资走向基本面量化投资的思路。我们将从基于基本面的估值理论谈起,回顾价值投资的理论框架,进而讨论价值投资的精髓。从这些分析中可以看到,学者在学术研究中得到的有关价值投资的结论与那些传奇的投资大师(如格雷厄姆、巴菲特和格林布拉特)所采用的投资策略其实是高度一致的。这种一致性体现在,业界和学界都是在深刻理解财务信息的基础上分析股票,在构建投资策略时不仅要寻找"廉价"的股票,还要寻找"高质量"的股票。这就是价值投资的精髓。事实上,业界和学界之所以会不约而同地向同一个方向探索,是因为对于更高效地使用财务信息的追求,驱使着策略开发者想方设法地寻求更简洁的方式处理更繁杂的信息。这就是从价值投资走向基本面量化投资的初衷,而价值投资的精髓也正是从价值投资走向基本面量化投资的思路。

本章的重点在于,基于对价值投资理论框架的回顾凝练出价值投资的精髓,并描述一些成功的、有经验的投资者如何利用基本面信息找到高质量的股票。另外,最近很多学术研究的成果对价值投资者寻找质量高且股价合理的股票极其有效,在后面的章节中将予以介绍。

我们先讨论有效资本市场假说,进而讨论噪声投资者模型,以理解为什么市场在大部分情境下会定价错误;基于此,我们才能讨论如何基于基本面量化投资发现这种定价错误,并为投资所用。[①] 在本章末,我们还会简要讨论基本面量化投资在中国的状况。

1.2 有效资本市场假说和噪声投资者模型

我们想象一个最理想的证券市场,在这个市场上,证券的交易是免费的,没有交易佣金、买卖价差(bid-ask spread)等交易成本;同时,在这个市场上也不存在证券持有成本,如卖空股票(short-sell)有关的成本。更重要的是,在这个市场上,大家拥有的信息是一样的,对这些信息的理解也是一致且充分的。换句话说,大家对证券的估值不仅是一样的,而且是在现有信息基础上最准确的。这是一个没有证券交易成本(trading costs)、证券持有成本(holding costs)

---

① 本章后面几部分主要参考 Charles Lee 教授于 2014 年发表在 *China Accounting and Finance Review* 的 Value Investing: Bridging Theory and Practice 一文。该文详细阐述了理论界对价值投资的探讨和实务界对其的应用,对于我们了解基本面量化投资和价值投资大有裨益。

和信息成本(information costs)的高效率市场。

可以说,有效资本市场假说(efficient market hypothesis,EMH)在一定意义上认为证券市场是一个没有任何成本的、高效率的、理想化的市场。在有效资本市场上,证券的价格等于它的价值。一旦与证券价值相关的信息被披露,市场就会迅速做出调整,使其价格重新等于价值,没有任何人或交易策略可以提前利用公开信息赚取超额收益。也就是说,在这个市场上,因为所有投资者拥有相同的信息,并具备相同的信息分析能力,证券的定价在任何时点上相对于投资者拥有的信息都是"对"的,错误定价(mispricing)是不存在的。[①]

在这种情况下,有效资本市场意味着,股票的价格在任何时点应该等于投资者在所拥有的信息的基础上该股票预期带来的未来各期现金流量的折现值,其计算公式如下:

$$P_t = V_t = \sum_{i=0}^{\infty} \frac{\mathrm{E}_t(D_{t+i} \mid \delta)}{(1+r)^i} \qquad (1\text{-}1)$$

其中,V_t表示股票在时间t的内在价值,$\mathrm{E}_t(D_{t+i}|\delta)$表示基于时间$t$的信息对未来第$t+i$期股利的预期,$r$表示折现率。公式表明在任何时间$t$,一只股票的价格等于其内在价值,市场是有效的。

当市场接收到关于某一公司的新信息以后,投资者根据新信息调整对未来现金流量$\mathrm{E}_t(D_{t+i}|\delta)$的预测和对折现率$r$(公司风险)的评估,股票内在价值$V_t$也相应发生变化。同一时间,股票价格$P_t$也发生同样的变化,市场继续保持着价格等于价值的有效状态。

模型(1-1)从有效资本市场学派的角度对有效市场学派和行为金融学派的交锋问题给出了回答:证券价格的决定机制是基于现有信息的未来现金流折现,价格对信息的反应过程是及时的、充分的、完整的。

20世纪80年代以前,金融经济学家普遍认为驱动股价波动的最主要因素是有关公司未来现金流的信息。也就是说,公司内在价值的变化驱动股价的波

[①] 1970年和1991年,芝加哥大学Eugene Fama教授在 Journal of Finance 上发表了 Efficient Capital Markets: A Review of Theory and Empirical Work 及 Efficient Capital Markets: Ⅱ,正式系统地提出了有效资本市场假说。Fama教授也因其在金融经济领域的成就而获得2013年诺贝尔经济学奖。

动。这正是有效市场假说告诉人们的情形：如果市场是有效率的，股价就会充分反映可获得的信息，因而基于当前的股价信息是对该公司内在价值的最优估计，价格只会在新信息到达时发生调整。但是，从直觉来看，股价的波动不仅过于频繁，而且过于猛烈。美国著名金融学者席勒注意到股价存在过度波动的现象，并发现这种现象不能从基本面因素的变化得到解释(Shiller,1981)。经典的金融经济学框架难以解释股价过度波动，这促使席勒转而关注人类心理因素对资产定价的影响。由此，他注意到社会潮流(social movements)在证券价格的过度波动中起到很大作用。席勒认为，股价易受社会潮流影响的关键原因在于没有一个被广泛接受的、可以洞察其价值的理论。噪声投资者(席勒所称的普通投资者)面对的是"不确定"困境，他们对未来出现的各种情形的概率分布并不知晓。简而言之，他们不知道证券的准确价值，也不知道某一事件发生后的确切后果是什么。因此，他们的观点很容易受社会的影响。心理学实验表明，当个体的观念与众不同时，在群体压力(group pressures)下，个体会保持沉默，这也反映了人们的观点易受他人影响。[①]

为了彻底阐明其观点，Shiller(1984)提出一个简单的噪声投资者模型。该模型具有两类投资者：精明投资者和噪声投资者。精明投资者基于基本面信息进行交易，这些投资者能够以无偏的行为快速回应关于基本价值的消息；相反，噪声投资者不是依据基本面信息进行交易。这两类投资者的具体定义如下：

精明投资者（信息投资者）

精明投资者在时间 t 对股票的需求 Q_t 表示为总流通股的一部分：$Q_t = \frac{E_t(R_t - \rho)}{\phi}$。其中，$R_t$ 是在时间 t 股票的实际收益，ρ 是精明投资者对股票无需求时的预期实际收益，ϕ 是精明投资者持有所有股票时的风险溢价。

噪声投资者（普通投资者）

噪声投资者的需求随时间变化，且这种需求无法依据预期收益模型进行

[①] Robert Shiller 教授因其在行为金融学方面的成就而获得 2013 年诺贝尔经济学奖。

预测。他们的需求被表示为 Y_t(普通投资者要求的每股股票价值)。

在均衡的情形下,股票需求与股票供给等量时达到市场出清($Q_t+\dfrac{Y_t}{P_t}=1$),求解得到的理性预期模型产生以下市场出清价格:

$$P_t = \sum_{k=0}^{\infty} \frac{\mathrm{E}_t(D_{t+k}) + \phi\, \mathrm{E}_t(Y_{t+k})}{(1+\rho+\phi)^{k+1}} \quad (1\text{-}2)$$

其中,市场价格 P_t 是现值;贴现率是 $\rho+\phi$,分子项由在时间 t 的预期未来股息支付 $\mathrm{E}_t(D_{t+k})$ 加上 ϕ 乘以噪声投资者的预期未来需求 $\mathrm{E}_t(Y_{t+k})$ 得出。换句话说,P_t 由企业的基本面价值(未来股利)和其他多变的因素(噪声投资者未来的需求)共同决定。这两个因素的相对重要性由 ϕ 决定,ϕ 可以理解为套利成本。

当 ϕ 趋近于零时就出现一种特殊的情形,价格变成了预期股利的函数即式(1-1),这与有效市场模型一致。因此,当市场的套利成本很低时,价格表现与有效市场假设的预期更加一致。然而,当 ϕ 增大时,噪声投资者的相对重要性增大。在极端情形下,即当 ϕ 趋近于无穷大时,市场价格仅仅由噪声投资者的需求决定,基本面估值在定价方面的作用微不足道。

什么因素影响 ϕ 呢?显然,精明投资者的特点(如他们的风险厌恶程度和财富约束)起着重要作用。更具体而言,套利成本涉及以下方面:(1) 交易成本,与建仓、平仓相关的成本,包括经纪人佣金、价滑、买卖价差等;(2) 持有成本,与持有头寸相关的成本,受到诸如套利头寸的持续时间和卖空成本等因素的影响;(3) 信息成本,与获得、分析和监督信息相关的成本。

在套利成本中,最重要的因素是信息成本。估计公司价值及评估头寸风险都要用到信息,假定有多个有经验的投资者,任意一个理性套利者都不能确切地了解所拥有信息的质量。请注意,ϕ 也出现在式(1-2)的分母项中,这意味着信息成本也会影响不同企业的估值,以及企业的资本成本(例如,投资者期望从他们对公司的投资中获得回报)。套利成本低的市场会呈现价格接近基本面的情形。例如,在股票期权、指数期货和封闭式基金的市场中,交易和信息成本呈现相对较低的特征。在这些市场中,估值相对直接、交易成本极低,而且交易资产往往拥有类似的替代品,因此这些资产的价格与其基本面价值紧密关联也是预料之中的。

然而,在其他市场中,套利成本 ϕ 可能很大,因此股价由噪声投资者支配。例如,许多新兴经济体的资本市场具有机构投资者相对少、市场深度浅的特征,因此套利成本较高。即使在美国,一些规模较小的公司受到较少的关注、交易量较小,这类难以估值的股票(包括互联网、生物技术和所谓的"基于云技术"的股票)可能会有更高的套利成本。根据噪声投资者模型,在这些市场中,股价会呈现更大的波动性,并且与基本面价值的相关性较弱。

模型(1-2)表达的主要观点是,市场价格是噪声投资者和理性套利者在成本约束下相互作用的产物。一旦我们引入噪声投资者和高昂的套利成本,价格就不再是基于未来预期股息的简单函数。除非套利成本为零,否则 P_t 通常不等于 V_t。错误定价的程度由噪声投资者需求和套利成本的函数决定。换句话说,当套利成本不等于零时,我们可以预期错误定价是一种均衡现象。

从上述分析可以看出,在很多情形下,由于存在套利成本和噪声投资者,价格不应该等于价值。这时,历史会计信息对于公司估值和未来收益的预测就会变得特别有用,下面我们将分析成熟投资者(精明投资者)如何利用这些信息进行基本面分析或者价值投资。

1.3 基于基本面分析的量化投资

在本节,我们探讨如何利用历史会计信息进行投资决策,并在这些决策思路中寻找共同点,以发现价值投资的精髓。我们首先讨论格雷厄姆的投资方法。在基本面分析方面,本杰明·格雷厄姆(Benjamin Graham)是巴菲特、彼得·林奇等投资大师的启蒙者。巴菲特曾虔诚地说:"在许多人的罗盘上,格雷厄姆就是到达北极的唯一指示。"大卫·刘易斯甚至说:"格雷厄姆的《证券分析》是每一位华尔街人士的《圣经》,格雷厄姆则是当之无愧的华尔街教父。"

1.3.1 格雷厄姆的量化投资方法

在《证券分析》首版(他与戴维·多德于1934年合著)中,格雷厄姆提出了一种选股方法。格雷厄姆认为,同时拥有以下特点的股票都是值得投资的:

(1) 盈利收益率(E/P)是 AAA 债券收益率的 2 倍;

(2) 股票的 P/E(市盈率)不到最近 5 年内所有股票平均 P/E 的 40%;

(3) 股息率大于 AAA 公司债券收益率的 2/3;

(4) 价格低于有形资产账面价值的 2/3;

(5) 价格低于净流动资产价值(NCAV)的 2/3,净流动资产价值定义为流动资产减去流动负债;

(6) 债务权益比率(账面价值)必须小于 1;

(7) 流动资产大于 2 倍流动负债;

(8) 负债小于 2 倍净流动资产;

(9) EPS(每股收益)历史增长(至少过去 10 年)大于 7%;

(10) 在过去 10 年中,盈利的下降不超两年。

仔细观察,你会发现上述十个因素可以分成两组:比起后五个因素,前五个因素互相之间有着更加自然的联系。前五个因素都是衡量"廉价"程度的。前两个因素比较公司的股价与其报告的盈利,促使我们购买市盈率低于某一阈值的股票;接下来的三个因素将股票价格与其股利、账面价值和净流动资产价值进行比较。总体上,前五个因素告诉我们,购买那些价格相对于价值更加便宜(廉价)的公司。

后五个因素与前五个因素的不同点在于:它们不涉及股票价格。我们可以将后五个因素作为一个整体,视作对公司质量的度量,因为这些因素都是基于基本面指标的。因素(6)—(8)衡量债务(杠杆)及短期流动性(偿付能力)。因素(9)和因素(10)是对公司的历史盈利增长率和增长的一致性的度量。简而言之,格雷厄姆想购买杠杆率低、偿债能力高、一段时间内的盈利增长率表现不错的公司。按照格雷厄姆的说法,高质量的公司是指那些高增长、稳定增长、低杠杆和流动性良好的公司。

Charles Lee 教授及其学生在此基础上根据当前的情况更新了选股方法(例如,以自由现金流量收益率替换股息率、只需要过去 5 年而非 10 年的收益增长),利用美国 1999 年 1 月 2 日至 2013 年 11 月 9 日的数据对这种方法进行了回溯测试(Lee,2014)。他们发现,这个已八十多岁高龄的选股方法在 21 世纪也能预测股票收益!更便宜和更高质量的股票在未来 3 个月内能获得更高的收益。以年化收益率来看,使用这个选股方法选出的前两个十分位数股票的年化收益率平均约 14%,而最后两个十分位数股票的年化收益率平均约 5%,两组股票年化收益率的差距是 9%。作为比较,价值加权的标普中型股 400 指数在同一时期的年化收益率为 8.5%。总的来说,在最近 14 年的时间里,在世界上可以说是最有效的美国股票市场上,我们看到更便宜和更高质量股票依然赚取了更高的收益。

1.3.2 剩余收益模型的理论基础

如何解释上述现象呢?是否因为在回溯测试区间美国正处于一个特殊的历史时期?为了进一步推论,我们引入基于剩余收益模型的估值理论。

剩余收益模型

20 世纪 90 年代初期,James Ohlson 教授发表了一系列有影响力的有关估值的文章,并介绍了剩余收益模型(Residual Income Model,RIM)。剩余收益模型起源于金融经济学家早期的工作,尽管剩余收益模型在 Ohlson 发表这一系列文章之前就已经出现,但 Ohlson 使得许多学者重新关注剩余收益模型,并特别强调剩余收益模型对于理解会计数据和企业价值的关系具有重要意义。

根据剩余收益模型,一家公司的价值等于其当前账面价值和未来预期剩余收益现值之和,即

$$P_t^* = B_t + \sum_{i=1}^{\infty} \frac{E_t[NI_{t+i} - r_e \times B_{t+i-1}]}{(1+r_e)^i}$$

$$= B_t + \sum_{i=1}^{\infty} \frac{E_t[(ROE_{t+i} - r_e) \times B_{t+i-1}]}{(1+r_e)^i} \quad (1\text{-}3)$$

其中,B_t 为公司在时间 t 的账面价值,$E_t[\cdot]$ 为公司在期间 t 的期望值,NI_{t+i} 为第 $t+i$ 期的净收入,r_e 为权益资本成本,ROE_{t+i} 为第 $t+i$ 期账面资产税后收益率。在式(1-3)中,期间 t 的剩余收益(RI)定义为期间 t 的收益减去基于资

本成本的正常收益,公式为 $RI_t = NI_t - rB_{t-1}$。

剩余收益模型使得我们可以依据企业财报数据估算公司价值(根据公司未来现金流计算现值),这也是该模型受欢迎的原因。从直觉上,我们可以把式(1-3)分解为以下形式:

$$\text{Firm Value}_t = \text{Capital}_t + \text{PVRI}_t \tag{1-4}$$

其中,第 t 期的账面价值为初始资本或初始投资(Capital_t),PVRI_t 为未来剩余收益的现值。式(1-4)突出公司价值(公司现在值多少钱)始终是两项之和:投入资本(资产基础)和未来剩余收益的现值。

事实证明,初始资本(Capital_t)对于公司价值的计算并不重要(Penman,1996,1998)。在式(1-4)中使用现在的账面价值作为初始资本,但是我们可以选择几乎任何数值作为初始资本。

随后的研究提出除账面价值外,还可以用其他的替代指标作为初始资本。例如,资本化的1年盈利预测或当年的销售收入。剩余收益模型告诉我们,对于每个选定的初始资本,我们可以计算与其匹配的 PVRI_t(等于未来支付给股东的现值)。

剩余收益模型如何帮助我们进行基本面分析?它让我们更清楚地看到能够推动股价倍增的绩效指标。例如,将式(1-3)两边除以公司的账面价值,我们可以根据预期净资产收益率重新表达价格账面比(市净率,P/B)。

$$\frac{P_t^*}{B_t} = 1 + \sum_{i=1}^{\infty} \frac{E_t[(\text{ROE}_{t+i} - r_e) \times B_{t+i-1}]}{(1+r_e)^i \times B_t} \tag{1-5}$$

其中,P_t 为公司在时间 t 的预期股利的现值,B_t 为公司在时间 t 的账面价值,$E_t[\cdot]$ 为在时间 t 的期望值,r_e 为权益资本成本,ROE_{t+i} 为第 $t+i$ 期的税后账面收益率。

式(1-5)表明,一家公司的市净率是由预期 ROE、资本成本(r_e)及其未来的账面价值增长率(取决于未来 ROE 和股息支付率 k)的函数决定的。那些有着类似市净率的公司的未来剩余收益现值[式(1-3)右边的无限求和]也是相似的。

同样,我们可以得出企业价值与销售比(EV/S),即企业价值与主营业务收入之比,在公司市场份额对其生存能力和盈利能力有着重要影响的背景下,该指标对于评价上市公司的价值具有重要作用。与市销率(P/S,股票价格与每股销售收入之比)相似,EV/S主要用于衡量一家利润率暂时低于行业平均水平甚至是处于亏损状态公司的价值,用销售收入代表市场份额和公司规模,如果公司能够有效改善运营,将可实现行业平均或预期的盈利水平。根据Bhojraj and Lee(2002),如果我们模拟企业在初始期间(假设 n 年)高增长,后续为更稳定的永续增长期,企业的EV/S可以表示如下:

$$\frac{EV_t^*}{S_t} = E_t\left(PM \times k \times \left[\frac{(1+g_1)\left(1-\frac{(1+g_1)^n}{(1+r)^n}\right)}{r-g_1} + \frac{(1+g_1)^n(1+g_2)}{(1+r)^n(r-g_2)}\right]\right)$$

(1-6)

其中,EV_t^* 为在时间 t 的总企业价值(债务加权益),S_t 为在时间 t 的总销售额,$E_t[\cdot]$ 为基于在时间 t 可用信息的期望值,PM 为营业利润率,k 为恒定支付比率,r 为资本成本,g_1 为初始盈利增长率(适用于 n 年),g_2 为 $n+1$ 年以后的永续增长率。

式(1-6)表明,企业的 EV/S 是预期营业利润率(PM)、支付比率(k)、预期增长率(g_1 和 g_2)和资本成本(r_e)的函数。这有助于我们回答以下问题:哪些公司值得更高的 EV/S?答案是,那些具有较高预期利润率、较快增长率、较高支付比率和较低资本成本的公司。

1.3.3 价值投资的两个关键要素

剩余收益模型框架将企业价值分解为两个关键要素——投入资本与未来剩余收益的现值(增长机会),从而使企业价值变得易于计算。典型廉价指标的一个很大问题在于,它们只比较股票的价格与其投入资本(账面价值),而完全忽略了股票估值的第二个要素——增长机会。

从格雷厄姆开始,最成功的基本面投资者始终把价值投资视为两个关键要素的组合——寻找质量好的公司和以"合理的价格"买入,可以用下式表示:

$$价值投资 = 廉价 + 质量 \qquad (1-7)$$

企业的市盈率是对现有资产是否便宜的衡量标准,这是价值投资比较容易但不太有趣的部分;有趣的部分要求投资者评估企业的质量,使用当前可用的各种衡量指标预测未来剩余收益的现值(PVRI)。这就是我们所说的基本面分析的核心部分。最好的基本面投资者专注于购买"廉价"且优质的股票,格雷厄姆正是基于这种逻辑构建了选股法。回到格雷厄姆的企业质量因素[因素(6)到因素(10)],他基于此建立了原始股票池。格雷厄姆直观地认识到,拥有较低杠杆、较高流动性和较高稳定增长率的企业在未来最有可能产生高收益,或者说在剩余收益模型的框架下,他认为具有这些特征的是高 PVRI 股票。

1.3.4 业界的实践

如果想了解如巴菲特、芒格、格林布拉特等投资大师的投资方法,甚至想了解一些著名的基金的投资策略,那么时刻牢记"廉价+质量"的投资原则是非常重要的。下面我们以格林布拉特及其神奇公式作为例子,详细讲解这一原则的应用。

格林布拉特和神奇公式

格林布拉特是美国学者,同时也是对冲基金经理、投资者和作家。与格雷厄姆一样,格林布拉特的职业跨越了学术界和华尔街。1985 年,他成立了一家对冲基金——戈坦资本(Gotham Capital),专注于特殊事件类投资。戈坦资本在 1985 年成立之后的 10 年间,扣除管理费前的资产以年 40% 的惊人速度增长。在 1995 年返还所有的外部资本之后,格林布拉特和联合创始人以自有资金继续进行特殊事件类投资。1999 年,格林布拉特出版了他的第一本畅销书——《股市天才》[①],描述了戈坦资本是如何取得成功的。

不过,格林布拉特最出名的是他的第二本书《股市稳赚》[②],这本书也在市

[①] 英文书名为 *You Can Be a Stock Market Genius*。
[②] 英文书名为 *The Little Book that still Beats the Market*。

场上大卖。该书于 2005 年出版,销量超过 30 万册,被翻译成 16 种语言。在格林布拉特看来,这本书是探讨巴菲特的投资策略能否量化的实验产物。他知道"来自奥马哈的圣人"可能无法被量化;不过,他还是想知道那些巴菲特的魔法能否被模仿。

大多数人是通过巴菲特在伯克希尔-哈撒韦(Berkshire Hathaway)公司的"董事长致辞"学习其投资理念的,而格林布拉特则发现了一个可以量化的公式。正如巴菲特经常说的那样,"以平常的价格买进一家非凡的公司远远胜过以非凡的价格买进一家平常的公司"。格林布拉特观察到,巴菲特购买的不是廉价的公司,而是价格合理的优质公司。如果我们试图创建一个量化选股法以合理的价格购买非常棒的公司,那么会发生什么呢?

在《股市稳赚》一书中,格林布拉特提出了神奇公式,这其实是一种非常简单的策略。格林布拉特基于两个因素对公司进行排名:资本收益率(return on capital,ROC)和盈利收益率(earning yield,EY)。① 神奇公式,简而言之,就是寻找那些拥有较高历史资本收益率(过去 5 年内,年资本收益率至少 20%),并且当前以较高盈利收益率交易的公司。

我们应注意以下两点:第一,神奇公式是可以赚取超额收益的(更准确地说,它在很长的一段时间里可以赚取超额收益),这个公式已经由格林布拉特和其他人使用美国数据进行了回溯测试,排在选股法顶部的公司在过去五十多年的表现大幅超过平均水平;第二,这与格雷厄姆在过去很多年里所做的事情相似,即五年持续高增长、低 P/E 等。

回到剩余收益模型公式,我们发现格雷厄姆、巴菲特和格林布拉特都在做同样的一件事:找到高 PVRI 预期的公司,在合理的 P/E 水平上交易。巴菲特最常见的原则如下:(1) 只投资你所熟悉业务的公司;(2) 寻找具有可持续竞争优势的公司;(3) 拥有高质量管理团队的公司;(4) 购买具有良好的"安全边际"的公司。最后一项原则是最容易理解和实现的——购买相对于其资本金基础更有吸引力估值的公司。前三项原则告诉我们什么呢?他们是否并不

---

① 资本收益率是税前经营性利润与有形资产(净营运资本+净固定资产)的比率;盈利收益率是税前经营性利润与公司价值(权益市场价值+净有息负债)的比率。

只是将我们指向未来更可能具有高可持续ROE(净资产收益率)的公司呢?答案显而易见:质量很重要。

1.3.5 学术界的证据

我们已经讨论了基于基本面估值的基本框架,学术界近年来的实证研究结果也证实了采用上文讨论的方法能获得超额收益,下面我们具体介绍实证研究结果。

廉价

会计学和金融学领域的大量文献证明了价值效应,即价值股(股票价格低于它们的基本面价格)胜过魅力股(股票价格高于它们的基本面价格)的趋势。常用的价值衡量指标是市账比率(Stattman,1980;Rosenberg et al.,1985;Fama and French,1992)、盈利价格比(Basu,1977;Reinganum,1981)、现金流量与价格比(Lakonishok et al.,1994;Desai et al.,2004)和销售额与企业价值之比(O'Shaughnessy,2011)。价值溢价的效果随时间而变化,但价值股的收益高于魅力股的基本结论在学术文献中是非常稳健的。

虽然学者普遍接受实证结果,但是对于其背后的原因却没有达成共识。有人认为实证结果清楚地表明了价值股的价格被低估("便宜货");有人则认为价格便宜只是一方面原因,另外一方面原因是衡量价值的常见指标也意味着某种风险。例如,Fama and French(1992)认为,低P/B(市净率)的股票面临更多的风险;Zhang(2005)认为,这些股票包含更多的"被困资产"[①],因此更容易受到经济下滑的影响。

质量

到目前为止,学术界关于高质量公司的定义(或特征)尚未达成共识。例

[①] 被困资产(trapped assets)背后的逻辑是,由于削减资产比扩张资产的成本高,因此高账面资产的公司在经济下行期间的损失更大,从而风险更高。

如,许多论文检验了盈余持续性或其他会计指标预测未来收益的能力,但大多数论文没有在企业质量的框架下讨论这个主题。当把这些零散的实证发现拼凑起来时,我们就会发现得到的结论与格雷厄姆选股法所定义的质量维度非常相似,这些实证结论也与我们的估值理论框架非常吻合。

决定一家公司未来剩余收益现值(PVRI)的关键是什么?最重要的是影响公司未来盈利能力和增长的因素,它们是公司未来净资产收益率的主要驱动力。公司资产是否安全也十分重要。安全公司的资本成本(r_e)更低,在未来预期现金流量一定的情况下,安全公司将得到更高的 PVRI。最后,预期的派息率也很重要。在盈利能力和增长率相同的情况下,给投资者派息更多的公司拥有更高的 PVRI。

实证研究和业界实践在上述几个方面得出的结论是一致的。如果一家公司稳定、安全、盈利能力强且增长稳定,同时其现金流状况良好、派息率高,那么这家公司未来越有可能获得高投资收益率。

盈利能力和增长

Piotroski(2000)的研究表明,具有以下特征的公司能够持续地获得高收益:高资产收益率(ROA)、高经营现金流量、高利润率、高资产周转率。他使用衡量企业绩效和健康程度的八个基本指标,创建了一个复合的得分指标——F-score。他的研究表明,F-score 能够在 P/B 最低的 1/5 股票(价值股)中将赢家组合从输家中分离出来。Mohanram(2005)在高 P/B 公司(成长股)中进行了相似的检验,发现盈利增长高的公司表现优于盈利增长低的公司。Piotroski and So(2013)也使用 F-score 指标,表明了价值效应可归因于市场对未来基本面的错误期望。Frankel and Lee(1998)使用 I/B/E/S 分析师的预测,其研究结果也表明:在 P/B 一定的情况下,预期盈余更高的公司实际拥有更高的投资收益。在修正分析师一致预测的可预测错误的情况下,这一结论的显著性更强。总体而言,实证研究表明,盈利能力较强(无论是基于过去还是基于预测值)的公司拥有更高的投资收益。

盈余质量

不仅盈余的数量很重要,盈余的质量(如可持续性)也很重要。例如,Sloan(1996)和Richardson et al. (2005)的研究表明,盈余的现金流部分比应计部分更具有持续性。Novy-Marx(2013)的研究表明,毛利(销售收入－销售成本)是比净利润更好的衡量盈利能力的指标。他们的实证结果表明,尽管高盈利公司的估值倍数显著高于低盈利公司,但是高盈利公司的收益率仍然高于低盈利公司。

盈余质量的另一个研究领域探讨了如何使用会计数据识别财务造假。Beneish(1999)基于财务报表数字,提出一个可识别盈余操纵的打分模型——M-score。在样本外测试中,Beneish et al. (2013)的研究表明,M-score可以正确识别盈余操纵公司,71%的会计欺诈案件在被公开披露之前可以通过M-score得以识别。同时,他们的研究也表明,M-score是股票收益率的强大预测工具,在控制其他因素(包括会计应计利润)后,M-score高的公司(盈余操纵可能性更大的公司)的股票未来收益率低。

总体而言,这些研究表明,相比净利润,基于现金流或毛利衡量的盈利能力能够更好地预测未来股票收益。

安全性

学术界基于衡量公司安全的不同指标的研究都得出了同样的结论:股票越安全,股票收益率越高。例如,低波动率公司(Falkenstein,2012;Ang et al.,2006)、低贝塔值公司(Black et al.,1972;Frazzini and Pedersen,2014)、低杠杆公司(George and Hwang,2010;Penman et al.,2007)、低财务风险公司(Altman,1968;Ohlson,1980;Dichev,1998;Campbell et al.,2008)的股票收益率更高。

换句话说,具有较高波动率、较高贝塔值、较高杠杆和更高破产风险的公司,其股票收益率较低。然而这些发现在均衡资产定价框架下是讲不通的。在均衡条件下,具有较高风险的公司应该有更高的未来收益。但是,如果我们相信这些风险度量与计算公司PVRI的贴现率相关,那么就说得通了。因为"更安全"的公司具有更低的资本成本(r_e),在其他条件相同的情况下,"更安全"公司的 PVRI 高于"风险较大"公司的 PVRI。如果市场低估了公司的真实 PVRI,那么"更安全"公司实际上实现了更高的未来收益。

股息率

最后,向股东(债权人)支付更高股息(利息)的公司,其股票收益率也更高。例如,回购股票的公司往往表现良好(Baker and Wurgler,2002;Pontiff and Woodgate,2008;McLean et al.,2009),而发行更多股票的公司往往表现更糟糕(Loughran and Ritter,1995;Spiess and Affleck-Graves,1995)。债券市场也类似。发行更多债务的公司,其超额收益为负(Spiess and Affleck-Graves,1999;Billett et al.,2006);而清偿债务的公司,其超额收益为正(Affleck-Graves and Miller,2003)。Bradshaw et al.(2006)的研究表明,可以根据公司的现金流量表,计算外部融资活动净额指标衡量这些影响。总体而言,这些发现与剩余收益模型框架是一致的:较高资本收益率的公司(具有更高的 k)拥有更高的 PVRI。

那么,什么类型的公司可以被视为高质量的?换言之,什么公司特征与未来更高的 ROE、更低的资本成本及更高的派息率相关呢?现有的学术研究表明,那些安全、盈利的成长型公司能给投资者带来更高的收益。如果市场低估了其基本面价值,那么高质量的公司就可以赚取更高的未来收益。这种现象很难归因于价值效应是一种风险,因为高质量公司的盈利能力更强、更稳定、更不容易陷入困境,并拥有更持久的未来现金流和较低的经营杠杆。

在一项最新的研究中,Asness et al.(2014)将不同的质量因子放在一起研究。在这项研究中,他们定义高质量公司为"安全、可盈利、有成长性和经营良好"的。他们认为在其他条件相同的情况下,投资者愿意向这样的公司投入更多的资金,这表明市场实际上没有为这些优质股票支付足够高的溢价。他们在质量维度上对公司进行排序,构造了 QMJ(quality minus junk)投资组合,发现投资组合在 23 个国家中的 22 个国家获得了正的超额收益。

Asness et al.(2014)将 21 个指标分成四类,对每家公司进行综合打分,并将每个变量进行了排序和标准化处理。这四类指标如下:

盈利性指标

盈利性指标包含六个变量,衡量了投资收益(ROA、ROE)、毛利(GPOA、GMAR)[①]、经营性现金流量(CFOA、ACC)[②]。分子项分别是当年的净利润、毛利或者经营性现金流量;分母项分别是总资产、权益面值、总销售额或者利润。上述指标值越大,说明公司的盈利性越好。

成长性指标

成长性指标度量公司过去五年的盈利变化,包含多个变量。例如,$\Delta \text{GPOA} = (\text{GP}_t - \text{GP}_{t-5})/\text{TA}_{t-5}$,其中 $\text{GP} = \text{RETV} - \text{COGS}$,TA 是总资产。换言之,Asness et al. (2014)将成长性公司定义为毛利、收入或者现金流量在过去五年里持续增长的公司。上述指标值越大,说明公司的成长性越好。

安全性指标

安全性指标包含六个变量,分别为贝塔值、股价波动性(IVOL)[③]、盈利波动性(EVOL)[④]、杠杆率(LEV)[⑤]及财务风险(O-score、Z-score)[⑥]。上述指标值越小,说明公司的安全性越高。

---

① GPOA=(RETV−COGS)/AT,毛利(营业收入减营业成本)占总资产的比重;GMAR=(RETV−COGS)/SALE,毛利与总营业收入的比率。
② CFOA=(NB+DP−ΔWC−CAPX)/AT,ACC=(DP−ΔWC)/AT。其中,NB 为净利润,DP 为折旧,ΔWC 为营运资本增量,CAPX 为资本支出,AT 为总资产。
③ IVOL 为公司特质性风险,用过去滚动 12 个月经市场调整日度收益率的标准差衡量。
④ EVOL 为过去 60 个季度中,公司单季度 ROE 的标准差。
⑤ LEV 为总负债与总资产之比。
⑥ O-score=−1.32−0.407×log(ADJASSET/CPI)+6.03×TLTA−1.43×WCTA+0.076×CLCA−1.72×OENEG−2.37×NITA−1.83×FUTL+0.285×INTWO−0.521×CHIN。其中,ADJASSET 为调整后总资产,CPI 为消费者价格指数,TLTA 为总负债与调整后总资产的比率,WCTA 为净流动资产与调整后总资产的比率,CLCA 为流动负债与流动资产的比率,OENEG 为哑变量(如果总负债大于总资产,则为 1;否则为 0),FUTL 为税前利润与总负债的比率,NITA 为净利润与总资产的比率,INTWO 为哑变量(如果当前财年与上一财年的净利润均是负的,则为 1,否则为 0),CHIN=$(\text{IB}_t - \text{IB}_{t-1})/(|\text{IB}|_t + |\text{IB}_{t-1}|)$,其中 IB 为净利润。Z-score=(1.2WC+1.4RE+3.3EBIT+0.6ME+SALE)/AT。其中,WC 为营运资本,RE 为留存收益,EBIT 为息税前利润,ME 为股票市值,SALE 为销售额,AT 为总资产。

派息率指标

派息率指标包含三个变量,分别为净股票发行(EISS)[①]、净债务发行量(DISS)[②]、股利支付率(NPOP)[③]。前两个变量值越大,说明公司派息率越低;股利支付率越高,说明派息率越高。

上述指标的构建与剩余收益模型框架是契合的,盈利性指标关注的是公司的盈利性,成长性指标关注的是盈利能力的成长性。在剩余收益模型框架中,这21个变量与未来ROE相关;而Asness et al.(2014)的研究也发现这些指标与P/B高度相关。

Asness et al.(2014)研究表明这些变量可以预测股票收益。也就是说,在过去五年中,高盈利和高成长的公司比低盈利和低增长的公司赚取了更高的收益。当然,该研究中的大多数变量在之前的研究中已被证明能够用于预测股票收益。然而,这项研究仍为剩余收益模型分析框架提供了强有力的支持,即那些拥有持续高利润的公司的PVRI较高,市场对PVRI的定价不够充分。

Asness et al.(2014)的研究也表明,更安全的公司能获得更高的未来收益。他们将"安全"公司定义为具有较低贝塔值、较低波动率(低IVOL、低EVOL、低杠杆率)以及较低财务风险(O-score和Z-score低)的公司。虽然这个结论在有效市场学派来看是反直觉的,但是在剩余收益模型框架下是很易于理解的。在预期现金流量一样的情况下,公司越安全(即拥有更低的折现率),其价值越高。在市场对安全指标未充分定价的情况下,公司越安全,其股价未来收益越高。

1.4 量化投资在中国:机遇和挑战并存

关于量化投资在中国的适用性问题,我们的基本看法是,量化投资尤其是基于基本面的量化投资,在中国既存在机遇也存在不少挑战。

[①] EISS为公司总股票发行量(调整分红后)的年百分比变动。
[②] DISS为总负债的年百分比变动。
[③] NPOP为过去5年股利支付总额与过去5年总毛利的比率。

就机遇方面而言,由于中国 A 股市场目前仍然是散户居多,存在大量的噪声投资者,这些噪声投资者的存在使得市场处于较长期的无效状态,价格修正要比在成熟市场花更长的时间,这时基本面量化投资者或价值投资者就可以利用这个机会,开发基于价值的投资模型,从市场获利。事实上,量化投资在中国正处于蓬勃发展期。截至 2016 年第三季度,A 股市场量化对冲产品的规模已超过 2 500 亿元,在普通权益投资中占比 8.4%(2012 年占比为 2.2%)。可以看出,量化产品占比逐年上升,但仍处于较低的水平,未来仍有很大的发展空间。[①]

就挑战方面而言,第一,由于中国资本市场的机构投资者相对较少、市场深度较浅,因此套利成本较高。在这种情况下,股票价值和基本面的相关性与发达市场相比较低,从而制约了价值投资者的获利空间。第二,基本面量化采用的交易策略是分析研究历史数据得到的,是对历史规律的总结,其基本假设为之前的规则在未来是不变的,因此可以通过相同的方法在未来获取超额收益。但这种假设在新兴资本市场时常会受到冲击,政策变化、交易规则变动都可能破坏之前的规则,这时采用量化投资方法的投资者就会感到无所适从。第三,在新兴资本市场,量化和对冲工具相对缺乏或者成本很高,使得价格长期无法回归价值,这对量化投资者的挑战性更大。

总而言之,中国资本市场既存在显著的套利机会,也存在显著的套利成本。我们相信,随着中国资本市场的逐步完善,套利成本会逐渐减少,量化投资者对套利机会的捕捉会使得市场更有效率,而基于基本面的量化投资也将在中国得到越来越广泛的应用。

本章小结

本章主要介绍从价值投资走向基本面量化投资的思路。噪声投资者模型表明,股票市场中由于存在套利成本和噪声投资者,"没有免费的午餐"并不等于"价格正确"。面对错误定价带来的投资机会,学界和业界的分析思路高度

---

① 该数据由市场公募、私募、券商资产管理量化产品规模汇总得到,作者感谢易方达基金指数与量化投资部提供该数据。

一致:寻找"廉价"且高质量的股票——这就是价值投资的精髓。价值投资离不开基本面分析,而对更高效地使用基本面信息的追求,驱使着投资策略开发者寻求更简洁的方式处理更繁杂的信息——这就是从价值投资走向基本面量化投资的初衷。

思考与讨论

1. 根据席勒的观点,当引入噪声投资者以后,价值和价格之间为什么会产生偏离?
2. 价值投资的两个关键要素是什么?来自学界和业界的成功经验有哪些?
3. 如何理解价值投资与基于基本面的量化投资的关系?
4. 基于基本面的量化投资在中国存在哪些机遇和挑战?

参考文献

[1] Affleck-Graves, J. and R. E. Miller, 2003, The information content of calls of debt: Evidence from long-run stock returns, *Journal of Financial Research*, 26(26): 421-447.

[2] Altman, E. I., 1968, Financial ratio, discriminant analysis and the prediction of corporate bankruptcy, *The Journal of Finance*, 23(4): 589-609.

[3] Ang, A., R. J. Hodrick, Y. Xing and X. Zhang, 2006, The cross-section of volatility and expected returns, *The Journal of Finance*, 61(1): 259-299.

[4] Asness, C. S., A. Frazzini and L. H. Pedersen, 2014, Quality minus junk, Working Paper, AQR Capital Management and New York University.

[5] Baker, M. and J. Wurgler, 2002, Market timing and capital structure, *The Journal of Finance*, 57(1): 1-32.

[6] Basu, S., 1977, The investment performance of common stocks in relation to their price-to-earnings: A test of the efficient markets hypothesis, *The Journal of Finance*, 32(3): 663-682.

[7] Beneish, D., C. M. C. Lee and C. Nichols, 2013, Earnings manipulation and expected returns, *Financial Analysts Journal*, 69(2): 57-82.

[8] Beneish, D., 1999, The detection of earnings manipulation, *Financial Analysts Journal*, 55(5): 24-36.

[9] Bhojraj, S. and C. M. C. Lee, 2002, Who is my peer? A valuation-based approach to the selection of comparable firms, *Journal of Accounting Research*, 40(2): 407-439.

[10] Billett, M. T., M. J. Flannery and J. A. Garfinkel, 2006, Are bank loans special? Evidence on the post-announcement performance of bank borrowers, *Journal of Financial and Quantitative Analysis*, 41(4): 733-751.

[11] Black, F., M. C. Jensen and M. Scholes, 1972, The capital asset pricing model: Some empirical tests, in Jensen, M. C., *Studies in the Theory of Capital Markets*, New York: Praeger, pp. 79-121.

[12] Bradshaw, M., S. Richardson and R. Sloan, 2006, The relation between corporate financing activities: Analysts' forecasts and stock returns, *Journal of Accounting and Economics*, 42(1-2): 53-85.

[13] Campbell, J., J. Hilscher and J. Szilagyi, 2008, In search of distress risk, *The Journal of Finance*, 63(6): 2899-2939.

[14] Dechow, P. M., R. G. Sloan and A. P. Sweeney, 1996, Causes and consequences of earnings manipulation: An analysis of firms subject to enforcement actions by the SEC, *Contemporary Accounting Research*, 13(1): 1-36.

[15] Desai, H., S. Rajgopal and M. Venkatachalam, 2004, Value-glamour and accruals mispricing: One anomaly or two? *The Accounting Review*, 79(2): 355-385.

[16] Dichev, I., 1998, Is the risk of bankruptcy a systematic risk? *The Journal of Finance*, 53(3): 1131-1147.

[17] Falkenstein, E. G., 2012, *The Missing Risk Premium: Why Low Volatility Investing Works*, Create Space Independent Publishing Platform.

[18] Fama, E., 1991, Efficient capital markets: II, *Journal of Finance*, 46(5): 1575-1617.

[19] Fama, E. F. and K. R. French, 1992, The cross-section of expected stock returns, *The Journal of Finance*, 47(2): 427-465.

[20] Frankel, R. and C. M. C. Lee, 1998, Accounting valuation, market expectation, and cross-sectional stock returns, *Journal of Accounting and Economics*, 25(3): 283-319.

[21] Frazzini, A. and L. H. Pedersen, 2014, Betting against beta, *Journal of Financial Economics*, 111(1): 1-25.

[22] George, T. J. and C. Y. Hwang, 2010, A resolution of the distress risk and leverage puzzles in the cross section of stock returns, *Journal of Financial Economics*, 96(1): 56-79.

[23] Greenblatt, J., 2010, *The Little Book That still Beats the Market*, Hoboken, NJ: John Wiley and Sons.

[24] Lakonishok, J., A. Shleifer and R. W. Vishny, 1994, Contrarian investment, extrapolation, and risk, *The Journal of Finance*, 49(5): 1541-1578.

[25] Lee, C. M. C., 2014, Value investing: Bridging theory and practice, *China Accounting & Finance Review*, 16(2): 1–29.

[26] Loughran, T. and J. Ritter, 1995, The new issues puzzle, *The Journal of Finance*, 50(1): 23–51.

[27] Malkiel, B. G. and E. F. Fama, 1970, Efficient capital markets: A review of theory and empirical work, *The Journal of Finance*, 25(2): 383–417.

[28] McLean, D., J. Pontiff and A. Watanabe, 2009, Share issuance and cross-sectional returns: International evidence, *Journal of Financial Economics*, 94(1): 1–17.

[29] Mohanram, P. S., 2005, Separating winners from losers among low book-to-market stocks using financial statement analysis, *Review of Accounting Studies*, 10(2): 133–170.

[30] Novy-Marx, R., 2013, The other side of value: The gross profitability premium, *Journal of Financial Economics*, 108(1): 1–28.

[31] Ohlson, J. A., 1980, Financial ratios and the probabilistic prediction of bankruptcy, *Journal of Accounting Research*, 18(1): 109–131.

[32] O'Shaughnessy, J. P., 2011, *What Works on Wall Street*, Fourth Edition, McGraw-Hill.

[33] Penman, S. H., 1998, A synthesis of equity valuation techniques and the terminal value calculation for the dividend discount model, *Review of Accounting Studies*, 2(4): 303–323.

[34] Penman, S. H., S. Richardson and I. Tuna, 2007, The book-to-price effect in stock returns: Accounting for leverage, *Journal of Accounting Research*, 45(2): 427–467.

[35] Penman, S. H., 1996, The articulation of price-earnings ratios and market-to-book ratios and the evaluation of growth, *Journal of Accounting Research*, 34(2): 235–259.

[36] Piotroski, J. and E. So, 2013, Identifying expectation errors in value/glamour strategies: A fundamental analysis approach, *Review of Financial Studies*, 25(9): 2841–2875.

[37] Piotroski, J., 2000, Value investing: The use of historical financial statement information to separate winners from losers, *Journal of Accounting Research*, 38(Supplement): 1–41.

[38] Pontiff, J. and W. Woodgate, 2008, Share issuance and cross-sectional returns, *The Journal of Finance*, 63(2): 921–945.

[39] Reinganum, M. R., 1981, Misspecification of capital asset pricing: Empirical anomalies based on earnings' yield and market values, *Journal of Financial Economics*, 9(1): 19–46.

[40] Richardson, S., R. G. Sloan, M. Soliman and I. Tuna, 2005, Accrual reliability, earnings persistence, and stock prices, *Journal of Accounting and Economics*, 39(3): 437–485.

[41] Rosenberg, B., K. Reid and R. Lanstein, 1985, Persuasive evidence of market inefficiency, *Journal of Portfolio Management*, 11(3): 9–17.

[42] Shiller, R. J., 1981, Do stock prices move too much to be justified by subsequent changes in dividends? *American Economic Review*, 71(3): 421–436.

[43] Shiller, R. J., 1984, Stock prices and social dynamics, *The Brookings Papers on Economic Activity*, 2: 457–510.

[44] Sloan, R. G., 1996, Do stock prices fully reflect information in accruals and cash flows about future earnings? *The Accounting Review*, 71(3): 289–315.

[45] Spiess, K. and J. Affleck-Graves, 1999, The long-run performance of stock returns following debt offerings, *Journal of Financial Economics*, 54(1): 45–73.

[46] Spiess, K. and J. Affleck-Graves, 1995, Underperformance in long-run stock returns following seasoned equity offerings, *Journal of Financial Economics*, 38(3): 243–267.

[47] Stattman, D., 1980, Book values and stock returns, *The Chicago MBA: A Journal of Selected Papers*, 4: 25–45.

[48] Zhang, L., 2005, The value premium, *The Journal of Finance*, 60(1): 67–103.

第一部分

财务分析基础

只有充分了解财务报表,才不会迷失在纷繁的投资策略中而忽视指标背后的选股逻辑

本部分主要介绍会计和财务的基础知识,包括财务报表的结构和勾稽关系、财务指标的含义和特点,以及常见的相对估值模型和绝对估值模型。

第 2 章
快速理解财务报表

在上一章中,我们介绍了从价值投资到基本面量化投资的思路。无论是传统的价值投资还是基本面量化投资,都需要大量的财务报表信息。在详细介绍基本面量化的内容之前,读者有必要了解会计和财务的基础知识,这样在阅读后续章节时,一方面不会为会计术语和财务指标所困扰,另一方面不会迷失在纷繁的投资策略中而忽视指标背后的投资逻辑。本章将详细介绍会计信息的载体——财务报表,使读者能够准确地解读三大报表,快速地从中获取所需信息,并应用于财务分析实践。[①]

2.1 财务报表概述

由于上市公司比投资者掌握更多有关本公司营运现状、发展战略等方面的信息,信息不对称现象在市场中普遍存在。投资者作为信息需求方,需要上市公司提供相关信息以指导投资决策。而作为信息的供给方,考虑到投资者很可能因信息不对称而产生逆向选择,给出低于公司实际价值的报价,上市公司有动机主动向投资者提供信息,以减弱逆向选择的影响。财务报表作为反

---

① 本章内容主要参考 Cottle et al. (1988)和 Penman(2007)。

映上市公司相关信息的有效载体,就是上述供给与需求相结合的产物。

上市公司的财务报表由公司的财务人员依据国家制定的会计准则进行编制,中国所使用的是包括基本准则和具体准则在内的一整套企业会计准则体系。为了增强信息的可信度,财务报表在编制完成后,通常必须经专业审计师审计,之后与审计报告一同向社会公众披露。鉴于其完全公开的特点,财务报表的获取途径十分多样,投资者可以从各大财经网站和数据库中获取上市公司的季度或年度报告。

财务报表主要由资产负债表、利润表、现金流量表、所有者权益变动表、附注和补充信息五部分组成,前三张表对投资决策的形成最为关键,是投资者了解公司整体财务状况所要研究的主要内容。资产负债表包含资产、负债和所有者权益三个方面的内容,是企业经营活动的静态体现。利润表为动态报表,记录一定会计期间内上市公司的收入和费用并计算利润与损失,反映公司在该会计期间内的经营成果,会计期末净利润作为股东权益的增量结转入资产负债表。现金流量表将现金流按用途分为经营活动现金流、投资活动现金流和筹资活动现金流三个部分,直观地反映公司对现金的使用情况。所有者权益变动表作为前三大报表的补充,全面反映公司的股东权益在该会计区间的变动情况,便于投资者对上市公司资本的保值和增值情况做出正确的判断。附注和补充信息则包含了前四张报表之外投资者有必要知悉的其他内容(如编制报表所遵循的会计准则、与投资者的投资决策相关的公司重大事项等),都是财务报表中不可或缺的一部分。财务报表的五个组成部分各司其职又相互联系,共同反映上市公司的财务现状,所反映的信息也相对客观、公正。

值得注意的是,当投资者从财务报表中获取信息时,单一获取某一时点、某一科目的具体数值(如新华医疗 2020 年年末的现金为 13.5 亿元)意义不大,这个数字所反映的信息极为有限。投资者可以将新华医疗的当期数据与历史同期数据进行纵向比较,以获得各科目的变动趋势;或者从横向出发,将数据与其他可比公司同时期的数据相比,分析新华医疗在同业竞争中所处的地位。除了比较财务报表中直观给出的数据,投资者还可以计算一些比率和指标,帮助其判断上市公司的各项能力。例如,反映盈利能力的净利率、总资产收益率,体现营运能力的应收账款周转率、存货周转率,衡量偿债能力的流动比率、速动比率等。这些指标的计算和分析方法将在第 3 章详细介绍。

另外,由于上市公司之间各有差异,要求所有公司使用完全相同的会计方法并不可行,当代的会计准则是在规定了大框架的前提下,允许上市公司选择适用于本公司具体情况的会计方法;再加上权责发生制的使用,使得许多科目需要财务人员的主观估计,这就为管理者进行盈余管理提供了空间。盈余管理理论认为,只要公司的管理人员有选择不同会计政策的自由,他们必定选择使其效用最大化或使公司的市场价值最大化的会计政策。管理者可能为了提高公司股价或降低公司借贷成本等进行向上盈余管理,也可能为了避税或获得政府补贴而进行向下盈余管理。因此,投资者要将上市公司可能进行盈余管理的动机纳入对财务报表的分析之中,识别盈余操纵的方法也将在后续章节中进行介绍。

2.2 资产负债表、利润表和现金流量表

2.2.1 三大报表简介

资产负债表

资产负债表也称财务状况表,通常代表了对企业在某一个特定时间点的资产、负债和所有者权益的记录。资产负债表根据其背后的财务结构平衡原则编制而成,一定会满足以下基本恒等式:

$$资产 = 负债 + 所有者权益 \tag{2-1}$$

一方面,管理者可以通过资产负债表了解企业在某一时点拥有和控制的资源(包括现金、存货、机器和建筑物等),以及为了获得这些资源从各种融资渠道取得的资金(主要分为负债和权益)。

另一方面,资产负债表也给投资者提供了公司财务状况截至编制时点的快照。一般而言,如果一家公司的资产相较于其负债规模庞大,那么这家公司的财务状况较为健康;而如果其负债资产比很高,那么它很有可能因高杠杆和高风险而受到很严格的监管。

利润表

利润表也称损益表或收益表,呈现一段时间内由企业经营而产生的收入、费用和利润等信息。它常常用于衡量特定期间内(一般是一个季度或一年)或者特定业务上公司的表现。利润表的编制也满足以下基本的会计平衡式:

$$收入 - 费用 = 利润 \qquad (2\text{-}2)$$

由于利润是决定投资者所获收益最直接也最重要的因素,因此利润表常常是投资者判断一家公司的盈利能力和盈利持续性的重要工具。当然,企业的管理层也可以通过利润表查看公司在一段时间内的运营表现,以对业务发展及成本控制等进行决策。

现金流量表

现金流量表是对企业一段时间内现金流入和现金流出情况的记录。一般而言,根据现金的用途和来源可将其分为三个板块:(1) 经营活动产生的现金流量,记录了主营业务带来的现金流入和现金流出;(2) 投资活动产生的现金流量,记录了投资于长期资产的现金流出,收回投资和取得投资收益而得到的现金,以及售卖其他业务板块、器材和固定资产而带来的现金收益;(3) 筹资活动产生的现金流量,记录了由债券和股票等筹资工具的发行、回购和相应利益的分配而带来的现金收入和现金支出。

相比利润表,现金流量表更能真实地反映企业经营产生现金的能力。因为权责发生制给了操纵利润表一定的空间,难以被操纵的现金流量表就成为投资者保守地衡量公司业绩的另一种工具。除了辨别企业是否进行财务造假,现金流量表还能揭示企业的偿债能力。即使利润率很高的公司也可能因为现金流的短期不足而陷入债务危机甚至破产危机。因此,无论是对投资决策还是管理决策,现金流量表都起着十分重要的作用。

2.2.2 三大财务报表的结构及其各项目

三大财务报表由表首、正表两部分组成。其中,表首列出报表名称、编制单位、编制日期、报表编号、货币名称、计量单位等,正表则显示该报表的主体内容。

资产负债表

资产负债表有两种结构:(1) 报告式资产负债表(见表 2-1),将企业的资产、负债和权益项目自上而下排列,这种形式便于报表的编制和比较;(2) 账户式资产负债表,一种更为常见的结构,左边列示资产,右边列示负债和权益项目。而在这三大板块下具体项目的排列规则一般为:资产按照流动性从高到低的顺序排列,负债按照偿债日期从近到远的顺序排列。

表 2-1　新华医疗 2020 年资产负债表　　　　　　　　单位:元

项目	金额
流动资产	
货币资金	1 350 653 600.95
交易性金融资产	41 699 176.52
应收票据	3 439 888.40
应收账款	1 705 619 965.26
应收款项融资	38 955 702.17
预付款项	115 260 489.62
其他应收款	163 036 787.16
其中:应收股利	31 278 450.52
存货	2 342 347 234.67
一年内到期的非流动资产	3 169 417.26
其他流动资产	62 905 558.87
流动资产合计	5 827 087 820.88
非流动资产	
长期应收款	2 563 207.49
长期股权投资	1 501 669 647.20
其他权益工具投资	332 651 275.08
其他非流动金融资产	18 000 000.00
投资性房地产	310 024 515.19
固定资产	2 171 562 304.23
在建工程	299 288 052.55
无形资产	523 451 019.92
商誉	268 758 873.76
长期待摊费用	157 378 729.16

(续表)

项目	金额
递延所得税资产	111 038 318.05
其他非流动资产	30 374 455.30
非流动资产合计	**5 726 760 397.93**
资产总计	**11 553 848 218.81**
流动负债	
短期借款	1 811 538 985.18
应付票据	296 246 465.73
应付账款	1 668 031 703.27
合同负债	1 400 351 780.48
应付职工薪酬	156 166 562.94
应交税费	127 847 026.85
其他应付款	393 135 045.56
其中:应付股利	40 818 334.21
一年内到期的非流动负债	35 048 846.46
其他流动负债	176 766 546.28
流动负债合计	**6 065 132 962.75**
非流动负债	
长期借款	412 748 358.09
长期应付款	627 692.52
预计负债	10 650 000.00
递延收益	104 191 521.40
递延所得税负债	102 429 767.58
非流动负债合计	**630 647 339.59**
负债合计	**6 695 780 302.34**
所有者权益(或股东权益)	
实收资本(或股本)	406 428 091.00
资本公积	1 671 603 943.87
其他综合收益	−3 932 694.94
专项储备	7 806 302.49
盈余公积	159 690 245.90
未分配利润	2 142 952 300.99
少数股东权益	473 519 727.16
归属于母公司所有者权益合计	**4 384 548 189.31**
所有者权益合计	**4 858 067 916.47**
负债和所有者权益总计	**11 553 848 218.81**

(1) 资产。资产是由过去的交易或事项形成的、企业在特定时点拥有或控制的、预期会在未来带来经济利益的资源,通常分为流动资产和非流动资产。其中,流动资产包含的是可以在一个正常营业周期(通常是一年)内变现、出售或耗用的资产,最常见的如现金、存货和应收账款。

投资者通常青睐拥有足够现金的企业,因为充足的现金流不仅意味着企业抵抗行业或者经济衰退的能力更强,还预示着更多的未来发展和成长机会,现金连年增长的企业通常会有出色的业绩。当然,长期持有过多的现金也可能暗示着较差的现金管理能力或者公司没有好的投资机会,以至于大量现金无处可用。

存货则记录了未出售的产成品、半成品及原材料。投资者可以根据存货信息判断企业的销售能力,以及企业是否将过多的资金积压在存货上。如果企业的存货增长速度连续几年超过销量增长率,这极有可能意味着其基本面正在恶化。

应收账款代表了企业在销售过程中被购买单位占用的资金,应收账款回收周期的延长是对企业日后问题的有效的预兆。有些企业可能通过提高客户的信用值、放宽他们的还款期限来结识更大的客户,却忽略了客户可能处于钱荒之中的状况,导致大量销售额转变为坏账。而提高应收账款的回收能力,不仅能减少坏账损失,还能加快整个营运周期,使得企业有充足的现金购买原材料、支付工资以投入下一轮的生产,从而也给了企业更大的发展空间。

非流动资产包括流动资产以外的资产,典型的如固定资产、在建工程、研发支出、无形资产等。一般来说,除非公司处于财务困境或者面临资产清算,否则投资者很少关注固定资产。由于固定资产在短时间内难以在市场上出售,企业在一开始购入固定资产时便可能高报其账面价值,以创造修饰报表的空间。因此,固定资产的异常变动也常常成为财务造假的信号灯。

(2) 负债。负债是企业在特定日期承担的、预期会减少未来经济利益的现时义务。与资产类项目一样,负债也分为流动负债和非流动负债。流动负债是企业预计在一个正常营业周期(通常是一年)内清偿的义务,最常见的就是欠供应商的应付账款。非流动负债项目则主要包括长期借款、应付债券等。

投资者一般偏好债务总量可控的企业,因此债务水平的下降通常是一个好的信号。如果企业的债务量相比其现金流量过大,它就会面临越来越多的利息与本金偿付,甚至走向破产。

(3) 所有者权益。企业的资产扣除负债后的剩余权益即为公司股东所拥有的公司价值,因此被称为所有者权益。典型的权益项目有实收资本和未分配利润。实收资本是公司进行公开募股时股东为了获得股权所支付的金额,即企业实际收到的从投资人处获得的资本;而未分配利润则是公司对所实现利润选择进行再投资而非发放给股东的部分。因为未分配利润是多期的累计值,若一家公司在很长一段时间内都发生亏损,则该数值为负数,此时它又被称为"累计亏损"。一个优秀的投资者通常会密切关注公司对未分配利润的使用及其所能带来的收益状况。

虽然企业大部分的财务状况在资产负债表中体现,但是部分资产和负债仍然是未予披露的。很多初创企业拥有的大部分资产是难以衡量价值的无形资产,即使它们已经是现今市场上常见的资产,还是很少被记录在资产负债表中。例如,企业的知识产权(类似专利、商标、版权和商业模式等)、信誉和品牌知名度。当然,也有企业会采用不同的定义方法,将大额资本支出转为资产项,从而降低企业的杠杆率。

利润表

利润表也有两种结构。国际上常见的是单步式利润表,它是将一个会计期间内发生的收入和费用分别列出,各自加总后相减得出当期净收益;而我国采用的则是多步式利润表(见表2-2),它是根据各个项目的性质对当期产生的收入和费用项目进行分类,计算一些中间性利润指标(如营业利润、利润总额等),形成一个完整的净利润产生环节。无论哪一种结构的利润表,都大致由三个部分组成:收入、费用和净利润。

表 2-2　新华医疗 2020 年利润表　　　　　　　　　　　　单位：元

项目	金额
一、营业总收入	**9 150 960 410.80**
营业收入	9 150 960 410.80
二、营业总成本	**8 706 161 412.74**
营业成本	7 020 900 558.84
税金及附加	66 046 874.12
销售费用	906 317 267.51
管理费用	393 606 652.12
财务费用	121 756 775.15
研发费用	197 533 285.00
三、其他收益	52 918 004.58
投资收益	51 288 507.12
其中：对联营企业和合营企业的投资收益	32 236 261.56
公允价值变动收益	(171 177.96)
信用减值损失	(95 135 437.20)
资产减值损失	(88 420 182.71)
资产处置收益	(459 774.11)
四、营业利润	**364 818 937.78**
加：营业外收入	4 512 889.79
减：营业外支出	24 031 775.24
五、利润总额	**345 300 052.33**
减：所得税费用	105 899 388.56
六、净利润	**239 400 663.77**
减：少数股东损益	5 261 687.14
归属于母公司所有者的净利润	234 138 976.63
加：其他综合收益的税后净额	15 263 421.21
七、综合收益总额	**254 664 084.98**
减：归属于少数股东的综合收益总额	249 329 148.01
归属于母公司普通股东综合收益总额	5 334 936.97
八、每股收益	
（一）基本每股收益	0.58
（二）稀释每股收益	0.58

(1) 收入。销售收入是利润表上最直接、明显的项目,一般用一个数值显示公司在会计期间内的所有收入;当然,规模很大的公司也会按照业务部门或者地理区域进一步细分收入。企业提高利润最直接的方式就是增强销售能力,从而增加销售收入,因此它们常常有动机利用短期的促销带来收入的暂时增长。投资者看到某公司的销售收入和利润在某年大幅度增长的时候,往往赋予该公司较高的估值以反映较高的成长性。但是如果该公司仅仅是依靠不可持续的价格战与促销战获得收入和利润的大幅增长,公司的运营和管理层面没有实质性的改善,那么理性投资者就不应该提高该公司的估值,甚至还应该降低估值,以反映促销带来的潜在对手跟进价格战和净利率下降的风险。

(2) 费用。企业最主要的费用集中在两类支出——营业成本、销售和管理等费用。其中,营业成本是与收入直接相关的基本支出,一般和销售收入及销量呈正相关关系;其他各项费用支出则是企业在运营过程所产生的必要支出。通过计算各项费用占收入的比值,可以对企业的成本结构实施监控:一方面可辨别企业是否进行财务造假,另一方面可寻找企业利润率的提高空间。

(3) 利润。利润表最主要的目的是衡量企业的盈利能力,通过对不同的利润进行分析,能够全面地认识企业的获利能力。毛利润由销售收入减去营业成本得到,主要衡量企业主营业务的获利能力;在毛利润的基础上减去一般性费用支出,可得到反映生产经营活动获利情况的经营性利润;在经营性利润的基础上加上对其他收益、投资收益、营业外收支、相关资产减值损益及所得税的调整即可得到净利润,反映企业的整体盈利能力。

现金流量表

现金流量表采用报告式结构(见表2-3),将所有产生现金流入与现金流出的项目分为经营活动、投资活动和筹资活动三类,并且由上到下依次排列,在每一部分和整张表的最后计算该会计期间内的净现金流量。

表 2-3　新华医疗 2020 年现金流量表　　　　　　　　　　　　　　　单位：元

项目	金额
一、经营活动产生的现金流量	
销售商品、提供劳务收到的现金	10 202 374 414.82
收到的税费返还	1 329 208.67
收到其他与经营活动有关的现金	151 405 027.70
经营活动现金流入小计	**10 355 108 651.19**
购买商品、接受劳务支付的现金	6 975 365 448.92
支付给职工以及为职工支付的现金	1 088 407 446.81
支付的各项税费	406 329 093.00
支付其他与经营活动有关的现金	786 904 268.05
经营活动现金流出小计	**9 257 006 256.78**
经营活动产生的现金流量净额	**1 098 102 394.41**
二、投资活动产生的现金流量	
收回投资收到的现金	3 000 000.00
取得投资收益收到的现金	2 846 259.48
处置固定资产、无形资产和其他长期资产收回的现金净额	9 608 765.49
处置子公司及其他营业单位收到的现金净额	33 973 699.15
收到其他与投资活动有关的现金	305 308 350.51
投资活动现金流入小计	**354 737 074.63**
购建固定资产、无形资产和其他长期资产支付的现金	191 325 395.78
投资支付的现金	18 000 000.00
支付其他与投资活动有关的现金	173 800
投资活动现金流出小计	**383 125 395.78**
投资活动产生的现金流量净额	**(28 388 321.15)**
三、筹资活动产生的现金流量	
吸收投资收到的现金	390 000.00
其中：子公司吸收少数股东投资收到的现金	390 000.00
取得借款收到的现金	2 190 422 290.68
收到其他与筹资活动有关的现金	9 000 000.00
筹资活动现金流入小计	**2 199 812 290.68**
偿还债务支付的现金	2 875 871 699.99
分配股利、利润或偿付利息支付的现金	153 178 347.74
其中：子公司支付给少数股东的股利、利润	5 424 268.77
支付其他与筹资活动有关的现金	30 097 799.23
筹资活动现金流出小计	**3 059 147 846.96**
筹资活动产生的现金流量净额	**(859 335 556.28)**

(续表)

项目	金额
四、现金及现金等价物净增加	
汇率变动对现金的影响	(7 403.50)
现金及现金等价物净增加额	**210 371 113.48**
加:期初现金及现金等价物余额	**952 159 742.31**
期末现金及现金等价物余额	**1 162 530 855.79**
补充资料:	
净利润	239 400 663.77
加:资产减值准备	183 555 619.91
固定资产折旧、油气资产折耗、生产性生物资产折旧	156 797 327.28
无形资产摊销	21 799 449.35
长期待摊费用摊销	46 076 285.48
处置固定资产、无形资产和其他长期资产损失	459 774.11
固定资产报废损失	3 302 505.35
公允价值变动损失	171 177.96
财务费用	125 011 684.88
投资损失	(51 288 507.12)
递延所得税资产减少	(11 697 826.42)
递延所得税负债增加	(33 725 905.95)
存货的减少	(256 458 692.88)
经营性应收项目的减少	2 324 012.85
经营性应付项目的增加	670 274 915.11
其他	2 099 910.73
经营活动产生的现金流量净额	1 098 102 394.41
现金及现金等价物的期末余额	1 162 530 855.79
减:现金及现金等价物的期初余额	952 159 742.31
现金及现金等价物净增加额	210 371 113.48

(1) 经营活动产生的现金流量。经营活动产生的现金流量是三类现金流中投资者最关注的一项。一方面,在绝对估值模型中,它是自由现金流量的主要构成部分,因此投资者通常青睐于经营活动产生的现金流量高且由此具有高内在价值的公司(当然也有例外,部分高增长的高科技公司在成长期经营活动产生的现金流量一般是负值);另一方面,该部分现金流量的变化通常反映了公司未来净利润的变化趋势。同时,投资者还可以通过监控经营活动产生

的净现金流量来观察企业的财务健康情况,当它和公司利润之间的差距逐渐拉大时,很有可能预示着公司采用财务操纵的方式,提前或推迟确认了某些收入与支出项目。

(2) 投资活动产生的现金流量。投资活动产生的现金流量主要记录为了维持企业运营所进行的资本性支出,如购买厂房和机器等。对于医药行业等研发支出占比较高的企业,投资活动的现金流量出可以部分解释企业利润和经营活动净现金流量的差异。当然,重大的并购事项及投资而产生的现金流量变动也会记入投资活动的现金流。这部分现金流量主要反映企业的再投资水平,一般而言,投资者希望企业的再投资率[①]至少超过折旧率。因此,短期内投资活动净现金流量的增加并不是一个很好的信号,一方面这样的现金流入增长难以持续,另一方面这可能预示着企业缺少再投资机会。

(3) 筹资活动产生的现金流量。筹资活动产生的现金流量主要记录企业进行融资活动而产生的现金流。融资活动的现金流入主要是发行债券和股票所筹集到的资金,而现金流出则主要为本息支付、股利发放和股票回购。一般而言,企业大量依赖股权或者大量依赖债权进行融资的状况都不是投资者希望看到的。企业若过度依赖发行新股进行筹资,或多或少会损害老股东或者新股东的利益,还会导致股权分散;而企业过度依赖债券筹资,则会使投资者形成企业债务风险较高、流动性较差的印象。相反,持续进行股票回购使得融资活动有净现金流出反而是公司质量好的信号之一。这不仅说明企业现金充足、流动性好,还表明企业能不断地产生大量自由现金流量,拥有持续的竞争优势。

2.3 三大报表的勾稽关系

连续六年被《财富》杂志评选为"美国最具创新精神公司"的安然,拥有上千亿美元的资产,却在 2002 年的几周内宣告破产,并被揭露出其持续多年精

---

① 再投资率又称内部成长性比率,是指企业每年赚取的钱用于投资支出的比率,表明公司用盈余所得再投资以支持公司成长的能力。

心策划乃至制度化、系统化的财务造假丑闻。仅次于美国电话电报公司的美国第二大长途电话公司世通，被发现在1999—2001年虚增收入90亿美元，截至2003年年底虚增总资产110亿美元，也最终走向破产重组。接连不断的会计丑闻和财务造假使我们意识到：会计在当今经济发展中的作用越来越重要。一方面，多样化且复杂化的经济业务必须在报表中得到反映；另一方面，企业的盈余管理手段不断翻新。这些因素使得财务报表越来越复杂，也使得财务报表分析演变为更专业化的工作。计算几个简单的财务比率已经无法达到财务报表分析的目的，更不能满足现实的需要。

分析者只有具备较强的财务会计知识，才能准确地理解越发复杂的财务报表，对于那些关注报表细节、试图了解企业财务报表中是否存在问题的分析者（如股票交易所的财务分析人员、证券公司的财务分析师、审计人员等）来说更是如此。因此我们认为，分析者应该基于报表勾稽关系进行财务报表分析。

所谓基于报表勾稽关系的财务报表分析，是指分析者以财务报表中各个项目之间的勾稽关系作为主要分析工具，考察报表中某项目及相关项目的金额，分析企业的会计政策选择、账务处理思路及报表数字背后的交易或事项，并依据报表及其附注证实或证伪自己的假设，进而对企业的财务状况、经营成果和现金流量状况做出判断。这一方法要求分析者熟悉不同会计政策和会计处理方式对三大报表的影响，并能够把握报表项目之间的勾稽关系。

具体而言，资产负债表反映的是某一时点上公司价值的存量，因此也被称为存量报表。利润表和现金流量表是流量报表，它们度量的是两个时点间存量的变化；并且，净利润和现金流量净额在每个会计期末会进行结算，转入资产负债表，不再进入下一会计周期。

资产负债表与利润表之间的勾稽关系，主要是资产负债表中留存收益的期末数减去期初数应该等于利润表中的净利润减去分红。资产负债表同现金流量表之间的勾稽关系，主要是资产负债表的库存现金、银行存款及其他货币资金等项目的期末数减去期初数应该等于现金流量表的现金及现金等价物净流量。至于利润表与现金流量表的勾稽关系，它们既有很多的相同之处，也有很多的不同之处，最重要的是两者的编制规则不同。后者采用的是收付实现制，意思是只有收到现金时才在会计上确认为收入，真正支付现金时才在会计上确认为成本费用。前者采用的是权责发生制，无论当期是否发生现金交易，只要该交易已经进行——物品的所有权发生了转移或者相应的服务已经确定提供，那么就被计入会计活动。理解了这点，我们就可以在这两张表之间相互转化。

除此之外，三大报表之间还存在隐含的勾稽关系。例如，利润表中固定资产的折旧和无形资产的摊销与资产负债表中的固定资产和无形资产紧密关联；利润表中的财务费用可以从资产负债表中的带息负债及银行存款计算得出。下面我们通过分析师对三大报表的预测过程，更加深入地理解并运用三大报表之间的勾稽关系。需要指出的是，我们介绍的只是一种典型的预测过程，在实际操作中，不同的行业或不同的分析师可能采取不同的预测方法。

第一步，一般从利润表入手。首先，通过对行业和公司基本面因素的分析，分析师可以给出销售收入的预期增长及相应的第二年的预期销售收入。其次，我们通常假设销售成本、销售费用、一般费用、管理费用和销售收入成固定比例，以预测下一年的成本。最后，我们依据公司的历史所得税税率，计算未来的预期净利润。

第二步，预测资产负债表的存量情况。我们以最简单的资产负债表为例考虑最常见的项目。由于现金流量表的预测方法通常是间接法，从净利润入手，依据利润表和资产负债表的变化调整得出预期的现金状况，因此一般最后分析现金流量表。资产方面先考虑流动资产，最常见的是库存现金、存货和应收账款。由于现金是通过净利润调整而得，我们先行跳过。存货和应收账款预测的通常假设是其与销售成本相关，预测相应的周转率确定未来存货和应收账款的数额。固定资产中我们考虑最重要的一项——物业、厂房及设备，通常依据它们与销售收入的比例进行预测。负债方面的预测较为灵活，没有一般的做法，但本质上需要分析师预测出维持公司未来正常运营所需的增量资产，并在债务融资和股权融资中进行分配。而针对所有者权益，我们直接把预期的净利润转入留存收益；其他项目如果没有相应的事实依据，我们预测其保持不变。

第三步,根据现金流量表得出现金,再填入资产负债表。注意,在这里分析师不会再做出额外的假设,只是运用间接法对净利润的预测值进行调整。间接法是指以按权责发生制计算的净利润为起点,调整不增减现金的收入与费用项目、与经营活动无关的营业外收支项目,将净利润转变为按照收付实现制计算出来的现金净流量的过程。例如,A公司以1 000元现金新购置了一批存货,虽然该交易没有产生任何的销售收入,但是现金却实实在在地减少了1 000元,此时我们就应该用净利润减去存货的增加量进行调整。现金流量表预测的具体步骤如下:

现金流量表分为经营活动现金流、投资活动现金流和筹资活动现金流。我们从净利润开始调整少数股东权益、非现金费用、折旧摊销和运营资本的变化得到经营活动现金流。其中,折旧与摊销项目与上一期的存量有关,通常是假定固定的折旧率与摊销率进行计算。投资活动现金流考虑的是资本性支出和其他投资项目。如果我们已经清楚地知道公司未来的资本支出计划,那么在预测中就可以直接进行预测;否则,我们应依据以下等式反推出资本性支出:

期初固定资产－当期折旧＋当期资本性支出＝期末固定资产　　(2-3)

其中,当期折旧额可以根据历史平均折旧率进行预测。筹资活动现金流主要包括长期负债的变化。最后,我们能够得出预测的现金,将其转入预测的资产负债表中,资产负债表两边自然就相等了。

本章小结

本章主要介绍了三大报表的概念、主要科目及其相互之间的勾稽关系。资产负债表包含资产、负债和所有者权益三个方面的内容,是企业经营活动的静态体现;利润表通过记录企业在一定会计期间内的收入和费用并计算利润与损失,反映会计期间内企业的经营成果;现金流量表将现金流按用途分为经营活动现金流、投资活动现金流和筹资活动现金流三个部分,反映会计期间内企业对现金的使用情况。

三大报表的核心勾稽关系在于:资产负债表是某一时点上的公司价值存

量,利润表反映了资产负债表中留存收益的变化,现金流量表则反映了资产负债表中现金的变化。而利润表和现金流量表中各项目的发生额,同时反映了资产负债表的结构变动。

能够准确地读取财务报表信息只是财务分析的第一步,我们还需要其他的"工具",以便进一步加工提取到的信息,而这些"工具"将在后续章节中详细介绍。

思考与讨论

1. 财务报表主要由哪几部分组成?各部分的结构是怎样的?
2. 三大财务报表之间存在怎样的勾稽关系?
3. 分析师进行财务报表预测的一般步骤是什么?

参考文献

[1] Cottle, S., R. F. Murray and F. E. Block, 1988, *Graham and Dodd's Security Analysis*, 5th Edition, McGraw Hill, New York.

[2] Penman, S. H., 2007, *Financial Statement Analysis and Security Valuation*, 2nd Edition, McGraw Hill, New York.

第3章
个股分析应用:以新华医疗为例

本章在已得会计信息的前提下,介绍一系列的指标和模型,阐述财务分析与证券估值的方式和方法。① 在对一家公司进行财务分析时,我们一般先独立观察其当期指标,再分别横向、纵向地分析指标。进一步地,我们可以对公司的市值进行估算。为便于理解,我们引入具体实例,对新华医疗(600587)进行估值与分析,读者可以此为参考,对其他感兴趣的公司进行分析。

3.1 衡量公司各项能力的指标

3.1.1 财务分析整体框架

即使了解三大报表的组成,倘若缺少必要的工具也很难从繁杂的报表数据中得到有关公司状况的信息。因此,我们还要掌握财务比率分析的系统框架,更好地组织三大报表中的数据,以进一步描述公司的财务状况。

一般而言,投资者关注的财务指标衡量了公司在以下七个方面的表现:

---

① 本章内容主要参考 Julie et al. (2013)、Penman(2007)、Cottle et al. (1988)和 Damodaran (2011)。

盈利能力

无论投资于哪个行业,对于盈利能力指标的关注都是必不可少的,它直接决定公司的业绩和内在价值。盈利能力指标衡量公司利用资源实现收入的效率,投资者通常青睐盈利能力指标高且持续增长的公司。最常见的表现盈利能力的财务比率如表3-1所示。

表 3-1　盈利能力指标及其计算公式和数据来源

财务比率	计算公式	数据来源
资本收益率或净资产收益率(return-on-equity, ROE)	税后净利润/平均所有者权益	利润表和资产负债表
资产收益率(return-on-asset, ROA)	税后净利润/平均总资产	利润表和资产负债表
销售毛利率	(销售收入－销售成本)/销售收入	利润表
主营业务利润率	(销售毛利－各种经营费用)/销售收入	利润表
净利率	净利润/销售收入	利润表

这五个利润率都能反映企业盈利能力的持续性(与历史数据相比较)和变化趋势(同类公司进行比较),但资本收益率是适用性最广、综合性最强的指标,它直接评价企业自有资本获取报酬的能力。资本收益率的使用不受行业限制。除了以上财务指标,投资者有时也会关注三大费用(即营业费用、管理费用和财务费用)占销售收入的比值,它们与主营业务利润率一样,衡量了公司的成本控制和管理能力。

短期偿债能力(流动性水平)

即使是盈利能力很强的企业,也可能因为没有足够的现金偿债而面临清算破产的风险。短期偿债能力一方面衡量了企业流动资产相对于流动负债的充足程度,另一方面则反映了企业的变现能力。利用短期偿债能力的财务比率进行分析,就能尽早地发现企业隐藏的流动性危机。一般而言,债权人更加关注企业的短期偿债能力,衡量短期偿债能力常见的财务比率如表3-2所示。

表 3-2 短期偿债能力指标及其计算公式和数据来源

财务比率	计算公式	数据来源
流动比率	流动资产/流动负债	资产负债表
速动比率	(流动资产－存货－其他流动资产)/流动负债	资产负债表
现金比率	(现金及现金等价物＋短期可交易证券)/流动负债	资产负债表

尽管企业的流动性能力一般可以用以上三个比率衡量,但投资者也关注流动资产的组成结构。考虑到某些应收账款和存货的变现能力有限,更深入地分析流动资产并结合现金转换周期,能够对企业短期偿债能力有更准确的认识。

清偿能力

清偿能力是指企业偿还长期负债的能力,清偿能力比率不仅能反映企业的违约风险,还能提供企业的资本结构及其财务杠杆的信息。投资者通过分析清偿比率,能够判断企业是否拥有持续充足的现金流进行债务的偿付,从而防范企业破产的可能性。衡量清偿能力常见的财务比率如表 3-3 所示。

表 3-3 清偿能力指标及其计算公式和数据来源

财务比率	计算公式	数据来源
负债比率(资产负债率)	总负债/总资产	资产负债表
产权比率	总负债/(普通股)所有者权益	资产负债表
利息保障倍数	息税前利润(EBIT)/利息费用	利润表

除以上三个常见的清偿能力指标外,投资者也关注经营活动产生的现金流量或者自由现金流量[①]与总负债的比值。该比值较低既可能是负债过重的标志,也可能是企业产生现金的能力衰减的信号。

营运能力

营运能力是指企业将总资产转化为销售额或者现金的效率。营运能力对

---

① 自由现金流量＝经营活动净现金流量－资本支出。

企业的短期偿债能力影响很大,一旦企业无法有效地完成营运周期(例如,存货滞销难以转化为现金),就会导致许多应付账款等短期债务难以得到准时偿付,从而出现流动性问题。衡量营运能力常见的财务比率如表3-4所示。

表3-4 营运能力指标及其计算公式和数据来源

财务比率	计算公式	数据来源
存货周转率	销售成本/平均存货	利润表和资产负债表
应收账款周转率	销售收入/平均应收账款	利润表和资产负债表
总资产周转率	销售收入/平均总资产	利润表和资产负债表
固定资产周转率	销售收入/平均固定资产净值	利润表和资产负债表

成长能力

成长能力的分析可以用于预测公司扩张经营能力、未来发展趋势和发展速度,包括公司规模的扩大以及利润和所有者权益的增加。公司成长能力往往随着难以测量的市场环境而变化,但投资者仍旧可以使用相关指标(见表3-5)量化其未来的发展前景。

表3-5 成长能力指标及其计算公式和来源

财务比率	计算公式	数据来源
销售收入同比增长率	本年度销售收入/上一年度销售收入－1	利润表
净利润增长率	本年度净利润/上一年度净利润－1	利润表
总资产增长率	本年年末总资产/上一年年末总资产－1	资产负债表
固定资产占比	本年年末固定资产/本年年末总资产	资产负债表

现金流情况

对现金流情况进行分析,能够最直接地展示企业当前的运营状况;同时,反映现金流的指标受会计准则的影响较弱,被操纵的可能性较小,能够更真实地反映企业的财务状况。一般而言,投资者进行现金流情况分析时,通常采用的指标如表3-6所示。

表 3-6 现金流情况指标及其计算公式和数据来源

财务比率	计算公式	数据来源
单位销售现金净流入	经营活动产生的净现金流量/销售收入	现金流量表和利润表
债务保障率	经营活动产生的净现金流量/(流动负债＋长期负债)	现金流量表和资产负债表
自由现金流与经营活动净现金流比值	(经营活动产生的净现金流量－资本支出)/经营活动产生的净现金流量	现金流量表

对于长期进行股利发放的上市公司而言,股利发放率(每股股利/每股收益)也是判断公司现金流充足稳定与否的指标之一。

市场表现

与其他财务指标不同的是,在计算衡量公司市场表现的比率时,部分数据来源不再是财务报表,而是市场数据。投资者可以通过分析市场表现比率来判断公司是否被错误定价。衡量市场表现常见的比率如表 3-7 所示。

表 3-7 市场表现指标及其计算公式和数据来源

财务比率	计算公式	数据来源
每股收益(earnings-per-share, EPS)	归属于普通股股东的净利润/对外发行的普通股股数	利润表和市场数据
市盈率(price-to-earnings, P/E)	普通股每股市价/每股收益	利润表和市场数据
市净率(price-to-book, P/B)	普通股每股市价/每股账面价值	资产负债表和市场数据
市销率(price-to-sales, P/S)	普通股每股市价/每股销售收入	利润表和市场数据

以上四个指标是衡量公司股价和相对估值法中常用的市场倍数。但对于高增长型企业,投资者也会比较其 PEG(市盈率与每股收益增长率比值)以判断股价的合理性。

3.1.2 各指标的具体含义及评价

为了方便读者查阅和理解,我们汇总了上述各项指标的含义和评价。需要指出的是,这些指标虽然具有相当的普适性,但对具体公司进行分析时,仍须留意指标背后所代表公司的特质信息。财务分析的目的不只是分析财务指标,更在于通过指标理解公司经营活动的现状和问题。

盈利能力指标

盈利能力指标的含义如表3-8所示。

表3-8 盈利能力指标的含义

财务比率	含义
资本收益率或净资产收益率（ROE）	衡量了公司股东投资的资产所实现的收益。资本收益率越高,说明公司对资本金的利用与管理越有效,带给股东的保障和收益越高。但是,杠杆率过高也可能导致资本收益率仅仅看起来很高,因此该指标须结合资产收益率和资本结构进行判断。因为优先股的性质类似债权,所以资本收益率通常衡量的是普通股股权部分的盈利能力。如果公司也发行了优先股,一般会从净利润中减去优先股股利,从净资产中减去优先股股权再进行计算
资产收益率（ROA）	综合衡量了公司利用资产获取收益的效率。一般而言,资产收益率越高的公司其盈利能力和经营管理水平越高;但是,轻资产行业(高科技行业、服务业等)公司的资产收益率普遍高于重资产行业(固定资产比重较高)。有时,也可以用营业利润代替净利润进行计算
销售毛利率	反映了公司对原材料的利用效率和产品的初始获利能力。该指标较高的公司,一方面可能与供应商的议价能力较强或者享受规模经济效应,从而可以压低产品成本;另一方面可能有着很高的品牌效应,因而定价较高。竞争越激烈的行业,销售毛利率水平一般越低;销售毛利率越高的公司,在行业中的竞争优势越强
主营业务利润率	剔除了非销售利润因素,直接反映了企业经营活动的盈利能力。因为企业的经营管理很大一部分在于控制各类营业费用,所以该指标的变化趋势在很大程度上反映了企业的经营管理能力
净利率	最直接、简单地衡量了企业将销售额转化为股东利润的能力

短期偿债能力指标

短期偿债能力指标的含义如表3-9所示。

表3-9 短期偿债能力指标的含义

财务比率	含义
流动比率	衡量了作为流动负债偿还保障的流动资产水平。流动比率越高,一方面意味着债权人面临的违约风险越小,另一方面说明了企业营运资金越充足。但是,过高的流动比率可能暗示着企业存货积累过多、应收账款难以收回或者现金管理出现了问题,这些都是造成企业盈利能力低下的隐患

(续表)

财务比率	含义
速动比率	更为保守地衡量真正能够迅速变现、以偿还短期负债的那部分流动资产水平。由于存货和预付费用等流动性资产变现难度大、跨期长并且会有所折价,因此该比率从流动资产中剔除以存货为主的其他流动资产。速动比率偏低的企业面临较大的流动性风险。如果速动比率与流动比率之间的差异很大,则意味着企业的流动性主要靠大量存货囤积形成
现金比率	作为最保守、严苛的流动性比率,衡量了能迅速用于偿还短期债务的现金持有量。但对于企业而言,持有过多现金也是一种资源浪费,因此现金比率的适用性十分有限

清偿能力指标

清偿能力指标的含义如表 3-10 所示。

表 3-10 清偿能力指标的含义

财务比率	含义
负债比率(资产负债率)	衡量企业所运用的财务杠杆。负债比率越高,说明公司总资产中来自债权人的资金越多;杠杆越高,公司相应承担的风险也越大。财务杠杆是把"双刃剑",它会同时放大企业的盈利和损失。需要注意的是,负债比率中包含了一部分由经营业务产生的必要债务(应付账款等)
产权比率	衡量所有者权益对于债权人投资的保障程度,反映了企业财务结构的稳健性。产权比率越小,代表公司的财务杠杆越低,因而承担的风险也越小。有时投资者会用一个更加保守的产权比率(将分母项替换为有形净资产,即所有者权益－无形资产),此时一些依靠大量并购积累声誉的企业的有形净资产可能为负值
利息保障倍数	衡量企业依靠盈利所得偿付债务的能力。利息保障倍数越低,企业对当前债务水平的承担能力越弱,也会严重影响企业的盈利能力。一般而言,该指标低于 1.5 的企业,其清偿能力存在一定问题。判断一家企业清偿能力的持续性,应注意分析其在一个经济周期内利息保障倍数的变化

营运能力指标

营运能力指标的含义如表 3-11 所示。

表 3-11 营运能力指标的含义

财务比率	含义
存货周转率	反映企业存货周转速度和销货能力。存货周转率高的公司,存货出售得更快,存货管理效率更高,占用的资源更少,积压风险也更小。但过高的存货周转率也可能意味着存货过少,难以应对增长的市场需求
应收账款周转率	反映企业应收账款变现的速度和效率。应收账款周转率越高,公司的收账能力越强,因而流动性越强,坏账率一般也越低。但是,过高的应收账款周转率也暗示了企业赊销规定可能过于严苛,导致其失去了一些销售机会
总资产周转率	衡量企业利用资产产生收入的效率。总资产周转率低的企业,其利用资产的效率低或者在资本密集的环境下运营。当然,这也可能与企业选择资本密集型而非劳动力密集型的策略有关
固定资产周转率	衡量企业的固定资产产生收入方面的生产力,反映企业对固定资产的管理效率。对于重资产行业的企业,这项指标发挥的作用更大。该指标越高,企业的固定资产利用率越高、投资效率越高、营运能力越强。但是,过高的固定资产周转率也可能暗示企业的固定资产扩张受到一定的限制,未来的规模增长较难实现

成长能力指标

成长能力指标的含义如表 3-12 所示。

表 3-12 成长能力指标的含义

财务比率	含义
销售收入同比增长率	衡量公司一个会计年度内销售收入的变化程度。一般而言,销售收入增长率越高的公司,其市场占有率扩张得越快,未来成长也更乐观
净利润增长率	直接衡量公司当期净利润与上一年度相比的增长幅度,净利润增长率越高的公司,其盈利能力越强
总资产增长率	衡量公司在一个会计年度内资产规模的增长状况。资产是公司取得收入的资源和偿还债务的保障,发展性强的公司一般会保持稳定的资产增长率
固定资产占比	衡量公司是否存在固定资产导致的资金闲置现象。从资金运用角度而言,固定资产占比越低的公司,其资产利用效率越高,但不同行业在该比率上可能存在较大的差异

现金流指标

现金流指标的含义如表 3-13 所示。

表 3-13 现金流指标的含义

财务比率	含义
单位销售现金净流入	衡量企业将销售额转化为现金的能力。能够维持较高单位销售现金净流入比率的公司,其获取现金的能力更强,流动性风险和财务造假可能性更小
债务保障率	衡量企业现金流对债务偿还的充足程度,更真实和保守地反映了企业的清偿能力。债务保障率越高的企业,其违约风险越小,发展潜力越大
自由现金流与经营活动净现金流比值	自由现金流是企业真正能用于扩展业务、进行并购和投资等其他非主营业务的资金来源。因此,自由现金流量与经营活动产生的净现金流量的比率越高的企业,其财务实力越雄厚,投资质量越高

市场表现指标

市场表现指标的含义如表 3-14 所示。

表 3-14 市场表现指标的含义

财务比率	含义
每股收益(EPS)	反映普通股股东投资的获利水平。一般可以从数据库中获得两种每股收益,其中稀释每股收益是将企业发行的可转债等潜在股权工具也计入普通股股数得到的每股收益,是一种更保守的算法
市盈率(P/E)	在相对估值模型中最常用的市场倍数之一。市盈率高的公司,一般在未来短期内会有更高的盈利增长率,即成长型企业;但同时,市盈率过高的公司,其被市场高估的可能性较大
市净率(P/B)	衡量新股东为了获得公司净资产所付出的投资额或者经理人为现有股东创造财富的能力,给投资者提供了市场对公司估值与公司清算时股东所能获得的价值的差异。市净率较低的公司存在股价被低估的可能性,但也有可能是由投资滞后所导致。市净率更适用于对资本密集型或金融行业的公司进行估值
市销率(P/S)	类似市盈率,衡量公司获得单位销售收入所需的股东投资额。销售收入受会计准则的影响更小,因此市销率是一个比市盈率更可靠的估值乘数。市销率偏低的公司被低估的可能性更大

3.1.3 财务指标的分析方法与实际应用

横向分析(行业比较)

很多财务指标单独来看是没有任何意义的。例如,存货周转率等各种营运能力指标虽然能直接地告诉我们每年存货周转出售的次数,但不能让我们了解一家公司的营运能力究竟处于什么水平。与之类似,企业盈利能力和流动性水平在很大程度上也取决于相应指标在整个行业中的地位,而不是一个简单的数字结果。

因此,在进行财务比率分析时通常会运用横向分析,即将公司与其所在行业的其他类似公司的各财务比率进行对比,得到关于其表现在行业中的地位的判断。但也有可能出现找不到明显行业分属的公司或者有多个产业线的联合公司的情况,此时应该灵活选取与其最相似的公司作为可比公司(例如,该公司年报中的主要竞争者),或者在其主产业线(收入占比高)所在的行业中选取比较对象,而不必拘泥于在其所属行业中寻找。对于可比公司的选取方法,我们将在相对估值模型部分进行详细介绍。

纵向分析(时间比较)

在进行财务比率分析时常常会用到的另一个重要分析工具就是时间序列分析,将公司当前与前几期的财务比率进行对比,考察其财务状况的趋势。通过这种纵向比较,投资者还可以判断公司在各指标上的变化趋势是暂时性的还是持续性的。除非公司经历了重大的重组并购事件,否则一般情况下其历史表现是对当前业绩最好的参照。

下面以新华医疗(600857)为例,真正实践这套财务分析方法。特别指出,本案例分析仅作为章节内容的示例,并不构成任何投资建议。

新华医疗全称为山东新华医疗器械股份有限公司,2002年9月在上海证券交易所上市,主要销售消毒设备、制药装备和放射治疗三类产品,是国内医疗器械的主要生产厂商。新华医疗近六年的财务比率如表3-15所示。

表 3-15 新华医疗近六年财务比率分析

指标	2020/12/31	2019/12/31	2017/12/31	2016/12/31	2015/12/31
盈利能力比率					
资本回报率（%）	5.47	23.02	0.69	2.00	1.07	9.13
资产回报率（%）	2.07	7.17	0.99	1.25	1.14	4.05
销售毛利率（%）	23.28	21.23	20.00	19.85	20.79	22.27
销售费用/营业收入（%）	9.90	10.63	8.27	7.76	8.23	7.44
管理费用/营业收入（%）	6.46	6.58	5.81	6.30	6.51	6.67
财务费用/营业总收入（%）	1.33	1.88	1.36	1.30	1.99	1.93
净利率（%）	2.62	9.81	1.19	1.49	1.44	4.80
短期偿债能力比率（流动性分析）					
流动资产/总资产（%）	50.43	49.12	53.84	55.99	56.70	59.84
营运资本/总资产（%）	2.06	−4.30	−7.99	−5.72	−4.78	3.81
流动比率	0.96	0.92	0.37	0.91	0.92	1.07
速动比率	0.57	0.57	0.51	0.55	0.53	0.65
现金比率	0.22	0.18	0.16	0.19	0.18	0.23
清偿能力比率					
负债比率（%）	577.95	59.57	65.38	66.80	64.65	59.61
产权比率	1.38	1.47	1.97	2.01	1.33	1.43
利息保障倍数	4.04	7.76	2.35	2.59	2.30	4.85

（表内列标题按原表为：2020/12/31、2019/12/31、2013/12/31、2017/12/31、2016/12/31、2015/12/31）

（续表）

指标	2020/12/31	2019/12/31	2013/12/31	2017/12/31	2016/12/31	2015/12/31
营运能力比率						
应收账款周转率(次数)	5.09	4.50	5.13	5.19	4.60	4.56
存货周转率(次数)	3.12	2.81	3.01	2.95	2.64	2.69
流动资产周转率(次数)	1.59	1.42	1.51	1.49	1.36	1.39
固定资产周转率(次数)	4.02	3.65	4.30	4.86	5.10	6.62
总资产周转率(次数)	0.79	0.73	0.83	0.84	0.79	0.04
成长能力比率						
销售收入同比增长率(%)	4.38	−14.75	3.01	19.35	10.72	20.23
净利润增长率(%)	−72.17	603.76	−17.95	23.40	−66.71	−7.39
总资产增长率(%)	−0.47	−6.24	−0.36	9.29	15.73	21.72
固定资产占比(%)	24.07	25.28	29.29	26.72	23.04	20.51
现金流分析						
经营活动净现金流(亿元)	10.93	6.31	6.53	9.47	1.39	1.10
单位销售净现金流入(元)	0.12	0.07	0.06	0.09	0.02	0.01
债务保障率	0.16	0.09	0.08	0.11	0.03	0.02
自由现金流占比	0.94	1.34	−0.46	−0.26	3.24	2.61
市价比率						
每股收益(元)	0.58	2.12	0.06	0.16	0.09	0.69
市盈率	5.71	254.73	81.00	197.02	36.34	45.23
市净率	1.32	1.40	1.55	2.10	3.04	4.59
市销率	0.66	0.56	0.53	0.82	1.35	2.35

首先,我们对新华医疗进行横向比较。新华医疗主要从事医疗器械的生产和开发,为简单起见,我们统一选取医疗保健设备行业的鱼跃医疗(002223)、乐普医疗(300003)、三诺生物(300298)、阳普医疗(300030)、通策医疗(600763)作为可比公司,它们的一些基本财务比率如表3-16所示。

表3-16　新华医疗财务比率横向比较(截至2020/12/31)

指标	鱼跃医疗	乐普医疗	三诺生物	阳普医疗	通策医疗	新华医疗
流动比率	2.29	1.37	3.23	1.85	1.82	0.96
产权比率(%)	0.34	0.72	0.42	0.74	0.30	1.38
存货周转率	3.36	2.19	2.49	4.21	68.73	3.12
净资产收益率(%)	26.04	20.76	6.94	17.71	3.12	5.47

通过比较可以发现,新华医疗在偿债能力、营运能力和盈利能力等方面均弱于可比公司,在医疗保健设备行业不具有优势地位。

其次,我们对新华医疗进行纵向比较。以净利润增长率为例,新华医疗净利润增长率的变化趋势如图3-1所示。

图3-1　新华医疗净利润增长率

观察图3-1可以发现,自2015年年末,新华医疗净利润增长率大多为负且波动较大,这表明公司的成长性较弱,投资前景不稳定。综合横向比较与纵向比较的初步结果,新华医疗在同行业的财务表现不具优势,并且盈利能力表现不佳。

此外,在进行纵向比较时,应特别注意报告期间的一致。例如,不能直接比较2015—2020年的季报财务比率与年报财务比率,否则会导致错误的判断。

3.2 相对估值模型

相对估值法又称乘数估值法,是将目标公司与类似公司相比较以确定公司价值的估值方法。相对估值法假设存在一个与公司市值直接相关的变量,且市值与该变量的比值在同行业可比公司之间是相似的,从而可将这一比值运用于目标公司,计算目标公司的市值。公司市值与相关变量的比值被称为乘数,常见的乘数有市盈率(P/E)、市净率(P/B)和市销率(P/S)等。进行相对估值的一般步骤为:选取目标公司的可比公司、计算可比公司的乘数、将乘数运用于目标公司、得到目标公司市值。

3.2.1 可比公司

可比公司是指与目标公司具有相同经营特征的公司,此处的经营特征包含行业、产品服务、公司规模、市场条件、风险水平等各个方面。诚然,没有两家公司是相同的,要寻找与目标公司完全匹配的公司十分困难,我们可以采用增加可比公司数量并计算乘数平均值的方法,在一定程度上减少偏误。但可比公司的选取也不是越多越好,数量过多会进一步降低可比公司之间的同质性,从而降低估值的可信度。因此,选择哪些公司、选择多少公司都需要投资者根据所采用的乘数及自身的经验和判断进行权衡。一般而言,我们应选择与目标公司在同一行业或从事同一业务、有相似的规模和增长率、最好在同一市场交易的公司作为可比公司。另外,当目标公司是涉及多个行业的综合性公司时,可考虑在不同行业中分别选取可比公司,再将不同行业得到的乘数按照各行业在目标公司中的占比进行加权平均,从而得到适用于目标公司的乘数。

在新华医疗的例子中,我们仍使用上文分析中提到的五家可比公司。而在实际情况下,投资者可进一步细分行业,或者根据所采用乘数的不同调整可比公司。

3.2.2 公司乘数

市盈率

市盈率(P/E)是公司每股市价与每股收益的比值。其中,每股市价通常为当前价格,每股收益的选取则较为灵活。根据所选每股收益的不同,市盈率可分为静态市盈率和动态市盈率。静态市盈率按照已公布的最近财务年度每股收益计算得到,如果利用过去 12 个月滚动计算的每股收益,此时静态市盈率又称为拖尾市盈率。动态市盈率使用的是下年度每股收益的预测值,通常采用分析师的一致预测作为估计值。由于在中国 A 股市场,许多公司并没有分析师预测,因此大多采用静态市盈率作为可比公司的乘数(见表 3-17)。

表 3-17 新华医疗与可比公司的市盈率(截至 2020/12/31)

可比公司	鱼跃医疗	乐普医疗	三诺生物	阳普医疗	通策医疗	平均值	新华医疗
市盈率	37.58	28.43	80.73	145.95	191.47	96.83	6.71

市盈率模型假设股票市价与公司收益呈正向关系,且同类公司拥有相似的市盈率,因此目标公司的每股价值可以用该公司的每股收益乘以可比公司的平均市盈率计算得到。市盈率选择每股收益作为与价格相关的变量,具有很强的综合性,且数据直观易得、简单实用,是相对估值中较常用的乘数。

当然,市盈率模型也有自身的局限性。第一,市盈率不能有效地区分经营性资产创造的盈利和非经营性资产创造的盈利,降低了公司之间的可比性,且公司的收益存在被操纵的可能性。第二,影响市盈率的因素多种多样。首先,市盈率受公司基本面的影响,一般而言,在其他条件相同的情形下,高风险公司的市盈率低于低风险公司,高增长公司的市盈率高于低增长公司;其次,市盈率受宏观因素的影响,与整体经济环境密切相关,我们不能简单地认为高市盈率公司的股价一定被高估,低市盈率公司的股价一定被低估;最后,影响市盈率的因素较多,这增加了寻找可比公司的难度。第三,如果目标公司的收益为负,市盈率就不能作为相对估值的乘数。

市盈增长率

市盈增长率(PEG)为投资大师彼得·林奇开发的估值指标,由市盈率指标衍生而来。其计算方法为市盈率除以每股收益增长率,此处的每股收益增长率一般为公司未来三年或五年的每股收益复合增长率,可参考多位分析师的预测得到。

市盈增长率针对高增长率公司市盈率普遍较高这一现象,将市盈率按增长率进行调整,从而增强不同增长率公司的可比性,弥补了市盈率不能反映公司成长性的缺陷。一般而言,PEG=1,表明该公司的估值充分地反映了其未来的增长;PEG<1,则表明该公司可能被低估或市场普遍认为该公司的增长率不如预期;PEG>1,则表明该公司可能被高估或市场普遍认为该公司的成长性好于预期。五家可比公司的 PEG 均大于1,这在一定程度上说明了市场普遍看好医疗保健行业的成长性(见表3-18);而新华医疗的 PEG 小于1,这可能意味着在当前环境下,市场普遍认为该公司的成长性不如预期。值得注意的是,PEG 来自分析师对公司未来收益增长率的主观判断,只有判断正确时该指标才会发挥作用,否则可能起到误导作用。

表 3-18 新华医疗与可比公司的市盈增长率(截至 2020/12/31)

可比公司	鱼跃医疗	乐普医疗	三诺生物	阳普医疗	通策医疗	平均值	新华医疗
预测市盈率	37.58	28.43	80.73	145.95	191.47	96.83	6.71
未来两年 EPS 预计复合增长率(%)	8.32	17.02	39.31	6.21	25.11	19.19	12.63
PEG	4.52	1.67	2.05	23.50	7.63	7.87	0.53

市净率

市净率(P/B)是公司每股市价与每股净资产账面价值的比值。

市净率模型假设股权价值与净资产呈正向关系,净资产规模越大则股权价值越高,且可比公司的市净率相同。因此,目标公司的每股价值可以用该公司的每股净资产乘以可比公司的平均市净率计算得到。与市盈率相比,公司净资产的账面价值较易取得且更加稳定,不像收益指标存在人为操纵的风险(见表 3-19)。另外,公司的净资产很少为负值,因收益为负而无法使用市盈率模型的公司可以考虑采用市净率进行分析。

表 3-19 新华医疗与可比公司的市净率(截至 2020/12/31)

指标	鱼跃医疗	乐普医疗	三诺生物	阳普医疗	通策医疗	平均值	新华医疗
市净率	3.94	4.88	7.48	3.64	40.58	12.10	1.32

市净率的局限性在于公司净资产的账面价值受会计准则选择的影响,采用不同会计准则的公司在市净率方面不具备可比性。此外,对于固定资产较少的服务业公司或高科技公司来说,其股权价值与净资产之间并无直接联系,不能满足市净率模型的前提假设。

市销率

市销率(P/S)是公司每股市价与每股销售收入的比值。

市销率模型假设影响公司股权价值的关键变量是公司的销售收入,销售收入越多则公司价值越高,且可比公司的市销率相同(见表 3-20)。使用销售收入作为关键变量较为稳定可靠,即使收益和净资产都为负的公司,其销售收入也不会出现负值,因此市销率的适用范围比市盈率和市净率更加宽泛。但是,公司的销售收入不能反映其成本的变化,而成本又是决定公司现金流和价值的重要因素之一,这是市销率乘数的局限所在。

表 3-20 新华医疗与可比公司的市销率(截至 2020/12/31)

指标	鱼跃医疗	乐普医疗	三诺生物	阳普医疗	通策医疗	平均值	新华医疗
市销率	6.10	6.29	11.38	6.60	46.81	15.44	0.66

3.2.3 估值与反思

在得到可比公司的平均乘数后,我们代入新华医疗 2020 年四季度的相关财务数据(其中,每股收益和每股销售收入采用过去 12 个月滚动数值),得到的估值结果如表 3-21 所示。我们进行估值分析的时点为 2021 年 4 月 30 日,新华医疗当日收盘价为 16.63 元/股。

表 3-21　新华医疗相对估值结果（截至 2020/12/31）

市盈率估值		市盈增长率估值		市净率估值		市销率估值	
平均市盈率	96.83	平均市盈增长率	7.87	平均市净率	12.10	平均市销率	15.44
每股收益(元)	0.58	每股收益×预计增长率(元)	7.33	每股净资产(元)	10.79	每股销售收入(元)	22.52
每股股价(元)	56.16	每股股价(元)	57.69	每股股价(元)	130.56	每股股价(元)	347.71

观察估值结果可以发现，采用不同相对估值方法得到的公司目标股价的差异很大。采用市净率和市销率乘数得到的目标股价异常高，原因可能是新华医疗的经营模式与其他可比公司不同，其每股净资产和每股销售收入都显著高于行业均值；市盈增长率与市盈率的估值较为接近。从上述分析不难看出，虽然相对估值法的计算过程较为简单，但如何使用相对估值指标的结果却是十分复杂的。我们可以计算这些相对估值结果的算数平均值，并以此作为目标公司的最终估值。不过此方法过于简化，为了得到更准确的估值，可以进一步结合绝对估值法进行分析。我们还可以根据目标公司的特点选择最适合该公司的乘数估值方法：一般而言，市盈率更适用于能够连续盈利且自身发展状况与宏观经济状况相一致的公司；市盈增长率更适用于成长型公司；市净率主要适用于拥有大量资产且净资产为正的公司；而市销率则更适用于销售成本率较低的公司。从这一角度出发，根据市盈增长率和市净率模型得到的股价可能更符合新华医疗的实际情况。总之，相对估值法中的乘数各有侧重点也各有局限性，在根据乘数分析公司价值时，切忌单一使用某一乘数便得出结论，而应该运用多种乘数配合分析，并考虑公司内部、外部各因素的影响。

相对估值法是建立在可比的基础上的，可比公司的选取是否恰当、采用各可比公司乘数的平均值作为目标公司的乘数是否可靠、市场是否足够完善以使各上市公司的股价确实反映了该公司的实际价值等，这些疑问都对相对估值法所得结果的可信度提出了挑战。但由于相对估值法所需的信息较少且操作简单易懂，使用该分析方法的收益大于成本，因此该方法仍不失为投资者在制定投资决策时的有效考量。

3.3 绝对估值模型

3.3.1 模型简介

绝对估值法是通过分析目标公司历史及当前基本面,预测其未来的发展状况和财务数据,对公司未来创造的价值进行折现,进而得到该公司当前内在价值的估值方法。与相对估值法的横向比较不同,绝对估值法所需的数据较多,模型操作较复杂,要求投资者对目标公司纵向的发展趋势掌握得较清晰,并能够较为精准地预测其未来的财务状况。由于完全基于目标公司的基本面进行分析,绝对估值法避免了相对估值法在可比公司选取上可能发生的偏误,所得结果能够更准确地反映股票的内在价值,具有更强的说服力和可信度。但是,由于估值过程涉及多个参数,参数的选取(未来财务指标的预测值、折现率等)是否恰当对估值的准确性影响很大,因此我们一般应对主要的参数进行敏感性分析,以获得合理的估值区间。另外,绝对估值法涵盖的估值区间较长,对市场变化的及时反应能力较差,因此对短期交易价格的指导意义较弱。

绝对估值法的估值模型包括股利贴现模型(Dividend Discount Model,DDM)、现金流折现模型(Discounted Cash Flow,DCF)和剩余收益模型(Residual Income Valuation Model,RIM)等。其中,股利贴现模型将股票与债券类比,既然债券的价格可以通过对发放的利息进行贴现得到,那么股票的价格也可以通过对发放的股利进行贴现而得,股利贴现模型较适用于股利发放政策稳定的公司。现金流折现模型假设公司的价值体现在公司所产生的现金流上,因此对未来现金流进行折现就可以得到公司估值。剩余收益模型认为只有收益大于股东要求回报的投资才会增加公司的价值,如果一项投资的收益小于股东要求回报,那么虽然公司依然可以计提利润,但这项投资实际上是减少了公司的利润。因此,剩余收益模型将收益与股东要求回报的差值——剩余收益视为公司价值增加的度量值,将预测的剩余收益现值与资产负债表的账面价值相加得到股权的价值。下面详细介绍现金流折现模型与剩余收益模型。

3.3.2 现金流折现模型

现金流折现法的整体框架

现金流折现法的整体框架如图3-2所示。

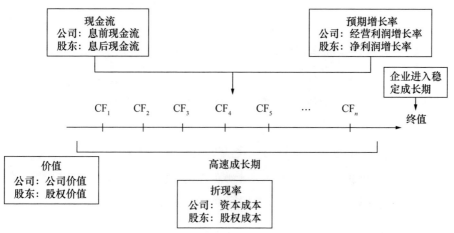

图3-2 现金流折现法的整体框架

现金流折现法作为绝对估值法的基础模型，基于对公司未来盈利能力和现金流创造能力的预测以及对企业未来风险的估计，评估公司的内在价值，从而得到合理的股价。最常见的现金流折现模型有两种：公司自由现金流折现法和股权自由现金流折现法。理论上，前者通过计算出公司的总价值后减去计息负债价值而得到的股权价值应该与后者的计算结果相同；但在实际操作中，对于资本结构较稳定的公司，可以简单地以预测的未来股权自由现金流的现值总和作为其股权价值，从而得到合理股价的估计值。但当公司负债的波动相对于投资额过大时，只看权益价值就难以准确地评估公司的再投资率，从而无法预测公司未来的成长性和盈利能力，此时应该选用自由现金流模型进行整体估值。

不论使用哪种模型，现金流折现法的核心思想都是预测出企业未来的自由现金流及其增长模式，再利用该部分现金流对应的风险所决定的折现率计算出所有自由现金流的现值之和。其满足的基本公式如下：

$$\text{Asset Value} = \frac{E(CF_1)}{1+r} + \frac{E(CF_2)}{(1+r)^2} + \cdots + \frac{E(CF_n)}{(1+r)^n} + \frac{E(\text{Terminal value})}{(1+r)^n}$$

(3-1)

现金流折现法估值可以划分为以下几个主要步骤：

（1）根据企业类型和资本结构稳定性选定所用的模型，决定是计算企业价值还是权益价值。

（2）基于所选定的模型，估算自由现金流对应的风险，进而确定折现率（资本成本或者权益成本，与所选模型相匹配）。

（3）根据企业当前盈利状况估算其当前产生的自由现金流。

（4）以企业的盈利增长规律预测其自由现金流的增长趋势和达到稳定增长所需的时间。

（5）根据企业达到稳定期的现金流状况计算其终值。

（6）综合以上的估测结果计算未来自由现金流与终值的现值之和得到企业内在价值，除以其流通的总股数即可得到企业的合理股价。

现金流折现法主要参数估算

折现率的分解和估测

在对现金流进行折现时，所使用的折现率反映的是企业的投资者感受到的风险，必须与现金流在至少以下三个方面相匹配：

（1）范围。对于企业自由现金流，应使用加权平均资本成本（weighted average cost of capital, WACC）作为折现率，其满足的公式为：

$$\text{WACC} = \frac{D}{D+E} \times R_d \times (1-t) + \frac{E}{D+E} \times K_e \quad (3-2)$$

其中，R_d 表示企业债务加权资本成本，t 表示企业所得税税率（考虑负债的税盾效应），K_e 表示权益资本成本，D 和 E 则分别表示所有者权益与负债的市场价值。

而对于权益自由现金流，则只需以权益资本成本 K_e 作为折现率即可。

（2）货币单位。估计折现率所使用的货币单位应与计算自由现金流所使用的货币单位保持一致。

(3) 名义利率还是实际利率。一般使用实际利率,但当模型使用名义自由现金流(反映预计通货膨胀对现金流的影响)时,折现率也应相应地改为名义利率。

具体而言,计算权益资本成本 K_e 常见的模型如表 3-22 所示。

表 3-22 权益资本成本计算公式

模型	公式
资本资产定价模型(capital asset pricing model,CAPM)	$E(R)=r_f+\beta(E(r_m)-r_f)$
套利定价模型(arbitrage pricing model,APM)	$E(R)=r_f+\Sigma\lambda_i b_i$
多因子定价模型(multi-factor model,MFM)	$E(R)=r_f+\Sigma\beta_j(R_J-r_f)$

使用最广泛的是 CAPM 模型。其中,r_f 代表无风险利率,一般使用政府发行的长期债券利率;$E(r_m)-r_f$ 代表预期的市场风险溢价,一般以历史市场风险溢价替代;β 代表企业的系统性风险水平,一般使用企业历史股价收益率溢价对市场溢价进行回归得到的系数。

但是对于不成熟市场或者发展中国家的企业,其所在国政府债券也面临违约风险,此时使用国债利率作为无风险利率则不合适。一种替代计算方法是,用发达市场的无风险利率加上国家风险溢价作为该国无风险利率。国家风险溢价有两种计算途径:(1) 使用在发达市场上发行的美元计价的该国主权债券利率(按照穆迪评级对应的利率)与美国国债利率的差值;(2) 使用该国发行的 CDS(信用违约互换)的违约价差。

同样,以历史平均市场风险溢价作为市场风险溢价的替代也受到选用时长、选用的债券类型和平均方法的影响,因此一种改进的、计算风险溢价的方式是,用成熟股票市场的基础溢价与国家溢价之和作为对该国股票市场风险溢价的预测。需要注意的是,国家溢价衡量的是两国债券之间的利率差,必须用股市波动率与债券市场波动率的比值进行调整(该比值约为 1.5∶1)。基于这种改进,有的模型对成熟股票市场的基础溢价和国家溢价使用不同系数估计权益资本成本。

对于衡量企业系统风险的贝塔(β)系数,考虑到公司债券也有市场风险,因此应该在计算权益资本成本时剔除该部分风险,得到经杠杆调整后的贝塔系数：

$$\beta_L = \beta_u[1+(1-t)D/E] - \beta_D t(1-t)(D/E) \qquad (3-3)$$

其中，β_u 代表未经杠杆调整的贝塔系数，β_D 代表负债的贝塔系数。

对于企业的债务加权资本成本，既可以使用公司发行债券的加权利率，也可以根据企业对应的评级并基于此进行计算。

自由现金流的计算

自由现金流衡量了企业当前盈利在进行再投资之后的剩余价值，因此应从企业利润中减去再投资部分——各种资本支出及运营资本的变化。具体而言，自由现金流的计算公式如表 3-23 所示。

表 3-23　自由现金流的计算公式

现金流	公式
企业自由现金流	息税前利润×(1－税率)－(资本支出－折旧)－营运资本的变化额
权益自由现金流	净利润－(资本支出－折旧)－营运资本的变化额－(偿付的本金－发行的新债)－优先股股利

其中，营运资本是指流动资产(存货和应收账款等)与非债务流动负债(应付账款等)的差额。

我们在计算自由现金流时有两点须注意：(1) 使用能获得的最近一年的数据(trailing twelve months, TTM)进行滚动计算，即使不是一个标准的会计年度，也要注意数据的实时性；(2) 注意某些费用性支出和资本性支出的调整——企业自由现金流中应加回研发费用，减去研发费用相应的摊销额。

增长率的计算

因为自由现金流增长主要由企业盈利能力决定，所以最简单的估计方法就是以历史企业利润增长率(一般为 EPS 增长率)作为未来自由现金流增长率的预测值；另外，对于比较知名的上市企业，也可以直接使用分析师预测的平均值作为其短期内的自由现金流增长率。但是，这两种方法都不能为增长率预测提供合理的依据。

理论上，企业未来盈利的增长可以归结为两方面，即新项目的投资额以及

这些项目带来的收益率水平。从盈利增长的分解公式中,我们可以得到增长率的理论计算方法:

现阶段盈利额 ＝ 现有项目每期固定投资额 × 现有项目现阶段收益率

(3-4)

下一阶段盈利额 ＝ 现有项目每期固定投资额 × 现有项目下一阶段收益率 ＋
新项目投资额 × 新项目收益率 (3-5)

盈利增长额 ＝ 现有项目每期固定投资额 × 现有项目收益率变化 ＋
新项目投资额 × 新项目收益率 (3-6)

式(3-6)与式(3-4)的比值为:

盈利增长率 ＝ 现有项目收益率增长率 ＋ 再投资率 ×
(1 ＋ 新项目收益率增长率) (3-7)

一般预期企业项目收益率维持在现有水平,那么其盈利增长率的计算可以简化为:

$$盈利增长率 = \frac{新项目投资额 \times 新项目收益率}{现阶段盈利额}$$

$$= 再投资率 \times 新项目收益率 \quad (3-8)$$

长期增长率及终值的计算

长期增长率是指企业进入稳定发展期之后的盈利增长率。考虑到经济体中有许多其他高速增长的企业,企业长期增长率应略低于整体经济增长率。另一种更加简单且保守的方法是使用经济体的无风险利率代替企业的长期增长率。

而企业进入稳定成长需要的年数则取决于其行业特征和企业当前的发展情况。一般而言,可以通过分析同行业中已步入成熟期企业的发展阶段来确定企业可能经历的高速增长期长度。对于已经接近稳定成长的公司,权益资本成本的计算也应该与其发展情况一致——贝塔系数接近1、负债比率接近行业均值;而对于刚刚起步且会有很长发展期的公司,可以设定三个或更多的发展阶段,并分别计算不同阶段的盈利增长率。

最后,企业的终值是指进入稳定发展期之后的企业价值,其计算公式如下:

$$企业终值 = \frac{进入稳定发展初期的自由现金流}{企业资本成本 － 长期增长率} \quad (3-9)$$

现金流折现模型:新华医疗案例分析

估值模型选择

新华医疗的杠杆比率较高,且债务变动相对于投资额较大,如果只看权益价值可能无法准确评估公司的再投资率,进而无法准确预测公司未来的成长和盈利能力。因此选用公司整体估值法,基于无杠杆的企业自由现金流估算公司价值,从中减去债务价值求得权益价值。近年来,新华医疗的收入增速虽然放缓,但受益于医药行业整体的高增长,仍然属于高成长的公司,估测新华医疗目前仍处于增长期并预计将持续 3 年,之后进入稳定增长阶段。因此,我们采用两阶段模型进行估值:第一阶段为在未来 3 年内高速增长;第二阶段为在 3 年之后的永续期间稳定增长。估值时点为 2021 年 4 月 30 日(在实际估值中,基于非年度报表进行估值的情形更加常见,因此本案例选择了较为一般的估计时点),最近可得的财务报表为 2020 年年报。

权益资本成本

第一步,计算无风险利率。

利率期限:采用 5 年期利率。

基准利率:采用美国 5 年期国债收益率 0.856%。

国家违约风险溢价:基于中国相对于美国的违约风险进行估计,根据 Damodaran(2021)的研究结果,中国基于穆迪评级的违约风险溢价为 0.62%,基于 CDS 违约风险溢价为 0.56%,两者平均得到 0.59%。

无风险利率:等于基准利率和国家违约风险溢价之和,即 1.446%。

第二步,计算中国市场权益风险溢价。

$$权益风险溢价 = 成熟市场权益风险溢价 + 国家风险溢价 \quad (3\text{-}10)$$

首先计算成熟市场权益风险溢价,根据 Damadaran(2021),我们选取美国市场风险溢价代表成熟市场风险溢价,为 4.72%;其次通过债券市场违约风险溢价间接推算国家风险溢价(按照股票市场与债券市场 1.5∶1 的比例进行调整),得到国家风险溢价为 0.443%[(0.62%×1.5+0.56%×1.5)/2];最后得到中国市场权益风险溢价为 5.163%,如表 3-24 所示。

表 3-24 中国股票市场权益风险溢价

国家	穆迪评级违约风险溢价	CDS违约风险溢价	国家风险溢价	成熟市场权益风险溢价	权益风险溢价
中国	0.620%	0.560%	0.443%	4.720%	5.163%

资料来源：http://people.stern.nyu.edu/adamodar/New_Home_Page/datafile/ctryprem.html，2021年1月更新。

第三步，计算贝塔系数。

我们选用沪深300指数收益作为市场收益，并利用最近一年新华医疗的股价和沪深300指数进行单变量回归。最终得到的贝塔系数为0.3099。

第四步，利用CAPM模型计算权益资本成本。

权益资本成本＝无风险利率＋β×权益风险溢价＝3.05%。

债务资本成本

债务成本的估计较为复杂，在实际操作中，需要单独计算不同类型债务合约的实际利率。为了简化处理，这里将公司债务按照期限分为一年期内和一年期以上，并假定流动负债中的短期借款、一年内到期的非流动负债为一年期内负债，非流动负债中的长期借款和长期应付款为一年期以上负债。查阅最新银行贷款利率，加权得到公司债务资本成本为4.42%（见表3-25）。

表 3-25 新华医疗债务资本成本估算   金额单位：百万元

项目	一年期以内负债	一年期以上负债
总计负债额	1846.59	413.38
短期借款	1811.54	
一年内到期的非流动负债	35.05	
长期借款		412.75
长期应付款		0.63
占比(%)	81.71	18.29
贷款利率(%)	4.35	4.75
公司债务资本成本(%)	4.42	

加权平均资本成本

根据式(3-2),计算出公司加权平均资本成本(WACC)为 3.05%(见表 3-26)。其中,权益金额为 2020 年归属母公司的所有者权益,债务金额为计算债务资本成本用到的带息债务(短期借款、一年内到期的非流动负债、长期借款和长期应付款),公司所得税税率采用 2020 年报表(滚动 12 个月所得税除以滚动 12 个月利润总额)计算的实际税率 30.67%。

表 3-26 新华医疗加权平均资本成本

项目	权益资本成本	债务资本成本
资本成本(%)	3.05	4.42
权益或债务金额(百万元)	4 384.55	2 259.97
占比(%)	65.99	34.01
实际所得税税率(%)	30.67	
加权平均资本成本(%)	3.05	

自由现金流

自由现金流(FCFF)的计算公式如下:

$$\text{自由现金流} = \text{息税前利润} \times (1 - \text{所得税税率}) - (\text{资本支出} - \text{折旧}) - \text{营运资本变化} \tag{3-11}$$

在分析时点可得的最近财务报表为 2020 年年报,为简化处理,我们在计算自由现金流时省略主观调整项,并假设所有现金均为营运资本,在最终计算股权价值时不再加回现金。各指标的简化定义如下:

(1) 息税前利润=利润总额+财务费用

(2) 税率=所得税÷利润总额

(3) 资本支出=现金流量表中"购建固定资产、无形资产和其他长期资产支付的现金"

(4) 营运资本=流动资产-流动负债

(5) 折旧=现金流量表补充资料中"固定资产折旧、油气资产折耗、生产性生物资产折旧",若为季度报表,则由于缺少现金流量表补充资料,折旧数据可以根据上年度年报中固定资产折旧率推算。

计算以上数据,得到公司最近一年(报告期为 2020 年 12 月 31 日)的自由现金流量为 527.34 百万元(见表 3-27)。

表 3-27　新华医疗最近一年自由现金流量　　　　　　　　　　单位:百万元

息税前利润×(1−所得税税率)	资本支出	折旧	营运资本变化	自由现金流量
323.82	191.33	156.80	−238.05	527.34

增长率

首先,我们预测公司的短期增长率。公司历史 EPS 增长率的波动很大,基于该增长率难以准确地预测公司未来的成长能力。因此,我们选择分析师未来 3 年盈利预测的年复合增长率作为短期增长率的估计值。2021 年 4 月末,公司历史 EPS 为 0.58 元/股(2020 年年报),未来 2 年 EPS 预测分别为 0.67 元/股、0.85 元/股,从而计算出 EPS 年复合增长率约为 12.63%。该估计值考虑了新华医疗近年来逐年下降的盈利能力,是较为稳健的短期增长率估计。在实际估计中,分析师通常基于预测的财务报表确定短期增长率,或者直接确定未来自由现金流的金额。

其次,我们预测公司的长期增长率。我们根据盈利增长率的分解公式进行计算,再与无风险利率进行比较。采用整体法估值计算盈利增长率的公式如下:

$$盈利增长率 = 再投资率 \times 项目收益率 \quad (3\text{-}12)$$

其中,

$$再投资率 = \frac{资本支出 + 营运资本变化}{息税前利润 \times (1 - 所得税税率)}$$

$$项目收益率 = \frac{息税前利润 \times (1 - 所得税税率)}{平均总资产}$$

根据最近一年财务报表求出盈利增长率为 −0.60%(见表 3-28)。需要指出的是,该盈利增长率的计算具有隐含假设,即新华医疗现有项目收益率维持不变。由于我们计算的无风险利率为 1.446%,两者差异不大,再考虑新华医疗近年来的不确定性,我们保守采用 −0.60% 作为公司的长期增长率。在实际估值中,分析师往往先预测公司未来年度的财务报表,并在此基础上确定短期增长率和长期增长率。

表 3-28 新华医疗盈利增长率的计算 　　　　　　　单位:百万元

(资本支出	+	营运资本变化)	÷	息税前利润×(1-所得税税率)	=	再投资率(%) ①
191.33		-238.05		323.82		-14.43
息税前利润×(1-所得税税率)	÷	平均总资产	=	项目收益率(%) ②		盈利增长率(%) ③=①×②
323.82		7 723.38		4.19		-0.60

公司价值与股价

公司价值(EV)等于短期增长期的自由现金流(FCF)现值和永续增长期终值(TV)现值之和。在3年高速增长期的假设下,公司价值的计算公式如下:

$$公司价值(EV) = \sum_{t=1}^{3} \frac{FCF_t}{(1+WACC)^t} + \frac{TV}{(1+WACC)^3} \quad (3-13)$$

其中,$TV = \frac{FCF_3 \times (1+g)}{WACC-g}$,WACC为加权平均资本成本,g为长期增长率。

最终,基于现金流折现法计算得到新华医疗在2020年第四季度末的内在价值为44.08元/股,如表3-29所示。相较于市销率与市净率的相对估值法,该估值与市盈增长率和市盈率的相对估值法得到的结果较为接近,并且均高于2021年4月末的收盘价(16.63元/股)。

表 3-29 新华医疗绝对估值结果 　　　　　　　　　　　单位:百万元

项目	第1年	第2年	第3年	终值
自由现金流	593.97	669.01	753.54	20 521.09
现值	576.39	630.00	688.59	18 752.38

预测股价=(公司价值-债务价值-少数股东权益价值)÷总股数

公司价值	债务价值	少数股东权益价值	权益价值	总股数(百万股)	预测股价(元)	交易日收盘价(元)
20 647.36	2 259.97	473.52	17 913.87	406.43	44.08	16.63

经过上述步骤,我们成功得到了目标公司股价的估计值。不过,这只完成了估值的一部分工作,分析师还应进行敏感性分析,以检验估值在不同环境下的变化。以新华医疗为例,在其他条件不变时,当短期增长率升至20%时,预测股价将提高为54.39元;当长期增长率升至1.45%时,预测股价将提高为105.36元;当短期增长期间从3年扩大至5年时,预测股价将提高为56.93元。

有经验的分析师还会为不同的环境设定发生概率并动态调整,使得预测的股价能够及时反映环境的变化。

估值是科学和艺术的结合,每一个估算项目的背后都隐含了许多假设,不同的假设会导致最终估值存在差异,这正是最体现分析师能力的地方。例如,判断公司增长的态势、新投资项目的收益率、毛利率的持续期间、宏观经济和行业竞争的影响、重大风险的识别,等等。本节所给出的只是一个大致的估值框架,并且进行了较大程度的简化,实际估值中的细节则需要读者在实践中不断体会。

3.3.3 剩余收益模型

剩余收益模型(RIM)又称权益资本股价模型。在剩余收益模型中,会计数据直接作为估值的变量,由此在会计数据与公司价值评估之间建立起直接的联系。在剩余收益模型中,公司价值为账面价值与溢价之和。账面价值是定价的出发点,投资者将资产负债表中的账面价值作为估值的基础,再估算资产负债表上未出现的价值——账面价值溢价。剩余收益模型基于三大假设:

第一,公司的当期价值等于已投入资本与未来期望剩余收益的折现值之和:

$$\text{公司价值} = \text{已投入资本} + \text{未来剩余收益的现值} \quad (3\text{-}14)$$

投资的一个基本规则是:只有收益大于股东要求回报时,这项投资才会增加价值。也就是说,即使一项投资带来的收益为正,但如果收益仅仅等于或小于股东要求回报,那么这项投资为公司带来的增加值也为零。因此,只有超过股东要求回报的剩余收益才是公司价值的组成部分。

第二,将剩余收益定义为:

$$RI_t = \text{Earnings}_t - (r \times \text{Capital}_{t-1}) = (\text{ROIC}_t - r) \times \text{Capital}_{t-1} \quad (3\text{-}15)$$

其中,RI_t 为第 t 期剩余收益,Earnings_t 为第 t 期净利润,ROIC_t 为第 t 期已投入资本收益率,r 为资本成本,Capital_{t-1} 为第 $t-1$ 期已投入资本。剩余收益度量价值的增加,也称非正常收益或者超额利润,这里进一步明确地定义我们所计算的是"谁"的剩余收益。但要注意的是,不同情形下所定义的收益、资产和资金成本一定要对应。如果针对的是长期投资者,那么对应的是股权所有者和债券所有者的剩余收益,公式变为:

$$RI_t = EBIT_t(1-T) - (WACC \times A_{t-1})$$
$$= (ROA_t - WACC) \times A_{t-1} \quad (3\text{-}16)$$

其中,RI_t 为第 t 期剩余收益,$EBIT_t$ 为第 t 期息税前利润,T 为所得税税率,WACC 为加权平均资本成本,A_{t-1} 为第 $t-1$ 期总资产,ROA_t 为总资产收益率。

如果针对的只是股权所有者,那么公式变为:

$$RI_t = NI_t - rB_{t-1} = (ROE_t - r) \times B_{t-1} \quad (3\text{-}17)$$

其中,RI_t 为第 t 期剩余收益,NI_t 为第 t 期净利润,r 为股权资本成本,B_{t-1} 为第 $t-1$ 期净资产,ROE_t 为第 t 期净资产收益率。

第三,公司价值满足净盈余关系:

$$B_t = B_{t-1} + E_t - D_t = B_{t-1} + (1-k) \times E_t \quad (3\text{-}18)$$

其中,B_t 表示第 t 期公司的账面价值,E_t 表示第 t 期的会计盈余,D_t 表示第 t 期发放的现金股利,k 表示分红率。

根据上述三个假设,我们就可以得到完整的剩余收益模型的公式。以股权所有者的剩余收益模型为例,将式(3-17)和式(3-18)代入式(3-14),可得:

$$P_t = B_t + \frac{RI_{t+1}}{(1+r)} + \frac{RI_{t+2}}{(1+r)^2} + \frac{RI_{t+3}}{(1+r)^3} + \cdots$$
$$= B_t + \frac{NI_{t+1} - rB_t}{(1+r)} + \frac{NI_{t+2} - rB_{t+1}}{(1+r)^2} + \frac{NI_{t+2} - rB_{t+2}}{(1+r)^3} + \cdots$$
$$= B_t + \frac{ROE_{t+1} - r}{(1+r)}B_t + \frac{ROE_{t+2} - r}{(1+r)^2}B_{t+1} + \frac{ROE_{t+3} - r}{(1+r)^3}B_{t+2} + \cdots$$

$$(3\text{-}19)$$

式(3-19)两边同时除以 B_t 得到一个市净率的定价模型,即

$$\frac{P_t}{B_t} = 1 + \frac{ROE_{t+1} - r}{(1+r)} \times \frac{B_t}{B_t} + \frac{ROE_{t+2} - r}{(1+r)^2} \times \frac{B_{t+1}}{B_t} + \frac{ROE_{t+3} - r}{(1+r)^3} \times \frac{B_{t+2}}{B_t} + \cdots$$

$$(3\text{-}20)$$

从式(3-20)可知,如果账面价值的预期收益等于股东要求回报,则市净率 P/B 为 1。我们将 P/B 为 1 的一项投资所得称为标准收入,1 也被称为标准市净率比率。

值得指出的是,在式(3-18)的净盈余关系(clean surplus relation)条件下,剩余收益模型可以改写成股利折现模型。具体而言,根据净盈余关系,我们有:

$$D_t = B_{t-1} + E_t - B_t \tag{3-21}$$

其中,D_t 为第 t 期发放的现金股利,B_{t-1} 为第 t−1 期净资产,E_t 为第 t 期净利润,B_t 为第 t 期净资产。

将式(3-21)代入式(3-19),经过简单的数字运算,即可从剩余收益模型推导到股利折现模型。

在实际运用中,我们通常使用"512 模型"或者"712 模型",即预测 5 年或 7 年的快速增长期,随后增长放缓,总计预测 12 年。核心假设是:企业先按照预期的盈余增长模式发展一段时间(超常增长阶段),之后盈利能力逐渐回落至行业均值(回归均值阶段),最终按照行业平均盈利水平永续经营(稳定增长阶段)。我们以"512 模型"为例。在这个模型中,我们所需输入的变量有:

(1) 每股盈利的预测。我们一般可以自行预测或者参考分析师的预测得出未来第一年和第二年的每股盈利。同时,我们假定从第二年开始,该公司以长期增长率增长到第五年。

(2) 每股账面价值。我们须输入上一个会计年度的每股账面价值。

(3) 折现率。通常来说,公司的折现率(权益资本成本)为 10% 左右。有更高杠杆且处于波动性很高的行业的公司折现率会相应增大,以反映公司更高的风险。

(4) 分红率。分红率是指公司未来收益中发放股息的比率。

(5) 目标净资产收益率。这是指行业平均净资产收益率。在第二阶段中,公司的盈利能力将逐渐回归到行业平均水平。如果无法准确估计行业平均净资产收益率,那么我们可以逐步调整行业平均净资产收益率,使得最后一期的盈利增长率约等于长期名义 GDP(国内生产总值)增长率。

为了便于读者更便捷地使用剩余收益模型计算 A 股股票的内在价值,我们专门开发了网页版 RIM 模型(www.RIMvalue.cn)。读者打开网页后,只需输入股票代码,网页会从相关信息源(新浪财经、万得资讯等)提取数据,并且自动输入 RIM 模型估值所需的上述相关变量,实时得到该上市公司当前的内在价值。将公司当前内在价值与股价进行比较,可以作为股票投资的依据和参考。网页还提供上市公司估值水平(内在价值/价格)的历史变动趋势以及相对所在行业的估值水平,供读者投资参考。

3.3.4 模型比较

剩余收益模型和现金流折现模型相比,具有以下特点:

首先,相比于传统的现金流折现模型,剩余收益模型更着眼于公司的价值创造过程,强调投资盈利能力和投资增长,更具战略性的思考眼光。

其次,从预测期限来看,现金流折现模型假设公司是永续经营的,这一方面与复杂多变的现实经营环境不符,另一方面过长的预测周期也给实际操作带来了困难;而剩余收益模型认为,随着行业内竞争的不断加剧,公司的剩余收益不会长时间维持下去,这为其有限的评估期限提供了依据。

最后,剩余收益模型所需的数据可从公司的资产负债表和利润表中直接得到;而现金流折现模型则不能从财务报表中直接获取信息,而是需要将原始会计数据进行一系列调整后得到所需现金流,这是剩余收益模型的一大优势。

但总体来说,这两种方法背后的原理相似,在实际使用过程中也有许多共通之处,两者都是颇具实用价值的估值模型。

3.4 资本运作

资本运作是一种以利润最大化和资本增值为目的的商业行为,使本企业的各类资本不断地与其他企业、部门的资本进行流动与重组,实现生产要素的优化配置和产业结构的动态重组。常见的资本运作有以下几类:

增发和配股

这里有三组相似的概念：公开增发、定向增发和配股。三者都是企业常用的增资扩股手段，但也有不同之处。其中，公开增发是指向不特定对象公开发行股票，新股面向所有的投资者，有相关财务指标的要求，发行价格也有最低要求，但无锁定期的要求。定向增发是指向特定对象发行股票，通常为有实力的金融机构。定向增发没有财务指标的具体要求，总体要求较低，对发行对象而言风险较大，发行价格也有最低要求，股份流通通常有锁定期且资金募集有保障，所以大部分公司选择非公开发行。配股是指向原股东配售股份，老股东有选择权，可以参与也可以不参与配股，不涉及其他投资者的利益，所以一般情况下也不会稀释股权。

员工持股计划

员工持股计划属于一种特殊的报酬计划，通过让员工持有股份，形成一种使员工享有剩余价值索取权的分享机制和拥有经营决策权的参与机制，以达到吸引、保留和激励公司员工的目的。2015年以来，上市公司密集发布员工持股计划，而公司股价在推出员工持股计划后大多会暴涨。一般来说，员工参与持股计划显示其对公司发展有一定的信心，公司资质应该不错；同时，员工持股之后就相当于公司的股东，将公司利益和员工利益绑在一起，有利于员工积极性的发挥，对公司来说是利好消息。

并购重组

并购重组是两个以上公司合并、组建新公司或者互相参股的过程。它是盘活公司存量资产的重要途径，从根本上改变公司的资产价值、股权结构和治理结构，是上市公司价值变动的重要因素。我国企业并购重组大多采用现金收购或者股权收购等方式。常见的并购重组包括直接进行股权投资、吸收股份并购、资产重组等。直接进行股权投资是指并购方通过在二级市场收购上市公司股票或者根据股权协议获得目标公司控股权。吸收股份并购是指被兼并企业的所有者将被兼并企业的净资产作为股金投入并购方,成为并购方的一个股东;并购后,被兼并企业的法人主体地位不复存在。资产重组是指企业将原企业的资产和负债进行合理划分与结构调整,经过合并、分立等方式,将企业资产和组织进行重新组合与设置。狭义的资产重组仅仅指企业的资产和负债的划分与重组,广义的资产重组还包括企业机构和人员的设置与重组、业务机构和管理体制的调整。内部重组是企业(或资产所有者)将其内部资产按优化组合的原则进行重新调整与配置的行为,以充分发挥现有资产的部分和整体效益,从而为经营者或所有者带来最大的经济效益。外部重组是企业或企业之间通过资产的买卖(收购、兼并)、互换等形式,剥离不良资产、配置优良资产的行为,使现有资产的效益得以充分发挥,从而获取最大的经济效益。

股份回购

股份回购是指上市公司利用盈余所得的累积资金(自有资金)或债务融资,以一定的价格购回公司已经发行在外的普通股,将其作为库藏股或予以注销,以达到减资或调整股本结构的目的。股份回购的动机在于规避政府对现金红利的管理,或者调整公司资本结构以应对其他公司的恶意收购。

新华医疗 2010—2020 年的资本运作案例

2015 年 11 月初,新华医疗抛出重磅融资方案,在健康产业快速增长的背景下,公司拟非公开发行募资 30 亿元加码主业,其中第一期员工持股计划拟认购 2.71 亿元,其后 2016—2018 年针对非公开发行 A 股股票预案进行修订。整体来看,本次非公开发行进一步理顺了激励机制,募集资金解决了在新产品、新领域方面投入的资金瓶颈,同时缓解了财务费用方面的压力。2015 年的经营已至低点,股价也处于近两年的底部,2015 年前三季度净利润为 2.05 亿元,同比下滑 14.82%。一方面,受到行业周期的影响,公司主要业务经营的承压状况符合行业的整体情况;另一方面,在各方面大量投入的情形下,公司前三季度借款(特别是短期借款)增加导致财务费用大幅上升(同比增长 67.60%,达 3 600 万元),对当期业绩造成了较大的影响。定向增发募集资金后无论是在血透领域的持续布局,还是在医疗服务领域的整合及新产品的研发和产业化,都将推动公司逐步走出经营低谷并实现反转。在券商普遍看好的情况下,新华医疗复牌后连续两天涨停。

除了在资本市场上融资,新华医疗通过外延式扩张来提升业绩的意图非常明显。回顾新华医疗近年来的发展轨迹,不断收购成为其规模快速扩大的重要手段。2010年7月,新华医疗以零价格受让淄博众生医药有限公司60%的股权;2011年12月,公司以328.37万元收购山东中德牙科技术有限公司45%的股权;2012年,公司非公开发行募集资金净额为3.14亿元,募集资金净额全部用于收购长春博迅生物技术有限责任公司75%的股权;2013年5月,新华医疗以1560万元收购上海盛本包装材料有限公司60%的股权;2013年6月,新华医疗通过发行股份及支付现金的方式购买远跃药机90%股权,收购价格为3.53亿元;2013年12月,新华医疗全资子公司华佗国际发展有限公司以1.92亿元受让威士达医疗有限公司30%的股份;2014年4月,公司以发行股份和现金相结合的方式购买成都英德85%的股权,作价约3.7亿元,同时配套募资不超过1.23亿元,用于支付上述收购的现金对价;2019年8月,公司以2.6亿元的价格收购淄博弘新医疗科技有限公司76.12%股权。虽然外延式扩张已经成为公司业绩增长的主要因素,但是可以发现,新华医疗的很多收购并没有达到盈利预期,扣除非经常性损益后的加权平均净资产收益率连续下滑。在业绩和长期发展等压力下,新华医疗改变了一味通过外延式收购扩大规模的方式。例如,2017年12月,新华医疗出售淄博众康医药连锁有限公司及长沙弘成科技有限公司的股权;2018年7月,新华医疗以现金方式出售山东超然投资有限公司持有的上海汇莱投资有限公司100%的股权;2018年8月,新华医疗出售上海方承医疗器械有限公司的股权,开展多类型的资本运作。

本章小结

本章主要介绍衡量公司各项能力的财务指标、常见的相对估值模型和绝对估值模型以及常见的资本运作方式。对于传统的价值投资者而言,这些指标和模型构成了投资决策的基础;而对于基本面量化的投资者而言,了解公司的基本面信息,一方面可以作为投资因子的来源,另一方面也是组合管理的必然要求。任何量化模型都有其内在局限,确保公司基本面没有"黑天鹅"风险,是控制投资组合风险最直接的方法。

思考与讨论

1. 投资者关注的财务指标有哪几类,其含义和特点是什么?
2. 相对估值模型的含义是什么?进行相对估值的步骤有哪些?
3. 绝对估值模型的含义是什么?常见的绝对估值模型有哪些?
4. 现金流折现模型的估值步骤是怎样的?
5. 剩余收益模型的三个假设是什么?

参考文献

[1] Cottle, S., R. F. Murray and F. E. Block, 1988, *Graham and Dodd's Security Analysis*, 5th Edition, McGraw Hill.

[2] Damodaran, A., 2011, An introduction to valuation: Approaches to valuation, *Investment Valuation*, 2nd Edition, John Wiley & Sons.

[3] Damodaran, A., 2016, Equity risk premiums(ERP): Determinants, estimation and implications, Working Paper.

[4] Julie, P., B. Sadownik and I. Gannitsos, 2013, *Financial Ratio Analysis: A Guide to Useful Ratios for Understanding Your Social Enterprise's Financial Performance*, 2nd Edition, Demonstrating Value.

[5] Penman, S. H., 2007, *Financial Statement Analysis and Security Valuation*, McGraw Hill.

第二部分

基于财务分析的量化投资

基本面量化是基本面分析和量化投资的完美结合：基本面分析为阿尔法因子提供了坚实的理论基础，量化投资则为处理更繁杂的基本面信息提供了可靠的手段

本部分主要介绍基于财务分析的基本面量化投资，精炼出基于估值维度和质量维度的选股逻辑，并在剩余收益模型的框架下，从理论角度阐述现代价值投资理念。

第 4 章
打开量化投资的"黑匣子"

量化投资,作为一种日趋成熟的投资方法,近年来在中国金融市场发展得十分迅速,市场规模和份额不断扩大,受到越来越多业内投资者的认可。以中国 A 股市场为例,截至 2021 年第一季度,A 股市场量化对冲产品的规模已超过 3 500 亿元,在普通权益投资中占比为 12.9%,并且仍然在迅速扩大。此外,由量化投资基金经理管理但发行时未冠名量化的,其规模也十分庞大。量化投资在中国的发展前景是巨大的,其重要性也是不言而喻了。

对于初学者而言,量化投资是带有一些神秘色彩的。人们喜欢将量化投资比作"黑匣子",量化投资者只需将大量的股票数据输入模型,便能得到相应的投资组合和交易指令。这一过程看似神奇,但完全是有章可循的。本章对量化投资(主要是基本面量化投资方法)进行系统且完整的介绍,并期望由此能够为读者打开量化投资的"黑匣子"。

4.1 初识量化投资

量化投资,简而言之,即采用数量化模型的方法进行投资组合管理。当然,量化投资的领域很宽泛,不同学科、不同理念的读者对量化投资有着不同的理解。本书关注和讨论的是以基本面为基础的选股方法,主要考虑如何利用基本面因子进行组合管理,关于市场参与者、市场价格和市场情绪等指标的讨论在后续章节也会有所涉及。量化投资的其他领域(如高频交易、统计套利等方法)则不在本书讨论之列。相对而言,以基本面为基础的量化投资理论最深厚,应用范围最广,理论和实践的联系最为紧密。

4.1.1 量化投资的发展

量化投资的历史并不长,现代意义下的量化交易在20世纪70年代末才兴起,迄今不过三十多年的历史。1978年,美国富国银行发行了第一只量化基金,名为股利偏好型基金(Dividend Tilt Fund),从现在的眼光来看,这只基金正是"聪明贝塔"(smart beta)基金的雏形。关于量化投资理论的发展则更早一些。Markowitz(1952)首次使用投资组合收益方差衡量风险,从数学上明确定义了投资者偏好,运用均值方差分析确定最优证券组合,标志着现代投资组合理论的开端。Sharpe(1964)在Markowitz理论的基础上提出了市场处于均衡状态下的资产定价模型——CAPM模型。在模型中,Sharpe进一步将资产的风险分解为系统性(市场)风险和非系统性风险,后者可以通过分散投资消除,而组合的收益来自所承担的市场风险。Fama and French(1992)对CAPM模型进行了扩充,提出著名的三因子模型,加入股票市值(market cap)和账面市值比(book-market ratio)两大因子解释股票收益。Carhart(1997)加入动量因子解释股票收益,得到了目前业内常用的四因子模型。自此以后,量化投资尤其是基本面量化的研究开始加速发展。

2000—2007年是量化投资发展的黄金时代。受益于科技股破灭后市场情绪的回落,量化基金的表现十分优异,资产管理规模不断扩大,美国国内机构投资者发行的量化产品规模最高超过7000亿美元。同时,学界与业界的联系也十分紧密,当时最顶尖的会计学、金融学的教授聚集在著名的资产管理公司,如巴克莱全球资本(Barclays Global Investors)、高盛资产管理公司(Goldman Sachs Asset Management)等。但在这一期间,由于基金经理采用类似的因子、模型和组合优化方法,所选股票的相似度很高,最终导致2007年夏季的股市量化崩盘(quant crash)。崩盘是某大型量化基金的流动性赎回导致,由此引发的传染效应使得量化产品在短短一周内普遍遭受巨额损失。在此后的金融危机期间,由于市场环境不断恶化,量化投资处于低谷期,资产管理规模大幅缩水。金融危机之后,量化投资的发展趋于复杂,各类阿尔法因子的收益率下降、波动率上升,美国和日本等成熟资本市场更加难以获取超额收益,量化投资者的目光开始转向欧洲和亚洲资本市场,尤其是中国这样的新兴资本市场。

在金融危机后,基本面量化投资领域最为亮眼的当属 AQR 资产管理公司。无论是在业界还是在学界,AQR 公司都拥有相当的影响力。AQR 是在 1998 年由前高盛员工 Clifford Asness、David Kabiller、John Liew 和 Robert Krail 创立的量化对冲基金。2014 年《福布斯》曾对 Asness 进行了专访,并总结出 AQR 的成功秘诀:在各种金融市场上(股市、债市、外汇、大宗商品、信用产品等)运用多因子策略进行多样化投资,从而分散风险,使自己立于不败之地。AQR 不仅在业界取得了骄人的投资业绩,其团队发表的相关文章在学界亦有相当的影响力。Asness 本人为诺贝尔经济学奖获得者 Fama 的博士生,撰写了大量有广泛影响力的文章。例如,第 1 章曾提到的 QMJ 因子。Asness et al. (2014)从市净率(P/B)展开讨论,得到衡量股票质量的四个维度——盈利能力(profitability)、增长能力(growth)、安全性(safety)和股利发放(payout),并由这四个维度的相关指标构建了股票质量(QMJ)因子,历史回溯测试表明该因子能获得显著且稳健的超额收益。

4.1.2 量化投资的方法

如果说量化投资像一个"黑匣子",那么其核心元件便是量化模型。量化模型可以大致分为选股模型(阿尔法模型)和风险模型。风险模型往往有着固定的操作方法,选股模型则相对灵活而更加考验量化投资者的创造力;但这并不意味着风险模型是不重要的,因为精细的风险管理是优秀的量化投资策略的必要条件。现在市场上有一些商业公司专门提供风险控制工具的服务,如著名的 Barra 风险模型。我们在此主要讨论选股模型的基本方法,关于风险管理的内容将在后续部分涉及。

量化投资的核心是寻找有效的因子。有效是指因子能够显著地区分未来高收益和低收益的股票，通过这样的因子选出的投资组合能产生显著的超额收益。选股模型旨在通过量化公司的财务指标、股票市场表现、行业地位等信息，借助数学工具将这些信息整合，从而构建出能够有效解释和预测超额收益的因子。选股模型的建立是基于对大量历史数据的统计分析和模拟。量化投资的第一步通常是收集历史数据并进行预处理（如数据清理等）。量化投资者会根据已有的金融理论和自己对市场的理解建立可能的因子，并考察待选因子与股票超额收益的相关关系，初步建立选股模型；选股模型的进一步优化和最终确定是基于对历史数据的回溯测试。一个具有强大预测力的模型往往需要进行无数次的尝试和回溯测试。利用"黑匣子"进行投资组合管理看似轻松，但构建出能够赚钱的"黑匣子"绝不是那么简单。可以看出，模型的建立本质上是对大量数据的统计分析，阿尔法因子是股票池中所有样本呈现的统计规律（大数定理）。量化投资实际上也是概率的游戏，主动投资管理人将自己对市场的理解和判断进行系统、科学的表达，克服人性的弱点，坚守投资纪律，从而以大概率获得超额收益。

4.1.3 量化投资的理念

量化投资的目的是通过寻求有力的阿尔法因子获得超额收益，而这需要我们足够熟悉量化投资的游戏规则。那么量化投资的分析框架究竟是建立在什么理念之下的呢？Chincarini(2006)做过一个简单的总结：

(1) 市场几乎是有效的，但不是完全有效的；

(2) 量化投资实现了统计意义下的套利机会；

(3) 量化投资分析应该建立在坚实的逻辑和理论基础之上；

(4) 量化模型应该呈现持续且稳定的模式；

(5) 相对基准的超额收益只有在不确定性足够小的情形下才有意义。

理念(1)实际上对量化投资的收益设置了一个界限，即不可能实现无风险套利。因为市场几乎是有效的，所以纯套利机会是不存在的。幸运的是，市场并不是完美的，这使得我们有机会在承担相对较小的风险下实现较大的收益。

实际上,关于有效市场假说的争论从未停止,其中最著名的关于市场有效水平的评判标准应该是 Eugene Fama 在 20 世纪 70 年代提出的。Fama 认为市场的有效水平与价格反映信息的程度直接相关,并据此提出三种不同水平的有效市场:弱有效、半强有效和强有效。在弱有效市场情况下,市场价格充分反映所有历史状况的证券价格信息(包括股价、成交量等),这表明股票技术分析将失去作用。在半强有效市场下,价格已充分反映所有的已公开信息(包括股价、成交量、盈利资料、盈利预测值、公司管理状况及其他公开披露的财务信息等),这表明基本面分析将失去作用。在强有效市场下,价格已充分反映所有的公开和未公开信息,即使内幕消息也无法帮助投资者获得超额收益。实际上,已经有无数的异常现象表明市场至多是弱有效的,有时可能是半强有效的。许多交易员仍然热衷于使用技术分析并常常取得显著收益,行为金融的研究也表明股价会受到投资者主体行为的影响,巴菲特、彼得·林奇等著名投资者也狠狠地打了有效市场假说的脸。市场并非完全有效的原因很多:获取信息往往是有成本的;信息传递到市场的速度可能很慢;并非所有的投资者都有能力处理大量的信息等。正是出于这些原因,量化投资者往往认为市场并非完全有效,他们的努力将带来回报。

理念(2)表明市场虽然并非完全有效,但几乎是有效的,因此我们不能找到纯套利机会。量化投资的每一笔交易并不能保证获利,但大概率下是可以获利的,而量化投资往往涉及大量的交易次数。根据大数定律,交易次数足够多时我们几乎肯定能实现超额收益,即实现了统计意义下的套利机会。

理念(3)表明量化投资并不是纯粹的统计游戏和数据处理,模型建立的背后应该有坚实的逻辑和理论基础,需要投资者对金融市场有着一定的观察和认识。阿尔法因子可以看作大样本呈现的统计规律,但这并不表明统计规律都能成为阿尔法因子。每个阿尔法因子的背后都应该有逻辑支撑,而且这一逻辑会随着市场和时间的不同而发生变化。因子和超额收益的关系常常在未来会消失,可能的解释是无套利原理。当市场上所有人都知道使用某个因子获得超额收益时,这部分超额收益的套利空间便会收窄乃至消失,因此对模型的定期维护和更新是非常有必要的。

理念(4)是理念(3)的自然结果,没有坚实逻辑基础的量化模型往往不能持续且稳定地表现出盈利能力。有的量化投资者经常会陷入过度挖掘数据、过度拟合模型的误区。过分追求所谓的"统计规律",即使因子能够很好地"解释"股票历史收益,但也常常只是毫无逻辑的统计关系,这样的因子毫无预测力,也不是量化投资所追求的阿尔法因子。

理念(5)往往会因过分追求超额收益而被忽视。许多量化投资者往往错误地认为实现投资组合收益对基准收益的偏离是必要的,且越大越好。实际上,超额收益只有在其不确定性足够小的情形下才有意义,因为巨大的超额收益往往伴随着更大的风险。均值方差分析告诉我们应该考虑风险调整后的收益,而这未必是通过基准收益计算得出的偏离值。

现在,相信读者对于量化投资已经形成了初步的认识。市场上主流的投资方法通常可分为基本面投资和量化投资两类。对于两类投资方法的讨论有很多,本章接下来将对两者的特点进行对比,并对各自的优劣做出评价。

4.2 基本面投资 VS 量化投资

基本面投资者和量化投资者的分析方式与投资方法有着明显的差异。两类投资人在考察股票价值时,面对的信息是相似的甚至完全相同的,但他们对相同信息的处理方式却相差巨大。在这一部分,我们首先对两者的特点进行比较,再进一步指出两者各自的优劣,最后引出基本面量化这一重要的投资流派并进行简要介绍。

4.2.1 投资方法的特点对比

为了能直观地理解基本面投资和量化投资的区别,我们思考一个简单的问题:一名基金经理如何从市场这个巨大的股票池中选取自己的投资组合?

对于采取基本面投资的基金经理来说,由于市场上存在数千家上市公司,他们不可能对每一只股票进行详尽的研究分析,因此往往会有一个初步的筛选。不同的基金经理的初步筛选标准可能会有所差异,如剔除市盈率过高的股票或市净率过低的股票,要求过去几年有明显的收入增长或者较高的毛利率,考虑行业因素等。经过一个粗略的筛选后,剩下比如说约 200 只待选股票。基金经理和组里的分析师会对其中他们感兴趣的每一只股票进行详细的研究,尤其是对重仓股(即被某一机构或股民大量买进并持有的股票,被多家基金公司持有并占流通市值 20% 以上的股票则被称为基金重仓股)的选择。他们也可能根据自己多年的投资经验或市场感觉、业内人士提供的消息,甚至生活中发生的某些小事,选择几家重点考察的公司。例如,传奇基金经理彼得·林奇在《彼得·林奇的成功投资》一书中提到,他几次成功捕捉到的大牛股的灵感就是来自他的夫人和孩子们无意中提到的事或说的话。基本面投资者关注的是对公司未来收入的预测,从而得出股票的内在价值。为了使自己的判断尽可能地精准,他们往往要考虑经济周期、行业的发展趋势、目标公司的各项财务指标和未来规划、公司的行业地位和管理层的能力等一系列因素。在经过详尽的分析和预测后,基金经理往往会选取"最好"的 50 只左右的股票构建投资组合,并对他们最有信心的几只股票给予更大的仓位权重。

采取量化投资策略的基金经理则不同,他们最重要的一环则是开始的股票筛选,即构建选股模型。量化投资者会投入大量的时间决定选取哪些指标进行股票筛选。通过构建选股模型,基金经理选出最具吸引力的 200 只股票,在实施行业配比和一定的组合优化后,量化投资者会买入所有选出的股票构建投资组合。

在上面的情景描述中,我们可以看到基本面分析和量化分析存在以下不同方面的差异:

关注点:公司 VS 因子

基本面分析关注的是单个公司,而量化分析的重要部分则是选股模型——如何选取有效的指标构建阿尔法因子。例如,基本面投资者在研究一家公司时会重点分析目标公司的预期收入增长,并判断股价是否已经反映这部分信息。量化分析有时也会考虑收入增长,但考虑的方向往往是选取什么指标来量化公司的成长能力,从而有效区分"好公司"和"坏公司"。如果历史数据表明过去持续高收入增长的公司往往有着更高的股票收益,量化投资者就会将其纳入投资组合。最终,两类投资者可能会因高收入增长特征而买入同一只股票,但他们的思考角度是不一样的。

深度 VS 广度

总的来说,基本面投资是一种高投资深度、低投资广度的投资风格;而量化投资是一种低投资深度、高投资广度的投资风格。基本面投资者往往只关注少数几十只股票。由于他们往往必须对每家公司单独进行尽可能深入的调研和预测并形成判断,因此基本面投资者最感兴趣和重点分析的股票甚至可能只有几个。基本面投资的信徒会时刻关注和分析任何有可能影响对目标公司未来收入预测的信息或事件。他们须了解公司的业务和盈利模式,分析公司近年来的财务状况,从而充分了解公司的现有情况。进一步地,他们还要判断经济周期和行业发展趋势,分析公司的行业地位和可能的变化,关注公司的新产品,进行实地调研甚至与公司管理层进行交流等,从而判断公司的发展前景。经过一系列的深入调查和研究,他们将所有的信息汇总形成对公司未来盈利增长的预测,从而评价公司的内在价值,并与当前市值进行比较以判断是否买入,有时他们甚至须判断股票需要多久才能回归其内在价值。量化投资者则相反,他们投资标的的范围更大但往往并不深入。量化投资者同时关注大量的公司(往往上百家)而非一次只关注一家公司。由于关注的股票数量很多,他们不会深入分析每家公司的具体信息,而通常是运用统计学规律(如大数定理)判断什么指标能有效地区分"好股票"和"坏股票",从而得到有效的阿尔法因子并构建选股模型。

未来 VS 过去

基本面分析关注的是未来或预期,量化分析关注的是过去或规律。基本面投资者也会依赖历史数据和历史信息,但往往是将历史作为对公司未来盈利或现金流预测的起始点。基本面投资者的关注点更多的是公司未来的大图景,他们喜欢将公司的未来描述成一个故事,尽力寻找影响公司未来盈利增长的催化剂。财务基础和估值模型只是工具,他们的核心技能是对公司未来发展的预测。量化投资者则不同,他们的选股模型和投资策略完全基于历史数据或历史信息,他们相信历史会重演(至少在大样本中会如此),并期望通过对数据的分析来寻找能实现超额收益的"规律"。他们通常会考察大量公司的历史财务数据和市场表现数据,进行多次历史数据的模拟测试(所谓的回溯测试),寻找最有效的指标或因子,从而构建选股模型。

风险:公司 VS 模型

基本面投资者关注公司层次的风险,量化投资者关注模型的风险。基本面投资者对每只股票都进行详尽的分析,分析诸如经济形势的变化、行业政策、市场变革等因素对每家公司未来盈利的可能影响,进而影响公司的估值。量化投资者通过历史回溯测试来确定选股模型,因子的选取不同,模型的风险承载也会不同。由于量化投资者研究的是大量股票呈现的统计规律,他们会在整个投资组合的层次上考虑风险。量化投资组合管理的优势之一是能够实现对风险的精确度量,便于投资者有效地控制组合风险。例如,量化分析可以度量投资组合相对于基准的风险,如增强型指数基金。通过控制与指数的跟踪误差,投资者可以有效地将投资组合的风险控制在一定范围内,并能实现较好的收益。基本面分析同样要指出各公司可能存在的风险(如宏观经济风险、行业政策风险等),但对风险的度量只停留在定性分析的层次,且风险层次往往是特质性的,难以有效控制。关于投资组合风险管理的内容将在后续章节更加具体地介绍。

仓位:集中 VS 分散

基本面投资者的投资组合仓位通常更加集中,而量化投资者的仓位则更加分散,这也是他们的投资方法在深度与广度差异上的具体体现。基本面投资者关注的股票数目较少,对每只股票的分析更加深入,他们往往对自己选出的股票很有信心,因此每只股票的仓位相对量化投资者的更大;而对于他们最有信心的优质股,更是给予重仓。量化投资者关注的股票数目多,其因子选取基于大样本呈现的统计规律,因此其投资组合往往会均匀地分散投资在数量较多的股票上,从而每只股票的仓位更小。

人脑 VS 机器

基本面投资者的分析依赖于大脑,而量化投资者的分析离不开计算机的辅助。当然,基本面投资者也会使用诸如 Excel 之类的软件进行计算和分析,但他们对于估值参数的选取则几乎完全是自己在整合各类信息后形成的带有主观性的判断。量化投资者也思考阿尔法因子背后的逻辑,而不是盲目地选取指标,但最重要的回溯测试则要依赖计算机完成。人脑的优势在于拥有消化和整合大量信息(数据和非数据)的能力。分析师仔细权衡各种因素,对未来可能发生的事件形成较为可靠的判断,这正是基本面投资者的核心技能所在。量化分析对投资深度的要求并不需要人脑那般的信息整合能力,但回溯测试则要求快速地对大量历史数据进行统计分析,而计算机相对于人脑的优势就在于能够快速处理大量的数据。此外,计算机没有情感,这一点尤其重要。行为金融学的研究表明,投资者有时会出现非理性的投资行为或决策,即使是优秀的基金经理也不例外。投资者经常出现的非理性行为是处置效应,他们倾向于继续持有当前出现亏损的股票并期望股价回升,即便所有的证据都表明这并不会发生。严格遵守量化投资的程序将有效地防止投资者陷入这种虚无缥缈的幻想,因为从某种意义上来说,投资决策是由模型而不是由他们自己决定的。模型的"冰冷"情感保证了量化投资者的纪律性,有效地规避了非理性行为。

小结

投资是科学与艺术的结合,从某种意义上来说,基本面投资的艺术性更加突出,而量化投资的科学性更强。

基本面投资者像一名记者,他们致力于充分发掘单家公司的所有相关信息,注重的是分析的深度,因而对选出的股票更有信心并对少数覆盖的股票持有较大的仓位。他们关注的是对公司未来盈利的预测,看重的是公司的发展前景。预测需要科学的分析和判断,但它不可避免地带有主观性,而这也是基本面投资艺术性的体现所在,在预测上的"艺术天赋"差异区分了不同能力的分析师。

量化投资者更像一名科学家,他们关注的是大量历史数据呈现的统计规律,看重的是能产生超额收益的因子,对指标的选取和阿尔法因子的发掘讲究严谨的科学量化分析。统计规律需要在大样本中才能体现,因此量化投资者看重投资的广度,而对投资组合中的众多股票均匀地或根据模型计算出的理论权重给予较小的仓位。

4.2.2 投资方法的优劣比较

既然基本面投资和量化投资存在如此明显不同的特征,那么两者究竟孰优孰劣呢?表 4-1 总结了量化投资相对于基本面投资在不同标准下的优劣。

表 4-1 量化投资与基本面投资比较

标准	量化投资	基本面投资
客观性	强	弱
投资广度	大	小
非理性行为	少	多
可重复性	强	弱
风险可控性	强	弱
分析深度	浅	深
历史数据依赖性	强	弱
数据挖掘	强	弱
反应能力	弱	强

表 4-1 显示,基本面投资和量化投资的分析框架虽然存在显著差异,但其投资方法是可以相互补充和加强的。实际上,越来越多的业内人士在进行投资组合管理时会结合两种方法的分析框架,两者的边界也随之变得模糊,并逐渐形成了"基本面量化"这一重要的投资流派。

4.3 基本面量化:量化投资的重要流派

基本面和量化相结合的分析方法其实在早期投资者中便已经出现了这样的迹象。许多基本面投资者都声称是本杰明·格雷厄姆的追随者,并将格雷厄姆和多德于 1934 年出版的《证券分析》当作投资圣经。我们在第 1

章已经提到,格雷厄姆给出的十大选股标准就是以非常接近量化的形式呈现的。

事实上,基本面投资和量化投资的互补特性,使得基本面量化能够对股票及投资组合进行更加全面和稳健的考察,并形成以下独特的优势:

深度兼具广度

基本面分析为量化模型的建立指明了分析的方向,从而提供了坚实的逻辑和理论基础。基本面量化的信徒往往从基本面分析出发,对模型的投资深度进行足够细致的考察,在建立模型之后则进行相当广度的量化交易。

数据兼具洞察

量化投资的科学分析方法能够考察海量的历史数据并得出相对可靠的统计规律,而基本面分析能够将人脑的判断和洞察力融入模型的建立。

过去-未来全视角

基本面分析从对公司未来增长的角度考虑因子的选取,量化分析则从历史数据考察因子的有效性。

全面理解组合表现

基本面投资能够对投资组合的表现及原因进行全面的、多层次的理解与分析,如公司层面、行业层面和因子层面。

如何将基本面分析纳入量化模型的框架之中呢?这里我们以较简单的零售业为例。基本面分析在考察一家零售企业时,最关心的必然是其盈利模式和盈利能力及未来的增长。盈利能力最直接的考察标准是毛利率,同时还要考察其盈利的增长和盈利能力的变化趋势,因此基本面分析者往往最先考察其收入增长和毛利率的变化。此外,我们应考察特定行业的盈利模式。零售行业其实就是最直接的买卖商品,因此存货周转的快慢对其盈利的影响最大。一般来说,零售业具有规模成本效应,零售端的规模越大,企业对上游供应商的议价能力越强,因此企业连锁店面扩张的快慢、收购兼并的规模大小也是影响企业盈利前景的重要基本面因素。在对影响零售行业盈利和发展的基本面因素进行较细致的考察之后,基本面量化投资者对上述指标进行量化标准处理,筛选出指标中表现较好的股票,得出目标公司并构建投资组合。

对于不同的行业,考察标准往往不同。例如,对于高科技企业,存货周转显然不是我们看重的,研发支出则是需要重点考察的基本面因素;对于汽车行业,由于其兼具销售和开发性质,存货周转和研发支出可能都需要考虑。基本面分析为量化模型的选择打下了较坚实的逻辑基础,融入了基本面投资者独有的洞察力,往往能找到强有力的阿尔法因子。不仅如此,基本面分析从行业、公司层面出发考虑,使得投资者对组合风险和组合表现的理解更加全面、深刻。

Charles Lee 教授曾经说过,阿尔法因子像一条河,而量化投资就是在钓鱼。钓鱼的时候最重要的不是每天钓的鱼有多大,而是了解那条河,了解那些鱼为什么受温度、风、太阳的影响而上钩;量化投资亦然,最重要的不是哪天、哪个月有多大的收益,而是了解那些阿尔法因子,了解收益如何受基本面、投资者情绪的影响而获得。对于各类阿尔法因子背后逻辑的梳理,将是后续章节介绍的核心内容。

基本面量化的核心即利用财务基本面进行投资,如何具体实现这一投资方法呢?我们对本书后续章节进行一个概括性的介绍,以便读者能对如何利用基本面分析进行量化投资的逻辑框架形成初步的认识。

本书主要分为五个部分,本章所在的第二部分主要围绕基本面量化方法展开,而基本面量化的主要呈现形式为多因子模型。基本面因子一般主要分为估值因子和质量因子,后续章节将重点介绍不同基本面因子的具体运用。第 5 章是对估值因子的介绍,列举了常用的估值指标,并就各个估值指标的理论基础和适用性进行了讨论。第 6 章至第 10 章则是围绕质量因子展开,并将质量分为五个维度进行介绍。具体而言,第 6 章是对盈利能力的讨论,分析了盈利能力与价值的相关性,介绍了如何运用盈利能力的相关指标预测未来收益,并对盈利能力的成长性和稳定性进行了分析。第 7 章是对经营效率的讨论,主要从杜邦分析体系展开。第 8 章则考察盈余质量的相关指标,包含盈余操纵和财务困境的内容。第 9 章讨论投融资决策,投资决策主要考察了资本性支出、投资、资产增长等指标,融资决策则涵盖首次公开募股、股权再融资、分红和回购等。第 10 章是对无形资产的讨论,重点分析了研发支出规模与创新效率的关系,以及研发支出与股票未来收益的相关性。第 11 章是对第二部分提到的所有估值维度和质量维度的整合,在剩余收益模型的框架下进行讨论分析,使读者能更系统地理解现代价值投资理念。

本书第三部分围绕主要市场信号对基本面量化模型的修正展开。第 12 章讨论各类市场参与者发出的信号,包括机构投资者的资金流向信号、分析师的盈余修正信号及内部交易信号等。第 13 章考察市场价格信号,讨论价格动量和反转的理论基础及其与股票高收益的相关性。第 14 章讨论市场情绪信号,介绍了常用的衡量市场情绪的若干指标及其运用。第 15 章讨论公司之间的关联信号,包括行业关联、供应链关联、多元单一关联、技术关联、分析师覆盖关联以及企业联盟、地理等其他关联信号。

本书第四部分围绕前沿的量化投资方法展开。第 16 章主要讨论文本分析方法,介绍文本分析及实现原理,并从语调、可读性和关注度三个视角具体阐述文本分析在投资策略中的应用;第 17 章主要介绍大数据方法,包括大数据方法及其特点与发展趋势,以及客户评价意见、社交媒体数据、大众盈余预测和线上交易信息四个投资策略。

本书第五部分围绕基本面量化投资方法的实践展开。第 18 章主要介绍风险管理的内容,包括基本的风险模型、风险优化方法和如何实施风险控制。第 19 章着重展示基本面量化投资的流程,通过一个简单的中国 A 股市场多因子模型,说明基本面量化投资方法的可行性。

本章小结

本章主要介绍基本面量化投资的基本概念。基本面量化投资将基本面分析运用在量化模型中,找到有效的选股因子(阿尔法因子),并通过投资组合的方式控制风险,从而获取超额收益。作为量化投资的初学者,在寻找选股因子时要知其然,更要知其所以然。选股因子的提炼通常要求全面理解基本面及投资者情绪。只有理解了因子背后的逻辑,我们才能对模型的性质和风险进行更加准确的评估,这是基本面量化策略实施的关键。

思考与讨论

1. 量化投资遵循了哪些投资理念?
2. 基本面投资和量化投资的区别与联系是什么?
3. 将基本面分析运用在量化模型具有哪些优势?

参考文献

[1] Asness, C. S., A. Frazzini and L. H. Pedersen, 2013, Quality minus junk, Working Paper.

[2] Carhart, M. M., 1997, On persistence in mutual fund performance, *The Journal of Finance*, 52(1): 57-82.

[3] Chincarini, L. B., 2006, *Quantitative Equity Portfolio Management: An Active Approach to Portfolio Construction and Management*, McGraw-Hill.

[4] Fama, E. and K. R. French, 1992, The cross section of expected stock returns, *The Journal of Finance*, 47(2): 427-465.

[5] Graham, B., D. L. F. Dodd and S. Cottle, 1934, *Security Analysis*, New York: McGraw-Hill.

[6] Markowitz, H., 1952, Portfolio selection, *The Journal of Finance*, 7(1): 77-91.

[7] Sharpe, W. F., 1964, Capital asset prices: A theory of market equilibrium under conditions of risk, *The Journal of Finance*, 19(3): 425-442.

第 5 章
估值维度

估值指标是一种计算方便、易于解释、逻辑简单直接的计算估值程度的指标。这些指标也是投资者使用最为广泛的。由于其内在逻辑只是数学上的倍数关系,因此根据所使用指标的不同,衍生出非常丰富的指标体系。其中,最具代表性的几个指标包括市盈率、市净率、市销率等。这些指标有的关注公司的盈利能力,有的则关注资产的安全边际,有的只考虑股票的价格,有的则从公司整体考虑了其估值程度。尽管丰富多样的指标可以从不同的角度给投资者提供建议,但是多数投资者对每个估值指标能够带来的收益缺乏相应的认知。因此,本章选取市盈率、市净率、市销率、企业价值倍数、股息率五个最具代表性的相对估值指标,对其能够带来的预期投资收益的大小进行一定的梳理,以便读者更加清晰地认识不同估值指标的特性与效果。

5.1 市盈率

5.1.1 市盈率是什么?

现代西方金融理论认为,股票的价格是预期收益的折现价值。我们熟悉的"价格围绕价值上下波动"中的价值指的就是预期收益的折现价值。所以,当投资者预期的收益增加时,股票的价格便会水涨船高;而当投资者预期的收益减少时,股票的价格便会下跌。从投入与收益的角度来看,市盈率表示的是用税后收益需要多少年的累积才能达到当前的股价。通过这样的方式,市盈率提供了一个衡量股价高低的尺度。

市盈率的计算方式非常简单,一般来说就是公司的每股股价除以每股税后收益的比值。其计算公式为:

$$市盈率 = \frac{每股市场价格}{每股税后收益} \quad (5\text{-}1)$$

尽管公式非常简单,但是投资者经常发现不同行情软件中显示的市盈率有时会有较大的出入,或者在同一个行情软件中看到两个甚至多个不同的市盈率。EPS(每股收益)有多种衡量方式,比如上年年报的EPS(静态市盈率)、近12个月滚动的EPS(动态市盈率)、分析师预测的年末EPS(预测市盈率)等,这也是市盈率最常用但有时无法得到正确结论的原因。因为不同的EPS对公司最近表现的敏感度不同,所以计算出的市盈率之间会存在较大的差异。这种现象在单期业绩变化巨大的时候会变得特别明显。例如,2021年6月27日益生股份(002458)的静态市盈率为1199.4倍,而当时益生股份的2021年年末预测市盈率为37.5倍。这种巨大的差异就如上面提到的那样,是由于分析师对益生股份2021年业绩持非常乐观态度,在2020年EPS为0.09元的情形下给出了2021年EPS为0.27元的预测值。

5.1.2 市盈率能否作为投资决策的标准?

市盈率作为投资决策的衡量指标可以追溯到现代证券分析理论的奠基人格雷厄姆,他将市盈率看作一种收益率,并且根据多年的经验总结出"好的股票"的市盈率一般在15倍左右。

Fama and French(1992)使用1963—1990年的数据,发现市盈率的倒数(E/P)与未来股票收益率呈U形关系。具体而言,市盈率的倒数(E/P)最高组和最低组的未来股票收益率都较高,而中间组别的未来股票收益率较低。这是由于市盈率的倒数(E/P)最低组盈利能力大多为负,而这些亏损公司的市值较小,因此具有较强的小市值效应。我们可以发现,市盈率本身具有一定的区分收益率的功能,但由于非线性关系的存在,导致市盈率的区分功能有待加强。

Fuller et al. (1993)则得到与Fama-French相反的结论。他们的结论支持高市盈率的股票比低市盈率的股票有更高的收益率,但是其收益率在一段时间之后会出现均值回归的现象。

Anderson and Brooks(2006)使用1975—2003年的数据,发现当剔除负市盈率股票后,市盈率最低一组与市盈率最高一组之间存在年化8.31%的收益率差异;而当使用长达8年平均市盈率作为分组标准时,市盈率最高一组与市盈率最低一组的年化收益率差异达到11.62%。

O'Shaughnessy(2012)利用1951—2003年的股票数据,比较了低市盈率和高市盈率的股票的收益和风险水平。他先按市场价值生成两个子股票样本:第一个子样本是市值高于1.85亿美元的股票的集合,称作"全样本";第二个子样本是市值在前15%的股票的集合,称作"大股票"。他还假设1951年的初始投资额在两个样本中均为1万美元。研究发现,在"全样本"和"大股票"样本中,投资市盈率最小的50只股票时的年均收益率均高于投资全部股票,且在"大股票"样本中更高,收益率分别为0.77%和2.80%。不过,衡量风险的夏普比率在"大股票"样本中提高了5个点,在"全样本"中却降低了5个点。因此,低市盈率策略在"大股票"样本中更有效。由于规模小且市盈率低的股票往往是没有未来发展空间的股票,这个策略很符合预期。

总体来看,低市盈率策略的确可以带来超额收益,但是选择低市盈率的股票可能导致陷入价值陷阱。因此在实际使用中,至少应结合市净率一起使用(Penman and Reggiani,2014)。除此之外,由于市盈率与利润挂钩,因此在利润为负或者非常小的公司中并不适用。但是,从Fama and French(1992)的结论可以发现,市盈率的倒数呈现一种U形的收益率分布,市盈率为负或者市盈率特别小的公司组合的平均收益率要高于市盈率排名居中的公司组合;此外,净利润处于利润表的最下方,被财务粉饰的可能性最大、可行性最高。因此,单靠一个市盈率并不能够稳定地选取到获得超额收益的公司。

5.2 市净率

5.2.1 市净率是什么？

市净率是一个广泛应用于证券分析的价值衡量指标。一项资产由于其本身的特性，存在两种不同的价格：一种为公允价值，另一种为市场价值。公允价值是一种市场公认的价值，通常是购买或出售资产时的价格。对于上市公司来说，公司总资产的账面价值就是一种公允价值。而在公允价值之外，还存在一种由资产用途差异、资产效用差异所导致的市场价值。即使是同一种资产，由于其使用方法的不同，也会导致收益上的差别，使投资者产生对该资产的附加价值，这就是市场价值。从估值角度来看，市场价值不仅包括账面价值，还包括利用账面价值资产所创造的价值。

市净率，衡量的就是市场价值与账面价值的比值。其计算公式为：

$$市净率 = \frac{每股价格}{每股净资产} \tag{5-2}$$

从式(5-2)可以发现，市净率衡量的就是纯粹资产的估值状态。它并不涉及公司的收入、盈利能力、自由现金流、行业地位等因素，因此具有较好的稳定性。而且，由于市净率只考量净资产的估值状态，因此市净率是一种衡量资产清算价值倍数的指标。

一般来说，投资者认为市净率较低的股票的市场价值被低估，因此比起下跌的动力，其上涨的动力更强，投资价值也更高。在这里特别需要提到的是一种比较特殊的情况。我们有时阅读财经新闻会发现，股价"破净"这么一个表达。"破净"指市净率跌破1，根据式(5-2)，如果市净率小于1，则说明每股市场价格小于账面价值（即市场附加值为负），这说明股价被极端低估。在中国A股市场上，银行股常年处于"破净"状态，但其收益率却一直不见起色。这种现象被认为是一种极其特殊的现象。

5.2.2 市净率能否作为投资决策的标准？

作为一个区分股票收益率的指数，市净率是格雷厄姆《证券分析》一书的重要组成部分；同时，这也是巴菲特一直坚守的安全边际原则中使用的指标。据说，把格雷厄姆这一理念运用得最成功的人是他的学生——沃尔特·施洛斯(Walter Schloss)。他在五十多年的职业生涯中，取得的年化收益率超过20%，平均超越标准普尔指数8%以上，总收益超过1 000倍。他主要在股票以低于净资产40%以下的价格出售时才予以关注，只要公司债务很少且管理层持有足够数量的股票，他就会考虑买入。

Fama and French(1992)使用1963—1990年的每股数据，发现股票的市净率越低，其组合的平均收益就越高。而最后一组尽管市净率低，但是其收益率却低于前一组，这是因为最后一组的高杠杆率抵消了低市净率的影响(市净率最低一组的杠杆率为0.58，而市净率次低一组的杠杆率为0.53)。

James O'Shaughnessy 在 *What Works on Wall Street* 一书里利用1951—2003年的股票数据，对市净率指标的有效性进行了检验。他发现在全市场中挑选市净率最低的50只股票持有到期的策略可以带来15.95%的年化收益率，比同期的全股票涨幅高2.95%。这样的收益率差异放大到五十年之后，总收益会差3倍左右。而当把股票的范围缩小到市值最大的15%的大市值股票时，尽管整体的收益率会下降(大股票的年化收益率为11.71%，大股票中市净率最低的50只股票组合的年化收益率为14.88%)，但风险会更低，即市净率最低的50只大市值股票组合的夏普比率上升0.07，达到0.53。而如果投资高市净率的股票，其收益率会非常不稳定，有的时候会有非常不错的表现，有的时候则会奇差无比，而且总体表现比所有股票的组合都低，年化收益率只有6.52%。

总体来看(见表5-1)，高市净率股票尽管在某些时候会表现出超额收益，但是并不具备长期的可复制性，并且波动性太大，从而无法保持收益率的成果；而低市净率股票尽管有时跑不过高市净率股票组合，但是低市净率股票组合可以稳定地跑赢市场，并且没有太大的波动性，也可以很好地保持胜利的成果。

第5章 估值维度

表 5-1 根据市净率指标选股的效果 单位:%

股票组合	1950—1959年	1960—1969年	1970—1979年	1980—1989年	1990—1999年	2000—2009年
大市值股票	15.33	8.99	6.99	16.89	15.34	2.40
大市值股票中市净率最高的50只股票组合	16.55	11.30	−0.60	14.40	24.87	−22.38
大市值股票中市净率最低的50只股票组合	15.41	9.57	13.95	19.99	18.28	8.99
所有股票	19.22	11.09	8.53	15.85	14.75	5.91
市净率最高的50只股票组合	22.32	13.13	0.82	1.97	18.03	−31.17
市净率最低的50只股票组合	21.84	13.96	8.89	7.56	16.21	25.68

资料来源:O'Shaughnessy(2012)。

Tortoriello(2009)把市净率与公司的盈利能力 ROIC 结合起来,显著地提高了股票组合的收益率(见图 5-1)。他使用 1988—2007 年的每股数据,发现市净率最低的 20% 股票组合可以带来 14.5% 的年化收益率,同期标准普尔 500 指数可以带来 12.9% 的年化收益率,超额收益为 1.6%。而当他使用 1990—2007 年的数据时,将市净率与盈利能力 ROIC 结合,发现市净率最低、ROIC 最高的一组(最被低估的一组)可以带来 18.7% 的年化收益率,而同期的标准普尔 500 指数的涨幅为 12.0%,超额收益为 6.7%。

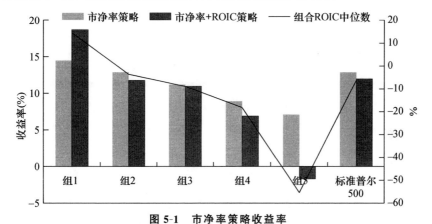

图 5-1 市净率策略收益率

资料来源:Tortoriello(2009)。

从图 5-1 中可以发现,结合市净率和盈利能力可以有效地发现被低估的高市净率股票,并且将具有正收益的股票从高市净率组合中筛选出来。这说明,市净率本身并不是一个最好的衡量收益的指标,并且其衡量资产清算价值倍数的作用也必须与企业的其他能力(如盈利能力)结合才能更好地发挥作用。市净率低代表公司价值被低估有一个重要的前提:公司未来的盈利能力要大于资本成本,即公司能在未来创造正的价值。单纯市净率低并不会带来更多的超额收益(这一点也可以从图5-1中看出,单纯市净率策略中市净率最低一组的收益率要低于市净率＋ROIC策略)。况且,高市净率并非全部代表被高估,当盈利能力效应更强时,高市净率的股票也是值得拥有的。

总体来看,市净率是投资大师非常钟爱的价值指标,且市净率由于只考虑资产的账面价值与市场价值,极具安全边际。但是,单纯依靠市净率的策略并不足以找到最高的收益,结合盈利能力指标的策略可以带来更高的收益率。并且,市净率策略会忽略具有爆发性收益的高市净率公司,而这些公司可能往往是处在早期或者轻资产型的服务型企业。这种类型的公司往往不能根据市净率或者市盈率去筛选,因此我们需要更多的价值因子以衡量这些公司真正的价值。因此,接下来我们谈及市销率,一个最常用于轻资产、服务型初创公司的价值指标。

5.3　市销率

5.3.1　市销率是什么?

市销率是公司的市值与其销售额(营业收入)的比值。它表示的是一种类似于衡量流量的方法,即公司的市值是营业收入的多少倍,公司需要多少年才能够累积赚得市值那么多的收入。当然,该方法也可以用在流量上。例如,某个互联网公司刚刚成立没多久,其产品尚未形成收入的来源,但有很多的忠实用户,此时对该公司的估值既无法使用市盈率(因为净利润极大可能为负),也无法使用市净率(因为账面资产少得可怜),所以会经常使用类市销率的方法,如市场估值除以日活跃用户数。一般这些公司的商业模式就是先烧钱,然后以提价的方式赚取收入。市销率的计算公式为:

$$\text{市销率} = \frac{\text{市场价值}}{\text{营业收入}} \tag{5-3}$$

式(5-3)中,分母项会指代很多不同的指标,除了我们在上文提到的日活跃用户数,还可以是注册人数或者页面浏览次数等能够体现客户价值、流量价值的指标。

从式(5-3)可以发现,市销率是一个既不考虑公司赚取利润的能力又不考虑公司资产安全边际的指标。这种特性使得市销率方法在衡量成熟公司或者开始衰退的公司时会出现失效,但是在衡量初创公司、正在进行转型或者开发新产品的公司时会非常有效。例如,比亚迪2020年3月31日的市销率为1.21,2020年6月30日的市销率为1.67,而市盈率则在短短三个月内增加近3倍,从57.86倍增至200.42倍。从比亚迪的例子也可以看出,由于市销率不关注利润能力或者资产安全程度,因此可以对所有有营业收入的公司做到一视同仁。

但是,使用市销率作为投资标准有一个很重要的隐含假设,就是毛利率或者净利润率在未来会有显著的提高。例如,营业收入很高的公司在短期内有很大的非经常性支出项目,导致净利润下降;但是未来由于没有这些非经常性支出,其净利润会增加。

除此之外,使用市销率指标还有其他方面的好处。因为营业收入在利润表的最开头一栏,所以被财务操纵的可能性很小,使得该指标的安全性和稳定性更高。

5.3.2 市销率能否作为投资决策的标准?

市销率是 Kenneth L. Fisher 喜欢用的技术指标。他认为真正能够区分优秀公司与非优秀公司的指标就是市销率,因为该比值可以在一定程度上表示一家公司在市场中的份额和垄断程度。而净利润由于有很多非经常性的损益,每年会有波动,因此参考价值不高。他认为市销率大于0.75的公司不具有长期的投资价值。然而,A股市场截止到2021年6月27日有399家上市公司的市销率小于0.75。

Senchack and Martin(1987)使用1975—1984年的季度收益数据,发现市销率越低,其组合平均收益率越高。市销率最低一组的平均年收益率最高,达到28%,但是风险也最高,高达1.178;而市销率最高一组的平均年收益率只有约18%,但是风险并不低。

James O'Shaughnessy在 *What Works on Wall Street* 一书里认为市销率是能够带来最高收益的估值维度。他利用1951—2003年的股票数据回溯测试,发现投资于市销率最低的50只股票组合可以带来15.95%的年化收益率,比同期全市场股票平均收益率高2.95%。此收益率与使用市净率投资策略的收益率相同,但是投资于市销率最低的50只股票组合的风险更小,夏普比率更高,回撤幅度更小。低市销率策略的标准差为27.40%,夏普比率为0.50,最大回撤幅度为-28.80%;而低市净率策略的标准差为30.11%,夏普比率为0.46,最大回撤幅度为-34.50%。当低市销率策略应用于市值较大的股票时,其安全程度会更高一些,但提升幅度极为有限,夏普比率只提高0.01~0.51。

总体来看,低市销率是一个具有收益可观且风险较小的投资策略。我们在前面提到的市盈率和市净率都将市场价格作为分子项,但市场价格更多的是仅仅表现一种及时性的投资者情绪,与企业的基本面没有太多的联系。尽管这种特性在有些时候会帮助投资者获得超额收益,但是在某些行业(如私募股权和风险投资)里,由于投资期较长及缺乏有效的市场价格,很多时候不得不选择稳定性较强且更贴近公司基本面的公司价值或者分红作为分子项。这样的选择会产生最好与最差的区分度最强的投资策略。

5.4 企业价值倍数

5.4.1 企业价值倍数是什么?

企业价值倍数衡量的是针对整个公司的资本能够创造多少实际收益。企业价值倍数将EBITDA(息税折旧摊销前利润)作为衡量公司盈利能力的指标,而EBITDA比起净利润至少多了ITDA(利息、所得税、折旧和摊销),可以把很多具有较强个体性因素的指标加进来,成为更加公正的衡量公司盈利能力的指标;同时,将企业价值(EV)考虑进来,比起只考虑股权价值的市盈率、市净率、市销率,还多考虑了债务价值对企业活动的影响。

企业价值倍数的计算公式为:

$$企业价值倍数 = \frac{企业价值}{EBITDA} \tag{5-4}$$

其中,企业价值＝市值＋负债(－现金);EBITDA＝净利润＋所得税＋固定资产折旧＋无形资产摊销＋长期待摊费用摊销＋偿付利息所支出的现金。

企业价值倍数与市盈率类似,也是结合公司的盈利能力与公司价值考量公司股价相对公司本身内在价值的比率。但是,企业价值倍数在多个维度上优于市盈率。首先,EBITDA 把一些非公司个体成本加回来,使得这些因行业不同而不同的支出不会影响公司的估值水平。其次,由于 EBITDA 包含了很多公司常用来粉饰财务报表的项目,因此被操纵的可能性小,有利于投资者排除很多干扰,能够更准确地判断公司核心业务的经营状况。最后,由于 EBITDA 包含了几乎所有公司运营所需变动的账目,因此每年 EBITDA 的变动幅度并不会像净利润那样出现很大的波动。

尽管企业价值倍数适合在不同行业之间进行比较,但是并不适用于某些行业内部的比较。例如航空运输业,在执行新的租赁准则之前,由于有些飞机是购买的资产,计提的折旧会计入 EBITDA 中,而有些飞机是租赁的,其租赁费用计入成本而非 EBITDA。因此,如果单纯使用 EBITDA 在该行业进行比较,则没有办法非常公允地衡量公司的估值程度,应该使用其变体之一的 EBITDAR(其中 R 为租赁费用)。

此外,由于企业价值倍数没有衡量公司的成长速度和营业收入规模等重要内容,因此单一地使用该策略可能无法达到最优的结果。

5.4.2 企业价值倍数能否作为投资决策的标准?

Gray and Vogel(2012)利用 1991—2010 年的数据,验证企业价值倍数能否作为投资决策这一命题。当他们剔除了市值最小的 10% 公司金融股、公用事业股并根据企业价值倍数的大小将股票分为5组之后,发现企业价值倍数最低一组的年化收益率为17.66%,而企业价值倍数最高一组的年化收益率仅为7.97%,两组平均收益率之差高达9.69%,这也使得企业价值成为区分度最高的指标(他们还使用了市盈率、市净率、市销率等指标)。

Tortoriello(2009)把企业价值倍数与ROIC结合起来,发现这比起单纯的低企业价值倍数策略的效果更好,对股票的区分度更强(见图5-2)。

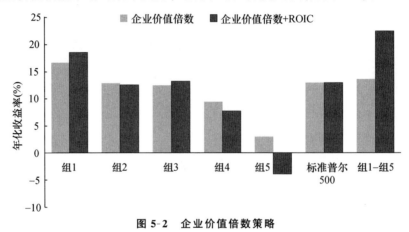

图5-2 企业价值倍数策略

资料来源:Tortoriello(2009)。

组5是在实验分组中企业价值倍数最高一组的股票,而组4是实际上企业价值倍数最高一组的股票,但即便如此,我们依然可以发现企业价值倍数+ROIC策略要远远好于单纯的企业价值倍数策略。这是因为结合企业价值倍数和ROIC可以更好地筛选出企业价值倍数更低、更优质的股票作为一个组合。

总体来看,企业价值倍数可以在一定程度上发挥其作用,可以区分"好股票"和"坏股票",但是单一指标的作用是有限的,因为企业价值倍数没有衡量公司的盈利能力、成长能力等因素,所以无法通过单一指标判断股价是否被低估或者被高估。实证结果也证实加入ROIC指标的策略优于单纯的低企业价值倍数策略。

尽管贴近基本面的企业价值倍数投资策略可以带来令人满意的投资成绩,但是另外一个贴近基本面的股息率策略却不能有效区分好策略和差策略。

5.5 股息率

5.5.1 什么是股息率？

股息率衡量的是投资者每年能够从公司实际运营中拿到的分红与自身投资资金的比率。股息率的计算也非常简单，其计算公式为：

$$股息率 = \frac{每股分红}{每股价格} \tag{5-5}$$

一般来说，股息率是考察上市公司管理层是否负责任的指标。因为投资者普遍认为，愿意把公司的收入与投资者分享（发放分红）的管理层是一个好的管理层。他们本着与股东共享收益的理念，会更好地照顾到中小股东的利益。然而，由于中国证券市场的低股息率由来已久，股息率对公司股价的影响并不会如营业收入、净利润那样直接。但是有一种情况在短期内会对股价产生非常大的正向脉冲，那就是高送转的股票。高送转行情在A股由来已久，10转10、10转20屡见不鲜，每次这些股票都可以引起投资者的疯狂追捧，期待能够走出漂亮的填权行情。需要注意的是，该比率与我们在之前计算市盈率等多个指标时用到的股利支付比例并不是同一个指标，股利支付比例是公司分派的股息占公司净利润的比率。

5.5.2 股息率能否作为投资决策的标准？

Tortoriello(2009)使用20年（1988—2007年）的美国股票数据，发现尽管股息率最高的一组可以带来2.4%的超额收益，但是该超额收益比起其他指标略显不足；而且每个分组之间的差异非常小。显然，该指标并不是一个非常好的投资决策标准。

James O'Shaughnessy 在 *What Works on Wall Street* 一书里利用1951—2003年的股票数据，对股息率指标的有效性进行了检验。他的结论与Tortoriello(2009)的相似，那就是该指标筛选出超额收益股票的能力较差。尽管在大盘股上可以获得1.93%的超额收益（在所有股票中选择股息率最高的50只股票组合的超额收益仅为0.35%),但是该收益远远少于其他指标能够带来的。

观察图5-3可以发现,每个组合的收益率并不单调。尽管收益率呈现随着股息率下降而下降的趋势,但是最高收益率的组合并不是股息率最高的一组。

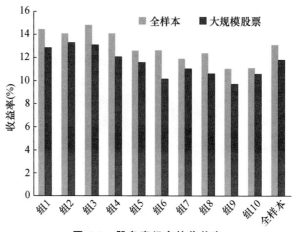

图5-3 股息率组合的收益率

资料来源:O'Shaughnessy(2012)。

这种规律在更长一段时间内也存在。根据Clemens(2012)的研究,股息率组合在不同时期,收益率最高组合的股息率特性有所不同:在1927—1955年,收益率最高的组合是无分红的公司,而发放红利的公司都没有跑赢市场;而在1956年之后,收益率最高的组合是股息率第二高的组合,即股息率数值在前60%至前80%的公司。综上所述,至少在美国市场,股息率并不是一个很好的、能够应用于投资决策的因子。

本章小结

估值是价值投资的重要维度,公司的前景再好,如果其股票价格过于昂贵,投资于该公司的股票也很难获得超额收益。本章选取市盈率、市净率、市销率、企业价值倍数、股息率五个最具代表性的相对估值指标,详细分析了每个指标的特性与效果。下一章,我们将从另一个重要维度(质量维度)衡量公司价值。

思考与讨论

1. 常见的相对估值指标有哪些？其特点和适用情形分别是什么？
2. 为什么不同的相对估值指标的适用情形存在差异？
3. Fama and French(1992)提出了著名的三因子模型,其中包括哪个相对估值指标？

参考文献

[1] Anderson, K. and C. Brooks, 2006, The long-term price-earnings ratio, *Journal of Business Finance & Accounting*, 33(7-8): 1063-1086.

[2] Clemens, M., 2012, Dividend investing: Strategy for long-term outperformance, Working Paper.

[3] Fama, E. F. and K. R. French, 1992, The cross-section of expected stock returns, *The Journal of Finance*, 47(2): 427-465.

[4] Fuller, R. J., L. C. Huberts and M. J. Levinson, 1993, Returns to e/p strategies, higgledy-piggledy growth, analysts' forecast errors, and omitted risk factors, *Journal of Portfolio Management*, 19(2): 13-24.

[5] Gray, W. and J. Vogel, 2012, Analyzing valuation measures: A performance horse race over the past 40 years, *Journal of Portfolio Management*, 39(1): 112-121.

[6] O'Shaughnessy, J. P., 2012, *What Works on Wall Street: The Classic Guide to the Best-performing Investment Strategies of All Time*, 4th Edition. McGraw-Hill, New York.

[7] Penman, S. H. and F. Reggiani, 2014, The value trap: Value buys risky growth, Working Paper.

[8] Senchack, A. J. and J. D. Martin, 1987, The relative performance of the PSR and PER investment strategies, *Financial Analysts Journal*, 43(2): 46-56.

[9] Tortoriello, R., 2009, *Quantitative Strategies for Achieving Alpha*, McGraw-Hill, New York.

第 6 章
质量维度一：盈利能力

在前面几章中，我们介绍了量化投资的基本概念、思路和方法，并指出如何使用各估值因子评估公司价值。但是，估值维度衡量的是市场对公司的估价，是从市场角度出发的外部视角，不能准确地反映公司内部的经营质量、财务状况和发展前景，而这些因素往往是评判公司是否优质的依据。因此，如果仅仅根据估值因子，我们很难判断市场是否高估或低估了某家公司。

从本章开始，我们将从另一个重要维度（质量维度）衡量公司价值。质量维度包括盈利能力、经营效率、盈余质量、投融资决策和无形资产等方面，所考虑的信息均来自公司的财务报表。质量维度分析是理解公司价值的核心渠道，如果说估值维度为我们寻找"便宜"公司提供了途径，那么质量维度则有助于我们找到优质公司。

作为质量维度的开端，本章将阐释财务信息与公司价值的相关性，并进一步介绍会计信息的核心——盈利能力。盈利能力为何能预测股票收益？我们又该如何利用盈余信息预测股票收益？希望读者在阅读本章之后，能够就这些问题给出清晰的答案。

6.1 盈利能力的价值相关性

在讨论作为质量维度的盈利能力时，我们关注的是盈利能力能否反映或预测公司的价值，即盈利能力的价值相关性。因此，我们应回顾盈余信息的作用，厘清按照盈利能力预测公司价值的逻辑路径。

6.1.1 价值相关性：从会计数据到股票价格

会计信息的价值相关性描述了会计盈余与股票价格的关联性，如果能够在一定程度上利用会计数据预测股票价格，则称该会计数据是价值相关的。

会计信息的价值相关性以投资决策理论为基础。投资决策理论认为，由于现实世界的不确定性，理性投资者在进行投资决策时都要依据现有信息对投资的未来收益和风险进行预测，其中就包括会计信息。尽管会计信息只是对公司过去活动的历史描述，但投资者可以根据这些信息对公司未来的利润或现金流进行预测，进而修正自己的投资决策。

在不同的时期，价值相关性又可细分为信息观(information perspective)、估值模型观(valuation model perspective)和计量观(measurement perspective)。接下来，我们介绍学术界在上述不同视角下对盈利能力和股票收益的探索。

信息观下的价值相关性

1968年，来自芝加哥大学的Ray Ball教授和西澳大学的Philip Brown教授首次发现当期盈余会显著影响当期股票收益，证实了公司财务报告提供的盈余信息会影响股票价格(Ball and Brown, 1968)。他们采用的研究方法一般被称为信息观，主要研究会计信息(特别是有关盈利能力的信息)对股票价格的影响，根据财务报告提供的会计信息帮助投资者预测股票收益和风险。如果股票价格对所披露的会计信息产生反应，说明会计信息就是有用的。因此，信息观是验证会计信息作用、对现行会计信息进行甄别和取舍的重要视角。

估值模型观下的价值相关性

在信息观出现后的数十年中,该理论一直占据主导地位,直到20世纪80年代末,人们发现市场不一定是有效的,即股票价格不仅反映了公司报告提供的会计信息,还反映了噪声交易者的噪声,出现了许多诸如市场反应过度、反应不足、非盈余信息引致市场异动等异常现象。这促使人们重新审视股票的内在价值,把注意力转移到股票的估值模型上,出现研究价值相关性的新视角——估值模型观。估值模型直接研究会计数据在股票定价中的作用——会计信息是怎样转换到股票价格中的,试图解开股票价格形成的"黑匣子"。英属哥伦比亚大学的Gerald A. Feltham教授和哥伦比亚大学的James A. Ohlson教授在1995年提出著名的估值模型——剩余收益模型,为公司估值提供了可行方法(Feltham and Ohlson,1995)。他们认为股票的内在价值应该为:

$$PV_0 = BV_0 + \frac{\sum (ROE_t - r) \times BV_{t-1}}{(1+r)^t} \tag{6-1}$$

其中,PV为公司内在价值,BV为股东权益账面净值(即每股净资产),ROE为净资产收益率,r为适用折现率或必要的报酬率。如果公司的盈利能力越强、能获取超额盈利的时间越长、能获取超额盈利的净资产越多、权益资本成本越低,公司股票的价值就越高;反之,则越低。上述估值模型从数量上确定了会计信息与股票价格的函数关系,明确了会计数据在股票估价中的作用。

计量观下的价值相关性

信息观和估值模型观长期以来都是基于历史成本计量的会计信息讨论信息的有用性的。但历史成本法本身具有局限性,衡量的会计信息可能无法反映公司当下的实际价值,因此会计信息与股价之间的关系不能令人信服。事实上,会计盈余信息公告前后几天内,股票收益中只有不到5%的超额收益是由会计盈余引起的,其原因就在于会计盈余信息的质量较差。以历史成本法计算的会计盈余的准确性较差,特别是随着金融工具的发展,历史成本欠缺相关性这一缺陷越发明显。与此同时,随着市场逐步趋于完善,信息技术高速发展,通过公允价值计量公司的资产和负债逐渐成为可能。在这种大背景下,计量观应运而生,它提倡在财务报告中运用以公允价值计量的会计信息。

总之,无论从哪种视角来看,关于会计信息的价值相关性的讨论已经基本达成共识,即会计信息与股价是存在相关性的。而作为会计信息的代表,盈利能力是如何影响股价的呢?进一步地,假如我们开始分析一家公司的财务状况,当发现公司的盈利能力一直表现优异时,能否得出这样的结论:未来的盈利能力将继续保持高位。直接的答案恐怕是缺乏逻辑支撑的,没有人能仅仅因为上年业绩好就保证来年能获得更高的盈利。那么,利用历史盈余信息判断未来是否可行呢?要解答这个问题,必须追溯超额收益的来源。

6.1.2 超额收益的来源:核心竞争力

当一家公司产生的资本收益大于其资本成本时,我们认为该公司存在超额收益。如果确实存在超额收益,市场会迅速做出反应:新的竞争对手立刻出现,采取相同的经营策略,从中分一杯羹并压低之前公司的超额收益。因此,如果市场是完全竞争的,在平衡状态下所有公司都不能获取超额收益。但是,如果所有公司都无法期望从经营活动中获取超额收益,那么它们就没有动机经营下去了——毕竟,与其花费时间和精力经营,还不如直接投资于风险和收益相似的基金。

当然,现实世界并不是完全竞争的,公司有能力也有机会获取超额收益。如果公司不但希望获得超额收益,而且想尽可能持久地获取超额收益,就必须采取行动建立自身的竞争优势,否则竞争对手就会迅速进入市场采取模仿行动,挤兑公司现有的超额收益。诚然,诉诸法律保护、建立行业壁垒等都是很好的手段,但最关键的是公司的核心竞争力。

核心竞争力与公司价值

公司要创造价值,必须投资于特定的商业活动,而具有一定技能、属性或优势的公司就能够在商业活动中比其他公司表现得更优秀。这些突出的技能、属性或优势就是核心竞争力(如信息技术能力、创新能力、产品可靠性、客户关系等),代表着公司比竞争对手拥有更高的水平,确保公司在竞争中获胜,防止被竞争对手超越。我们熟知的大公司都拥有它们的核心竞争力,并在不同领域中加以拓展。可口可乐公司的核心竞争力是可乐配方,于是一款简单的饮料得以风靡全球;佳能公司的核心竞争力是光学技术,保证了佳能在摄像设备领域的成功;苹果公司的核心竞争力是创新能力,它重新定义了手机并改变了人们的移动生活方式。

那么,为什么核心竞争力能让公司获取超额收益呢?在激烈的商业竞争中,公司利用这些核心竞争力进行生产或服务,通过各种竞争策略(如成本优势、差异化、专门化等)提高公司价值,使得公司能够提供其他公司无法匹敌的价格、质量或方式。这种竞争优势帮助公司更有效率地生产或者溢价销售,从而不断地超越竞争对手,实现超额收益。所以,找到有核心竞争力的公司,即找到优质的、未来能持续盈利的公司。

盈利能力:重塑核心竞争力

公司超额收益的动力在于其核心竞争力。如果要判断公司的超额收益是否可持续,最好的办法是观察公司是否拥有足够的核心竞争力。一个比较好的思路是,如果公司过去的盈利一直持续稳定在高位,那么其背后应该有核心竞争力作为基础,因此这家公司有能力在未来维持高盈利。也就是说,核心竞争力推动盈利能力,而盈利能力反过来重塑核心竞争力,由此可以推论:有着强大盈利能力的公司更可能拥有更强的核心竞争力,因此越有可能在未来取得超额收益。

6.2 利用盈利能力预测股票收益

我们从理论上阐述了盈利能力与超额收益的关联性,这为我们利用盈利能力预测股票收益提供了理论依据。那么,股价是否随公司盈利能力而波动呢?如果答案是肯定的,股价会如何波动呢?接下来带大家了解现实中股票价格如何针对有关盈利能力的信息做出反应。

如果会计信息是有用的,投资者就会根据个人禀赋、偏好和信念的不同,在不同程度上利用会计信息修正他们对于公司未来现金流和风险的预期,进而决定是否买卖公司的股票。投资者买卖公司股票的供需行为,进一步影响了股票的价格变动。根据这一逻辑,具有信息内涵的财务报告能够影响股价,而且可以预测股价的变动方向。这种认为盈余信息内容有用的观点,就是之前提到的会计信息观。

自 Ball and Brown(1968)进行关于盈余信息内涵与股价关联性的研究后,此类信息观的研究议题大量涌现。根据信息观的看法,会计人员的主要功能是提供有用信息(具有内涵的信息)给投资者,由投资者自行消化这些信息,进而做出决策。同时,在信息观下,通过市场对股价的反应,会计人员可以知道哪些信息对投资者是有用的,哪些信息对投资者是没有用的,并基于此进一步修正所提供的信息内容。

有关盈余与股价的研究,我们可以提出以下两类问题:

(1) 探讨盈余与股价的方向。当盈余信息利好时,是否呈现正向超额收益?反之,如果盈余信息与市场预期存在落差,是否出现负向超额收益?

(2) 探讨盈余与股价关联性的幅度大小。即便盈余信息和超额收益是同向产生的,人们也不禁要问,是否盈余利好的程度越大,出现超额收益的幅度也越大?

6.2.1 盈余公告后的股价漂移现象

在完全有效市场下,股价在盈余公告后会立即反映相关的所有信息。然而一些研究发现,盈余公告后股价出现朝着原来趋势持续涨跌的现象,即"涨者恒涨,跌者恒跌"。好消息被公告后,股价有持续上涨的趋势;而坏消息被公告后,股价有持续下跌的趋势。这被称为盈余公告后的股价漂移(post-earnings-announcement drift,PEAD)现象。

1989 年,密歇根大学的 Victor L. Bernard 教授和哥伦比亚大学的 Jacob K. Thomas 教授发表的文章完整地检验了未预期盈余与超额收益是否呈现正相关关系,并深入解释了该现象。Bernard and Thomas(1989)证实了盈余公告后的股价漂移现象,对于有利好消息的公司,其超额收益可能在盈余公告后至少 60 天内向上波动;对于有利空消息的公司,其超额收益可能在盈余公告后至少 60 天持续向下波动。

他们以 1974—1986 年美国公司为样本,对盈余公告后的股价漂移现象进行了实证检验,并且从价格延迟的角度对盈余公告后的股价漂移现象进行了解释。首先,对于所谓"好消息"和"坏消息",Bernard and Thomas(1989)采用标准化的未预期盈余(standardized unexpected earnings,SUE)进行衡量,先计算实际盈余与预期盈余的差额,再按预期盈余的标准差赋权。未预期盈余越大,意味着实际盈余与市场预期差距越远,向市场传递了盈余惊喜信号(earning surprise)。于是问题转化为:如果盈余公告时未预期盈余为正,是否引发正向超额收益呢?反之,如果盈余公告时未预期盈余为负,是否引发负向超额收益呢?

Bernard and Thomas(1989)将样本公司按未预期盈余从小到大平均分为 10 组,其中第 1 组的未预期盈余最小,第 10 组的未预期盈余最大。接下来,他们分别从公告日前 60 天和公告日后第 1 天开始计算平均累计超额收益,观察 10 组公司在盈余公告日前后 60 天的收益情况。如图 6-1 所示,未预期盈余分组下的盈余动量特征非常明显,高未预期盈余组的超额收益不但在公告日前 60 天持续上行,而且在公告日后仍持续增加;低未预期盈余组则相反,超额收益在公告日前 60 天持续下行,在公告日后仍持续减少。如果投资者在公告日买入最高未预期盈余组的公司并卖空最低未预期盈余组的公司,在盈余公告后的股价漂移现象出现的 60 天内就可以获得高达 18% 的年化超额收益(扣除交易成本前),远远超过市场收益。

从图 6-1 可以看出,在盈余公告日前,超额收益的趋势与公告日的未预期盈余程度是一致的,这意味着股价在盈余信息被公告之前就已经做出反应。因此,对于股价而言,会计盈余是一个落后指标,即价格领先盈余(price leads earnings)。一方面,由于季报披露、分析师预测等因素,市场在公告日之前就已经预期了年度盈余的信息,因此有关年度盈余的信息已经反映在股价中,公告当月的平均累计超额收益就不会出现大幅波动;另一方面,由于会计上存在

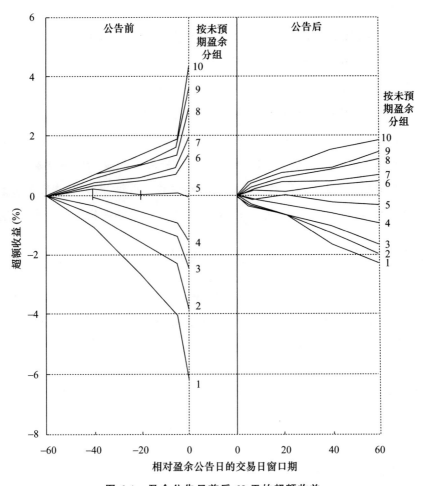

图 6-1 盈余公告日前后 60 天的超额收益

资料来源：Bernard and Thomas(1989)。

基于应计基础或收益实现等原则的限制，一部分盈余须递延到下一期才确认，因此会计盈余仅仅反映了其他已经影响股价的信息来源的内容，本身所提供的额外信息并不多。事实上，如前文所述，盈余仅仅能解释超额收益不到 5%，尽管统计上盈余能够显著影响超额收益，但在经济意义上很难用盈余信息解释超额收益。所以，盈余信息并不是引起股价变动的重要原因，而是与其他来源的信息具有相关性，但这并不妨碍利用盈余信息预测超额收益。

而在公告日后一段时间内，股价仍能持续反映年度盈余的信息（盈余公告后的股价漂移现象）——"涨者恒涨,跌者恒跌",这为我们以有关盈利能力的信息作为量化因子提供了依据。但同时也要注意,此异象违反了有效市场假说,因为市场如果是完全有效的,那么在盈余报告公布之日,报告所包含的信息就应该立刻释放到市场并反映到股票价格中,随后关于盈余的利好或利空都不应该引起进一步的市场反应。也就是说,当盈余公告当日股价出现错误定价时,套利者就会迅速介入、市场会迅速调整资产组合并消除错误定价,因此错误定价是不应该持续出现的。然而盈余公告后的股价漂移现象显示,根据已公开的信息,投资者仍然可以获取超额收益。可见,盈余公告后的股价漂移现象对有效市场假说提出了巨大挑战,也为量化策略的构建提供了机遇。

6.2.2 行为金融学的解释:价格的滞后反应

盈余公告后的股价漂移现象的发现开启了人们对会计信息与股价关系的讨论,那么其背后的机制是什么呢？Bernard and Thomas(1989)对此进一步探讨,认为价格对信息有滞后反应。我们接下来详细讨论价格滞后的可能原因。

交易成本

价格滞后的原因多种多样,可能的影响路径之一是交易成本。Bernard and Thomas(1989)注意到,尽管这一投资策略可以获得扣减交易成本前18%的年化超额收益,但策略中每季度的换手率高达78%,由此带来的交易成本几乎抵消了赚取的超额收益。既然投资者仅当交易成本小于交易收益时才进行交易,那么即便存在错误定价,交易成本的存在也可能阻止了套利行为,导致市场不能做出及时反应。

如果盈余公告后的股价漂移现象是交易成本导致的,那么该现象产生的超额收益必须处于较低水平。试想,如果市场意识到错误定价非常大,那么大量投资者将迅速涌入,价格将立即反映所有信息。但恰恰因为错误定价并不大,所带来的超额收益小于交易成本,所以投资者才被迫暂停交易,股票价格才无法立刻反映所有信息,致使这些信息在日后逐渐表现并形成股价漂移现象。

基于这一理论,Bernard and Thomas(1989)认为无论未预期盈余有多大,盈余公告后的股价漂移现象的超额收益都应当有一个上限,而且该上限等于交易成本。对此,他们巧妙地将样本根据未预期盈余大小分别分为2组、3组、5组、10组直到100组,并在每一次分组中计算分别买入最大组和卖空最小组所带来的超额收益。随着分组数的增加,最大组和最小组的未预期盈余的差距会越来越大。如果理论成立,那么在超额收益达到某个上限之后,无论未预期盈余如何增大,超额收益都不应该继续增长。图6-2有力地佐证了该观点,在达到4%左右时累计平均超额收益就不再增长,而4%差不多就是交易成本的平均值。

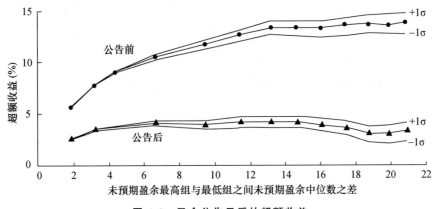

图 6-2　盈余公告日后的超额收益

资料来源:Bernard and Thomas(1989)。

尽管实证结果证明了交易成本可能是盈余公告后的股价漂移现象的原因,但Bernard and Thomas(1989)认为这个理论仍无法解释许多问题。举例来说,既然交易成本大于超额收益,那么交易就不应该发生,为什么公告日后交易还会逐渐发生并推动股价呢?公告日后,根据交易成本理论,股价并未完全反映信息,投资者为何愿意在错误的股价下交易呢?退一步说,即便要交易,投资者也应该立刻将股价推到一个"合适"的位置,而不是逐渐推动形成股价漂移。因此,Bernard and Thomas(1989)提出了另一条路径以解释价格的滞后反应。

迟钝的市场反应

另一个解释是市场对盈余信息缺乏充分理解。Bernard and Thomas(1989)指出,企业各个季度的盈利变化是正相关的,如果公司报告本季度有利好消息——本季度的盈利比上年同期高,那么其下一季度的盈利能力很可能也会超过上年同期水平。聪明的投资者应当预见到这一点,当他们对未预期盈余高的公司报价时,应当把价格定得高一些,因为这些公司在未来继续获得未预期盈余的可能性增大了。但是,盈余公告后的股价漂移现象表明市场似乎不能意识到盈利的季节相关性,无法基于本季度的盈余信息调整对下一季度的期望。也就是说,当本季度出现未预期盈余时,市场不会调整下一季度的期望,直到下一季度盈余公告日才"恍然大悟"地发现盈余惊喜,但其实下一季度的盈余增长应该在本季度就能预见到。

Bernard and Thomas(1989)根据 t 季度的未预期盈余将样本分为10组,其中第1组表现最差,而第10组表现最好。接下来,他们观察在 $t+1$ 季度盈余公告日前5天这些分组的平均超额收益。由于分组完全依据 t 季度的盈余状况,因此如果市场充分理解 t 季度的盈余信息,那么这些分组在 $t+1$ 季度就不应该出现盈余惊喜。

然而,如表6-1所示,当 t 季度出现盈余利好信息时,市场会在 $t+1$ 季度再一次感到惊喜,第10组依然可以产生可观的平均超额收益。当 t 季度出现盈余利空消息时,市场会在 $t+1$ 季度再一次感到失望,第1组只能产生负的平均超额收益。也就是说人们依然能够从本季度预测下一季度的表现,市场似乎低估了当前盈余信息对未来盈利能力的预测能力,尚未充分运用本季度的信息。

表6-1 基于本季度的未预期盈余分组在下一季度公告日前的超额收益

t 季度未预期盈余分组	$t+1$ 季度公告日前5天累计超额收益(%)		
	小型公司	中型公司	大型公司
第10组(未预期盈余最大)	1.32	0.68	0.31
第1组(未预期盈余最小)	−0.82	−0.65	−0.37
差值(买入第10组、卖空第1组)	2.14	1.33	0.68

资料来源:Bernard and Thomas(1989)。

心理学的解释

还有一些学者试图从心理学的角度解释盈余公告后的股价漂移异象。众所周知,市场存在许多心理学偏差,其中包括投资者过度自信偏差和自我归因偏差,即投资者高估自己所拥有知识的精确性和自己掌控情况的能力,却低估了外部信息的精确性和相关风险,并且个人常常将成功的结果归因于自己的能力,将失败的结果归因于外部的因素,因此投资者常常对非自己收集的其他信息反应过度或反应不足。

投资者的过度自信使他们过于相信私有信息,却不那么相信年报、分析师预测等公开信息。当他们同时使用公开信息和私有信息时,如果公开信息与自己的私有信息相符,投资者会觉得自己是有能力的,因而更加过度自信,推动股价继续向原来预期的方向变动;相反,如果公开信息与自己的私有信息相悖,则会将其归因于其他因素而非自己能力不行,因而不会立刻调整股价,使股价对信息产生滞后反应。

总之,行为金融学研究普遍认为市场上大量存在的个人投资者的非理性特征是盈余公告后的股价漂移现象产生的重要原因之一。如果将投资者分为一般投资者(如散户投资者)和具有成熟、理性投资技巧的成熟投资者(如机构投资者等),因为成熟投资者能更全面地理解盈余信息,而一般投资者则不能正确地理解盈余的时间序列特征,所以我们经常发现这些成熟投资者有效降低了盈余公告后的股价漂移现象发生的概率。例如,机构投资者持股比例越高,盈余公告后的股价漂移现象越不明显。因此,若要利用盈余公告后的股价漂移现象进行投资,首先必须充分了解盈余特性,以成熟投资者的视角进行投资;反之,个人投资者经验较少、信息不足,常常按照情绪做交易,从而导致羊群效应:当未预期盈余被宣布时,他们很容易跟风买卖、推动股价波动。比起基本面信息,情绪更能左右个人投资者的策略。

6.2.3 对研究模型的质疑

此外,一部分学者试图从研究方法上解释盈余公告后的股价漂移现象,认为可能是研究模型本身存在问题。首先,计量模型所使用的资本资产定价模型可能出现问题,以前研究中的贝塔(β)值是固定的,但贝塔(β)值其实会随着未预期盈余而波动,如果调整贝塔(β)值,盈余公告后的股价漂移现象就不那么明显了。其次,许多对盈余公告后的股价漂移现象的研究以未预期盈余作为测量尺度,如果用以前年度同一季度的盈利与当前盈利的差额衡量未预期盈余,那么盈余公告后的股价漂移现象是存在的;然而,如果以其他形式计算未预期盈余,盈余公告后的股价漂移现象的波动就不明显了。从这个角度来看,超额收益仅仅是因模型有误而导致预估收益偏离了实际收益。但是,包括Bernard and Thomas(1989)在内的众多学者认为,比起盈余公告后的股价漂移现象显著的超额收益,计量模型带来的误差几乎可以忽略,因此现有证据还不足以支撑这一观点。

6.3 衡量盈利能力的指标

如果我们要识别出有价值的公司,比较好的方法是寻找那些在过去已经长期拥有良好盈利能力的公司,因为这可能意味着这些公司拥有核心竞争力,从而在未来持续表现良好。那么,如何判断公司的历史盈利能力水平呢?本节试图以量化方式、从不同维度衡量公司的长期盈利能力。

6.3.1 盈利能力和均值回归

根据价值理论,公司投入资本购入资产,这些资产会产生未来现金流。如果现金流大于资本成本,那么这项投资就能够产生价值。那么,首先要解决的问题是如何计算资产带来的收益,最简单的方法是计算资产收益率或权益收益率(也称资本收益率):

$$资产收益率 = \frac{净利润}{平均总资产} \tag{6-2}$$

$$权益收益率 = \frac{净利润}{平均净资产} \tag{6-3}$$

此外,可以调整权益收益率,将分子项调整为税后经营性利润,将分母项

调整为投入资本,得到投资资本收益率(return on invested capital, ROIC):

$$投资资本收益率 = \frac{息税前利润 \times (1 - 所得税税率)}{固定资产 + 无形资产 + 流动资产 - 流动负债 - 现金} \tag{6-4}$$

息税前利润(EBIT)衡量各种形式的资本收益,而不仅仅是权益收益。

相较于权益收益率,投资资本收益率能够识别出公司真正具备生产力的资产的收益。如果投资资本收益率很高,理论上公司就更有可能具备成长性并更有可能在未来获得超额收益。因此,投资资本收益率与企业价值乃至股票收益都紧密联系,这一结论在中美两国资本市场均成立(刘俏,2014)。

刘俏(2014)发现,美国上市公司在1961—2001年时间的投资资本收益率年平均值高达11.6%,这与投资者同期能够获得的平均收益相当。而中国上市公司在1998—2012年,投资资本收益率的算数平均值只有3%,按总资产加权平均值为4.1%,远低于美国上市公司。

我们不难看出,盈利能力是衡量公司价值的重要维度。但是,仅仅衡量历史盈利水平是不够的,因为公司往往无法长期维持高收益率。公司可能在发展之初享有高额收益或超额收益,但这些收益会随着公司的业务生命周期而衰减,最终向资本成本或行业均值回归。也就是说,若我们仅仅寻找过去有高收益的公司,则这些公司的收益接下来很可能逐渐减少。一方面,如上文所述,表现好的公司会吸引市场竞争者,竞争者的出现会压低超额盈利;另一方面,大部分公司的优异表现是由确定的实力和不确定的运气构成的,随着时间的推移,运气的成分会逐渐减少,最终决定表现的还是实力本身,样本中优异公司的表现最终会趋于实力的平均水平。

因此,仅凭历史盈利水平是无法判断公司到底是有价值的还是处于生命周期高峰。但可以确定的是,如果公司是优质的、有核心竞争力,那么这些公司的盈利能力应当会持续地表现出一些动态特征,如持续性、成长性和稳定性。

6.3.2 盈利能力的持续性

通常可以采用公司的长期平均资产收益率(8 years return on assets, 8yr_

ROA)和长期平均资本收益率(8 years return on capital,8yr_ROC)衡量公司盈利能力的长期持续性,其计算公式为:

$$8\mathrm{yr\_ROA}_i = \left[\prod_{t=1}^{8}(1+\mathrm{ROA}_{i,t})\right]^{\frac{1}{8}} - 1 \qquad (6\text{-}5)$$

$$8\mathrm{yr\_ROC}_i = \left[\prod_{t=1}^{8}(1+\mathrm{ROC}_{i,t})\right]^{\frac{1}{8}} - 1 \qquad (6\text{-}6)$$

其中,t 为年份,i 代表某特定公司。这里采用 8 年作为"长期"的标准,因为 8 年通常涵盖一家典型公司的完整生命周期。如果公司是优质的、有价值的,那么这两个算法得到的结果都应该很高;但在少数情况下,复杂的资本结构也可能使公司的其中一项得分远高于另一项。

此外,算法采用几何平均而非算术平均,是因为不希望选择那些盈利能力波动性大的公司。波动性在长期资产收益率或长期资本收益率的计算中是一条警戒线,如果波动性很大,即便算术平均长期资产收益率或长期资本收益率很高,公司的盈利能力也是得不到保障的。

6.3.3 盈利能力的成长性

通常,可以采用毛利增长率(margin growth,MG)描述公司利润率的长期成长性。毛利增长率越高,股票越优质,其计算公式为:

$$\mathrm{MG}_i = \left[\prod_{t=1}^{8}\left(1+\frac{\mathrm{GM}_{i,t+1}}{\mathrm{GM}_{i,t}}\right)\right]^{\frac{1}{8}} - 1 \qquad (6\text{-}7)$$

其中,GM 为毛利率(gross margin),t 为年份,i 代表某特定公司。在这里,MG 代表某特定公司毛利率的 8 年复合增长率。算法采用几何平均而非算术平均,与之前的计算一样,是为了倾向于选择那些盈利水平较平稳的公司,筛掉那些盈利波动较大的公司。

6.3.4 盈利能力的稳定性

随着经营业务逐渐成熟,公司的盈利增长水平会逐渐下降,这时候,公司的盈利能力稳定性将起关键作用。我们采用盈利能力稳定性(margin stability,MS)衡

量公司在商业循环中维持盈利水平的能力,其计算公式为:

$$\mathrm{MS}_i = \frac{\frac{1}{8}\sum_{t=1}^{8}\mathrm{GM}_{i,t}}{\sqrt{\frac{1}{7}\sum_{t=1}^{8}(\mathrm{GM}_{i,t}-\overline{\mathrm{GM}_{i,t}})^2}} = \frac{\mathrm{Avg}(\mathrm{GM})}{\mathrm{SD}(\mathrm{GM})} \quad (6\text{-}8)$$

其中,GM 为毛利率,t 为年份,i 代表某特定公司,Avg 为样本平均值,SD 为样本标准差。在这里,MS 代表某特定公司 8 年的盈利能力稳定性,由 8 年平均毛利率除以 8 年毛利率标准差计算而得。

6.3.5 成长性和稳定性的选择

上文简单介绍了盈利能力成长性和盈利能力稳定性的计算方法,这两个指标都能有效地从各自层面衡量公司的盈利能力水平。MG 衡量了成长性,而 MS 衡量了稳定性,但两者存在天然的冲突:高成长性的公司通常具有较低的稳定性;反之亦然。以宝洁公司和苹果公司为例。图 6-3 是宝洁公司和苹果公司 2004—2011 年的毛利率趋势图。按照之前的算法,苹果公司的 8 年盈利能力增长率为 5.4%,超过市场上 93% 的股票;然而其稳定性只有 6.6,低于市场上 80% 的股票。相反,宝洁公司的盈利能力增长率为 -0.3%,低于市场上 80% 的股票;而其稳定性高达 74.4,超过市场上 97% 的公司。此时应该采用哪个指标呢?难道宝洁和苹果都不是我们寻觅的优质公司?

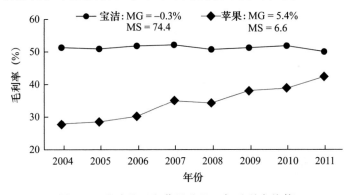

图 6-3 宝洁公司和苹果公司 8 年毛利率趋势

资料来源:Gray and Carlisle(2012)。

通常，可以采用最大盈利水平（maximum margin，MM）对成长性和稳定性指标做出抉择：

$$MM_i = MAX\left[\text{Percentile}(MS_i), \text{Percentile}(MG_i)\right] \quad (6-9)$$

其中，i 代表某特定公司，Percentile(MS_i) 和 Percentile(MG_i) 分别代表该公司的 MS 和 MG 在样本总体中的百分位数。最大盈利水平同时考虑了公司不同维度的盈利能力水平，并从中考虑最优者。例如，若在样本中某公司的成长性位于 50% 而稳定性位于 64%，那么 MM 选择 64% 作为最终比较的分数。这样，高成长性的公司不会因其低稳定性而失去关注，高稳定性公司也不会因其低成长性而失去关注，这样公司可以选择最适合自身生命周期和业务特征的方式发展，而不必顾此失彼。在这一评价系统下，既保证了优质公司不会受制于某方面的短板，又保证了那些低盈利、低成长、低稳定性的公司被排除在外。结合宝洁公司和苹果公司的例子，可见苹果公司的 MM 为 93% 而宝洁公司的 MM 为 97%，那么后者在盈利能力维度上以微弱优势优于前者。

本章小结

在本章，我们探讨了有关盈利能力的信息如何预测股价的变化，并介绍了衡量盈利能力的指标。作为衡量公司质量的维度之一，有关盈利能力的信息帮助我们找到具有核心竞争力的优质公司，这些公司能够在未来保持竞争优势，持续产生盈利并获取超额收益。那么，股价波动如何反映盈利能力？我们如何有效地利用盈余信息？这些是我们要探讨的问题。

盈余公告后的股价漂移现象是利用盈余信息的理论基础。根据盈余公告后的股价漂移现象，当公司发布未预期的盈余信息时，股价会随之漂移。如果公司释放了盈余的利好信号，股价随后将持续向上波动；反之，如果公司的盈余低于市场预期，股价随后将持续下跌。盈余公告后的股价漂移现象是一种价格滞后反应，在很大程度上是由市场参与者的行为决定的。例如，交易成本的存在阻碍了投资者的交易行为，使价格无法立即反映盈余信息内涵。更有说服力的解释认为,市场对盈余信息缺乏充分理解,投资者往往低估了未预期盈余导致的超额收益。无论如何,盈余公告后的股价漂移现象都暗示了量化策略赖以存在的条件——市场并非完全有效。尽管市场中存在众多的非理性行为,但正是这些扰动使我们有机会从混沌中抓住那些被低估的优质公司,从而赢取超额收益。

最后,要踏出构建量化策略的第一步,我们必须衡量公司的盈利能力水平。与直觉相悖的是,我们不能单纯地寻找高收益的公司,因为这些公司很可能处于其生命周期的高峰,并将逐渐回落到均值水平。所以,应当全面、动态地衡量公司的盈利能力,只有在未来持续表现高盈利性的公司,才是盈利能力强的公司。盈利能力的持续性、成长性和稳定性指标为此提供了极佳的判断依据,帮助我们识别盈利能力强的公司。

总之,作为衡量公司质量的维度之一,处于会计信息核心的有关盈利能力的信息与股价有着千丝万缕的联系。它帮助我们在资本市场中领先他人,率先找到具有核心竞争力的公司,从而获取超额收益。当然,仅仅看公司的盈利能力是不够的,还应当结合公司的经营效率评估,两者相辅相成。下一章,我们介绍公司的第二个质量维度——经营效率,更深入地评估公司的质量。

思考与讨论

1. 为什么盈利能力能够预测股票未来收益?
2. 什么是盈余公告后漂移现象?其成因和影响因素有哪些?
3. 衡量盈利能力的指标有哪些?各指标之间有什么联系和区别?
4. Fama and French(2015)提出了最新的五因子模型,其中包含哪个盈利能力指标?

参考文献

[1] Ball, R. and P. Brown, 1968, An empirical evaluation of accounting income numbers, *Journal of Accounting Research*, 6(2): 159-178.

[2] Beaver, W. H., R. Clarke and W. F. Wright, 1979, The association between unsystematic security returns and the magnitude of earnings forecast errors, *Journal of Accounting Research*, 3: 316-340.

[3] Bernard, V. L. and J. K. Thomas, 1989, Post-earnings-announcement drift: Delayed price response or risk premium? *Journal of Accounting Research*, 27: 1-36.

[4] Collins, D. W. and S. P. Kothari, 1989, An analysis of intertemporal and cross-sectional determinants of earnings response coefficients, *Journal of Accounting and Economics*, 11(2): 143-181.

[5] Fama, E. F. and K. R. French, 2015, A five-factor asset pricing model, *Journal of Financial Economics*, 116(1): 1-22.

[6] Feltham, G. A. and J. A. Ohlson, 1995, Valuation and clean surplus accounting for operating and financial activities, *Contemporary Accounting Research*, 11(2): 689-731.

[7] Gray, W. R. and T. E. Carlisle, 2012, *Quantitative Value: A Practitioner's Guide to Automating Intelligent Investment and Eliminating Behavioral Errors*, Wiley Finance.

[8] 刘俏,2014,《从大到伟大》,北京:机械工业出版社。

第 7 章
质量维度二:经营效率

如上一章所述,未来盈余是企业价值最直接而明晰的来源,基于当前盈余形成对未来盈余的预测也是企业价值相关性的主要动因。这样看来,只要能够预测未来盈余,那么估值将变得非常轻松。根据上一章所述,盈余具有一定的持续性,投资者可以用当前盈余作为未来盈余的合理估计值。但是,这种预测方法显然是比较粗糙的,投资者能否从当前盈余信息中挖掘出对未来盈余和股票收益更有预测力的信息呢?

在前面的章节中,读者已经了解,细致的财务分析指标能够帮助投资者更清晰、更直观地了解企业的财务状况等信息。类似地,盈余指标在进行了更为细致的分解后,如果各分解后指标表现出不同的持续性特征,那么投资者就可以利用其不同特征有区分地解读不同的指标信息,这显然比直接使用当前盈余预测未来盈余与股票收益更加科学和准确。这就是我们通过更加细致的财务分析来提高未来盈余预测与公司估值准确性的核心思想。本章将借助杜邦分析法分解盈余,并重点介绍经营效率指标对未来超额收益的增量解释力。

7.1 分解盈利能力

7.1.1 盈余的杜邦分解

ROE(净资产收益率)被认为是衡量盈利能力的直观方式,因为它有效地排除了规模因素,直接表示股权收益,对于投资者而言比盈余更有意义。ROE 的分解方法数不胜数,认可度最高的杜邦分析法将 ROE 分解为以下三个部分:

$$\text{ROE} = \frac{\text{NI}}{\text{Sales}} \times \frac{\text{Sales}}{\text{Assets}} \times \frac{\text{Assets}}{\text{BVEquity}} \tag{7-1}$$

其中,NI 为净利润,Sales 为总营业收入,Assets 为总资产,BVEquity 为权益资本(企业依法筹集并长期拥有、自主支配的资本,指投资者投入的资本金减去负债后的余额)的账面价值。也就是说,ROE 由销售利润率、总资产周转率和财务杠杆构成。然而,这样的分解在理论上似乎不够理想,一方面是因为 MM(Modigliani-Miller)理论告诉我们,在完美市场中财务杠杆并不影响企业价值(Miller and Modigliani, 1961),Assets/BVEquity 在此并不能代表 ROE 的来源;另一方面是这里使用的总资产 Assets 和净利润 NI 并非只反映企业的经营情况,还受到很多其他非经营因素的影响。

哥伦比亚大学的两位教授 Doron Nissim 和 Stephen H. Penman 于 2001 年发表在 *Review of Accounting Studies* 的文章针对财务指标及使用财务指标估值构建了完整的分析体系。文中,两位作者使用经营资产收益率(return on net operating assets, RNOA)度量盈利能力,并说明了 ROE 与 RNOA 的关系如下:

$$\text{ROE} = \text{RNOA} + (\text{FLEV} + \text{SPREAD}) \tag{7-2}$$

其中,RNOA=营运收益/净营运资产,即基于经营性资产的经营收益;FLEV 为财务杠杆的度量;SPREAD 为企业经营收益和借款成本之差(Nissim and Penman, 2001)。

由于 RNOA 更加纯净地度量了企业经营业绩,因此此后研究股权定价的文章大量使用该指标替代 ROE 度量盈利能力。

两位作者将 RNOA 分解为销售利润率（profit margin，PM）与经营资产周转率（asset turnover，ATO）：

$$\text{RNOA} = \text{PM} \times \text{ATO} = \frac{\text{Operating Income}}{\text{Sales}} \times \frac{\text{Sales}}{\text{Net Operating Assets}} \tag{7-3}$$

其中，

PM＝营业利润/营业收入＝OI/Sales

ATO＝营业收入/平均净经营性资产＝Sales/NOA

NOA＝经营性资产－经营性负债＝OA－OL

OA＝总资产－现金－短期投资＝TA－Cash－Short-term Investment

OL＝总资产－总借款－普通股及优先股－少数股权

＝TA－Total Debt－Common and Prefered Equity－Minority Interest

销售利润率与经营资产周转率分别代表企业经营收益的不同来源：销售利润率取决于定价能力，包括产品创新、品牌效应、先发优势等；资产周转率则取决于资产使用和管理效率，包括固定资产使用效率、存货管理及其他营运资本管理。两者的高低并不是绝对的优劣，恰当的组合反映的是一种战略安排。例如超市零售与奢侈品专卖，超市零售销售利润率低但周转率高，奢侈品销售利润率高但周转率低。

7.1.2 ATO 和 PM 的时间序列特征

然而，RNOA 分解后的各指标水平值并不能帮助投资者预测未来盈余，我们期待的是，分解后指标在时间序列上的变化能够表现出某些不同的特征，这样投资者就可以有区分地对待这些指标，从而更准确地预测未来盈余。非常幸运的是，PM 与 ATO 恰好表现出不同的时间序列特征（time-series property），为我们提供了这种机会。

时间序列特征是指数据在时间轴上的变化趋势，ATO、PM 和 RNOA 表现出不同程度的、逐渐向均值水平靠拢的特征，也称均值回归（mean reversion）。

这里对于均值的定义，Nissim and Penman(2001)使用的是全样本的均值。随后，斯坦福大学 Mark T. Soliman 教授的工作论文指出，对于 RNOA 或 ROE 的分析，使用全样本均值作为参照是合理的。因为在均衡的状态下，所有行业的 RNOA 都会接近加权平均资本成本，但是 PM 与 ATO 则不然。这是因为 PM 与 ATO 在不同行业之间的差异较大，各行业拥有各自较为稳定的 ATO 和 PM 水平，使用各行业均值比全样本均值更加合理(Soliman,2004)。

Soliman 教授认为，由于 ATO 与 PM 代表着不同的盈利来源，较高的 PM 会吸引新的投资者进入或者进行技术上的模仿，从而使 PM 更容易回落到行业均值水平；而同业竞争者若想在资产的有效经营和管理方面进行模仿，常常要面对大幅度经营管理变动带来的高成本，这使得高 ATO 更容易维持。图 7-1 和图 7-2 是使用 1970—2001 年美国公司的数据、每年按照行业调整（减去行业 ATO 或 PM 均值）对 ATO 和 PM 排序后、10%～90%分位数样本公司在随后 10 年的表现情况。

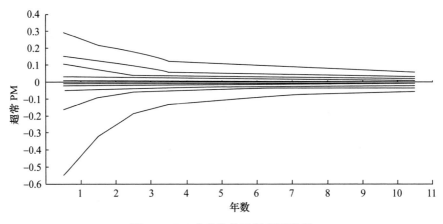

图 7-1 PM 十分位数时间序列表现

资料来源：Soliman(2004)。

从图中可以清晰地看出，相比于 PM，经行业调整的 ATO 相对更多地维持在原有的水平，均值回归的程度较小。

根据 ATO 与 PM 不同的时间序列特征，Soliman 教授认为，如果当前 RNOA 的提高主要源自 ATO，那么未来 ATO 及 RNOA 会比预期更高；如果当前 RNOA 的增加主要源自 PM,则未来 PM 和 RNOA 并不一定比预期更高。这样,投资者就可以区分不同来源的 RNOA 增长的可持续性,进而更加准确地预测未来的 RNOA。

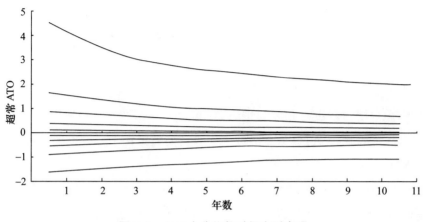

图 7-2　ATO 十分位数时间序列表现

资料来源:Soliman(2004)。

7.2　利用资产周转率获取超额收益

7.2.1　资产周转率对未来盈余变化的增量解释

在研究了 ATO 与 PM 的时间序列特征后,Soliman 教授于 2008 年发表在 *The Accounting Review* 上的文章更深入地探讨了 ATO 对未来盈余变化和股票超额收益的增量解释力。

Soliman(2008)首先控制了以往研究中使用的预测未来盈余及股票报酬的变量,用 ATO、PM、ΔATO 及 ΔPM 对滞后一期的 ΔRNOA 进行回归检验,发现 ΔATO 对未来盈余变化具有显著的正向增量解释力。结合前文的理论分析,这是因为 ATO 增长意味着公司使用资产获利的能力增强,而这种能力是难以模仿的、可持续的,未来 RNOA 相应地比预期有所提高。

7.2.2 股票市场对资产周转率信息的反应

读者已经了解,当期 ATO 变化能够正向地表征未来 RNOA 变化,从而带来公司价值的变化。那么,当 ATO 信息公布时,只要市场能够认识到 ATO 信息的意义,股价就会相应地变动。问题是:如果市场能够充分利用 ATO 信息,那么在 ATO 数据公布的瞬间,该指标的含义就会完全被市场吸收,当前 ATO 也无法再为未来的盈余变化提供增量信息,投资者并无机会从中获得超额收益;但只要市场没有充分利用 ATO 信息,获得超额收益的机会就依然存在。所以,能否通过 ATO 信息赚取超额收益的关键在于——市场是否充分利用了 ATO 信息。

股票市场对 ATO 信息的利用情况到底如何?Soliman(2008)给出了详细的检验过程及结果。

第一步,检验市场是否利用了 ATO 信息。首先,作者使用本会计年度超额收益(市场调整的买入并持有收益 BHAR,Buy and Hold Abnormal Return)进行回归,发现在控制了 EPS/P(剔除非经常性损益后的每股盈余与上年年末收盘价之比)、RNOA、PM 及各自的变化量之后,ΔATO 对当前会计年度股票超额收益具有增量解释力。此处所用的会计年度股票超额收益所度量的是本年度财务报告公布时对未来盈余的预期和上年度财务报告公布时对未来盈余的预期之差,是对未来盈余预期的修正。其次,作者使用 15 个月(包含报告期在内)的 BHAR 对模型进行检验,得到了一致性结果。最后,作者进行盈余公告前后[−2,2]窗口内的 BHAR 检验,发现市场对 ΔATO 信息有反应,表明 ΔATO 有信息含量。因此,市场对盈余信息的反应和对未来盈余预期的调整都利用了 ΔATO 信息。

第二步,检验 ΔATO 与未来股票超额收益的关系。市场能否充分利用 ATO 信息是决定投资者能否再次利用 ATO 信息获得超额收益的关键问题。

Soliman(2008)构建了如下模型:

$$R_{t+1} = \rho_0 + \rho_1 \Delta RNOA_t + \rho_2 \Delta PM_t + \rho_3 \Delta ATO_t + \rho_4 \text{RSST Controls}_t + \rho_5 RNOA_t + \rho_6 PM_t + \rho_7 ATO_t + \rho_8 \text{Fama French Risk Factors}_t + \varepsilon_{t+1} \quad (7\text{-}4)$$

其中，R_{t+1} 为第 t 年结束后的第 4 个月起，向后持续 1 年并考虑股利等分配在内的、经市场调整的 BHAR，即第 t 年盈余公告日之后 1 年内的 BHAR；RSST Controls 为应计项目的控制变量，包含 ΔWC_t（营运资本变化量）、ΔNCO_t（净非流动经营性资产变化量）和 ΔFIN_t（净金融资产变化量）；Fama French Risk Factors 用于控制风险因素，包含账面市值比（MB-Ratio）、股权市值（MVE）和风险因子（贝塔系数）。

回归结果发现，ΔATO_t 系数显著为正，表明经营效率信息对未来超额收益具有增量解释力，一旦 ΔATO 信息未被市场充分利用，投资者就可利用该信息获利。

7.3 度量经营效率的其他指标

ATO 是最基础和经典的经营效率度量方法，受到广泛认可，使用也最普遍。相较而言，度量经营效率的其他方法使用率较低，或者只适用于部分行业。

7.3.1 经营效率边际变化

边际分析往往用于确定最优点，边际分析也被认为是更具有经济意义的分析方法。Baik et al. (2013) 认为，对经营效率变化的边际分析比直接使用财务比率更加准确。他们使用 1976—2008 年 COMPUSTAT XPF 数据库中的数据，使用数据包络分析法和随机前沿分析法计算经营效率的边际变化。他们发现，在控制了 ATO 等其他变量之后，经营效率边际变化对当前盈利能力变化和未来盈利能力变化都具有增量解释力。

7.3.2 存货周转率

对于大部分企业而言，经营效率的提高主要来自企业对固定资产的有效利用，而存货占总经营性资产的比重较低，不作为最主要的经营效率来源。但是对于零售业企业而言，存货管理对经营效率则至关重要。Alan et al. (2014)

使用1985—2010年纽约证券交易所(NYSE)、美国证券交易所(AMEX)和纳斯达克(NASDAQ)市场中的零售业企业数据,研究零售业企业的存货周转率与股票未来收益的关系,发现在等权重、无交易成本、每年更新一次组合的策略构建条件下,买入存货周转率最高的40%组和卖出存货周转率最低的40%组获得的平均月收益率高出无风险收益率0.97%,该投资策略经四因子模型调整的月平均超额收益率为1.08%,这说明零售业企业的存货周转率对股票未来收益也具有增量解释力。

本章小结

在本章,我们主要介绍企业经营效率对未来股票超额收益的增量解释力。

采用杜邦分解将企业经营资产收益率RNOA分解为度量经营效率的经营资产周转率指标(ATO)和度量盈利能力的销售利润率指标(PM),ATO主要衡量企业资产的利用效率和运营资本管理水平,而PM则反映定价及成本控制水平。

ATO与PM在时间序列上表现出不同的均值回归特点。ATO更加稳定,而PM则更容易回落到行业平均水平,这使得我们可以理解为:如果RNOA的增加主要由ATO带来,那么就更容易维持这样的RNOA增长;如果RNOA的增加主要由PM带来,则难以维持RNOA的增长。所以,相比RNOA本身,ATO信息对于未来盈余变化的贡献是增量的。

虽然市场已经在一定程度上使用ATO信息进行投资决策,但并没有充分利用ATO信息。ATO对未来股票超额收益仍具有增量解释力,投资者可以使用ATO获得超额收益。度量经营效率的其他指标(如经营效率边际变化和零售业企业的存货周转率)对未来股票超额收益也具有增量解释力。

总之,企业经营效率是较稳定的特征,也是未来盈余和股票收益的重要解释因素,经营效率指标已普遍应用于投资组合的策略构建。

思考与讨论

1. 如何利用杜邦分析法分解净资产收益率？
2. 资产周转率和销售利润率各自具有怎样的时间序列特征？
3. 为何利用资产周转率能够预测股票未来收益？

参考文献

[1] Alan, Y., G. P. Gao and V. Gaur, 2014, Does inventory productivity predict future stock returns? A retailing industry perspective, *Management Science*, 60(10): 2416-2434.

[2] Baik, B., J. Chae, S. Choi and D. B. Farber, 2013, Changes in operational efficiency and firm performance: A frontier analysis approach, *Contemporary Accounting Research*, 30(3): 996-1026.

[3] Miller, M. H. and F. Modigliani, 1961, Dividend policy, growth, and the valuation of shares, *Journal of Business*, 34(4): 411-433.

[4] Nissim, D. and S. H. Penman, 2001, Ratio analysis and equity valuation: From research to practice, *Review of Accounting Studies*, 6(1): 109-154.

[5] Soliman, M. T., 2008, The use of Dupont analysis by market participants, *The Accounting Review*, 83(3): 823-853.

[6] Soliman, M. T., 2004, Using industry-adjusted Dupont analysis to predict future profitability, Working Paper.

第8章 质量维度三:盈余质量

在前面两章中,我们重点介绍了盈利能力和经营效率这两个衡量公司价值的质量维度。本章将详细阐释第三个质量维度——盈余质量。我们从盈余操纵和财务困境两个方面对上市公司盈余质量进行讨论,并介绍如何利用这两方面的信息在资本市场上避免极端损失并获取超额收益。

8.1 盈余操纵

8.1.1 盈余操纵概述

盈余质量是会计学研究的重要领域,基于会计信息的价值相关性和可靠性,一系列研究从不同维度刻画了盈余质量这一概念(如盈余的可持续性、盈余的波动率、盈余的平滑程度等指标)。广义而言,盈余质量是对会计盈余信息的相关性和可靠性的衡量。相关性是指盈余信息与投资决策的相关程度;可靠性则要求盈余信息如实反映企业的经营状况。在盈余质量的诸多维度中,盈余操纵最受投资者关注,这是因为盈余操纵对投资收益的影响十分显著。上市公司的盈余操纵犹如潜藏在市场经济中的一颗"定时炸弹",随时可能摧毁以信用体系作为根基的现代资本市场秩序,并对投资者造成巨大的伤害。

自 2001 年以来,美国相继曝出安然、世通等一系列的大公司财务丑闻,每一次丑闻都伴随着被曝光公司的股价崩盘乃至倒闭。2002 年,美国专门出台《萨班斯-奥克斯利法案》,针对公司治理、会计职业监管、证券市场监管等方面做出新规定。Healy and Palepu(2003)对安然事件进行研究发现,当安然公司被发现涉嫌会计造假之后,其公司股价从 83 美元/股的高点一路暴跌,直至接近零。Karpoff et al. (2008)发现,会计造假除了会导致法律诉讼等直接成本,还会带来相关的声誉成本,而后者可能是前者的 7.5 倍甚至更高。此外,由此导致的投资者信心丧失也十分严重,Giannetti and Wang(2014)发现,当上市公司被曝涉嫌财务造假时,个人投资者总体上会对资本市场丧失信心,无论特定的上市公司是否卷入财务操纵丑闻,投资者都倾向于减持股票。

尽管如此,Dichev et al. (2013)对上市公司 CFO(首席财务官)的调查发现,约 20%的受访者表示会有意误报公司盈余信息,从而误导投资者。因此,对于投资者而言,及时、准确地识别上市公司的盈余操纵具有重要的意义。在本节,我们将了解识别公司盈余操纵的基本模型,并介绍如何利用盈余操纵因子在资本市场上获取超额收益。

8.1.2 应计利润与盈余操纵

应计利润的概念

如果要列举会计学研究的创造性发现,应计利润一定可以算作其中之一,这也是衡量盈余操纵最经典的指标。在权责发生制会计下,应计利润是在一定期间内经营性净现金流量与净利润的差异,反映了净利润中被公司计入净利润但尚未实际收到相应现金的部分。会计处理采用权责发生制并引入应计利润,目的是让盈余信息更好地反映公司在某一时期内的经营状况。尽管这一方式相比现金收付制的可靠度较低,但与投资者决策的相关性更高。Watts(1977)和 Dechow(1994)认为,盈余信息的价值相关性大于现金流量信息,在这里,价值相关性可以理解为盈余(或现金流量)对公司未来价值(或股票收益)的预测能力;Dechow et al. (1998)指出,盈余的价值相关性主要来自应计利润。应计利润之所以成为相关性的主要来源,是因为权责发生制下应计利润将一部分未来可预期的现金流确认为当期收入,使盈余信息对公司未来价值具有预测能力。

然而,由于应计利润的确认在很大程度上依赖于会计处理和主观估计,因而现实中的应计利润存在较大的可操纵空间,导致应计利润在现实环境下并不完美。应计利润相关的会计选择和主观估计使管理层有机会进行某些调整,使当期盈余符合其自身利益,从而导致盈余信息产生扭曲。我们从中可以看出,管理层对盈余的操纵是基于应计利润的,因而我们对盈余操纵的识别也应当从应计利润入手。

应计利润(accruals)是公司净利润(earnings)与经营性净现金流量(cash flow from operating,CFO)的差异,其计算公式为:

$$\text{Accrual}_{i,t} = \text{Earnings}_{i,t} - \text{CFO}_{i,t} \tag{8-1}$$

在很多学术研究中,应计利润也按下式计算:

$$\text{Accrual}_{i,t} = (\Delta \text{CA}_{i,t} - \Delta \text{Cash}_{i,t}) - (\Delta \text{CL}_{i,t} - \Delta \text{STD}_{i,t} - \Delta \text{TP}_{i,t}) - \text{Dep}_{i,t} \tag{8-2}$$

其中,$\Delta \text{CA}_{i,t}$ 是当期流动资产的变动额,$\Delta \text{Cash}_{i,t}$ 是现金的变动额,$\Delta \text{CL}_{i,t}$ 是流动负债的变动额,$\Delta \text{STD}_{i,t}$ 是短期借款的变动额,$\Delta \text{TP}_{i,t}$ 是应付税费的变动额,$\text{Dep}_{i,t}$ 是当期折旧费用。在实际研究中,式(8-1)和式(8-2)一般除以上一会计期末的资产总额予以标准化处理。

上述两种对应计利润的计算方式是等价的,式(8-1)从定义出发直接计算应计利润,式(8-2)则从营运资本(working capital)的变化中剔除属于盈余资本但不属于经营活动的项目(如短期借款、应付税费等)得到应计利润。式(8-1)固然简洁,但由于美国上市公司在20世纪80年代以前不披露单独的经营性净现金流,运用这一方法会极大地缩短样本期间。式(8-2)涉及的数据在20世纪60年代之后都有完整的披露,使得在更长的样本期间研究应计利润成为可能,也由此成为研究中更常采用的公式。

式(8-1)和式(8-2)的计算得到的是总应计利润。如果假设应计利润基本是不可靠的主观估计和操纵,总应计利润便可以作为衡量盈余操纵程度的指标,但基于我们对权责发生制下应计利润特性的分析,这种处理过于武断。因此,较多的研究尝试给出所谓的应计利润模型(accrual models),进一步分解应计利润,从而得到更精确的衡量指标。

Healy(1985)和DeAngelo(1986)首先提出了分解应计利润的思路。他们提出,对于一家公司而言,一部分应计利润是伴随着经营活动而自然产生的,即非操纵性应计利润(non-discretionary accruals);而另一部分应计利润是由会计处理和管理层操纵带来的,称为可操纵性应计利润(discretionary accruals)。在这一基础上,Jones(1991)提出了影响深远的Jones模型。Jones(1991)从应计利润的来源出发,认为公司的当期收入和固定资产规模是非操纵性应计利润的主要来源。当期收入高,则可能存在更多的应计利润;固定资产规模大,与折旧相关的应计利润也会相应提高——而这些因素都是公司管理层无法操纵的。Jones(1991)进行如下的时间序列回归:

$$\frac{\text{Total Accruals}_t}{A_{t-1}} = \alpha_1 \frac{1}{A_{t-1}} + \alpha_2 \frac{\Delta \text{Rev}_t}{A_{t-1}} + \alpha_3 \frac{\text{PPE}_t}{A_{t-1}} \qquad (8\text{-}3)$$

其中,A_{t-1}是第$t-1$期期末的总资产,ΔRev_t是第t期收入相比第$t-1$期的变化量,PPE_t是第t期的固定资产总额。

Jones(1991)认为,回归模型(8-3)的拟合值是非操纵性应计利润,残差是可操纵性应计利润。Jones模型在盈余操纵识别上具有非常好的表现,后续研究进一步改进了Jones模型,包括Modified Jones模型(Dechow et al.,1995,考虑了应收项目的变动情况)、业绩配比的应计利润模型(Kothari et al.,2005,纳入公司盈利能力,并进行同行业配比,是目前统计学表现最优的应计模型)。

应计利润与股票未来收益

正如前文所述,应计利润一方面反映了公司未来价值的信息,另一方面也存在会计处理和盈余操纵带来的噪声,这两个方面都可能导致资本市场出现基于应计利润的错误定价。一方面,对应计利润反映的未来信息的解读过度或不足都将导致投资者对公司未来现金流产生错误的预期,从而形成错误的定价;另一方面,盈余操纵产生的噪声也进一步削弱了应计利润反映未来信息的能力,如果投资者不能清楚地认识到这一点,便会高估应计利润较高的公司的价值。

Sloan(1996)最先对应计利润相关的资本市场异象进行研究。在将公司的盈余分解为现金流量和总应计利润之后发现,现金流量对公司未来盈余的预测能力更强、更为持续,应计利润则较弱。这说明应计利润的信息质量和可靠程度并不如现金流量。在这一发现的基础上,Sloan(1996)进一步猜想,投资者并未充分认识到现金流量和应计利润在预测未来盈余能力上的差异,而是单纯将公司盈余作为决策的标准,这会高估应计利润较高的公司的价值。随着时间的推进,高应计利润公司逐渐被市场调整预期,从而获得更低的股票收益。Sloan(1996)据此构建了以下策略:在每一年年初,根据总应计利润对公司进行排序,买入应计利润最低的10%的股票并卖空应计利润最高的10%的股票,分别选择在1年、2年和3年后平仓;他最终发现,1年后平仓的年化对冲收益为10.4%,2年为4.8%,3年为3.8%。这种基于应计利润的错误定价被称为"应计异象"。

在Sloan(1996)发现的应计异象的基础上,Xie(2001)进一步指出,应计异象更多是源自可操纵性应计利润,而不是非操纵性应计利润。将总应计利润分解为可操纵性应计利润和非操纵性应计利润后,Xie(2001)沿用Sloan(1996)的策略构建方法,发现基于可操纵性应计利润的策略在持有1年、2年和3年的对冲收益分别为11.0%、7.4%和1.9%,而基于非操纵性应计利润的策略未能产生显著的对冲收益。更进一步地,Richardson et al.(2005)将应计利润更细致地分解,并分别评估各种子应计利润的可靠性。他们发现,投资者不仅不能区分可操纵性应计利润和非操纵性应计利润,也不能区分可靠性强的应计利润和可靠性弱的应计利润。基于此,他们构建的投资策略显示,各种应计利润的子项普遍能获得对冲收益,可靠性更低的应计利润(如流动性营运资产的变化额 ΔCOA_t、非流动性营运资产的变化额 $\Delta NCOA_t$)能够获得更高的超额收益。

在流量性质的应计利润基础上,Hirshleifer et al.(2004)定义了"存量性"的应计利润概念——经营性净资产(net operating assets, NOA)。Hirshleifer et al.

(2004)定义的经营性净资产反映了公司过去的累计应计利润,如果累计应计利润过高,表明累计净营业利润(会计账面价值增加)高于累计自由现金流量(现金价值增加),该公司随后的盈余增长偏弱。市场未能充分识别这一点也会导致错误定价。Hirshleifer et al.(2004)发现,基于经营性净资产的对冲策略在1年期、2年期和3年期的对冲收益分别为15.94%、10.43%和7.06%。

事实上,关于"应计异象",学界也存在一定的争议。Desai et al.(2004)的研究表明,"应计异象"能够被价值股(魅力股)异象解释。他们以经营性现金流市价比(CFO/P)作为价值股(魅力股)的代理变量,在控制所定义的经营性现金流市价比之后,基于总应计利润和可操纵性应计利润的"应计异象"均不再显著。

"应计异象"在中国

基于应计利润的"应计异象"在美国被认为是最为稳健的"异象"之一,这不由得使我们好奇:在像中国这样的新兴市场会有怎样的结果?Li et al.(2011)的研究发现,简单地模仿国外已有的研究方法,在中国市场上并不能获得可靠的研究结果,必须结合中国特有的制度背景(如中国独特的监管环境)展开研究。中国资本市场的ST[①]、退市制度[②]等,会扭曲亏损企业的行为,影响会计信息的质量和投资者的行为,并最终影响"应计异象"的研究设计。

在中国A股市场,由于这种人为设置的基于会计信息的临界点的存在,面临财务风险的公司管理层因惧怕被"戴帽"甚至退市,会有动机操纵盈余使其避免两年连续为负——极力避免亏损或在报告亏损的次年扭亏为盈,这就是

---

① ST是英文"special treatment"的缩写,意为"特别处理"。ST制度针对的对象是出现财务状况或其他状况异常的上市公司。1998年4月22日,上交所和深交所宣布,将对财务状况或其他状况出现异常的上市公司股票交易进行特别处理,这类股票被称为ST股。其中,ST公司为经营连续两年亏损,特别处理;*ST公司为经营连续三年亏损,退市预警。上市公司出现以下情形之一,其股票交易将被实行退市风险警示特别处理:(1)最近两个会计年度的审计结果显示的净利润为负值;(2)最近一个会计年度的审计结果显示其股东权益低于注册资本;(3)注册会计师对最近一个会计年度的财务报告出具无法表示意见或否定意见的审计报告等。

② 中国证监会于2001年2月23日发布了《亏损公司暂停上市和终止上市实施办法》,之后又于2001年11月30日在原有办法基础上加以修订,规定连续三年亏损的上市公司将暂停上市。2012年6月28日,上交所、深交所公布新的退市制度方案:连续三年净资产为负,或者连续三年营业收入低于1000万元,或连续20个交易日收盘价低于股票面值的公司应终止上市。

所谓的"洗大澡"现象。根据 Li et al. (2011)的数据,中国上市公司报告亏损的比例显著低于美国。这些利润操纵行为对 Sloan(1996)的投资策略造成几方面的影响:第一,它会造成本期亏损公司的会计应计非常低,从而使得 Sloan(1996)的投资策略买入了过多的亏损公司;第二,它会使得上市公司动用非常多的手段避免亏损,这种扭亏公司往往不是经营绩效的改善,而是盈余管理的结果。因此,如果对此不加以控制,就可能产生偏误。

在考虑这些问题的基础上,Li et al. (2011)猜测"应计异象"在中国上市公司中同样存在,只不过应剔除亏损观察值。这些报告亏损的上市公司的应计利润占比非常低,但不是基于正常经营造成的,而是为了避免监管层政策带来的退市风险。在进行相应的调整处理后,Li et al. (2011)沿用 Sloan(1996)的方法检验中国 A 股市场的"应计异象",发现套利组合相对市场的超额收益为 7.6%。

8.1.3 识别财务操纵的 M-score 模型

不同于单一的应计利润指标,Beneish(1999)提供了一个基于多因素的财务操纵侦测模型。通过搜集 1982—1993 年被美国证券交易委员会调查并处罚、被媒体报道且引起财务重述的美国上市公司样本,并与相应期间、相应行业的控制组公司进行匹配[1],Beneish(1999)发现,相对而言,"操纵"组公司比控制组公司规模[2]更小、盈利能力更弱、杠杆更高、成长性更强;这些公司的操纵行为总体上可以归结为提前确认收入、虚增存货和不当的资本化成本。

Beneish(1999)用于找出具有侦测能力的指标的模型如下:

$$M_i = \beta' \mathbf{X}_i + \varepsilon_i \tag{8-4}$$

其中,M 是一个哑变量,当样本属于"操纵"组时,M 为 1,否则为 0;$\mathbf{X}$ 则为可能的解释变量矩阵。

---

[1] 与相应行业的、未被侦测出存在盈余操纵的公司进行匹配。
[2] 读者可能发现以总资产及销售额衡量公司规模时,两组之间的差异(观察 p-value)非常显著,但市值的差异并不大,这有可能是由两组公司之间成长性的差异造成的。因为"操纵"组公司的成长性可能使得投资者认为其前景大好,所以给出更高的估值。

Beneish(1999)首先基于现有的文献和业界经验搭建出三个指标集,它们的作用分别为:预示未来前景的信号(假设的前提是公司前景越差,越可能出现财务操纵)、描述应计利润和现金流以及公司治理相关因素。

表 8-1 列出 Beneish(1999)筛选出的八个指标,每个指标的数值越大,在 Beneish 看来都意味着更大的盈余操纵程度。

表 8-1 Beneish(1999)盈余操纵指标

指标	名称	计算公式
DSRI	应收账款指数	$\dfrac{\text{本期应收账款占营业收入比例}}{\text{上期应收账款占营业收入比例}}$
GMI	毛利率指数	$\dfrac{\text{上期毛利率}}{\text{本期毛利率}}$
AQI	资产质量指数	$\dfrac{\text{本期的非实物资产比例}}{\text{上期的非实物资产比例}}$
SGI	营业收入指数	$\dfrac{\text{本期营业收入}}{\text{上期营业收入}}$
DEPI	折旧率指数	$\dfrac{\text{上期折旧率}}{\text{本期折旧率}}$(折旧率 = $\dfrac{\text{折旧费用}}{\text{固定资产原值}}$)
SGAI	销售管理费用指数	$\dfrac{\text{本期销售管理费用占营业收入比例}}{\text{上期销售管理费用占营业收入比例}}$
LVGI	财务杠杆指数	$\dfrac{\text{本期资产负债率}}{\text{上期资产负债率}}$
TATA	应计系数	$\dfrac{\text{应计项目}}{\text{总资产}}$

(1) DSRI 即应收账款指数,这是一个在财务分析中很常见的指标,通常而言,正常经营公司的 DSRI 会维持相对稳定。该指数上升通常是公司所处的竞争环境恶化,使得公司被迫修改销售-信用政策以促进销售的结果,DSRI 的超常增长往往反映出过于激进的收入确认政策。预计该指数与盈余操纵概率呈正相关关系,其计算公式为:

$$\text{DSRI} = \frac{\text{Receivables}_t / \text{Sales}_t}{\text{Receivables}_{t-1} / \text{Sales}_{t-1}} \tag{8-5}$$

其中,Receivables$_t$ 为第 t 期应收账款,Sales$_t$ 为第 t 期销售收入。

(2) GMI 即毛利率指数,比较前一年毛利率与后一年的相对大小。若该指数大于 1,则说明公司的盈利能力下降,这可能进一步导致公司的前景变差,因此公司可能有更强的财务操纵倾向。预计该指数与盈余操纵概率呈正相关关系,其计算公式为:

$$\mathrm{GMI} = \frac{(\mathrm{Sales}_{t-1} - \mathrm{COGS}_{t-1}) / \mathrm{Sales}_{t-1}}{(\mathrm{Sales}_t - \mathrm{COGS}_t) / \mathrm{Sales}_t} \tag{8-6}$$

其中,COGS_t 为第 t 期主营业务成本,Sales_t 为第 t 期销售收入。

(3) AQI 即资产质量指数,比较第 t 年与第 $t-1$ 年总资产中剔除流动资产和固定资产(PPE)部分的相对额。若该指数大于 1,则说明公司资产质量[①]下降,该公司可能存在前文所说的异常费用资本化以实现费用递延的行为。预计该指数与盈余操纵概率呈正相关关系,其计算公式为:

$$\mathrm{AQI} = \frac{1 - (\mathrm{Current\ Assets}_t + \mathrm{PPE}_t) / \mathrm{Total\ Assets}_t}{1 - (\mathrm{Current\ Assets}_{t-1} + \mathrm{PPE}_{t-1}) / \mathrm{Total\ Assets}_{t-1}} \tag{8-7}$$

其中,$\mathrm{Current\ Assets}_t$ 为第 t 年流动资产,PPE_t 为第 t 年固定资产,$\mathrm{Total\ Assets}_t$ 为第 t 年总资产。

(4) SGI 即营业收入指数,比较第 t 年与第 $t-1$ 年的销售额。若该指数大于 1,则说明销售规模发生扩张。成长性本身不能直接与盈余操纵挂钩,但众多文献和业界经验表明,由于成长性强的公司可能需要满足更高的资本要求和财务状况标准,管理层可能更倾向于操纵盈余。预计该指数与盈余操纵概率呈正相关关系,其计算公式为:

$$\mathrm{SGI} = \frac{\mathrm{Sales}_t}{\mathrm{Sales}_{t-1}} \tag{8-8}$$

其中,Sales_t 为第 t 年营业收入。

(5) DEPI 即折旧率指数,比较第 $t-1$ 年与第 t 年的折旧率。若该指数大于 1,则说明折旧率下降了,公司很可能修改了资产可用年限或采用其他方法低估折旧费用,这对于盈余来说有向上的作用。该指数的计算公式为:

$$\mathrm{DEPI} = \frac{\mathrm{Depreciation}_{t-1} / (\mathrm{Depreciation}_{t-1} + \mathrm{PPE}_{t-1})}{\mathrm{Depreciation}_t / (\mathrm{Depreciation}_t + \mathrm{PPE}_t)} \tag{8-9}$$

其中,$\mathrm{Depreciation}_t$ 为第 t 年折旧费用,PPE_t 为第 t 年固定资产。

[①] 流动资产和固定资产都是易于变卖且在此过程中不会被显著低估的资产。

(6) SGAI即销售管理费用指数，比较第t年与第$t-1$年的销售管理费用率。该指数大于1，则表明销售管理费用率上升了。一些研究和实际案例表明，销售管理费用比率上升表明公司在成本控制上面临一定的压力，一定程度地显示公司正面临困境，因而增强了盈余操纵的动机。该指数的计算公式为：

$$\text{SGAI} = \frac{\text{SG\&A}_t / \text{Sales}_t}{\text{SG\&A}_{t-1} / \text{Sales}_{t-1}} \tag{8-10}$$

其中，$\text{SG\&A}_t$为第t年销售费用和管理费用，Sales_t为第t年营业收入。

(7) LVGI即财务杠杆指数，比较第t年与第$t-1$年的杠杆率。若该指数大于1，则说明杠杆率上升，这可能导致财务风险增大，也表明公司存在债务契约及其他契约的违约风险，从而使盈余操纵的概率增大。该指数的计算公式为：

$$\text{LVGI} = \frac{(\text{LTD}_t + \text{Current Liabilities}_t) / \text{Total Assets}_t}{(\text{LTD}_{t-1} + \text{Current Liabilities}_{t-1}) / \text{Total Assets}_{t-1}} \tag{8-11}$$

其中，LTD_t为第t年长期借款，$\text{Current Liabilities}_t$为第$t$年流动负债，$\text{Total Assets}_t$为第$t$年总资产。

(8) TATA即应计系数，为Sloan(1996)使用的应计项目衡量方法，经过总资产规模的标准化处理。如我们之前所介绍，应计项目被认为是财务操纵的一种衡量方法，因此预计该比值与盈余操纵概率呈正相关关系，其计算公式为：

$$\text{TATA} = \frac{(\Delta \text{Current Assets}_t - \Delta \text{Cash}_t) - (\Delta \text{Current Liabilities}_t - \Delta \text{Cur LTD}_t - \Delta \text{Tax Payable}_t) - \text{Depreciation}_t}{\text{Total Assets}_t} \tag{8-12}$$

其中，$\Delta \text{Current Assets}_t$为第$t$年流动资产相对第$t-1$年的变化，$\Delta \text{Cash}_t$为第$t$年现金相对第$t-1$年的变化，$\Delta \text{Current Liabilities}_t$为第$t$年年内到期流动负债相对第$t-1$年的变化，$\Delta \text{Cur LTD}_t$为第$t$年长期借款相对第$t-1$年的变化，$\Delta \text{Tax Payable}_t$为第$t$年应付税费相对第$t-1$年的变化，$\text{Depreciation}_t$为第$t$年折旧费用，$\text{Total Assets}_t$为第$t$年总资产。

Beneish(1999)利用两种Probit模型对美国数据进行实证分析，发现可以利用模型(8-13)侦测盈余操纵。若代入相应变量计算出的M-score大于-1.78，则说明公司很有可能操纵了利润，且其中较有效的几个变量(DSRI、GMI、AQI、SGI和TATA)是识别美国上市公司中盈余操纵行为的关键变量。

$$\text{M-score} = -4.840 + 0.920\text{DSRI} + 0.528\text{GMI} + 0.404\text{AQI} + 0.892\text{SGI} +$$
$$0.115\text{DEPI} - 0.172\text{SGAI} + 4.679\text{TATA} - 0.327\text{LVGI}$$

(8-13)

以此为基础,Beneish et al. (2013)利用 M-score,考察 M-score 作为"造假可能性"的衡量指标对未来一年期股票收益率的解释能力。他们在美国市场发现,在控制了个股当年的应计、动量因子、市值大小及账面市值比之后,M-score 对于所设定的 BHSAR(一年期经规模调整的超额收益)具有显著的负向影响。简而言之,作为最早的侦测盈余操纵的模型,M-score 不仅在"判断公司未来是否会被证监会查处"上拥有较强的侦测能力,在资本市场上也具有实际意义。

尽管盈余操纵并未被直接纳入公司价值衡量的体系,但盈余操纵仍然是我们评估公司价值和进行投资不得不考量的部分,因为现实的盈余信息并不完美。一方面,股票市场中的投资者倾向于单纯关注盈余总额,而忽略其是否被操纵及其具体的构成情况,这些投资者使得股票在盈余质量维度上出现错误定价;另一方面,正确识别盈余操纵有利于我们规避因公司财务操纵败露而造成的巨大损失,提高投资的安全边际。

8.2 财务困境

8.2.1 财务困境的概念

财务困境与盈余操纵往往相伴而行,如美国世通公司(WorldCom)、安然(Enron)和印度萨蒂扬(Satyam)的案例等。当公司因内部经营和外部因素而产生财务危机时,管理层会有非常强的动机进行盈余操纵,而一旦财务困境积重难返,公司破产将使投资者蒙受巨大的损失。因而,在关注盈余操纵本身的基础上,投资者也有必要关注财务困境这一可能导致盈余操纵的关键因素。在市场还未发现公司财务困境的端倪时,通过模型预测公司的破产风险和财务困境风险,投资者就能够有效规避公司陷入财务困境乃至破产的风险。

关于财务困境的定义,学界有不同的观点。Carmichael(1972)认为财务困境是指企业在履行义务时受阻,具体表现为流动性不足、权益不足、债务拖欠及资金不足四种形式。Levine et al.(2000)则认为可从四个方面定义企业的财务困境:第一,企业失败,即企业清算后仍无力支付债权人的债务;第二,法定破产,即企业和债权人向法院申请企业破产;第三,技术破产,即企业无法按期履行债务合约付息还本;第四,会计破产,即企业的账面净资产出现负数,资不抵债。财务困境是指企业处于经营性现金流量不足以抵偿现有到期债务的状态,即技术破产。在 Beaver(1966)的研究中,78 家财务困境公司包括 59 家破产公司、16 家拖欠优先股股利公司和 3 家拖欠债务公司,由此 Beaver(1966)把破产、拖欠优先股股利、拖欠债务界定为财务困境。Altman(1968)定义的财务困境是指进入法定破产程序的企业。Deakin(1972)则认为财务困境公司仅包括已经进入破产、无力偿债或为债权人利益而已经进行清算的公司。由此我们看到,财务困境与公司破产是紧密相关的两个概念,而公司破产往往是更为严重的结果。美国企业界、金融界和法律界发现企业破产实际上可分为两种情况:存量破产和流量破产。前者指企业现有资产价值不足以偿还负债价值,即财务破产;后者指企业经营性现金流量不足以补偿到期债务,即财务困境。

8.2.2 财务困境的预测模型

经典模型:Z-score 模型与 O-score 模型

针对公司财务困境的预测,Altman(1968)利用会计信息构建了一系列在直观上能够预测破产风险的变量。Altman(1968)选择了美国 1946—1965 年根据《国家破产法案》(National Bankruptcy Act)提交破产申请的制造业企业作为样本,在众多与企业破产相关的变量中,筛选出五个最为关键的变量构建了Z-score 模型。原始的 Z-score 模型如下:

$$Z\text{-score} = 0.012X_1 + 0.014X_2 + 0.033X_3 + 0.006X_4 + 0.999X_5$$

(8-14)

其中,X_1 = Working Capital/Total Assets = 营运资本/总资产,X_2 = Retained

Earnings/Total Assets＝留存收益/总资产，X_3＝EBIT/Total Assets＝息税前利润/总资产，X_4＝Market Value of Equity/Book Value of Liability＝权益市值/总负债账面价值，X_5＝Sales/Total Assets＝销售收入/总资产。

根据模型(8-14)，Altman(1968)结合样本数据，给出了 Z-score 的临界值为 1.81。将上述变量代入 Z-score 模型后，得到的结果低于 1.81，表明公司具有很高的破产风险；高于 2.99，表明基本无破产风险；高于 1.81 但低于 2.99，则属于不能确定的"灰色区域"。

Z-score 模型最方便的地方在于能用一个数值(Z值)表达破产可能性的大小，准确率也比较高，至今仍是实务界用于预测公司破产的著名公式。

在 Z-score 模型之后，Ohlson(1980)进一步改进了破产预测模型，提出 O-score 模型：

$$\text{O-score} = -1.32 - 0.407X_1 + 6.03X_2 - 1.43X_3 + 0.076X_4 - 1.72X_5 - 2.37X_6 - 1.83X_7 + 0.285X_8 - 0.521X_9 \quad (8\text{-}15)$$

其中，X_1＝SIZE＝log(总资产/国民生产总值价格指数)；X_2＝TLTA＝负债总额/资产总额；X_3＝WCTA＝营运资本/资产总额；X_4＝CLCA＝流动负债/流动资产；X_5＝OENEG＝[0－1]哑变量，如果负债总额超过资产总额取 1，否则取 0；X_6 NITA＝净利润/资产总额；X_7＝FUTL＝经营活动提供的资金/负债总额；X_8＝INTWO＝[0－1]哑变量，如果过去两年净利润为负取 1，否则取 0；X_9＝CHIN＝$(NI_t - NI_{t-1})/(|NI_t| + |NI_{t-1}|)$，$NI_t$指最近年度的净利润，分母项作为水平指标，衡量净利润的变化幅度。

Ohlson(1980)认为，Altman(1968)的 Z-score 模型中使用了在估计时点投资者并未得到的信息，因而存在前视偏差(look-ahead bias)[①]，导致 Z-score 模型并不能准确评估公司破产的风险。在纠正前视偏差的基础上，Ohlson(1980)构建了基于公司规模、资产负债率、盈利能力和短期流动性四个维度的 O-score 模型。

---

① 这是因为公司财务数据对应的时间与公开披露的时间往往是不匹配的。例如，如果公司以 12 月 31 日为资产负债表日，资产负债表反映当年 1 月 1 日到 12 月 31 日的信息。然而这部分信息并不能立刻被投资者知晓，公司年度报告的发布往往会延迟数月。

动态模型:Campbell 财务困境模型

与 Z-score 模型和 O-score 模型相比,Campbell et al.(2008)提出的财务困境预测模型改进了预测的期间长度。从 Z-score 模型和 O-score 模型的构建中不难看出,这两个模型仅仅是利用当前的会计信息预测下一会计期间的公司破产概率。尽管这种静态的预测在确定公司是否破产时有较强的效力,但并不能反映公司陷入财务困境并逐步走向破产的过程,不能在公司出现问题的早期给出信号。Campbell et al.(2008)提出的财务困境模型旨在像日常体检一样,提前发现企业陷入财务困境的指征,给出动态的预警。基于动态预测的想法,一方面,Campbell et al.(2008)将预测的目标扩展为财务困境,在公司破产的基础上加入了退市和收到 D 级评级两项标准作为预测的目标;另一方面,他们考虑了动态的、基于市场的预测变量,包括公司市值、估值指标和股价波动。Campbell et al.(2008)具体选择的变量如下:

(1) 盈余资产市价比:$\text{NIMTA}_{i,t} = \dfrac{\text{NI}_{i,t}}{(\text{MVE}_{i,t} + \text{TL}_{i,t})}$

(2) 总负债资产市价比:$\text{TLMTA}_{i,t} = \dfrac{\text{TL}_{i,t}}{(\text{MVE}_{i,t} + \text{TL}_{i,t})}$

(3) 现金资产市价比:$\text{CASHMTA}_{i,t} = \dfrac{\text{CASH}_{i,t}}{(\text{MVE}_{i,t} + \text{TL}_{i,t})}$

(4) 月度超额收益:$\text{EXERT}_{i,t} = \log(1 + R_{i,t}) - \log(1 + R_{\text{S\&P 500},t})$

(5) 相对规模:$\text{RSIZE}_{i,t} = \log\left(\dfrac{\text{MVE}_{i,t}}{\text{MVE}_{\text{S\&P 500},t}}\right)$

(6) 市值账面价值比:$\text{MB}_{i,t} = \dfrac{\text{MVE}_{i,t}}{\text{BVE}_{i,t}}$

(7) 股票价格:$\text{PRICE}_{i,t}$

(8) 过去 3 个月股票年化波动率:$\text{SIGMA}_{i,t} = \left(\dfrac{252}{N-1} \sum_{k \in \{t-1, t-2, t-3\}} R_{i,k}^2\right)^{\frac{1}{2}}$

其中,$\text{NI}_{i,t}$ 是净利润,$\text{MVE}_{i,t}$ 是权益市值,$\text{BVE}_{i,t}$ 是权益的账面净值,$\text{TL}_{i,t}$ 是总负债,$\text{CASH}_{i,t}$ 是现金与短期投资,$R_{i,t}$ 是个体股票的收益率,$R_{\text{S\&P 500},t}$ 是标准普尔 500 指数的收益率,$\text{MVE}_{\text{S\&P 500},t}$ 是标准普尔 500 指数包括的股票的总市值,

$PRICE_{i,t}$ 是股票价格的对数，$k\in\{t-1,t-2,t-3\}$ 表示属于过去 3 个月的所有交易日，$R_{i,k}$ 是相应的日度收益，N 表示计算中实际使用的交易日天数。

在此基础上，Campbell et al. (2008) 调整了 $NIMTA_{i,t}$ 和 $EXRET_{i,t}$，根据时间跨度进行加权，得到 $NIMTAAVG_{i,t}$ 和 $EXRETAVG_{i,t}$。利用这些变量，Campbell et al. (2008) 根据 Logit 回归构建了如下的预测模型：

$$LPFD = -9.16 - 20.26 NIMTAAVG + 1.42 TLMTA - 7.13 EXRETAVG + 1.41 SIGMA - 0.045 RSIZE - 2.13 CASHMTA + 0.075 MB - 0.058 PRICE \tag{8-16}$$

接着，将 LPFD 转化为概率，得到：

$$PFD = \frac{1}{1+e^{-LFFD}} \tag{8-17}$$

PFD 即根据 Campbell et al. (2008) 模型计算得出的公司陷入财务困境的概率。

8.2.3 利用财务困境策略获取超额收益

财务困境与资产定价

财务困境的概念曾在资产定价模型中被提出，以解释股票收益横截面的异常现象。财务困境公司无法履行财务义务的可能性更高，它们的股票表现往往会趋于一致，风险无法分散，通常投资者承担这样的风险会收取额外的费用，索取较高的风险溢价。

在资产定价中，我们通常使用 CAPM 模型对资产进行估值，对于风险较高的股票，投资者会索取更高的收益，但是对于陷入财务困境公司的资产定价，CAPM 模型难以给出解释，原因有两点：(1) 如果企业破产与不断恶化的投资机会或财富的未计量组成部分（如人力资本）的下降相关，那么 CAPM 模型就难以对企业价值进行评估；(2) 财务困境公司的股票往往同涨同跌，它们的风险不能分散。在这种情况下，财务困境风险有助于解释标准 CAPM 模型中异常的规模和价值效应等。

如何预测和衡量因未能履行财务义务而陷入财务困境以及公司未来破产的概率？哪些因子能够准确预测公司的破产及财务困境风险？它们能否带来额外收益？这些是研究资产定价主题的学者和投资者主要关心的问题。

财务困境与股票未来收益

正如前文所述,一方面,财务困境公司有更高的盈余操纵动机,从而导致更多的噪声,而财务困境积累可能导致的破产也会给投资者带来巨大的损失;另一方面,财务困境公司的风险难以分散,投资者要求更高的风险溢价,从而可能导致对财务困境公司股票的估值产生错误的预期。

Dichev(1998)首次发现,破产风险不会带来更高的投资收益,并且自1980年以来,高破产风险企业的收益要低于平均收益水平。这一方面可能是由于规模效应在20世纪60、70年代显著而在80年代以后基本消失,另一方面也许是因为破产风险和账面市值比效应的关系并非单调。做多健康企业而做空困境企业的交易策略的实证检验结果和对长期收益窗口的解释表明,定价偏差更有可能是这个异常现象背后的成因。同时,Dichev(1998)突破性地提出,买入破产风险小的组合而卖出破产风险大的组合将会带来可观的收益。根据O-score值将公司排序并划分为两组,分别是破产风险最低70%的公司和破产风险最高10%的公司(或20%的公司),构建投资组合:买入破产风险最低组并卖出破产风险最高组。在控制公司规模、账面市值比后,未来1年的市值加权月对冲收益率为1.17%,预期年化收益率为14.04%。这也使我们认识到,并非所有的高风险都会带来高收益。

Campbell et al. (2008)也探讨了濒临破产的公司的资产定价问题。Campbell et al. (2008)利用模型回归得到的破产比率分布将样本分成10组,发现在风险最低5%的股票的年平均超额收益为正(3.3%),风险最高1%的股票的年平均超额收益显著为负(−16.1%)。持有最安全的股票和卖空风险最高10%的股票的长短期投资组合的年平均收益率为9.7%,标准偏差为26%,夏普比率与整体股市相当。他们还发现,与具有低失败风险的股票相比,财务困境股票的收益率更低,但标准偏差、市场贝塔值以及价值和小盘股风险因素的载荷更高。这些现象对于可能存在信息或套利相关摩擦的股票更为明显。这些结果与"价值和规模效应是对金融危机风险的补偿"的推论不一致。

根据 Campbell et al. (2008)模型及其预测的概率,财务困境公司在未来的超额收益更低、股票价格波动更大。传统的资本资产定价理论认为,公司的破产风险越大,风险溢价越高,未来超额收益越高。很显然,Campbell et al. (2008)的发现对有效市场假说提出了很大的挑战,更合乎逻辑的解释是:财务困境作为公司质量的一个衡量维度,与公司价值密切相关。公司陷入财务困境意味着公司价值下降,但由于市场的有限有效性,市场价格并没有及时、有效地反映公司价值的减少,从而产生可预测的未来超额收益。

财务困境研究在中国

在我国,由于很多 A 股上市公司牵涉借壳上市重组的情况,因此以破产清算作为企业发生财务风险的标识是比较难以界定的。按照很多学者的习惯做法,我们以公司被冠以 ST 标识进行取样,研究财务困境相关实证议题。所谓 ST 就是指:上市公司出现财务状况或其他状况异常,导致股票存在终止上市的风险;或者投资者难以判断公司前景、投资者权益可能受到损害的,交易所对该公司实行特别处理。因此,国内的研究不是直接利用 Z-score 模型和 O-score 模型,而是结合中国市场独特的 ST 制度深入分析股票收益状况。

王正位和卢杰(2012)研究发现,尽管 ST 股票总体上能获得超额收益,但是不同子样本之间差别很大;进一步分析发现,资产重组是 ST 股票超额收益的最大动力,而 ST 公司的持续时间和上市地点也显著地影响公司的超额收益。此外,ST 公司存在显著的市值效应,但不存在显著的市净率乘数效应,而公司的财务基本面、股权集中度和股权流通比例均不能有效地对 ST 公司超额收益的截面差异做出有效解释,这与 Dichev(1998)的研究结果基本一致。

由于公司被 ST 向市场释放了公司存在财务风险的信息,张建华和张玲(2006)对 ST 公告这一事件所导致的市场价格异象进行研究。他们通过实证分析发现,若从 ST 公告前后的累计收益来看,信息泄露期(−60,−2)的累计超额收益为正,但事后检验期(+1,+90)的累计超额收益为负,这表明信息公布前市场价格对信息的反应是过度的,即中国股票市场是非有效的。

有研究发现,不同持续期、不同上市地点、不同处理方式、不同行业ST股票的超额收益特征均有所不同。还有学者发现,ST公司的成因是复杂多样的,应区别对待。相对于市场来说,ST公司存在超额收益,这些超额收益的来源包括内因与外因两部分;ST公司股票在退市前一两年,公司的某些指标会出现明显变化,找出这些显著变化的财务指标对降低ST股票投资风险有着显著的作用。

基于上述学者的研究,我们预期买入健康公司并卖空有破产风险公司的股票无法获得超额收益。中国市场存在特殊的ST制度,可以用ST标识作为衡量财务困境和破产风险的标准。有研究表明尽管ST股票总体上能获得超额收益,但是不同子样本之间差别很大;且ST公司被标识后,市场对其信息的过度反应会带来负的超额收益。因此,在中国市场上对于通过预测财务困境获得超额收益的策略构建要更加谨慎。

本章小结

在本章,我们从盈余质量出发,着重介绍如何避免投资具有较高下行风险的股票,以提高投资的安全边际。我们详细介绍了诸多识别盈余操纵和财务困境的预测模型,这些模型各有利弊,但都从特定角度很好地刻画了公司盈余质量。通过这些模型产生的量化指标,我们能够直观地预测公司进行盈余操纵以及未来走向破产的可能性。此外,这些指标对于公司未来的股票收益具有显著的解释能力,这也说明盈余质量确实是衡量公司价值的一个有效维度。同时,在考虑我国公司的盈余质量时,需要结合我国特有的制度和市场背景(如ST标识、退市制度等)进行研究。

思考与讨论

1. 如何衡量公司的应计利润？应计利润为什么能够预测股票未来收益？
2. 中国 A 股市场存在传统的"应计异象"吗？
3. Beneish(1999)的盈余操纵模型包含哪些指标？各指标的含义是什么？
4. Altman(1968)、Ohlson(1980)和 Campbell et al. (2006)都曾提出预测财务困境的模型，这些模型有什么区别和联系？

参考文献

[1] Altman, E. I. , 1968, Financial ratios, discriminant analysis and the prediction of corporate bankruptcy, *The Journal of Finance*, 23(4): 589 – 609.

[2] Beaver, W. H. , 1966, Financial ratios as predictors of failure, *Journal of Accounting Research*, 4(1): 71 – 111.

[3] Beneish, M. D. , C. M. Lee and D. C. Nichols, 2013, Earnings manipulation and expected returns, *Financial Analysts Journal*, 69(2): 57.

[4] Beneish, M. D. , 1999, The detection of earnings manipulation, *Financial Analysts Journal*, 55(5): 24 – 36.

[5] Campbell, J. Y. , J. Hilscher and J. Szilagyi, 2008, In search of distress risk, *The Journal of Finance*, 63(6): 2899 – 2939.

[6] Carmichael, D. R. , 1972, *The Auditor's Reporting Obligation: The Meaning and Implementation of the Fourth Standard of Reporting*, New York, NY: AICPA.

[7] Deakin, E. B. , 1972, A discriminant analysis of predictors of business failure, *Journal of Accounting Research*, 10(1): 167 – 179.

[8] DeAngelo, L. E. , 1986, Accounting numbers as market valuation substitutes: A study of management buyouts of public stockholders, *The Accounting Review*, 61(3): 400.

[9] Dechow, P. M. , 1994, Accounting earnings and cash flows as measures of firm performance: The role of accounting accruals, *Journal of Accounting and Economics*, 18(1): 3 – 42.

[10] Dechow, P. M. , R. G. Sloan and A. P. Sweeney, 1995, Detecting earnings management, *The Accounting Review*, 70(2): 193 – 225.

[11] Dechow, P. M. , S. P. Kothari and R. L. Watts, 1998, The relation between earnings and cash flows, *Journal of Accounting and Economics*, 25(2): 133 – 168.

[12] Desai, H. , S. Rajgopal and M. Venkatachalam, 2004, Value-glamour and accruals

mispricing: One anomaly or two? *The Accounting Review*, 79(2): 355-385.

[13] Dichev, I. D., J. R. Graham, C. R. Harvey and S. Rajgopal, 2013, Earnings quality: Evidence from the field, *Journal of Accounting and Economics*, 56(2-3): 1-33.

[14] Dichev, Ilia D., 1998, Is the risk of bankruptcy a systematic risk? The journal of finance, 53(3): 1131-1147.

[15] Healy, P. M. and K. G. Palepu, 2003, The fall of Enron, *The Journal of Economic Perspectives*, 17(2): 3-26.

[16] Healy, P. M., 1985, The effect of bonus schemes on accounting decisions, *Journal of Accounting and Economics*, 7(1-3): 85-107.

[17] Hirshleifer, D., K. Hou, S. H. Teoh and Y. Zhang, 2004, Do investors overvalue firms with bloated balance sheets? *Journal of Accounting and Economics*, 38: 297-331.

[18] Jones, J. J., 1991, Earnings management during import relief investigations, *Journal of Accounting Research*, 29(2): 193-228.

[19] Karpoff, J. M., D. S. Lee and G. S. Martin, 2008, The cost to firms of cooking the books, *Journal of Financial and Quantitative Analysis*, 43(03): 581-611.

[20] Kothari, S. P., A. J. Leone and C. E. Wasley, 2005, Performance matched discretionary accrual measures, *Journal of Accounting and Economics*, 39(1): 163-197.

[21] Levine, R., N. Loayza and T. Beck, 2000, Financial intermediation and growth: Causality and causes, *Journal of Monetary Economics*, 46(1): 31-77.

[22] Li, Y., J. Niu, R. Zhang and J. A. Largay, 2011, Earnings management and the accrual anomaly: Evidence from China, *Journal of International Financial Management & Accounting*, 22(3): 205-245.

[23] Ohlson, J. A., 1980, Financial ratios and the probabilistic prediction of bankruptcy, *Journal of Accounting Research*, 18(1): 109-131.

[24] Richardson, S. A., R. G. Sloan, M. T. Soliman and I. Tuna, 2005, Accrual reliability, earnings persistence and stock prices, *Journal of Accounting and Economics*, 39(3): 437-485.

[25] Sloan, R., 1996, Do stock prices fully reflect information in accruals and cash flows about future earnings? *The Accounting Review*, 71(3): 289-315.

[26] Watts, R. L., 1977, Corporate financial statements: A product of the market and political processes, *Australian Journal of Management*, 2(1): 53-75.

[27] Xie, H., 2001, The mispricing of abnormal accruals, *The Accounting Review*, 76(3): 357-373.

[28] 王正位、卢杰,2012,我国ST股票超额收益的实证研究,《西部金融》,第6期,第41—48页。

[29] 张建华、张玲,2006,中国股票市场的有效性分析,《系统管理学报》,第3期,第265—274页。

第 9 章
质量维度四:投融资决策

本章我们讨论基于财务报表分析的第四个质量维度——投融资决策。我们关注的投资决策主要是指公司在投资项目上支出的资本数额,该数额可以用财务报表中资本支出这一指标衡量;融资决策是指与资产负债表中负债和所有者权益科目相关的公司决策,如首次公开募股、股权再融资、债券发行、股利的派发等。作为投资者,关注公司的投融资决策十分重要,它们直接关系到公司的未来发展前景和资本成本,而且与公司治理中存在的代理问题(Agency Problem)紧密关联。

学术界对公司投融资决策之后的股价变动展开了大量的实证研究,研究结果显示:公司股价在这些重大事件之后,往往朝着可以预测的方向变动。这种现象似乎违背了市场有效假设,抑或意味着现有的资产定价模型已经不再完整,因此往往被学术界和投资者称为"异象"。本章介绍各种投融资"异象",解释投融资决策之后股价朝特定方向变动的成因,并且为分析这些"异象"建立统一的框架。

9.1 投资决策

9.1.1 资本支出与股价是否正相关?

我们关注公司投资决策对其后续股价的影响,研究公司资本支出与其后股票表现的关系。早期学术界普遍支持资本支出与股价正相关的观点。例如,McConnell and Muscarella(1985)指出,当公司宣布增加资本支出的计划之后,股价往往会有正的超额收益。

资本支出与股价的正相关关系似乎是合理的,我们可以为这个观点找到众多的解释。第一,资本支出似乎可以看作衡量公司质量的指标,大额的资本支出往往意味着公司拥有更多、更好的投资机会,这样的优质公司会有较好的股价表现;第二,大额资本支出也意味着公司可以成功地从资本市场募集资金,资本市场对公司的充分信心支持了公司股价的强势表现。

9.1.2 过度投资后的低收益

研究者逐渐发现,资本支出与超额收益的正相关关系似乎只在特定时期成立。具体而言,随着对代理问题等市场无效行为的研究逐步深入,学者发现对资本支出与股价正相关的解释只在市场信息有效的情形下成立,由此对上述的正相关关系提出质疑。Titman et al.(2004)最早对上述正相关关系提出异议,认为资本支出的增加不一定意味着股价后期的良好表现。由于公司很有可能只对外公布市场反应良好的资本支出项目,同时公司在股价较高时也更倾向于增加资本支出,因此股价的良好表现并不一定是由资本支出的增加所导致。

沿着上述思路,Titman et al.(2004)研究了公司超额资本支出和超额收益之间的相关性。他们将超额资本支出(CI_{t-1})定义为当年资本支出超出前三年资本支出平均值的比重:

$$CI_{t-1} = \frac{CE_{t-1}}{(CE_{t-2} + CE_{t-3} + CE_{t-4})/3} - 1 \qquad (9-1)$$

Titman et al.(2004)利用多种方法计算超额收益。他们将年均1 635个样本按照 $t-1$ 年的超额资本支出分为五组,并构建了"卖空超额资本支出最高的两组、买入超额资本支出最低的两组"的投资组合。研究结果发现,超额收益随着超额资本支出的增加而递减,其构建的投资组合可以获得显著的2.02%的年化超额收益。据此,他们得出结论:超额资本支出和日后股票收益之间存在负相关关系,增加资本支出很可能导致今后五年股票收益的减少。

Titman et al.(2004)对超额资本支出和超额收益之间的负相关关系做出了解释,认为投资者往往忽视了管理层为巩固自身权利范围而进行过度资本支出。他们为这个解释提供了两个证据。首先,1984—1989年期间,超额资本支出和超额收益之间存在正相关关系,这是因为这几年的并购市场十分活跃,从而约束了公司过度投资的倾向;其次,对于拥有更多现金流和更低债务比率的公司而言,其超额资本支出和超额收益之间的负相关关系更强,这是因为这些公司存在更大的过度投资空间。

总而言之,较高的资本支出本应意味着较高的公司质量和较强的资本市场信心,但是因为代理问题的存在,公司管理层往往倾向于过度投资,导致了我们实际观测到的超额资本支出与超额收益之间的负相关关系。

9.2 融资决策

9.2.1 公司首次公开募股之后超额收益为负

首次公开募股(initial public offering,IPO)是公司为募集资金而做出的最重要的融资决策,备受市场瞩目。然而在IPO之后,市场往往观察到负的超额收益,并且这种现象是在较长期间内慢慢显现出来的。我们之所以关注IPO后股价的长期表现,是因为这有助于我们了解股价的长期变化趋势,进而为构建交易策略提供机会。

Ritter(1991)首次发现在长期条件下IPO定价过高的现象。Ritter选取美国1975—1984年的1 526个IPO公司作为样本,研究样本公司上市之后三年的股价变动情况,包括月度调仓和购买并持有两种交易策略。在月度调仓策略下,IPO之后36个月、按照市场基准调整后的累计平均收益率为-29.13%。在购买并持有策略下,IPO公司的收益相比按照行业和公司规模选取的配对公司低27.4%(见图9-1)。

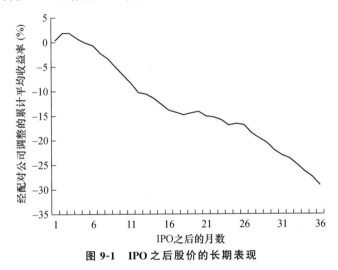

图9-1　IPO之后股价的长期表现

资料来源:Ritter(1991)。

Ritter(1991)表明了无论是在月度调仓策略还是在购买并持有策略下,投资者都可以通过卖空IPO公司获取超额收益。那么,长期条件下IPO的过高定价是什么导致的呢?

Ritter(1991)的解释是,公司倾向于在投资者对某些行业前景过度乐观的时候上市。后来,Teoh et al.(1998a)进一步探讨投资者过度乐观的原因,主要关注IPO之前的盈余管理。1980—1992年,他们将IPO公司按照盈余管理的严重程度排序,前1/4 IPO公司的三年超额收益比后1/4 IPO公司低大约20%,据此他们认为投资者不能很好地甄别公司在IPO之前的盈余管理,会根据不能反映公司真实经济状况的财务信息做出有关公司未来表现的预测。

Baker and Wurgler(2002)关注市场择时假设,他们使用1928—1997年的样本,发现可以通过公司股权融资占股权与债权发行总量的比重有效地预测公司股价的后续变化。具体而言,股权发行占比较高的时期之后,往往紧随着股票收益较低的时期。他们的发现和市场择时假设是一致的。公司现有股东倾向于在公司股价被高估的时候发行股权,在股价被低估的时候发行债权,因此公司 IPO 往往会在公司股价被高估时进行,之后的股价收益低于市场水平也就不足为奇了。Baker and Wurgler(2002)运用市场择时假设得出的解释可作为市场无效的证据。

然而,Schultz(2003)指出,长期下 IPO 的过高定价甚至在有效市场也会出现,他将这种现象命名为"伪市场择时"。他认为 IPO 往往聚集在公司意识到它们能以高价募集资金之后,IPO 聚集在市场高峰期并不是公司管理层可以"事前"预测市场高峰,而是诸多公司倾向于在管理层"事后"看到市场高峰的存在且公司股价上涨时募集资金。根据 1973—1997 年数据得出的参数进行模拟,Schultz(2003)发现伪市场择时导致的事后"新股弱势"程度与之前 25 年市场的实际表现相一致。

9.2.2 公司股权再融资之后超额收益为负

股权再融资(seasoned equity offering, SEO)是公司的另一项重要融资活动,与 IPO 异象一样,公司在 SEO 之后的几年内也会经历负的超额收益。

Loughran and Ritter(1995)研究了 1970—1990 年在美国进行 SEO 的公司,相比根据公司规模配比的不进行 SEO 的公司,进行 SEO 的公司的 5 年内收益显著低 59.4%。Spiess and Affleck-Graves(1995)得出的结论相似,SEO 公司的收益根据不同配比标准分别低于其配对公司 31% 和 39%。

为什么会出现这样的 SEO 异象呢?我们沿着上述 IPO 异象的思路,在盈余管理和市场择时方面找到了答案。Loughran and Ritter(1995)的文章给予的解释:公司管理层相对外部投资者享有更强的信息优势,因此会寻找合适的市场时机,以便在公司股价被高估的时候进行 SEO。Teoh et al.(1998)也在之前研究 IPO 异象的基础上对 SEO 的负超额收益做出了解释:投资者根据盈余管理后虚高的财务信息对公司未来表现做出预判,因此在 SEO 时往往高估了股价。Eckbo et al.(2000)给出了另一种有趣的解释:SEO 之后杠杆的降低会减弱公司的系统性风险,因此 SEO 公司拥有较低的收益率。

9.2.3 公司股份回购之后超额收益为正

另外一项值得关注的公司重大事件便是股份回购,在公司宣布其股份回购计划之后,公司股价也会朝着可预测的方向变动。公司回购股份有众多方法,在此我们主要关注应用最广泛的两种:公开市场股份回购(open market share repurchase)和固定价格要约回购(fixed price tender offer)。公开市场股份回购是指公司在宣布回购计划之后直接在公开市场上购买股票。固定价格要约回购是指公司向股东发出要约,以固定的、往往超过市场价格的价格回购公司股份。

最早对"回购异象"进行研究是 Lakonishok and Vermaelen(1990)。他们研究了美国市场进行固定价格要约回购的公司,发现如果在回购要约过期前买入公司股票并将这些股份卖回给公司,在一周之内就可以获得超过 9% 的超额收益。他们还研究了另一种策略,如果在回购要约过期后立即买入股票,就可以在接下来的两年内获得 12% 的年化超额收益;即使在控制了规模和市场贝塔系数之后,超额收益仍显著为正。Lakonishok and Vermaelen(1990)还特别指出,"回购异象"主要是由小公司驱动的,这一现象在大公司的股份回购中并不显著。他们构建了一个小公司的投资组合,发现该投资组合可以在回购要约过期之后的 22 周内带来约 24% 的超额收益。他们认为,小公司进行股份回购往往是因为公司价值被低估,而大公司回购股份的原因则更为复杂,很多大公司的股份回购计划是出于重组战略的考虑。

Ikenberry et al.(1995)则关注了公开市场股份回购,得出的结论与之前的类似。在 1980—1990 年的 1 200 个样本中,宣布收购计划之后的四年可获得平均 12.1% 的年化超额收益;而回购原因可能是价值低估的股票组合,平均年化超额收益甚至高达 45.3%。

"回购异象"产生的原因似乎已经比较明确:公司回购股票往往是由于其价值被低估。这似乎是一个通俗的解释,据此构建的交易策略也并不复杂,但是为什么"回购异象"存在的套利空间会持续几年之久呢?Peyer and Vermaelen(2009)的解释是"分析师错误预测"的存在。正如前面所提到的,公司收购股份是由于其价值被低估,因此收购计划也可以视为公司对分析师价值误判的一种反应。但分析师往往不愿意承认他们的错误,根据分析师观点做出投资决策的投资者也就很难调整他们对公司前景的预期。为此,"回购异象"带来的套利空间在很长一段时间内也就无法消除。

9.2.4 股利发起之后超额收益为正,股利缺失之后超额收益为负

派发股利也是具有重大信号效应的公司事件,在此我们将公司首次发放现金股利称为股利发起,将公司本计划发放股利却未通过董事会投票称为股利缺失。

Michaely et al. (1995)对股利发起和股利缺失之后的股价表现进行了研究,样本包括1964—1988年在纽约证券交易所/美国证券交易所上市但股利发起或者缺失的公司。他们发现在公司股利发起或者股利缺失之后,股价在长期内会朝着可预测的方向变化。在购买并持有策略下,股利发起公司在宣布股利政策后一年的平均超额收益为7.5%,三年的平均超额收益为24.8%;而股利缺失公司在宣布股利政策后一年的平均超额收益为-11%,三年的平均超额收益为-15.3%。

Michaely et al. (1995)对这种现象的原因展开了进一步的研究。他们关注了股利政策宣布前一年公司股价的表现,发现股利发起公司通常在前一年有15.1%的平均超额收益,而股利缺失公司在前一年的平均超额收益为-31.8%。据此,他们认为业绩良好的公司有发起股利的倾向而业绩不好的公司会倾向于缺失股利,这是上述"股利异象"的合理成因。

至此,我们对几个比较重要的投资、融资决策之后的股价变化模式做了介绍,并且尝试解析了各种"异象"背后的原因。接下来,我们引入一个框架对上述"异象"做出概括,并提出更加统一和直观的解释。

9.3 总资产增量效应

我们都熟知 Fama-French 三因子模型,但自 1993 年该模型发布之后,许多研究者开始寻找这个模型的漏洞,其中比较重要的便是三因子模型无法解释众多"异象",如盈利能力低却有大额投资的公司的收益率较低。对此,Fama and French(2015)提出五因子模型,加入盈利能力因子和投资因子:

$$R_{i,t} - R_{F,t} = a_i + b_i(R_{M,t} - R_{F,t}) + s_i \text{SMB}_t + h_i \text{HML}_t + r_i \text{RMW}_t + c_i \text{CMA}_t + e_{i,t} \qquad (9-2)$$

其中,CMA_t 是我们在本章所关注的投资因子,用投资大公司和投资小公司分别形成的分摊风险的投资组合收益率的差值度量,Fama and French(2015)用总资产增长率衡量投资的大小。

在这一部分,我们着重研究"总资产增量效应",用"总资产增量效应"囊括之前提到的各种投资、融资异象,并且探讨"总资产增量效应"到底是市场错误定价还是公司最佳投融资决策的结果。

9.3.1 实证研究:公司资产增长和股票收益的负相关关系

在所有对公司"总资产增量效应"的研究中,以 Cooper et al. (2008)的研究最为出名。他们以 1968—2003 年美国股市作为样本,发现公司总资产的年度增长率和之后公司的超额收益之间呈现很强的负相关关系。根据前一年的总资产增长率[(总资产$_{t-1}$ − 总资产$_{t-2}$) ÷ 总资产$_{t-2}$]将公司排序并分成 10 组,总资产增长率最小的一组有 18% 的平均年化收益(按市值加权),而总资产增长率最大的一组只有 5% 的平均年化收益。他们还按照总资产增长率构建了投资组合(卖空组合中总资产增长率排序最大的一组并买入总资产增长率排序最小的一组),发现这个投资组合的夏普比率为 1.07,比同样本得出的市净率、大小、动量因子的夏普比率都要高。为了验证结论的稳健性,他们还在不同市值和其他风险因子下进行了测试,发现总资产增长率和收益之间的负相关关系仍然存在。

9.3.2 "分解"总资产增量

Cooper et al. (2008)分解了"总资产增量效应",希望找出其背后的驱动因素。他们将总资产增长率的影响因素分解为资产负债表左边的和右边的,并将其分别称为投资活动和融资活动。他们认为发生与总资产扩张相关的公司活动(如首次公开募股、股权再融资、债券发行、收购等)之后,公司的股价往往产生低的超额收益;而发生与总资产收缩相关的公司活动(如股份回购、股利发起等)之后,公司的股价往往产生高的超额收益。

他们还证明了资产负债表各组成部分的变动与公司后续股价的变动存在相关性,但这种相关性远不如"总资产增量效应"的相关性显著,这恰巧说明了"总资产增量效应"是资产负债表各组成部分所产生投融资"异象"的合力所致。

具体来说,从"投资"(资产负债表左边)的角度,可以将总资产增量分解如下:

$$总资产增量(ASSETG) = 现金增量(\Delta Cash) + 非现金流动资产增量(\Delta CurAsst) + \\ 物业、厂房与设备增量(\Delta PPE) + 其他资产增量(\Delta OthAssets)$$

(9-3)

回归研究发现,非现金流动资产、物业、厂房与设备及其他资产增长率与股票收益率的负相关性是显著的。其中,非现金流动资产和物业、厂房与设备的增长率与股票收益率的负相关性最显著,相关系数的 t 值分别达到 -3.74 与 -2.76;但各组成部分和股票收益率的负相关性远不如总资产增长率显著。

类似地,将总资产增量从"融资"(资产负债表右边)的角度分解如下:

$$总资产增量(ASSETG) = 营运负债增量(\Delta OpLiab) + 留存收益增量(\Delta RE) + \\ 股票融资增量(\Delta Stock) + 债务融资增量(\Delta Debt)$$

(9-4)

回归研究发现,营运负债增量、股票融资增量、债务融资增量与股票收益率的负相关性显著。同样,各组成部分与股票收益率的负相关性远不如总资产增长率显著。

至此我们可以看到,"总资产增量效应"对各种融资、投资异象做出了很好的总结,今后我们可以方便地根据某项活动是导致资产扩张还是导致资产收缩来判断公司股价的变化趋势。

9.3.3 市场无效或者理性资产定价

"总资产增量效应"的提出,引起了对其产生原因的争论:这究竟是市场无效的体现还是理性资产定价的结果呢？

支持市场无效的阵营主要有以下四种观点:第一,公司管理层倾向于过度投资并借此巩固权利;第二,公司在获取外部融资时进行了市场择时;第三,公司融资活动前的盈余管理;第四,投资者在估值时对过往增长的过度依赖。

支持理性资产定价的阵营也给出了多种多样的解释:折现率效应,即进行大型投资的公司更可能是那些折现率较低的公司;规模报酬递减;通过资本投资进行扩张之后,风险和预期收益会降低;等等。当然,最受瞩目的应属上文提到的 Fama-French 五因子模型,他们在三因子模型的基础上引入投资因子,为"总资产增量效应"是理性资产定价的结果的结论提供了坚实的证据。

Watanabe et al. (2013)在前人的基础上,利用国际市场的数据论证了"总资产增量效应"是理性资产定价的结果。他们的主要思路是利用国际上不同发达程度的市场做比较,如果"总资产增量效应"是市场无效的体现,那么在股票不能被合理定价、套利机会难以被消除的市场,"总资产增量效应"就应该更强。更具体地讲,如果管理层的权利巩固、市场择时、盈余管理是"总资产增量效应"背后的原因,那么在企业监管更强、投资者保护更好和盈余管理空间更小的市场,"总资产增量效应"就应该更弱。如果"总资产增量效应"由公司最佳投资决策导致,那么这个效应在资产定价更有效的市场就会表现得更强。他们对 43 个市场的检验发现,"总资产增量效应"在信息更有效的市场反而表现得更强,这有效地说明"总资产增量效应"是最佳投资决策而非市场无效的结果。

本章小结

在本章,我们分别对公司投资决策、融资决策之后股价的变化进行了介绍,并且通过"总资产增量效应"对各种投资、融资异象做出概括。

较高的资本支出理应意味着公司享有更多的投资机会和更强的来自资本市场的信心,但是为何实证研究中超额资本支出与超额收益之间存在负相关关系呢?这是因为代理问题的存在,公司管理者大多为了自身的利益有着过度投资的倾向。在并购市场活跃的年间,资本支出和收益之间表现出正相关关系,拥有较多现金流和较低杠杆率的公司超额资本支出与超额收益之间的负相关关系更加显著,这些证据都指向了管理者的过度资本支出行为对"投资异象"的影响。

我们还关注了几个重要的融资决策。在首次公开募股之后,市场往往会在长期观测到公司的负超额收益;股权再融资之后,股价的表现也与之类似。究其原因,一种较普遍的解释是,投资者无法有效甄别公司进行外部融资之前的盈余管理;另一种解释则关注了市场择时假说,认为公司会倾向于在股价被高估的情况下进行股权融资。无论是以公开市场股份回购还是以固定价格要约回购的形式,公司进行股份回购之后往往会有正的超额收益。由于公司进行股份回购往往是股价被低估的信号,而分析师往往不愿调整他们对公司前景的预判,因此"回购异象"存在的套利空间就会较长期地存在。此外,公司在发起股利之后会有正的超额收益,在缺失股利之后会有负的超额收益,投资者也可据此构建收益显著的投资策略。

在介绍了纷繁复杂的各种"异象"之后,我们引入了"总资产增量效应"对前述各种异象做了概括。实证研究发现,总资产增长率与公司的超额收益之间存在显著的负相关关系,而这种负相关如此显著是因为它可以被分解成不同的部分,导致公司发生资产扩张之后往往有负的超额收益,发生资产收缩之后往往有正的超额收益。这个效应究竟是市场无效的体现还是理性资产定价的结果呢?支持市场无效的阵营提出了过度投资、市场择时、盈余管理等多种解释;而支持理性资产定价的阵营也提供了多种论据,其中较为著名的当数 Fama-French 五因子模型和"总资产增量效应"在国际上信息有效程度不同市场中的检测。

思考与讨论

1. 资本支出能够预测股票未来收益吗?其逻辑是什么?
2. 哪些融资活动能够预测股票未来收益?其预测的方向是怎样的?
3. 什么是"总资产增量效应"?为何投资异象和融资异象能被整合到该效应中?
4. 在 Fama and French(2015)提出的五因子模型中,包括本章介绍的哪个因子?你认同 Fama and French(2015)对该因子的解释吗?

参考文献

[1] Baker, M. and J. Wurgler, 2002, Market timing and capital structure, *The Journal of Finance*, 57: 1-32.

[2] Baker, M. and J. Wurgler, 2000, The equity share in new issues and aggregate stock returns, *The Journal of Finance*, 55(5): 2219-2257.

[3] Cooper, M., H. Gulen and M. Schill, 2008, Asset growth and the cross-section of stock returns, *The Journal of Finance*, 63: 1609-1651.

[4] Eckbo, E., R. Masulis and O. Norli, 2000, Seasoned public offerings: Resolutions of the "new issues puzzle", *Journal of Financial Economics*, 56(2): 251-291.

[5] Fama, E. and K. French, 2015, The five factor asset pricing model, *Journal of Financial Economics*, 116: 1-22.

[6] Ikenberry, D., J. Lakonishok and T. Vermaelen, 1995, Market underreaction to open market share repurchase, *Journal of Financial Economics*, 39(1): 181-208.

[7] Lakonishok, J. and T. Vermaelen, 1990, Anomalous price behavior around repurchase tender offer, *The Journal of Finance*, 45(2): 455-477.

[8] Loughran, T. and J. Ritter, 1995, The new issues puzzle, *The Journal of Finance*, 50(1): 23-51.

[9] McConnell, J. J. and C. J. Muscarella, 1985, Corporate capital investment decisions

and the market value of the firms, *Journal of Financial Economics*, 14: 399 – 422.

[10] Michaely, R., R. Thaler and K. Womack, 1995, Price reactions to dividend initiations and omissions: Overreaction or drift? *The Journal of Finance*, 50(2): 573 – 608.

[11] Peyer, U. and T. Vermaelen, 2009, The nature and persistence of buyback anomalies, *Review of Financial Studies*, 22(4): 1693 – 1745.

[12] Ritter, J., 1991, The long-run performance of initial public offerings, *The Journal of Finance*, 46(1): 3 – 27.

[13] Schultz, P., 2003, Pseudo market timing and the long-run underperformance of IPOs, *The Journal of Finance*, 58(2): 483 – 517.

[14] Spiess, K. and J. Affleck-Graves, 1995, Underperformance in long-run stock returns following seasoned equity offerings, *Journal of Financial Economics*, 38: 243 – 26.

[15] Teoh, S. H., I. Welch and T. J. Wong, 1998a, Earnings management and the long-run market performance of initial public offerings, *The Journal of Finance*, 53(6): 1935 –1974.

[16] Teoh, S. H., I. Welch and T. J. Wong, 1998b, Earnings management and the underperformance of seasoned equity offerings, *Journal of Financial Economics*, 50: 63 – 99.

[17] Titman, S., K. C. J. Wei and F. Xie, 2004, Capital investments and stock returns, *Journal of Financial and Quantitative Analysis*, 39(4): 677 – 700.

[18] Watanabe, A., Y. Xu, T. Yao and T. Yu, 2013, The asset growth effect: Insights from international equity markets, *Journal of Financial Economics*, 108: 529 – 563.

第 10 章
质量维度五：无形资产

在前面几章中，我们已经介绍了衡量公司质量的四个维度，并指出可以比较各维度质量因子的表现以评估公司价值，预测股票未来收益。这些维度的共同点在于，所用信息均来自公司的财务报表。这充分说明了财务报表信息具有高度的价值相关性，基于财务报表的分析是理解公司价值的核心渠道。

然而，科技的进步使得商业环境发生了剧变，作为商业沟通语言的财务报表同样受到了很大冲击。业界和学界都十分忧虑地指出，财务报表信息的价值相关性正在消失。人们抱怨财务报表信息不能反映商业模式的变化，不能衡量企业的研究实力和人力资本等无形资产，基于历史成本的财务报表对制造型企业可能仍然有用，但已经不能用来合理评估高科技公司。

商业变革对财务报表信息的价值相关性到底产生了怎样的影响？在新的环境下，我们该如何解读财务报表？又该如何重新评估公司价值？希望读者阅读本章之后，能对上述问题形成较清晰的答案。

10.1 消失的价值相关性

在传统的估值模型中，市净率和市盈率是最常用的估值指标。虽然它们都用于评判公司的估值水平，但背后的逻辑却不完全相同：市净率以公司净资产代表公司价值,而市盈率则以公司当前的盈利能力(或未来盈利能力的预期)代表公司价值。净资产和盈利能力虽然有一定的相关性,但其经济含义却有差异。在之前的章节中,我们也曾介绍:企业的价值是由已投入资本和未来剩余收益的现值构成。净资产可以衡量已投入资本,未来剩余收益的现值则与企业未来的盈利能力息息相关,两者相结合能够更全面地衡量公司价值。不过,不论是以净资产还是以盈利能力作为公司价值的衡量指标,投资者都能捕捉到公司价值的一部分。净资产和盈利能力与公司价值的高度相关性,正是市净率和市盈率这两组指标在投资中如此常用的原因。由于净资产和盈利能力都是财务报表信息,这就是所谓的财务报表信息的价值相关性。

这一结论看起来有理论支撑,但在 20 世纪末,一大批学者通过实证研究发现:财务报表信息的价值相关性正在消失。其中,来自纽约大学的两位教授 Baruch Lev 和 Paul Zarowin 于 1999 年发表在 *Journal of Accounting Research* 的研究最为知名。

在会计学术研究中,横截面回归是检验价值相关性的常用方法。具体而言,将第 t 期期末的股价 P 对第 t 期的每股收益 E 和第 t 期期末的每股净资产 BV 进行横截面回归,回归方程的 R^2 可以衡量价值相关性。回归方程如下:

$$P_{i,t} = a_0 + a_1 E_{i,t} + a_2 BV_{i,t} + \varepsilon_{i,t} \qquad (10\text{-}1)$$

R^2 越大,说明回归方程的拟合效果越好,财务报表信息(净资产、盈利能力)的价值相关性越高。

图 10-1 展示了 Lev and Zarowin(1999)利用美国数据进行检验的结果。他们发现,回归的 R^2 从 20 世纪 70 年代的 0.90 降到 80 年代的 0.80,而到了 90 年代则只有 0.50~0.70,净资产和盈利能力对价格的解释力在迅速减弱,财务报表信息的价值相关性正在消失。

价值相关性正在消失意味着财务报表信息变得越来越没用,股价中反映净资产和盈利能力的部分越来越少。换句话说,净资产和盈利能力捕捉公司价值的效果正在逐年减弱。由此带来的后果是市盈率越高的股票可能并非成长股,市净率越低的股票可能也非价值股,估值指标丧失了价值指示的意义,这对传统意义上的价值投资者无疑是重大的打击。我们不禁要问,是什么导致了财务报表信息价值相关性的消失?

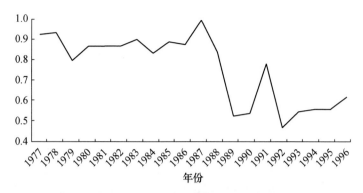

图 10-1　财务报表信息的价值相关性（1977—1996 年）

资料来源：Lev and Zarowin（1999）。

Lev and Zarowin（1999）认为，商业变革是财务报表信息价值相关性消失的根源。科技进步使得商业环境发生剧变，而会计信息（即财务报表信息）却无法衡量变革带来的估值思路的转变，因此导致其价值相关性消失了。为了衡量商业环境变革的程度，他们使用公司净资产排名平均变化程度（mean absolute rank change，MARC）作为代理变量，因为公司净资产的大幅变动往往意味着公司产业性质发生变化。具体而言，每期期初和期末都将所有股票按照净资产大小等分成 10 组，用第 t 期期末 i 公司所在组别减去第 t 期期初 i 公司所在组别的绝对值作为 i 公司的净资产排名变化，再根据第 t 期所有公司的净资产排名变化计算均值，得到第 t 期净资产排名平均变化程度指标（MARC），该指标可衡量商业环境变革的程度。

图 10-2 展示了美国市场 1978—1996 年该指标的变动情况。从图中可以看出，MARC 指标随时间的推移基本呈增加态势，20 世纪 70 年代 MARC 指标为 0.2～0.3，而到了 90 年代，MARC 指标升到 0.4～0.5。这说明公司净资产变动的幅度越来越大，商业变革的速度越来越快。对于投资者来说，他们能够比较快速地理解公司所发生的变革对价值的影响，因此能够很快更新预期，公司价格很快就能够随之变动。但财务报表信息此时却不能及时、准确地反映价值的变化，这其中最主要的原因是：在以无形资产投资为主导的商业变革中，财务报表信息存在价值错配。

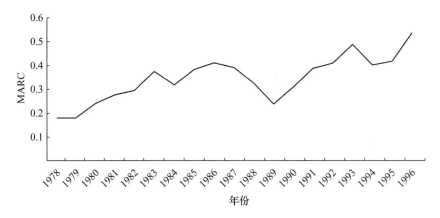

图 10-2　日益剧烈的商业变革程度(1978—1996)

资料来源:Lev and Zarowin(1999)。

商业变革的核心驱动力是科技进步带来的企业创新,而企业的创新性活动主要通过无形资产投资得以实现。然而,出于稳健性的要求,财务报表往往将无形资产投资立即费用化,且不能立即记录无形资产所带来的收益。例如,研发投入是最典型的无形资产,当公司进行大量研发投入时,研发支出按照会计准则应该在发生的当期完全费用化,而研发支出带来的收益则要到实际发生时才被纳入财务报表。再如,人力资本也是典型的无形资产,当公司聘用优秀的员工时,每期都会增加相关薪酬费用,但其为公司创造的价值则要在以后期间才能反映在财务报表中。正是这种价值的期限错配扭曲了各期财务指标的经济含义,使得财务报表信息的价值相关性正在逐渐消失。

因此,当我们谈论消失的价值相关性时,我们谈论的其实是日益增加的无形资产投资。无形资产是财务报表信息的软肋,也是进行财务报表分析时最容易忽视的环节。由于研发支出是无形资产最重要的组成部分,在后续章节中,我们会以研发支出为例,详细探讨无形资产对公司价值和股票未来收益的影响。

10.2 研发支出：资产还是费用？

10.2.1 研发支出费用化

普华永道战略咨询部门2018年11月发布了2018年度"全球创新1 000强"。① 数据显示，2017财年"全球创新1 000强"的研发支出达到7 820亿美元，增长11.4个百分点，创下过去三年来的最大同比增幅。其中，亚马逊、Alphabet(谷歌母公司)、大众汽车是世界上研发支出规模最大的三家公司，2017财年研发支出分别为226亿美元、162亿美元和158亿美元，分别占公司营业收入的12.7％、14.6％和5.7％。显然，对于这些行业巨头而言，只有持续进行大量研发投入，才能保持在行业内的领先地位。

新兴市场中公司的研发支出水平虽然较低，却有着惊人的增长速度。最引人注目的是，中国公司的研发支出增长迅速。在2017财年，中国公司研发支出同比增长达34.4％，远远超过世界平均水平(11.4％)。全球化进程的不断加速使得越来越多的研发投入流向中国等新兴市场，研发支出作为无形资产的重要组成部分，对于企业价值的意义毋庸置疑。

令人沮丧的是，尽管研发支出对企业价值如此重要，会计准则规定的核算方法却无法真实反映其价值。在报表编制者眼中，稳健性是重要的考虑因素。研发支出虽重要但难以计量，并且无法准确预计其未来所能带来的经济利益，因此不能算作资产而只能算作当期费用。也就是说，当其他条件都相同时，公司研发支出越多，当期计入利润表减项的研发费用就越多，因此净利润会减少；同时，公司的研发活动会消耗更多的有形资产(如支付给研究团队薪酬或购买研究设备所用的现金)，净资产也会减少。看似稳健的研发支出费用化处理，却使得当期净利润和净资产都被低估了。

会计准则的这一规定给使用报表的投资者带来了很大的麻烦。从理论上讲，公司股票市值应当反映公司所有净资产的价值。每股净资产价值越高，公

---

① http://www.strategyand.pwc.com/innovation1000

司股价也应当越高。当净资产是固定资产等有形资产时,净资产价值和股票价格之间的关系是显而易见的;但当净资产是研发支出等无形资产时,研发支出费用化的要求就严重地扰乱了这一关系。投资者往往只看财务报告中的净利润、净资产,并不关心净利润或净资产的结构(在会计文献中,这一现象称作功能锁定效应),这就导致投资者在估值时未考虑研发支出费用化所带来的指标误差。如果这些投资者根据他们计算出的市盈率或市净率等指标对股票进行估值,从而做出相应的投资决策,股票价格便不会充分反映公司所有净资产的价值。

10.2.2 研发支出程度与股票未来收益

Chan et al. (2001)首次检验了研发支出程度和股票未来收益之间的关系,发现股票价格的确未能充分反映无形资产的价值。

关于研发支出(R&D expenditure)的概念,有两点注意事项必须提醒读者。第一,每年费用化的研发支出(R&D expense)实际上是无形资产投资,并不能直接等同于无形资产。为了衡量研发支出作为无形资产的份额,应定义研发资本(R&D capital)。第二,各公司由于规模不同,研发资本在横截面上不能直接比较,必须经过规模标准化处理,生成研发支出程度(R&D intensity)这一新的指标。

Chan et al. (2001)假定公司对研发支出采用资本化处理,并采用系统摊销法逐年摊销研发资本,摊销率统一为每年20%。则 i 公司在第 t 年年末的研发资本可用以下公式表达:

$$\text{RDC}_{i,t} = \text{RD}_{i,t} + 0.8\,\text{RD}_{i,t-1} + 0.6\,\text{RD}_{i,t-2} + 0.4\,\text{RD}_{i,t-3} + 0.2\,\text{RD}_{i,t-4} \tag{10-2}$$

其中,RD 是每年费用化的研发支出,RDC 是假定条件下公司的研发资本。

Chan et al. (2001)用两种方式定义研发支出程度:研发资本除以营业收入、研发资本除以市值。前一种定义方式是业界广泛使用的,而后一种定义方式则横向比较研发支出程度、市盈率、市净率等估值指标。

在核心指标构建完成后,Chan et al. (2001)详细地探讨了研发支出费用化对估值指标造成的影响,主要针对调整后净利润和调整后净资产两个变量:调整后净利润等于净利润加回当期完全费用化的研发支出,再减去系统摊销法下的研发费用;调整后净资产等于净资产加上系统摊销法下的研发资本。他们发现,研发支出完全费用化使得市盈率和市净率比实际值偏高。

为了更清楚地说明其中的逻辑,我们以英特尔公司为例讨论研发支出费用化对估值指标的影响。英特尔公司 2020 年净利润为 209 亿美元,净资产为 810 亿美元,总市值 2 253 亿美元,2015—2020 年利润表中的研发费用如表 10-1 所示。

表 10-1 英特尔公司 2015—2020 年研发费用 单位:亿美元

财务年度	2015	2016	2017	2018	2019	2020
研发费用	121	127	130	135	134	136

根据研发资本的计算公式,英特尔公司 2020 年研发资本为:

$$RDC = 136 + 134 \times 0.8 + 135 \times 0.6 + 130 \times 0.4 + 127 \times 0.2 = 401.6(亿美元)$$

英特尔公司 2020 年系统摊销法下的研发费用为:

$$ADJRD = 0.2 \times (134 + 135 + 130 + 127 + 121) = 129.4(亿美元)$$

英特尔公司 2020 年调整后净利润为:

$$ADJE = 209 + 136 - 129.4 = 215.6(亿美元)$$

英特尔公司 2020 年调整后净资产为:

$$ADJB = 810 + 401.6 = 1\,211.6(亿美元)$$

英特尔公司 2020 年年末经研发支出调整前后的估值指标如表 10-2 所示。

表 10-2 英特尔公司 2020 年年末经研发支出调整前后的估值指标

	净利润(亿美元)	净资产(亿美元)	市盈率	市净率
调整前	209.0	810.0	10.78	2.78
调整后	215.6	1 211.6	10.48	1.86

考虑研发支出费用化的影响后,市盈率从调整前的 10.78 倍降到 10.48 倍,市净率从调整前的 2.78 倍降到 1.86 倍,可见研发费用对估值指标的影响程度之大。如果投资者按照调整前的估值指标对这些公司进行估值,就很容易得出公司当前价格过高的结论,从而低估了该股票的投资价值。

在理解了研发支出费用化对估值指标的影响之后,我们再来看 Chan et al. (2001)如何检验研发支出程度和股票未来收益的关系。在投资组合测试中,他们先按总销售额标准化的研发支出程度分组,发现研发支出程度高的公司具有更高的市盈率、市销率和市净率(调整后市净率也更高),体现出更多成长股的特征。然而,该研发支出程度指标和股票未来收益的关系并不明显,更高的研发支出程度并没有带来更高的股票未来收益。由于研发支出程度高的公司更可能是成长股,而成长股往往会因为当前过高的估值而在未来带来更低的收益,更高研发支出程度的高收益特性被成长股的低收益特性抵消了。

Chan et al. (2001)又按总市值标准化的研发支出程度分组,与上一指标不同的是,总市值标准化的研发支出程度分组高的公司具有更低的市盈率、市销率和市净率,体现出更多价值股的特征。这时投资组合呈现了预期的结果(回溯测试期间为 1975 年至 1995 年):每年 4 月底将样本按总市值标准化的研发支出程度从小到大分成五组,最高组下一年平均原始收益为 26.47%,最低组下一年平均原始收益为 15.82%,年化套利收益达 10.65%,并且在未来三年均呈现类似态势。经过账面价值比调整后的收益也呈现类似的结果,这说明投资组合的价值股偏向并没有影响主要结论:同样是价值股,更高的研发支出程度具有更高的股票未来收益。

在稳健性测试中,Chan et al. (2001)在 Fama-French 三因子模型的基础上,构建了包含长期反转风险因子(WML)和中期动量风险因子(UMD)的五因子模型,发现用总市值标准化的研发支出最高的投资组合,可以获得显著为正的风险调整收益。这进一步说明虽然总市值标准化的研发支出最高的投资组合具有更小的规模、更高的账面市值比和更低的历史股票收益,但这些都不足以解释超额收益的来源。

为什么研发支出程度可以预测股票未来收益?Chan et al. (2001)认为,原因就在于投资者低估了研发支出的价值,并且低估程度在公司呈现价值股特征时更加明显。研发支出作为无形资产投资,由于被当期费用化而没有反映在净资产上,投资者便没有充分估计这部分投资的价值。然而,当公司呈现成长股特征时,投资者低估研发支出价值的效应被成长股效应中和,因此用总收入标准化的研发支出程度和股票未来收益没有明显的相关关系;而当公司呈现价值股特征时,投资者低估研发支出价值的效应和价值股效应叠加,因此用总市值标准化的研发支出程度和股票未来收益呈显著的正相关关系。

10.2.3 研发支出增幅与股票未来收益

从静态来看,已投入的研发支出是公司已投入资本的一部分,如果投资者低估研发支出的价值,股票价值就会被低估。而从动态来看,当管理层投入更多的研发投入时,又会对公司价值产生什么影响呢?Eberhart et al.(2004)重点探讨了研发支出增幅对股票未来收益的影响。他们认为,"已投入的研发支出多"并不等同于"更多的研发投入",后者应当具有独立的信息含量,如果投资者没有意识到这一点,那么采取更多研发投入的公司,其股票价值被低估的程度也就更严重,投资这些公司在长期可以获得正的超额收益。

重点是如何构建有意义的研发支出增幅指标。Eberhart et al.(2004)认为,满足以下标准即可作为研发支出增幅显著的样本:(1)期初研发支出程度(等于上期研发支出除以上期期末总资产或上期总收入)为5%以上;(2)本期研发支出增幅(使用原始研发支出和经总资产标准化的研发支出两个指标衡量)为5%以上。Eberhart et al.(2004)使用了1951—2001年的样本进行筛选,最终得到8 313个满足条件的公司年样本。

另一个重点是如何探究研发支出增幅和股票长期收益的关系。Eberhart et al.(2004)使用时间日历法构建投资组合,探究研发支出增幅显著的公司未来五年是否拥有超额收益。具体而言,在每个月计算投资组合股票收益时,将过去五年间研发支出增幅显著的所有样本纳入投资组合,计算投资组合的平均收益。这种方法获得的统计量将更加稳健。Eberhart et al.(2004)发现,无论是使用等权平均还是使用加权平均,无论是使用三因子模型还是使用四因子模型,研发支出增幅显著的公司在未来都获得了超额收益。以三因子模型调整的等权平均投资组合为例,其回溯测试期间为1951—2001年,月均超额收益为0.69%,并在1%的水平显著为正。

Eberhart et al. (2004)还分析了研发支出增幅与公司未来业绩之间的关系,以验证研发支出增幅对股票未来收益的影响是公司未来业绩的提升所导致的。对于每一个研发支出增幅显著的样本(目标样本),他们都找到一个与之相似但并没有显著研发支出增幅的样本作为配对样本,两者盈利能力之差为异常业绩指标。他们采用类似于时间日历法的方法进行比较,每年将过去五年间研发支出增幅显著的所有样本纳入投资组合,计算投资组合的异常业绩指标。Eberhart et al. (2004)发现,即便不考虑研发费用对当期盈利能力的负向影响,研发支出增幅显著的公司在未来仍能取得显著为正的超额业绩;如果考虑研发费用对当期盈利能力的负向影响,超额业绩则更加显著。

在进一步比较中,Eberhart et al. (2004)还发现在高科技股和成长股中,研发支出增幅对股票未来收益和公司未来业绩的正向作用更加突出。这些证据都表明,投资者不但会低估研发支出程度对净资产的影响,还会低估研发支出增幅对未来现金流的影响,因此研发支出程度和研发支出增幅都能预测股票未来收益。

10.3 创新:研发支出真的起作用了吗?

通过前面的分析,我们能够理解为何研发支出费用化会导致投资者低估公司价值,以及为何研发支出程度和研发支出增幅都能预测股票未来收益。但这只是问题的一半,研发支出作为无形资产投资,本质上是一种资源的投入,而企业价值的实现最终靠的是资源的产出。之前我们的讨论都是在说,研发投入量越大,产出量(企业价值)就越大;但我们其实忽略了一个重要的因素——研发支出的效率,又称为创新效率。同样程度或增幅的研发支出,如果企业拥有更高的创新效率,便能将研发支出转化为更多的专利、技术,最终转化为更高的盈利能力。因此,只从资源投入的角度观察研发支出程度或研发支出增幅是不够的,还要从资源产出的角度探讨研发支出的效率,这样才能更好地理解研发支出所创造的价值。

Hirshleifer et al. (2013)首次探讨了创新效率和股票未来收益之间的关系。他们用单位研发支出转化的专利授权或专利引用数量衡量创新效率。具体而言,单位研发支出的专利许可数量(Patents/RDC)的计算公式如下:

$$\frac{\text{Patents}}{\text{RDC}} = \frac{\text{Patents}_{i,t}}{\text{RD}_{i,t-2} + 0.8\ \text{RD}_{i,t-3} + 0.6\ \text{RD}_{i,t-4} + 0.4\ \text{RD}_{i,t-5} + 0.2\ \text{RD}_{i,t-6}}$$
(10-3)

其中,$\text{Patents}_{i,t}$是i公司第t年获得授权的专利数量,$\text{RD}_{i,t-2}$是i公司在第$t-2$年的研发支出费用。这里假设过去五年的研发资本对获得专利授权都有作用,同时由于专利授权一般需要2年的时间,这里的研发支出和专利授权相隔2年的时间。

单位研发支出的专利引用数量(Citations/RD)的计算公式如下:

$$\frac{\text{Citations}}{\text{RD}} = \frac{\sum_{j=1}^{5}\sum_{k=1}^{N_{t-j}} C_{i,k}^{t-j}}{(\text{RD}_{i,t-3} + \text{RD}_{i,t-4} + \text{RD}_{i,t-5} + \text{RD}_{i,t-6} + \text{RD}_{i,t-7})} \quad (10\text{-}4)$$

其中,$\sum_{j=1}^{5}\sum_{k=1}^{N_{t-j}} C_{i,k}^{t-j}$是过去五年间授权的所有专利的引用量之和,$\text{RD}_{i,t-3}$是$i$公司在第$t-3$年的研发支出费用。这里假设第$t$年的研发支出费用对第$t+2$年专利引用数量有直接影响,因此分母项包含了第$t-3$年至第$t-7$年研发支出费用之和。

核心指标构建完成之后,Hirshleifer et al. (2013)首先进行了Fama-MacBeth横截面回归,发现在控制股票基本特征(规模、市账比、动量等)以及研发支出程度和研发支出增幅后,创新效率的两个指标仍然显著为正,说明创新效率指标对股票收益具有增量解释力。之后进行了投资组合测试,回溯测试期间为1982年至2007年。每年6月底,将所有股票按照Patents/RDC或Citations/RD指标分成高中低三组并持有12个月,超额收益依然显著为正。以Patents/RDC指标为例,最高组月均原始收益为0.90%,四因子模型调整的月均超额收益为0.27%。他们还发现,创新效率高的公司,未来盈利能力也更高,这进一步证实了创新效率通过提高公司未来盈利能力来获得超额收益。

同样程度的研发支出能转化更多的专利技术,这固然是创新效率的体现,但专利技术的价值最终还是要体现在公司的业绩上。因此,Cohen et al. (2013)从研发支出对公司业绩的转化效率这一更直接的角度,探讨了创新效率对股票未来收益的影响。

如果创新活动是更有效率的,同样程度的研发支出在未来就能带来更多的企业价值,这是区分"好的"和"坏的"研发支出的判断指标。这一道理其实不难理解,但关键在于,可以预测公司的创新效率吗？如果可以,那么在同等程度的研发支出下,预期创新效率更高的公司在未来会产生更高的价值,从而产生更高的股票未来收益。

Cohen et al. (2013)发现,人们并没有意识到公司的创新效率具有持续性。也就是说,如果一家公司过去的创新效率高(同等程度的研发支出能带来更多的企业价值),那么该公司未来的创新效率也依然高,但投资者并没有充分意识到这一规律,因此投资于过去研发支出高且创新效率高的公司可以在未来获得更高的股票收益。

这里的逻辑与盈利能力异象很相似。在盈利能力异象中,一种主流的解释为:投资者可能不理解未预期盈余的序列相关性(过去盈利能力高的公司,其未来盈利能力也高),因此投资于过去盈利能力高的公司可以在未来获得更高的股票收益。但这里也有不同之处,最主要的不同点是:盈利能力很容易衡量,但创新效率这一指标更加抽象,创新带来的效应在短时间内不一定会增加公司价值,具体转化的时间也不确定。为了解决这一难题,Cohen et al. (2013)先用销售收入增幅作为企业价值增量的代理变量,接着每年对每只股票进行时间序列回归,因变量为第 t 年销售收入增幅,自变量为第 $t-j$ 年净销售收入标准化的研发支出($j=1,2,3,4,5$),得到的回归系数即为创新效率的代理变量。个股时间序列回归方程如下:

$$\ln\left(\frac{\text{Sales}_{i,t}}{\text{Sales}_{i,t-1}}\right) = \gamma_0 + \gamma_j \ln(1 + \text{RD}_{i,t-j}) + \varepsilon_{i,t} \qquad (10-5)$$

其中，每个回归方程需要 5 个样本点，至少有一半的样本具有正的研发支出，且至少有过去 6 年至 8 年无缺失数据的样本。

在构建创新效率指标后，Cohen et al. (2013) 首先检验了指标的稳健性，发现构建的创新效率指标具有很好的持续性，将第 $t-1$ 年的创新效率指标从高到低分成五组，最高组第 t 年创新效率仍在最高组的概率高达 70%。接着，Cohen et al. (2013) 利用投资组合检验投资者是否意识到创新效率指标的持续性，其逻辑很直接，如果投资者没有意识到这种持续性，买入过去研发支出程度高且创新效率高的股票，在未来就能够获得显著为正的超额收益。回溯测试期间为 1980—2009 年，Cohen et al. (2013) 每个月将股票按照研发支出分成三组，再按照创新效率分成五组。在研发支出最高组，创新效率最高组四因子模型的月均超额收益为 0.90%，而创新效率最低组只有 0.14%。

Cohen et al. (2013) 进一步控制研发支出程度和研发支出增幅，以 Hirshleifer et al. (2013) 构建的创新效率指标进行横截面 Fama-MacBeth 回归，发现过去研发支出高且创新效率高的股票，仍然能够获得显著为正的超额收益。

本章小结

在本章，我们探讨了无形资产对公司价值的影响。在商业变革的环境中，公司越来越多地进行无形资产投资，然而会计准则对于无形资产当期费用化的规定，使得财务报表信息的价值相关性逐渐消失。由于无形资产在财务报表中难以被及时确认和准确计量，因此是"被遗忘的角落"。对无形资产价值的认知和理解，是恢复财务报表信息价值相关性、重新发现公司价值的重要环节。

以研发支出为例，我们阐述了无形资产和股票未来收益的关系。一方面，研发支出作为公司净资产的一部分，受会计准则费用化的限制，使得当期净资产和盈利能力被低估。由于投资者没有充分意识到研发支出的价值，研发支出程度越大的公司在未来能够获得越高的超额收益。另一方面，从动态变化的角度来看，当期研发支出增幅越大，投资者对研发支出价值的低估程度也就越严重,因此研发支出增幅越大的公司在未来也能获得越高的超额收益。

创新效率则进一步拓展了我们对研发支出的理解。在研发支出程度一定的情形下,公司创新效率越高,单位研发支出转化的专利技术数量越多,未来增加的企业价值就越多。从"研发支出—技术创新—公司价值"的逻辑链条来看,如果以单位研发支出转化的技术创新衡量创新效率,则该指标与未来增加的企业价值正相关,因此可以直接用于预测公司未来价值和股票收益;如果以单位研发支出转化的公司价值衡量创新效率,由于该指标具有持续性,也可以用过去的创新效率预测未来的创新效率,从而间接地预测公司未来价值和股票收益。

总而言之,无形资产的价值不仅体现在其作为净资产的价值,还体现在其在未来产生剩余收益的价值。在下一章,我们将整合第 5 章至本章提到的所有估值维度和质量维度,在剩余收益模型的框架下,更系统地理解现代价值投资理念。

思考与讨论

1. 为什么财务报表信息的价值相关性正在消失?
2. 研发支出为何能够预测股票未来收益?其背后的逻辑是什么?
3. 如何衡量研发支出的效率?

参考文献

[1] Chan, L. K., J. Lakonishok and T. Sougiannis, 2001, The stock market valuation of research and development expenditures, The *Journal of Finance*, 56(6): 2431–2456.

[2] Cohen, L., K. Diether and C. Malloy, 2013, Misvaluing innovation, *Review of Financial Studies*, 26(3): 635–666.

[3] Eberhart, A. C., W. F. Maxwell and A. R. Siddique, 2004, An examination of long-term abnormal stock returns and operating performance following R&D increases, The

Journal of Finance, 59(2): 623-650.

[4] Hirshleifer, D., P. H. Hsu and D. Li, 2013, Innovative efficiency and stock returns, *Journal of Financial Economics*, 107(3): 632-654.

[5] Lev, B. and P. Zarowin, 1999, The boundaries of financial reporting and how to extend them, *Journal of Accounting Research*, 37(2): 353-385.

第 11 章
整合框架：现代价值投资理念

学习了估值维度和质量维度下纷繁众多的指标，相信你对量化投资中基本面量化的方向和方法有了大致的了解。但此时聪明的你或许会思考并且产生疑问：我们为什么要从这两个维度入手进行量化分析？

为了回答这个问题并揭示本书所探讨投资方式的主体逻辑，本章将对第二部分的整个逻辑进行总结，并阐述其与第一部分的关系。首先，本章从回顾投资逻辑入手，阐述价值投资策略及其重要性；其次，从价值投资出发，通过结合理论与实践进行分析，阐述用量化方法实现价值投资时的方向选择与传统价值投资的区别；再次，尝试揭示价值投资能带来超额收益的原因和选择坚持价值投资的原因；最后，对部分价值投资问题进行问答式解释，从而进一步阐明价值投资。通过以上内容，读者会对本章乃至全书有着更深刻的理解。

需要特别指出的是，为了更好地阐述本章，我们参考了 Asness et al. (2015)一文。这是近期对于价值投资专题的讨论中总结性和参考性都极好的文章，有兴趣的读者可以参考阅读。

11.1 什么是价值投资？

价值投资是利用所有公开信息进行分析与预测，形成较可靠预期的估值，并将其与市场价格比较后做出决策的投资方式。提到价值投资，就不得不提到历史上最伟大的价值投资者之一——沃伦·巴菲特。五十多年前,伯克希尔-哈撒韦(BRK-A)是一家濒临破产的纺织厂。在巴菲特的精心运作下,公司净资产从 1964 年的 2 288.7 万美元增长到 6 302.1 亿美元①,年收益率近 20%!并且,这个 20% 的净资产收益率竟然持续了五十多年之久,这简直是一个奇迹!在此期间,巴菲特还成功地投资了华盛顿邮报、可口可乐、通用动力、中国石油、比亚迪汽车等一系列公司,每家公司都让他赚得盆满钵满。他的投资很少犯错误,他选择的投资方式就是看准一家公司后高仓位买入并且长期持有,依靠复利取得长期高收益。图 11-1 展示了 1999—2020 年,伯克希尔-哈撒韦公司与标准普尔 500 指数的每股市值增幅对比。

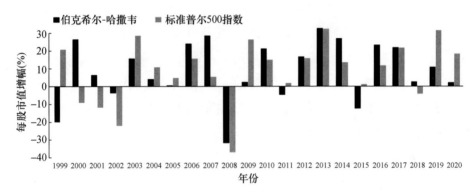

图 11-1　伯克希尔-哈撒韦公司与标准普尔 500 指数每股市值增幅对比

资料来源:伯克希尔-哈撒韦公司公开资料、标准普尔全球公开资料、CNBC。

有人会说,巴菲特毕竟是少数,他的成功只是个别现象。但我们认为,巴菲特这种持久且犯错率极低的成功可以反映其成功的投资逻辑。许多人之所以没能取得像巴菲特一样的收益,大多是因为没有像巴菲特一样有能力对财务信息进行精准、透彻的分析;或者不能像巴菲特一样坚信市场在长期是有效的并愿意为之坚持,而是见好就收、不愿等待。巴菲特的成功,的确是价值投资在历史上的重大成果。然而,我们也看到巴菲特的收益在近年有所下降,并且进行价值投资越来越难。有人质疑这种投资逻辑在现今的有效性,这并不

---

① 截至 2021 年 6 月 25 日,伯克希尔-哈撒韦公司的市值是 6 302.1 亿美元。

奇怪。事实上，价值投资失效的主要原因是随着技术的发展和信息成本的大幅下降，更多人有能力且有机会对信息进行分析，僧多粥少的局面导致投资者获取超额收益变得困难且难以获得当初那么丰厚的回报。在后面的章节，我们将解释为什么价值投资在未来还会继续有效。

11.2 实现价值投资的量化之路

本节重点介绍价值投资的现代化实现手段——基本面量化投资。20世纪，由于没有像现在这样发达的信息系统，当时的人们为了实现价值投资，只能依靠对一家家公司的财务报表进行分析。而在信息爆炸的年代，随着可选集的扩大，价值投资策略需要考虑的信息量自然变得更加庞大，要穷尽所有的股票进行估值再做决策往往是不现实的。幸运的是，现在的量化工具可以解决这个问题。研究估值的过程，寻找决策过程中描述意义较强的指标，对这些指标进行筛选和排序，从而缩小可选集，进而进行深度分析并制定相应的策略。这就是实现价值投资的量化之路。

需要指出的是，基本面量化投资在本质上仍然基于价值投资的理念；但相比于传统价值投资，基本面量化投资试图从基本面数据中寻找公司价值的驱动因素，并在投资组合的层面构建获取超额收益的因子，从而避免了传统价值投资在个股特质性风险上的过多暴露。从传统价值投资走向基本面量化投资的过程，实际上是我们对既有估值模型的又一次深入挖掘。下面我们以剩余收益模型为框架，结合前文介绍的估值维度和质量维度的诸多因子，更深入地理解这一逻辑。

11.2.1 基本面量化投资的逻辑：基于剩余收益模型的分析

我们在第3章已经谈到，绝对估值模型主要有三类：股利折现模型、现金流折现模型和剩余收益模型。在相同的前提假设下，这三类模型会预测出相同的公司价值。其中，剩余收益模型因其能够利用财务报表信息解释公司的内在价值而更受研究者的青睐。首先回顾从股权投资者角度出发的剩余收益模型：

$$P_t^* = B_t + \sum_{i=1}^{\infty} \frac{(\text{ROE}_{t+i}^* - r_e)B_{t+i-1}^*}{(1+r_e)^i} \qquad (11\text{-}1)$$

$$P_t = B_t + \sum_{i=1}^{\infty} \frac{E_t[(\text{ROE}_{t+i} - r_e)B_{t+i-1}]}{(1+r_e)^i} \qquad (11\text{-}2)$$

在式(11-1)中，P_t^* 表示在 t 时点公司的真实价值，ROE_{t+i}^* 和 B_{t+i-1}^* 都是未来时期真实的净资产收益率与账面价值；而在式(11-2)中，P_t 表示在 t 时点公司的预期价值，ROE_{t+i} 和 B_{t+i-1} 都是站在 t 时点对未来时期净资产收益率与账面价值的预期值。剩余收益模型告诉我们，公司价值等于已投入资本和未来剩余收益的现值之和。

在这里，我们有必要区分式(11-1)与式(11-2)，以便更深入地理解基本面量化投资的基本逻辑。式(11-1)是对公司真实价值的刻画，所有的变量使用相应时期的真实值，此时我们得到公司的真实价值。但站在 t 时点，我们并不能观测到未来每一期的变量，只能基于当前信息对未来形成预期，式(11-2)反映的便是这一过程，此时得到的 P_t 是对公司价值的预期，而这种预期会随着投资者在信息、分析能力、情绪等方面的变化而变化。更一般地，市场中所有投资者的预期汇集在一起，便形成了 t 时点的股票价格。

由于在时点，公司的权益账面价值 B_t 已经是市场的公开信息，理论上，投资者都应遵循这一信息(虽然在实际投资中，投资者也可能忽略这一点)。因此，关键的区别在于未来剩余收益的价值——公司真实的未来剩余收益价值和基于预期的未来剩余收益价值——是不同的，这一差异本质上是传统价值投资和基本面量化投资得以有效的基本逻辑所在。当市场平均预期的未来剩余收益价值低于其真实价值时，股票便值得买入，投资者所要做的仅仅是通过合理的分析使其对未来剩余收益的价值预期尽可能接近真实价值。

传统价值投资的分析着眼于分析公司所处的宏观环境、行业背景，结合公司的商业模式和业务状况对公司未来的剩余收益形成合理的预期，只要对未来剩余收益的合理预期价值高于目前的市场平均预期(体现为当前股价)，该公司便是一个较好的投资标的。

基本面量化投资仍然遵循这一逻辑，只不过运用了更客观、更系统的方法。在本书的框架中，首先，我们关注估值维度，目的是用市净率、市盈率和市销率等相对估值指标衡量市场对股票的平均预期水平。以市净率为例,通常认为市净率越高,股票的估值越高,结合式(11-2)很容易发现,在当期公司的权益账面价值 B_t 给定的情形下,市净率越高反映出市场预期的未来剩余收益的价值越高。其次,我们关注诸如盈利能力、经营效率、盈余质量、投融资决策、无形资产等质量维度,目的是更为准确地估计公司合理的未来剩余收益。从式(11-2)也可以看出,未来剩余收益的核心驱动因素是公司未来的盈利能力,而当前盈利能力高、经营效率高、盈余质量高、投融资稳健、无形资产投入程度高的公司,其未来的盈利能力预期都将稳健地处于较高水平。最后,我们将估值维度指标与质量维度指标相结合,买入估值低(市场预期的未来剩余收益较低)但质量高(合理预期的未来剩余收益较高)的股票。这便是基本面量化的核心逻辑,与传统价值投资的思想完全契合。

通过以上分析,我们不难理解为什么估值维度和质量维度的各个因子都能在一定程度上产生超额收益。根本的原因在于,市场对因子背后隐藏价值的预期往往并不准确,如果我们能够清晰地把握各个因子,形成关于公司未来剩余收益价值的合理预期,我们便能够在市场平均预期出现偏误时获得超额收益。由于无法在事前准确预测每个因子背后代表的价值的真实值,基本面量化投资采取了一种相对保守的方法:采用尽可能多且相关性低的因子捕捉不同维度的公司价值,运用投资组合方式分散投资的风险,并在投资组合的管理中尽可能减少人为干预。

在剩余收益模型的框架下,基于估值维度和质量维度的基本面量化投资是价值投资理念的现代化阐释。而在这两大维度下,继续深入挖掘更多的子方向、选择更有力的指标就成了基本面量化的重点。我们要全方位地考虑财务指标,而非简单地只看盈余指标。进一步地,我们还要考虑一些非财务信息指标,如管理层质量、公司品牌、公司专利等一些在财务报表上无法直接体现的因素。此外,第 1 章的"噪声投资者模型"告诉我们,股票价格并非只由内在价值决定,在很大程度上还受到非理性行为的影响。尽管我们目前尚未讨论行为因素,但如果投资者能对这些因素进行量化分析并将其加入量化模型,就可以实现更高的收益。在本书的后续章节,我们重点讨论如何利用市场信号进行策略修正。

11.2.2 价值投资:大样本的证据

下面我们介绍剩余收益模型在大样本选股中的实际应用,帮助读者更好地理解价值投资和量化投资的联系。

Frankel and Lee(1998)用实证结果说明了剩余收益模型能帮助投资者选出高收益的股票。他们使用分析师的一致预期估计未来净资产收益率,运用3期的剩余收益模型计算公司的内在价值V。在得到公司内在价值V的估计后,每年6月底,他们根据V/P对所有公司进行排序分组,买入V/P值最高的组、卖出V/P值最低的组,实证结果发现对冲组合能在未来36个月获得35%的收益,而同期用B/P值构造的对冲组合仅获得15%的收益(见图11-2)。从图中不难看出,相比单一维度,将价值维度和质量维度结合起来能帮助投资者获得更高的收益;而这两个维度的结合正是价值投资的精华,也是与基本面量化投资的共通之处。

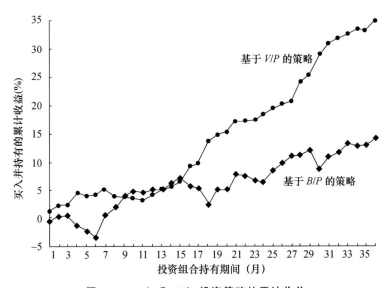

图11-2 V/P和B/P投资策略的累计收益

11.3　价值投资的理论解释

介绍到这里,让我们回到刚开始的疑问:为什么价值投资能持续地预测股票未来收益?我们的答案很简单:站在市场运行本身的角度,我们相信市场在长期是有效的;当然,市场不是时时刻刻都有效。

本章涉及有效市场假说与行为金融理论。由于本书的主题是基本面量化,因此本章仅仅进行综述性讨论而不做具体展开,有兴趣的读者可以参见陆正飞、姜国华、张然合著的《会计信息与证券投资实证研究》。

在第 1 章中,我们详细讨论了市场有效性的问题,在此再简要回顾一下。有效市场假说的核心内容是:如果在一个证券市场中,价格完全反映了所有可以获得的信息,那么就称这样的市场为有效市场。进一步的推论是:有效市场中过去的价格不能预测未来的走势,或者说价格对信息的反应是即时且精准的。根据信息反映的完全程度,可将有效市场分为三类:强有效市场、半强有效市场和弱有效市场。

有效市场假说的意义在于:它让我们看到了市场的理性之光,指明了市场如果有效就会主动反映信息。如果投资者都是理性的,且信息是易于获取的,市场有效性就会很强。至于市场是否有效、市场相对信息所在时间节点多早或多晚有效、在多大程度上有效,则是众多实证研究探索的领域。

然而,对于有效市场假说的批判从未停止。早期的会计研究(Dyckman and Morse,1986)就已经发现,会计信息公布后,股票价格的调整是连续的过程,而不是立即调整到精确的位置。但在很长的时间里,人们都认为价格等于价值这个假设是没有问题的。这一点从当时的会计研究把重点放在对未来的预测以及把对市场有效性的检验重点放在价格多久能趋于稳定上都可以看出来。那时考虑的假设更多地在于"市场无套利",而非"价格等于价值"。

在第 1 章中,我们还提到噪声投资者和投资者情绪对市场有效性的影响。具体而言,在存在噪声交易者和套利限制的情形下,价格是不等于基本面价值的。同时,投资者情绪也影响市场的有效性。根据行为金融理论,由于投资者在认知方式上有偏差和局限性,股票价格并非只由企业的内在价值决定,在很大程度上还受到投资者主体行为的影响,即投资者心理与行为对证券市场的价格决定和变动具有重大影响。行为金融理论可以解释为什么即使没有套利限制,短期仍会出现套利的机会。市场中还长期存在一些异象,如果不是来自套利的限制,则说明人们的预期普遍过高或者推动这些异象产生并维持的助力足够大;然而在足够长的时期内,这些异象最终会回归正常。

我们从以上讨论可以看出,学界的基本看法是"价格不完全等于价值"。但这并不代表学界认为市场失效了,而是肯定了短期内存在干扰市场有效性的制度与行为因素,并试图捕获并减少这种干扰,以提升市场效率。所以,更有意义的讨论应该是价格在多大程度、多长时间上偏离了价值。学界还认为,由于一些套利限制和心理因素,价格会经常偏离价值,并且有时这种偏离会很大;但一旦这些心理因素被充分认清且套利的力量足够强大,价格就会逐渐趋于价值。

综上所述,市场是有效的,但不是时时刻刻有效的;价格会产生或高或低的偏离,但这种偏离在长期有很大概率会被纠正,这赋予了价值投资存在并获利的可能性。我们再次强调,尽管这种偏离总会发生,但随着市场越来越成熟,这种套利的机会和超额收益都会减少。因此,我们应该在充分考虑更广阔的可选集的基础上构建更好的策略,并且辅以更有远见的分析来支撑相应的预测。

以上视角着重于理论分析,我们再回顾具体的实证研究,以加深对价值投资理论的理解。Lee(2014)指出,价值投资策略选出的股票大多是高收益、低风险且低波动的,这很难用传统的风险-收益理论予以解释。但为什么人们还是不购买这些股票以消除这种套利机会呢?一方面,这与投资者的偏好有关。市场上存在一些投资者,他们对一些收益类似于彩票的股票有着独特的偏好。Brunnermeier and Parker(2005)和 Brunnermeier et al. (2007)表明,这类"彩票股"在均值-方差的风险体系下会被高估。而当资金总量有限、市场上的这类投资者数量又很多时,价值股被低估的现象就会出现。另一方面,上面所讨论的植根于人性的行为因素也是解释价值策略能够稳定地带来收益的有力论据。我们不完全地将行为因素的解释分为以下四类：

一是统计意义上的概率和预期表现的关系。Griffin and Tversky(1992)认为,高概率低收益的事情会被低估,而低概率高收益的事情会被高估。所以,更可靠却不那么引人注目的公司往往被赋予更差的预期;价值股一般是比较平庸的,而成长股则是更加引人注目的。

二是动量交易(噪声交易者)对信息的过度反应。一般而言,在过去一段时间内,成长股股票的收益较好,而价值股股票的收益较差。采取动量交易的噪声投资者往往会继续追逐成长股,这会进一步导致成长股的股价被高估。

三是流动性驱使的价格压力。股价无时无刻不受到非基本面的冲击,如资金流动有时会因羊群效应而出现流动性黑洞。Coval and Stafford(2007)指出,基金会因赎回风险而抛售股票止损,而这些股票的股价在后期有可能强烈反弹。

四是在高度不确定性下的过度自信。Jiang et al. (2005)指出,人们对不确定的事情过度自信,因此投资者会高估未来的价值而低估现时的价值。换句话说,投资者会采用更低的资本成本对未来收益进行折现,这同样导致人们高估成长股。

既然我们利用了行为偏差的结果,那能否利用行为偏差本身呢？例如,利用噪声投资者的趋势性行为偏差构建动量策略。答案当然是肯定的,一些其他类型的效应也会对价值投资策略的实现产生影响,在关注价值投资策略时也应关注价值投资策略与其他策略的协同效应。在本书的下一部分,我们重点介绍如何从市场参与者的行为中获取有价值的信息,以修正价值投资策略。

11.4 价值投资是与非

最后,我们以问答方式对价值投资给予补充说明。

价值投资是主观的还是客观的？

我们已经阐释了价值投资能持续、稳定地带来未来收益的成因,并说明行为因素对价值策略补充的意义。但偏好趋势投资的投资者会问:价值投资是主观的吗?如果价值投资是主观的,那么凭什么能证明它比趋势投资更好?

先回答第二个问题。要比较两个策略的好坏,我们应该比较两个策略收益的概率分布。在给定风险偏好下讨论两个概率的分布才是有意义的,而不应简单地以是否客观进行衡量。

对于第一个问题,价值投资的确是主观的,因为任何策略都离不开对未来很长时间的预测,这种预测必然是基于一定主观信念的。这种主观信念,就是对外界的认知,而基于大样本得来的认知所形成的预期往往能够形成相对客观的评价,因为这种预期在大多数情况下是稳定、可持续的。对于个体行为的预测,一方面是预期,另一方面是基于博弈论(纳什均衡)的推测。综合这两方面得出的针对个体的预测,在很大程度上才是有效的。价值投资策略就是综合考虑这两个方面后,对个股价格所进行的选择。

Asness(2015)指出,对于大盘股来说,价值投资策略的作用相对较小。这从另一个侧面说明价值投资中内在价值偏离价格的原因,其中也包含一些行为或制度因素。换句话说,价值投资策略的诞生条件就存在主观因素。但这并不意味着,这种诞生条件中的主观因素会造成价值投资策略的消亡。就大盘股而言,价值投资策略的超额收益尽管相对较小,但仍然是存在的。

在基本面量化中,如何协调价值性指标和其他指标?

我们想强调的是:价值投资不应有门户之见,投资理念本身并无优劣之分,利用投资策略获得超额收益就是对市场效率的改进。已有研究表明,规模效应、动量(反转)效应、特质波动率、换手率、投资者情绪等都对股票未来收益具有预测作用。正如Asness(2015)所提到的,结合运用价值策略与其他因素的效果更好,使用多种衡量价值的指标进行综合性评估的效果更好。在实际操作中,将价值投资与上述因素整合到多因子模型中,投资者会获得更高的收益。

价值投资在中国市场是否适用?

在趋势投资盛行、同涨同跌程度很高的中国A股市场,提倡买入并持有的价值投资理念会面临巨大的回撤。一个改进的思路是结合价值投资和择时策略,尽量减少熊市中的巨大回撤。我们也应该意识到,倡导和实践价值投资理念是改善 A 股投资环境的关键。虽然基本面量化策略可以获取超额收益,但能获得超额收益的并不只有基本面量化投资策略。在 A 股市场上,内部人、机构投资者曾广泛参与市场操纵,利用内幕消息、概念炒作和制度缺陷谋取超额收益。这些违规炒作的行为与价值投资背道而驰,进一步恶化了 A 股的投资环境。因此,倡导并实践价值投资理念,可以帮助市场发现被低估的股票,帮助决策者制定更加合理的制度,帮助投资者更好地理解上市公司的基本面。

本章小结

在本章,我们详细阐述了从估值维度和质量维度开发投资策略的必要性。通过对剩余收益模型和超常盈余增长模型的介绍,我们看到在"公司价值=已投入资本+未来剩余收益的现值"的框架下,估值和质量是衡量公司价值不可缺少的两个维度。此外,我们还讨论了价值投资的理论解释,以及在实践价值投资时应关注的环节。总而言之,只有切身参与市场效率改进的过程,价值投资才不是一句空话。

思考与讨论

1. 什么因素驱动了公司的市净率和市盈率?
2. Frankel and Lee(1998)是怎样衡量公司内在价值的?得出了什么结论?
3. 价值投资的核心要素是"估值+质量",如何衡量这两个核心要素?

参考文献

[1] Asness, C. S., A. Frazzini, R. Israel and T. J. Moskowitz, 2015, Fact, fiction, and value investing, *Journal of Portfolio Management*, 42(1): 34 - 52.

[2] Brunnermeier, M. K. and A. Parker, 2005, Optimal expectations, *American Eco-*

nomic Review, 95(4): 1092 – 1118.

[3] Brunnermeier, M. K., C. Gollier and J. Parker, 2007, Optimal beliefs, asset prices, and the preference for skewed returns, *American Economic Review*, 97(2): 159 – 165.

[4] Coval, J. and E. Stafford, 2007, Asset fire sales(and purchases) in equity markets, *Journal of Financial Economics*, 86(2): 479 – 512.

[5] Dyckman, T. and D. Morse, 1986, *Efficient Capital Markets: A Critical Analysis*, New Jersey: Prince-Hall, Englewood Cliffs.

[6] Frankel, R. and C. M. Lee, 1998, Accounting valuation, market expectation, and cross-sectional stock returns, *Journal of Accounting and Economics*, 25(3): 283 – 319.

[7] Griffin, D. and A. Tversky, 1992, The weighing of evidence and the determinants of confidence, *Cognitive Psychology*, 24(3): 411 – 435.

[8] Jiang, G., C. M. C. Lee and Y. Zhang, 2005, Information uncertainty and expected returns, *Review of Accounting Studies*, 10(2 – 3): 185 – 221.

[9] Lee, C. M. C., 2014, Value investing: Bridging theory and practice, *China Accounting & Finance Review*, 16(2): 1 – 29.

第三部分

利用市场信号修正策略

市场中有很多精明和非理性的参与者，其信息可以作为辅助投资决策的有效信号

本部分主要介绍利用市场信号对基本面量化模型进行修正，包括各类市场参与者信号、市场价格信号、市场情绪信号和公司关联信号。

第 12 章
市场参与者信号

在本书的第二部分,我们系统地介绍了现代价值投资理念的核心内容。虽然价值投资理念是投资者的"信仰",但"噪声投资者模型"指出,股票价格受到精明投资者和噪声投资者的共同影响。事实上,这两类投资者大量存在于市场之中,如果能够识别并利用市场中"聪明"或"愚钝"参与者的行为,就能够帮助投资者更加准确地估计公司价值、更加深刻地理解价格与价值之间的偏离,从而做出更好的投资决策。本章介绍机构投资者、证券分析师和内部交易人三类市场参与者的行为,并讨论如何从中获取有价值的增量信息。

12.1 机构投资者

一直以来,机构投资者都是股票市场上最重要的一类参与者,特别是在美国等成熟市场,机构投资者交易量占到 70% 以上。相比于散户,机构投资者往往受过更专业的训练,掌握并了解更多关于股票基本面的信息,因此我们预期机构投资者会有更加出色的业绩表现。但真实的情况又是怎样的?共同基金等机构投资者的行为能否为我们的投资提供指导?追逐机构投资者的投资组合能否为我们带来超额收益?

12.1.1 谁是机构投资者

我们先简单回顾一下谁是机构投资者。

机构投资者是指从个人投资者中聚集资金,然后将资金投资于包括有价证券在内的多种金融产品的专业投资者,通常包括储蓄机构、共同基金、对冲基金、保险公司等。相比于个人投资者,机构投资者的资金雄厚,在信息收集、决策制定等方面均由专家进行管理。同时,机构投资者的投资组合更加分散,更有利于控制风险。2003年《证券投资基金法》颁布实施以来,中国对冲基金和共同基金的规模增长得极为迅速。根据中国证券投资基金业的统计数据,截至2020年第四季度,中国境内公募基金的资产管理规模达到19.89万亿元,较2019年年末增长34.70%,创历史新高;同期证券公司及其子公司的私募资产管理业务规模为8.55万亿元,基金管理公司及其子公司的私募资产管理业务规模为8.06万亿元,私募基金规模达到16.96万亿元。

对于共同基金,按照投资者能否向基金自由申购和赎回的特性,可以将其分为开放式基金和封闭式基金。不同的共同基金有不同的投资策略,成长型基金注重投资于有增值潜力的股票,相应地承受较高的风险,关注当前被错误定价的标的;收益型基金则更关注高股利和高利息的证券;平衡型基金则关注保障资本安全,在投资组合中比较注重长短期收益与风险的搭配。不同风格的共同基金意味着不同的风险和收益。威廉·夏普于1998年分析一些共同基金的业绩,发现共同基金投资收益的97%取决于投资风格,3%取决于个股选择。

与共同基金不同,对冲基金通常采用更激进的策略,选择包括卖空工具和衍生工具等产品进行操作,因此对冲基金有着高风险的特性。无论是在海外还是在中国,监管机构都对对冲基金投资者实施严格的资格限制。美国证券交易委员会D法规501规则从收入、净资产和从业经验等方面界定了对冲基金合格投资者。

机构投资者对证券信息的信号释放是通过直接买入或卖出证券实现的。对于机构投资者所释放信号的含义,比较直观的理解是:机构投资者调整其持股仓位,反映其对证券信息的掌握及判断。在此,由于对冲基金一般不会公开其交易信息,而共同基金则有信息公开的要求,所以在讨论机构投资者的信号时,我们将重点放在共同基金仓位的变化所释放的信号上。我们将介绍各种理论,说明共同基金信号释放的机制,并从这种机制中提炼可以为我们所用的交易策略。

12.1.2 资金流向信号

截至2020年第四季度,中国共有132家基金公司,共运营7913只基金产品,其中开放式基金6770只,占比为85.6%,封闭式基金1143只,占比为14.4%。基金业绩的表现良莠不齐,如何识别"好基金"、规避"差基金",成为摆在投资者面前的重要问题。此外,共同基金是资本市场上的重要参与者,因此如何利用共同基金制定投资决策也成为投资者必须思考的问题。

Lou(2012)指出,资金流向或许可以作为我们预测基金业绩的重要信号,资金流向也解释了多项实证研究所表明的共同基金的业绩具有持久性的结论。

历史业绩优秀的基金通常能够吸引更多的投资者进行申购,基金经理可以直接将新流入基金的资金配置到当前的投资组合中以增加仓位;同理,历史业绩较差的基金会面临更多的赎回,基金经理将不得不通过部分平仓来应对投资者的流动性需求。这种由资金流动引发的购买或平仓会使得过去表现优异的基金继续领跑,这也解释了为什么共同基金的业绩存在持久性。

自然,对于投资者来讲,历史资金流向是判别基金经理能力的重要指标。因为业绩具有持久性,所以前期拥有更多资金净流入的共同基金有更大的概率成为"好基金";而投资者会继续申购该基金,这使得基金经理可以增大持仓,保证业绩继续领跑,形成一个正反馈循环,不断地自我加强。这一现象也间接印证了"聪明的钱"效应,如果投资者能够根据基金过去的业绩判断基金经理能力的高下,那么就可以用共同基金的资金流动预测基金的未来业绩。

12.1.3 价格压力

可能有些读者会有疑问,资金流向信号是不是只能用来预测共同基金未来的业绩呢？如果是个股投资者，能不能从共同基金的资金流动中找到潜在的交易机会呢？答案是肯定的。

很久以来，股票市场一直被认为是最接近经济学"完全竞争"的市场，因为股票市场拥有众多参与者，流动性也相对较高。但近年来的研究表明，共同基金流动性交易可能会使得股价偏离其基本面所对应的价格。

Scholes(1972)的价格压力假说中提到当股价受到异常冲击时，市场会向提供流动性的交易对手给予补偿，因此交易价格会偏离股票基本面所对应的价值。Coval and Stafford(2007)提到，如果我们把共同基金流动性驱动的交易看作对股价的异常冲击，向市场提供流动性的交易对手会要求更高的流动性补偿，那么流动性在短期内将进一步承压，导致更持久的股票错误定价。随后的实证研究证明了这一观点。面临更加严峻赎回压力的基金倾向于削减其仓位，即便基金面临正常的资金流出。如果多家基金因为流动性需求同时抛售某几只特定股票，则这种交易的交易成本会因流动性补偿溢价和大量抛售而直线上升，交易的价格会明显偏离其基本面价格。同样，当基金面临巨大的资金流入而被动地加大其投资组合仓位时，交易成本依然存在，在一些极端情况下这种交易成本是非常高的。基于上述发现，Coval and Stafford(2007)随后建立了对冲策略，提前卖空可能被流动性需求驱动平仓的股票，买入可能被流动性需求驱动加仓的股票，并获得了超过10%的年化超额收益。

Dyakov and Verbeek(2013)进一步论证了这一策略。他们首先利用基金历史收益率预测资金的未来流向，随后根据预测结果找出未来可能面临极端资金流入和资金流出的基金。交叉对比基金的持仓，确定最有可能面临价格下行压力的股票，并据以进行月度调仓。他们将这一策略应用到1990—2010年纽约证券交易所的上市公司样本中。实证研究发现，如果将样本限制为小市值股票(市值低于纽约证券交易所上市公司市值的平均值)，这一策略将产生50个基点的月度超额收益。他们估算了其卖空的投资组合的超额收益，发现在资金流出引发的价格压力后存在明显的收益反转，持有期前与持有当期存在负的超额收益，但在平仓后存在正的超额收益。此处的超额收益源自冲击影响消失，股价回归基本面价位。有趣的是，如果将这一策略应用到大市值股票(市值高于纽约证券交易所上市公司市值的平均值),实证研究表明无法获得超额收益。Dyakov and Verbeek(2013)认为出现这一现象主要有两个原因:首先,市值大、流动性高的股票通常是机构投资者的重仓股,一旦出现价值偏离,机构就可以迅速进行套利交易,使得股价回归正常水平;其次,市值大的股票的规模通常较大,投资者更容易获取其基本面信息,也就更容易了解该股票的基本面价值。

12.1.4 "愚钝的钱"与"聪明的钱"

到这里,可能有些读者又会产生疑问,这种交易与A股中常见的"追涨杀跌"策略看起来并没有实质区别,但采取"追涨杀跌"似乎并不能帮助投资者在股市产生持续稳定的收益。的确,对于共同基金而言,虽然历史业绩促成的资金流入驱动型交易会进一步提振基金业绩(所谓的业绩持久性),但是这种业绩的持久性在本质上是短期的,我们也说明了这种业绩的进一步提振是建立在投资组合被错误定价的基础上的。市场上"聪明的钱"(对冲基金及其投资者)会通过套利交易消除这种错误定价,因此从中长期来看,共同基金的这种交易实质上会产生负的超额收益。同时,共同基金的资金流入驱动型交易还会使其投资组合成本上升(共同基金以更高的价格买入新的仓位),进一步侵蚀其既得收益,因此从长期来看,共同基金是市场上"愚钝的钱"。

上述交易策略实际上已经为众多对冲基金所用,Akbas et al.(2015)已经证明,只要投资者继续追逐共同基金的历史业绩,市场上就一定会继续存在"愚钝的钱"(共同基金及其投资者),那么对冲基金及其投资者完全可以通过对冲来持续地获取超额收益,成为"聪明的钱"。

Akbas et al.(2015)的实证研究结果还表明,基于共同基金资金流向建立的对冲策略获得的超额收益几乎全部来自被高估的股票,也就是资金流入驱动下基金经理增大仓位的股票。因此对于个股投资者,在做中长期投资决策时依然可以将共同基金的资金流入和资金流出作为信号,交叉对比多只共同基金的持仓,确定被大概率高估的股票并随即卖空,同时买入被大概率低估的股票,成为市场上"聪明的钱"。

12.2 证券分析师

在上一节,我们介绍了如何在投资策略中考虑机构投资者因素,即通常所说的买方机构。而卖方机构也在市场中扮演非常重要的角色,投资银行、证券公司为买方机构提供投资服务,赚取交易佣金和服务费。

卖方机构的分析师跟踪特定行业和公司,撰写研究报告,给出股票评级、盈余预测、投资建议等;而买方机构根据分析师给出的建议进行投资决策,从而影响股价变化。根据 Tabb Group[①] 的调研,2006 年,美国和英国的投资机构共花费 71 亿美元购买卖方研究报告。可见卖方分析师的研究报告被买方机构广泛重视和采用。卖方分析师研究报告的内容重点在于,基于假设的预测和基于预测的结果给出盈余预测与股票评级。卖方分析师给出的这两个指标都是非常重要的市场信号,在制定投资策略时应给予考虑。故本节讨论这两个市场信号的含义、传递的信息及其决定机制、市场对于信号的反应,以及投资者根据这两个信号可以制定的策略。

12.2.1 投资评级修正信号

股票评级等级

股票评级等级是分析师根据所持信息和自己对预期的判断,经分析后形成的、对于股票投资建议给出的态度和结果。根据万得机构评级,分析师的股票评级分为买入、推荐、持有、中性、卖出五个等级。但是,由于业界对股票投资评级并无统一的规范,不同证券公司有不同的等级和划分标准,即便称谓相同的评级,其具体的定义也可能存在明显的差异。

在研究报告的末尾,证券公司会对评级方法做出说明。例如,中金公司在研究报告最后的特别声明中明确了个股评级标准,分析员估测未来 6~12 个

---

① Tabb Group. 2006. The fature of equity/ research:A 360 degree perspectue.

月内绝对收益在20%以上的个股为"推荐"、在-10%~20%的为"中性"、在-10%以下的为"回避"。而国信证券的投资评级如下：预计6个月内股价表现优于市场指数20%以上的为"买入"、优于市场指数10%~20%的为"增持"、介于市场指数±10%的为"中性"、弱于市场指数10%以上的为"卖出"。投资者在阅读研究报告时应留意券商对评级等级的具体定义，以免影响判断。

通过评级及评级修正信号获取超额收益

一只股票的评级反映了卖方分析师对公司内在价值相比市场价值的评价与判断。相对于股票的市场价值而言，内在价值越高，股票评级就越乐观，因为股票被低估，其未来市场价值会向内在价值靠拢。股票评级减少了投资者获取信息的成本，是投资者决策的重要依据，投资者可以买入评级高的股票以获得超额收益。

但是，分析师评级在预测股票未来收益时也存在一定的局限性。分析师在各种利益关系中很难保持研究报告的独立性，主要的原因来自维持管理者关系、促进承销业务和经纪业务的需要。实证研究发现，分析师倾向于发布偏乐观的盈余预测和股票评级。Francis and Philbrick(1993)、Das Sivaramakrishnan(1998)和 Kim et al. (2001)发现，分析师为了从管理层获得公司的未公开信息，倾向于发布偏乐观的研究报告以维持与管理层的关系，尤其是当上市公司信息披露不充分、与投资者之间的信息不对称程度较高时。此外，由于券商研究部门并不能直接创造盈利，是为承销业务和经纪业务等服务，因此其预测客观性会受到影响。Michaely and Womack(1999)指出，承销业务产生的佣金是证券公司的重要收入来源，承销商分析师为了迎合投资银行部门的需求而发布较高的股票评级，以促进股票在二级市场上流通、争取下次的承销机会。Bessler and Stanzel(2009)研究分析师对德国首次公开募股公司的盈余预测和股票评级质量，发现承销投资银行的分析师对承销客户的盈余预测和股票评级更不准确。另外，Irvine(2004)、Cowen et al. (2006)和 Gu et al. (2013)发现，分析师发布更多"买入"评级能够提高买方的交易量，增加券商的手续费收入，因为研究部门的收入与机构投资者的交易佣金直接挂钩，所以分析师会发布偏乐观的投资建议,为券商创造了经纪业务收入。这些原因导致分析师无法保持客观和中立,降低了分析师评级的价值。

如果仅仅用评级及评级修正信号构建投资策略会获得怎样的收益呢？买入评级为(或上调为)"强烈买入"或"买入"的股票,卖出评级为(或下调为)"卖出"或"逊于大盘"的股票,当不考虑交易成本时,大多数的投资策略带来了正的超额收益。

Barber et al. (2001)的研究表明,如果在1985—1996年买入一致推荐"最好"的股票,卖出一致推荐"最差"的股票,用"市值加权,每日调仓,第二天交易"的方式,当不考虑交易成本时,可以获得9.4%的年化超额收益;但考虑交易成本后,只能获得-3.1%的年化收益。如果每周调仓,不考虑交易成本的超额收益从9.4%降为6.3%。如果延迟一周后进行交易而非第二天就交易,不考虑交易成本的超额收益从9.4%降为6.1%。由此可见,这种策略的时效性很强。

Li(2005)的研究表明,如果在1994—2000年买入评级为"强烈买入"的股票并赋予相同权重,可以获得5%的年化超额收益;卖出评级为"卖出"或"逊于大盘"的股票,可以获得3.6%的年化收益。

可惜的是,这种策略的收益波动性很大。Groysberg et al. (2010)指出,1997—2004年,如果投资者遵循85家大型券商的评级进行交易,则其年度收益从-1%~20%不等。而Barber et al. (2003)计算得出,1986—2001年的年化市场调整收益为-24.7%至24%。可见,对于避险情绪较高、追求平稳收益的投资者而言,这种投资策略并不适用。

尽管仅仅采用评级及评级修正信号构建投资策略存在许多问题,但以上讨论在一定程度上说明,市场认为卖方机构的评价是可信的。虽然卖方机构的评价并不一定公允、充分地反映所评股票的信息,但市场对于卖方机构自身期望向市场传递的信息是认可的。这时,我们就应该考虑利用卖方评级及评级修正信号,构建投资组合策略。如果要稳健地使用这种策略,确保所购标的价值的稳健性,而非仅仅利用市场对信号的反应,我们必须参考其他因素对评级因子进行修正。

评级因子的改进

我们在使用评级因子构建交易策略时,加入公司特征、分析师特征和证券公司特征等因素,可以改进量化策略的收益。

研究发现,股票市场的信息传递和信息吸收效率因公司规模的不同而不同,且小公司的信息环境较差。因为小公司的交易成本较高,充当套利者的机构投资者会尽量避免交易小公司的股票,这使得聚焦于小公司的交易策略可以带来更高的超额收益。Barber et al.(2001)专门选取小公司样本,采用相同的策略进行交易,在不考虑交易成本的情形下可以获得19.6%的年化超额收益。

其他一些研究则表明,选择基本面好的公司可以改善投资效益。Jegadeesh et al.(2004)指出,股票评级因子结合好的公司基本面特征可以提高收益,如较高的动量特征、较低的市盈率和市净率、较低的应计项目、较低的增长率和较低的资本支出。如果投资者在1985—1998年选取基本面好的公司并赋予相同权重,买入(卖出)一致评级高(低)的公司可以获得5.6%的市场调整收益,而买入(卖出)评级调高(调低)的公司可以获得7.2%的市场调整收益;相反,如果样本是基本面差的公司,投资者买入(卖出)评级高(低)的公司只能获得−9.6%的市场调整收益,买入(卖出)评级调高(调低)的公司只能获得2.1%的市场调整收益。本质上,此策略将评级因子与动量因子、估值指标、盈余质量、投融资决策等其他因子相结合。

另外,不同的分析师服务于不同的证券公司,拥有不同的预测公司基本面的能力,运用好这些个人特质也能带来超额收益。Barber et al.(2006)认为,有些证券公司在整体上给出较少的"买入"评级,不像同行业那样乐观,这些公司的"买入"评级包含了更多的信息。1996—2003年,如果投资者买入较悲观证券公司分析师调高到"买入"或"强烈买入"评级的股票,可以获得10.6%的年化收益;而买入较乐观证券公司分析师调高到"买入"或"强烈买入"评级的股票,只能获得4.1%的年化收益。

最后,假设分析师能保持一贯的预测股票未来表现的能力,那么买入过去预测准确的分析师推荐的股票就可以获得超额收益。Li(2005)提出,1994—2000年,如果投资者买入上一年度中预测能力强的分析师评级为"强烈买入"的股票,即使考虑交易成本也可以获得9.1%的年化超额收益。与此相类似的是分析师预测公司财务表现的能力。Loh and Mian(2006)证实,1994—2001年,如果投资者买入(卖出)财务预测最准确的分析师一致推荐(不推荐)的股票,可以获得9.2%的年化超额收益。

12.2.2 盈余预测修正信号

什么是盈余预测修正

如果说评级结果代表分析师的显性态度,那么用于评级预测的假设(对于盈余的预测结果)就是分析师的隐性态度,所以盈余的预测结果也就成为分析师形成定性评级结果的基础。在证券市场中,证券分析师收集和调查上市公司的信息,在合理的假设下,对上市公司未来的财务状况进行预测,估算上市公司未来会计期间的净利润、每股收益等关键财务指标,并定期发布每股盈余预测报告,修正上次盈余预测。我们认为,相比于盈余预测结果的绝对量,盈余预测结果的改变(盈余预测修正)是更加重要的,因为它标志着分析师对自身形成的定性评级结果的态度发生了变化。

影响盈余预测修正的因素

影响盈余预测修正的因素有很多,包括定量因素和定性因素。

定量因素包括股票历史收益、季度盈余公告、管理层业绩预告和一致预测变化。Givoly and Lakonishok(1979)指出,盈余预测修正的方向和幅度与之前一段时间的股票走势正相关,Brown et al.(1985)也得出相似的结论。股价变化体现了投资者预期的变化,如果分析师盈余预期的变化慢于投资者,就可能发生盈余预测修正与之前股价同向变动的情形。另外,Stickel(1989)发现,分析师经常在季度盈余公告或重大事件公告之后修正盈余预测,而管理层业绩预告反映了管理层对业绩的预期,分析师可以从中得到新信息并修正原来的盈余预测。Stickel(1990)指出，一名分析师的盈余预测修正有时候可以由其他分析师的盈余预测修正和一致预测的变化所解释，这是分析师的从众心理使然，是盈余预测趋向于一致预测的"羊群效应"。

一些定性因素也可以对盈余预测修正产生影响。Groysberg et al. (2010)指出，对于所在行业有着高增速和低竞争特点且战略执行力高、高级管理者能力强、创新能力强、企业文化鼓励进取、对客户的议价能力强的企业，分析师会给出更高的盈余预测修正结果；而企业的治理水平、管理质量、现有的财务资源、差异化竞争、战略沟通则对分析师的盈余预测修正没有显著的影响。

盈余预测修正对股价的影响

在估值模型中，对公司未来盈余的预测是非常重要的变量。当分析师盈余预测出现向上（向下）的修正时，目标公司的内在价值也随之向上（向下）调整，从而改变了估值结果。互联网的发展使盈余预测修正能够及时被投资者获悉，并做出相应的调整，引起股价向上（向下）波动。根据半强有效市场假说，分析师盈余预测修正是公开信息，应该被市场充分接受，股票价格能够及时并充分地同向变动。

但是，扭曲的分析师激励机制和认知偏差影响了盈余预测的效果。实证研究显示，分析师盈余预测普遍过于乐观（Francis and Philbrick, 1993; McNichols and O'Brien, 1997），没有反映应计项目的均值反转趋势（Bradshaw and Sloan, 2002），且没有充分囊括上市公司盈余公告中的信息（Abarbanell and Bernard, 1992）。这些偏差降低了盈余预测对于投资者的价值，也加大了投资者甄别目标公司价值的难度，使得盈余预测修正信号不能及时地反映在股价中。

通过盈余预测修正信号获取超额收益

盈余预测修正发生时，如果除了股价的立刻变化还有后续的股价漂移（股票价格没有充分而快速地反映盈余预测修正信号包含的信息），那么投资者可以买入盈余预测向上修正的股票并卖空盈余预测向下修正的股票,从中获得超额收益。所以,盈余预测修正信号可以作为构建量化策略的一个因子。

为什么要用盈余预测修正而非盈余实际变化作为因子呢?Zacks(1979)发现,与盈余实际变化相比,股票收益率和每股收益的一致预测变化的相关性更强。而 Elton(1981)发现,相比于实际每股收益的变化,每股收益一致预测的变化能够带来更高的风险调整后超额收益,所以投资者应该把重点放在每股收益一致预测的变化上。

实证研究发现,当发生盈余预测修正时,股票价格发现的过程可以分为两个阶段。一个阶段是消息公布时股价立刻且显著的变化,另一个阶段是之后至少 3~9 个月内股价的同向漂移。Givoly and Lakonishok(1979)发现了盈余预测公告之后股价的漂移现象,根据 1967—1974 年的数据,投资者买入盈余预测修正上调超过 5% 的股票可以带来 17.3% 的市场调整收益,扣除交易成本后收益为 4.3%。另外,Stickel(1991)指出,相比卖出盈余一致预测下调的公司,买入盈余一致预测上调的公司在接下来的 3~12 个月能够带来更高的超额收益。1981—1985 年,如果投资者买入评级上调幅度前 5% 的股票可获得 16.6% 的市场调整收益,而卖出评级下调幅度前 5% 的股票可获得 11.1% 的市场调整收益。

盈余预测修正因子的改进

投资者在构建量化策略时,如果具体区分不同盈余预测修正的定量特征、定性特征和公司特征,就可以更好地改进盈余预测修正因子(见图 12-1)。

盈余预测修正的定量特征指的是盈余预测修正的大小和方向,盈余预测修正幅度越大就越有价值。Givoly and Lakonishok(1979)进行了这项尝试。他们买入盈余预测修正上调超过 10% 的股票,扣除交易成本后的收益为 8.7%,高于买入盈余预测修正上调 5% 交易策略下获得的 4.3% 收益。Hawkins et al.(1984)指出,1975—1980 年,如果投资者买入盈余一致预测月均增长最快的 20 只股票,可以在盈余预测修正的后一年获得 14.2% 的市场调整收益。

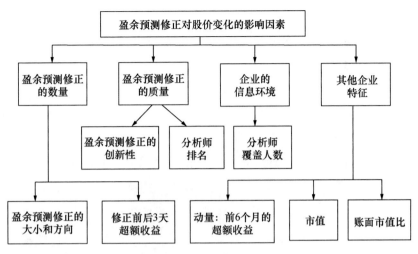

图 12-1 盈余预测修正对股价变化的影响因素

资料来源：Gleason and Lee(2003)。

Gleason and Lee(2003)较全面地总结了盈余预测修正因子的不同特征对投资收益的影响。在控制了盈余预测修正的定量特征之后，他们分析了盈余预测修正的定性特征和企业特征对股票市场价格发现过程的效率的影响。他们将盈余预测的创新性定义为：分析师修正后的盈余预测相对于上一次盈余预测和最近盈余一致预测的差异。研究发现，市场并没有及时区分给市场带来新信息的分析师和向盈余一致预测靠拢的分析师，在控制修正幅度之后，高创新性的盈余预测修正能够产生更大的股价漂移。这说明盈余预测修正公布时，市场并未充分吸收盈余预测修正中的创新性信息。因此，投资者买入盈余预测修正向上偏离(靠近)一致预测的股票，卖空盈余预测修正向下偏离(靠近)一致预测的股票，可以获得 9.4%(3.3%)的年化收益。

另外，市场更关注明星分析师的盈余预测修正信号，但是不够关注拥有相似预测能力但知名度不高的分析师公布的盈余预测修正。这体现在，虽然 All-Stars 和 WSJ Earnings-Estimators 的分析师盈余预测修正都能够显著而直接影响股价，但是 All-Stars 分析师盈余预测修正以后的股价漂移比 WSJ Earnings-Estimators 小得多，而 WSJ Earnings-Estimators 分析师的知名度远不如 All-Stars 分析师，所以市场吸收 WSJ Earnings-Estimators 盈余预测修正信息的过程存在滞后性。①

最后,Gleason and Lee(2003)发现,分析师覆盖人数越多的公司,其吸收盈余预测修正信息的速度越快,而盈余预测修正之后的股价漂移越小。对于分析师覆盖度低的公司,投资者买入盈余预测修正向上偏离一致预测的股票并卖空盈余预测修正向下偏离一致预测的股票,能够获得16.2%的年化收益;而同样的策略用于分析师覆盖度高的公司,投资者只能获得8.4%的年化收益。通常而言,覆盖小公司的分析师人数少于大公司。Elgers et al.(2001)表明,将盈余预测修正策略应用于小公司可以带来更高的收益。

可见,投资者在利用盈余预测修正因子构建量化策略时,调整盈余预测修正因子,加入盈余预测修正幅度大、盈余预测修正创新性高、分析师覆盖人数少和分析师知名度低等筛选条件,或者按照这些筛选条件进行排序,排名靠前的股票可以带来更高的收益。

12.3 内部交易人

市场中还存在一类特别的参与者——内部交易人。他们深谙公司内部的运作和经营情况,其增持或减持的消息在资本市场上屡见不鲜,而这些交易时刻牵动着市场的神经,刺激着股价的波动。内部人的交易释放出某种信号,触发市场做出相应的变化。如果能够有效识别这些信号从而预测股价波动,内部人交易就可以成为量化模型构建中的重要因子。谁是内部交易人?内部交易人能够预测超额收益吗?本节试图解答这些问题。

12.3.1 谁是内部交易人

内部交易人主要指持有超过10%公司股份的大股东、全体董事会成员,以及包括首席执行官、首席财务官在内的高层管理人员。这些内部交易人作

---

① All-Stars 和 WSJ Earnings-Estimators 均为美国公开披露的分析师排名体系。其中,All-Stars 是由大型买方机构票选出的明星分析师,分析师的知名度更高;而 WSJ Earnings-Estimators 则是由 *Wallsteet Journal* 按照分析师预测精度选出的分析师,分析师的知名度相对较低,排名的变化也更快。

为公司经营的控制者和决策制定者，必然能够接触公司的非公开信息，如内部环境、近期动向及未来发展方向。借助这些非公开信息，他们比外界更有能力预测公司的业绩表现，这种信息不对称可能产生股票市场的超额收益。

我们应区分内部交易和内幕信息交易。公开的内部交易行为是合法的，内幕信息交易则是违法的。诚然，内部交易人或多或少会了解一些内幕信息，但这种信息的非对称性一方面是不可避免的，另一方面也是激励内部交易人积极经营的一种手段。法律应当惩治的是内部人以不正当手段（内幕信息交易）获利。我国《证券法》规定："证券交易活动中，涉及公司的经营、财务或者对该公司证券的市场价格有重大影响的尚未公开的信息，为内幕信息。"当内幕信息的知情人直接买卖、向他人泄露信息导致他人买卖，或者推荐他人买卖证券时，该行为即构成内幕交易，为法律所禁止。

那么，内部交易人如何通过交易获利呢？这些交易又通过什么方式体现了怎样的信息呢？举例来讲，当内部人预见公司未来业绩向好时，会及时增持从而在未来的股价上涨中获利；当内部人预见公司面临困境时，会及时减持以规避未来股价下跌造成的损失。同时，由于外部投资者难以了解公司的内部环境，因此内部交易人的交易行为本身也是一种风向标，向市场传递积极或消极的情绪，引导股价的波动。

可以预见，如果内部人利用非公开信息提前交易进行恶意牟利，就会扰乱资本市场秩序、损害中小投资者利益。因此，许多国家纷纷出台相关法案及条例，规范和监督内部人交易，监管焦点主要强调及时性，要求上市公司及时向监管部门汇报内部人交易情况。中国也不例外。我国的内部人交易历史较短，直到2006年新《证券法》《公司法》出台才开始放宽内部人交易，拉开内部人交易的序幕。与国外的监管重点一致，我国也将焦点放在交易的及时披露上，要求上市公司在内部人交易后的两个交易日内予以公告，这借鉴了美国《萨班斯-奥克斯利法案》的规定。此外，《证券法》规定内部人交易后六个月内进行反向交易所获收益归公司所有，这减少了内部人利用内幕交易进行恶意牟利的行为，也使得我国内部人的交易方向特征与国外不同。

尽管各国监管部门都在努力规范内部人交易，但监管者往往不知道内部人是否合法地使用了非公开信息进行交易。如果内部人在合并、收购等重大事项前进行交易,毫无疑问将遭到监管部门调查;但事实是,内部人经常在重大事项前数月进行交易,从而避开了监管。实证数据也支持了这一现象。从长期来看,内部人交易表现出良好的获利性,这意味着交易行为向市场释放了新的信息,增强了资本市场的价格发现功能。

对于量化策略而言,如果能在内部人交易后采取模拟跟随操作,投资者就可能获取超额收益。那么,内部人交易是如何影响市场的呢?投资者如何利用内部人交易信息预测超额收益呢?

12.3.2 从内部人交易到超额收益

长期以来,内部人交易及其引起的超额收益一直受到研究者的关注。1968 年,正当有效市场假说被逐渐接受时,美国芝加哥大学的 Jame H. Lorie 教授和 Victor Niederhoffer 教授首次发现内部人交易有可能产生超额收益。Lorie and Niederhoffer(1968)拉开了内部人交易获利性研究的序幕,之后,大量研究如潮水般涌现。人们开始深入地探讨:市场对内部人交易会做出何种反应呢?我们能否利用内部人交易信息预测市场走向和个股收益?

2001 年,美国伊利诺伊大学的 Josef Lakonishok 教授和韩国高等科学技术学院的 Inmoo Lee 教授利用 1975—1995 年的美国股票数据,完整地探讨了内部人交易如何向市场传递信息,并深入解释该现象(Lakonishok and Lee, 2001)。

短期:被忽视的内部人交易

如果内部人交易行为能够传递相关信息且市场是充分有效的,那么市场在内部人交易日或宣告日前后应该会做出反应。Lakonishok and Lee(2001)计算了自事件日(交易日或宣告日)开始 5 天内每天的超额收益,并加总得到 5 天累计超额收益(accumulated abnormal return,CAR),表 12-1 列出了结果。

尽管 5 天累计超额收益在统计意义上是显著的[①]，但在经济意义上却是不显著的。比如，管理层（包括首席执行官、首席财务官、董事会等）的交易中，买入交易在宣告日后 5 天累计超额收益仅为 0.13%，而卖出交易仅为 -0.23%。交易日后的超额收益稍微显著一些，但总体来说，无论是交易日还是宣告日，市场反应都是相当微弱的。这说明，市场在内部人交易发生后比较短的时间段内选择忽略这一信息。

表 12-1 内部人交易日或宣告日后 5 天累计超额收益　　　单位：%

事件日		管理层	大股东	其他
交易日	买入	0.59	0.53	0.12
	卖出	0.17	0.30	0.21
宣告日	买入	0.13	0.04	0.05
	卖出	-0.23	-0.30	0.05

资料来源：Lakonishok and Lee(2001)。

长期：市场的风向标

既然市场在短期内选择忽略内部人交易，那么长期的结果又是如何呢？我们能否借此预测未来长期的市场异动呢？历史事实给出了肯定的答案。1987 年 10 月美国大股灾前夕就出现了大量的内部人卖出行为；而在股灾之后又出现了大量的内部人买入行为。研究显示，内部人更像是反转交易者。因此，如果利用内部人交易信息，投资者就可以提前预测市场异动。

要在长期的维度下进行衡量，我们应该将一段时间内的信息加总，得到这段时间内的内部人交易水平。Lakonishok and Lee(2001)利用交易日前 6 个月的交易数据，计算买入交易大于卖出交易的部分占交易总体的比例，构建了净买入比率(net purchase ratio, NPR)，以此作为衡量内部人交易水平的指标：

$$\text{NPR}_t = \frac{\sum_{i=t-T}^{t}(\text{Buy}_i - \text{Sell}_i)}{\sum_{i=t-T}^{t}(\text{Buy}_i + \text{Sell}_i)} \tag{12-1}$$

[①] 超额收益显著不为零。

其中,Buy 是买入交易量,Sell 是卖出交易量。

接着,Lakonishok and Lee(2001)利用以下回归方程检验 NPR 与市场超额收益的关系:

$$\prod_{k=t}^{t+T}(1+R_k^i) - \prod_{k=t}^{t+T}(1+R_k^f) = \alpha_0 + \alpha_1 \text{NPR}_t^i + \alpha_2 \text{PR24}_t^i \quad (12\text{-}2)$$

其中,R_k^i 是 i 组合在第 k 月的收益,R_k^f 是第 k 月的国债利率,NPR_t^i 是 i 组合在第 t 月的净买入比率,PR24_t^i 是 i 组合在第 t 月之前两年的持有收益。超额收益可能来自内部人交易,也可能来自简单的反转交易策略,为了区分两者,Lakonishok and Lee(2001)在模型中加入前两年的持有收益,控制后者产生的收益,验证内部人交易是否比简单的反向策略更能够预测市场。

回归结果显示,内部人交易确实能够预测未来 12 个月的股票收益。举例来讲,在管理层的内部交易中,净买入比率最高 10% 月份和最低 10% 月份的年化收益相差高达 11%。此外,PR24_t^i 的系数是负的,这说明过去两年的收益越高,发生内部人交易之后的收益越低;反之亦然。看起来,内部人更像是反转交易者;不仅如此,他们的交易策略比简单的反转策略表现得更好。总而言之,我们可以利用内部人交易在长期内预测市场的走势:当内部人乐观时,市场表现得不错;当内部人悲观时,市场也将随之下行。

横截面维度:预测个股收益

单个公司的股票收益是否与内部人交易相关呢?上述研究表明,内部人交易能很好地预测市场的长期行为,但这不等于内部人可以在横截面上预测个股收益。为了验证这一点,Lakonishok and Lee(2001)构造了一系列的投资策略。

他们选择 1976—1994 年的数据,计算每年 4 月份前 6 个月的净买入比率,并根据净买入比率大小将样本公司分为 10 组,计算每组从 4 月份开始的 1 年持有收益。图 12-2 显示了净买入比率最高组和净买入比率最低组每年的收益差值,从中可以发现该策略在大多数年份取得了正的收益,而且整个 19 年间的平均收益差接近 7.8%(最高组的平均收益为 22.2%,最低组的平均收益为14.4%)。这说明,净买入比率和股票回报呈正相关关系;对于单个公司而言,内部人交易也可以预测股票收益。

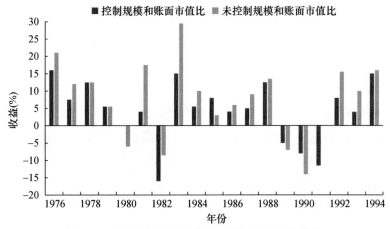

图 12-2　净买入比率最高组和最低组的收益差值

资料来源:Lakonishok and Lee(2001)。

图 12-3 显示了每个净买入比率分组在过去 1 年和未来 1 年的平均收益。净买入比率最高组在过去 1 年的表现并不太好(13.6%),而净买入比率最低组则相反,在过去 1 年有 40.4% 的收益。这与上一节的结论是一致的,即内部人是出色的反转交易者。

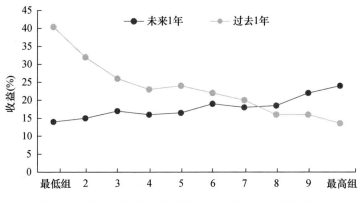

图 12-3　净买入比率分组在过去 1 年和未来 1 年的收益

资料来源:Lakonishok and Lee(2001)。

本章小结

虽然价值投资理念是投资者的"信仰",但是股票价格由市场机制形成,因此必须适当考虑市场参与者的观点。尤其是,市场中有很多或"聪明"或"愚钝"的参与者,其信息可以作为辅助决策的有效信号。

本章介绍了机构投资者、证券分析师和内部交易人三类市场参与者向市场释放的信号,识别这些信号有助于投资者从市场中发现有价值的公司,从而获取超额收益。但是,复杂多变的市场并非只有这三类市场参与者。在下一章,我们介绍市场参与者的汇总信号——市场价格信号。

思考与讨论

1. 什么是机构投资者的"聪明的钱"效应?如何从该效应中寻找潜在的投资机会?

2. 分析师的评级修正信号和盈余预测修正信号有什么区别与联系?

3. 如何利用公开可得的内部交易人行为预测股票未来收益?

参考文献

[1] Abarbanell, J. S. and V. L. Bernard, 1992, Tests of analysts' overreaction/underreaction to earnings information as an explanation for anomalous stock price behavior, *The Journal of Finance*, 47(3): 1181-1207.

[2] Akbas, F., W. J. Armstrong, S. Sorescu and A. Subrahmanyam, 2015, Smart money, dumb money, and capital market anomalies, *Journal of Financial Economics*, 118(2): 355-382.

[3] Barber, B. M., R. Lehavy, M. McNichols and B. Trueman, 2006, Buys, holds, and sells: The distribution of investment banks' stock ratings and the implications for the profitability of analysts' recommendations, *Journal of Accounting and Economics*, 41(1): 87-117.

[4] Barber, B., R. Lehavy, M. McNichols and B. Trueman, 2001, Can investors profit from the prophets? Security analyst recommendations and stock returns, *The Journal of Finance*, 56(2): 531–563.

[5] Barber, B., R. Lehavy, M. McNichols and B. Trueman, 2003, Prophets and losses: Reassessing the returns to analysts' recommendations, *Financial Analyst Journal*, 59(2): 88–96.

[6] Bessler, W. and M. Stanzel, 2009, Conflicts of interest and research quality of affiliated analysts in the German universal banking system: Evidence from IPO underwriting, *European Financial Management*, 15(4): 757–786.

[7] Bradshaw, M. T. and R. G. Sloan, 2002, GAAP versus the street: An empirical assessment of two alternative definitions of earnings, *Journal of Accounting Research*, 40(1): 41–66.

[8] Brown, P., G. Foster and E. Noreen, 1985, Security analyst multi-year earnings forecasts and the capital market, *Amer Accounting Assn* (No. 21).

[9] Coval, J. and E. Stafford, 2007, Asset fire sales(and purchases) in equity markets, *Journal of Financial Economics*, 86(2): 479–512.

[10] Cowen, A., B. Groysberg and P. Healy, 2006, Which types of analyst firms are more optimistic, *Journal of Accounting & Economics*, 41(1–2): 119–146.

[11] Das, S. and K. Sivaramakrishnan, 1998, Earnings predictability and bias in analysts? Earnings forecasts, *Social Science Electronic Publishing*, 73(2): 277–294.

[12] Dyakov, T. and M. Verbeek, 2013, Front-running of mutual fund fire-sales, *Journal of Banking & Finance*, 37(12): 4931–4942.

[13] Elgers, P. T., M. H. Lo and R. J. Pfeiffer Jr, 2001, Delayed security price adjustments to financial analysts' forecasts of annual earnings, *The Accounting Review*, 76(4): 613–632.

[14] Elton, E. J., M. J. Gruber and M. Gultekin, 1981, Expectations and share prices, *Management Science*, 27(9): 975–987.

[15] Francis, J. and D. Philbrick, 1993, Analysts' decisions as products of a multi-task environment, *Journal of Accounting Research*, 31(2): 216–230.

[16] Givoly, D. and J. Lakonishok, 1979, The information content of financial analysts' forecasts of earnings: Some evidence on semi-strong inefficiency, *Journal of Accounting and Economics*, 1(3): 165–185.

[17] Gleason, C. A. and C. M. Lee, 2003, Analyst forecast revisions and market price discovery, *The Accounting Review*, 78(1): 193–225.

[18] Groysberg, B., P. Healy, N. Nohria and G. Serafeim, 2011, What factors drive analyst forecasts, *Financial Analysts Journal*, 67(4):1–27.

[19] Groysberg, B., P. M. Healy, G. Serafeim, D. M. Shanthikumar and Y. Gui, 2010, The performance of buy-side analyst recommendations, Working Paper.

[20] Gu, Z., Z. Li and Y. G. Yang, 2013, Monitors or predators: The influence of institutional investors on sell-side analysts, *The Accounting Review*, 88(1): 137–169.

[21] Hawkins, E. H., S. C. Chamberlin and W. E. Daniel, 1984, Earnings expectations and security prices, *Financial Analysts Journal*, 40(5): 24–38.

[22] Irvine, P. J., 2004, Analysts' forecasts and brokerage-firm trading, *The Accounting Review*, 79(1): 125–149.

[23] Jegadeesh, N., J. Kim, S. D. Krische and C. Lee, 2004, Analyzing the analysts: When do recommendations add value? *The Journal of Finance*, 59(3): 1083–1124.

[24] Kim, O., S. C. Lim and K. W. Shaw, 2001, The inefficiency of the mean analyst forecast as a summary forecast of earnings, *Journal of Accounting Research*, 39(2): 329–335.

[25] Lakonishok, J. and I. Lee, 2001, Are insider trades informative? *Review of Financial Studies*, 14(1): 79–111.

[26] Li, X., 2005, The persistence of relative performance in stock recommendations of sell-side financial analysts, *Journal of Accounting & Economics*, 40(1–3): 129–152.

[27] Loh, R. K. and G. M. Mian, 2006, Do accurate earnings forecasts facilitate superior investment recommendations? *Journal of Financial Economics*, 80(2): 455–483.

[28] Lorie, J. H. and V. Niederhoffer, 1968, Predictive and statistical properties of insider trading, *Journal of Law & Economics*, 11(1): 35–53.

[29] Lou, D., 2012, A flow-based explanation for return predictability, *Review of Financial Studies*, 25(12): 3457–3489.

[30] McNichols, M. and P. C. O'Brien, 1997, Self-selection and analyst coverage, *Journal of Accounting Research*, 35(Supplement): 167–199.

[31] Michaely, R. and K. L. Womack, 1999, Conflict of interest and the credibility of underwriter analyst recommendations, *Review of Financial Studies*, 12(4): 653–686.

[32] Scholes, M. S., 1972, The market for securities: Substitution versus price pressure and the effects of information on share prices, *The Journal of Business*, 45(2): 179–211.

[33] Stickel, S. E., 1991, Common stock returns surrounding earnings forecast revisions: More puzzling evidence, *The Accounting Review*, 66(2): 402–416.

[34] Stickel, S. E., 1990, Predicting individual analyst earnings forecasts, *Journal of Accounting Research*, 28(2): 409–417.

[35] Stickel, S. E., 1989, The timing of and incentives for annual earnings forecasts near interim earnings announcements, *Journal of Accounting & Economics*, 11(2–3): 275–292.

[36] Zacks, L., 1979, EPS forecasts-accuracy is not enough, *Financial Analysts Journal*, 35(2): 53–55.

第 13 章
市场价格信号

股票价格作为市场中所有投资者观点的汇总,其本身即可作为投资信号。而市场价格信号中最典型的就是动量因子,通俗来讲即"追涨杀跌"。随着技术分析和行为金融学发展的深入,动量因子在如今越来越受到重视,并得到广泛研究和关注。本章从动量因子的定义和指标入手,结合动量周期理论解释价格动量与价格反转的原因,并简要介绍动量因子的策略应用。

13.1 价格动量与价格反转

13.1.1 什么是价格动量与价格反转

价格动量与反转作为技术分析的特殊形式,在 20 世纪末由 Charles Dow 提出。经过一个多世纪的发展,如今普遍认为股票在中短期(1~12 个月)内具有价格动量特征,即过去表现较好的股票在未来 1 年内也往往具有较好的表现;相反,从长期来看,股票具有价格反转特征,即过去表现较好的股票在未来 3~5 年的收益反而较差。

很多实证数据显示了动量因子的有效性。假设将资产池中的股票依据历史收益率表现由高至低分为 10 组,我们发现过去表现较好的股票在 1 年内仍表现较好,而在 3~5 年后则表现较差。基于此,买入过去(一般是 6 个月)表现最好的一组同时卖空过去表现最差的一组,在未来 1~12 个月内将得到 1% 的月度收益率或 12% 的年度收益率,即所谓的中短期价格动量。长线投资者则可以利用价格反转:基于过去(一般为 3 年)表现,买入表现较差的同时卖空表现较好的,同样会得到显著的正向收益(7%)。对于动量现象产生的原因,学界并未达成一致。一般认为价格动量的产生是人们对会计等财务信息反应延迟的结果,而价格反转则是在更长一段时间内人们对股票价格的过度反应。

13.1.2 价格动量指标

简单地说,价格动量指标的构建和评估通常由以下三步骤构成:首先,根据股票历史收益率排序分组,收益高的记为赢家组合,收益低的记为输家组合;其次,依照使用动量策略或反转策略的不同,买入或卖出赢家组合、输家组合;最后,观察组合在未来的收益率。虽然这些步骤在学界和业界中大体上达成了一套规范,但一些实际操作中的细节问题(比如,如何具体构建投资组合,等权还是市值加权;如何计算风险调整后的收益,是采用资本资产定价模型还是采用 Fama-French 三因子模型)仍存在一定争论。

本书主要讨论如下的构建方式:使用过去 J 个月收益率作为排序分组依据,等权构建投资组合,买入或卖出赢家股票、输家股票,并持有该投资组合 K 个月。

举例来讲,J/K 动量策略是根据过去 J 个月股票的业绩,将其由高至低排序并分为 10 组,其中收益率最高的为赢家组合,收益率最低的为输家组合;等权买入赢家组合的股票、卖出输家组合的股票,并持有 K 个月。反转策略与之类似,唯一的区别在于:买入输家组合的股票、卖出赢家组合的股票。一般较常用的有 6 个月/6 个月动量策略、1 个月/12 个月动量策略和 36 个月/36 个月反转策略。当然,这里的分组和时间选择并不是绝对的,感兴趣的读者不妨换用不同的分组(如 5 组、20 组),使用市值加权,换用不同时间范围对策略进行调整。

13.2 动量生命周期

了解了价格动量和价格反转后,我们不禁产生疑惑:为什么股票会同时存在两种不同的现象?究竟如何判断股票此时是处于价格动量还是价格反转?本节介绍动量生命周期理论,利用交易量这个指标,在价格动量与价格反转之间架起桥梁,这对策略择时也有积极的意义。

交易量-动量策略

学界对中短期价格动量和长期价格反转的研究不在少数,其中 Lee and Swaminathan(2000)的研究具有充分的参考价值。他们除了发现前面所提到的"中短期价格动量、长期价格反转"和"相较于高交易量股票,低交易量股票可以产生一定的超额收益"外,还发现不同交易量下组合的反转速度不同:交易量越高,反转速度越快。由此,他们基于交易量和以往收益率两个维度,构建投资组合如下:

首先,类似上文所述,基于过去 6 个月的收益率,将所有股票分为 10 组,其中赢家组合记为 R10、输家组合记为 R1。

其次,选择与收益率研究相同的区间(6 个月),基于历史交易量,将所有股票分为 3 组,按照交易量由低至高记为 V1、V2、V3。

最后,构建三种策略:普通动量策略为买入赢家组合 R10,卖出输家组合 R1;早期动量策略为买入低交易量赢家组合 R10V1,卖出高交易量输家组合 R1V3;晚期动量策略为买入高交易量赢家组合 R10V3,卖出低交易量输家组合 R1V1。观察三种策略在未来 5 年的收益率(5 次调仓后未来 12 个月收益,即 6 个月/12 个月策略[①]),得到如表 13-1 所示的数据:

---

① 此处不是长期反转策略。每次调仓后持有期为 1 年并每年计算收益率。

表 13-1　交易量-动量策略收益率　　　　　　　　　　　　单位：%

策略	第一年	第二年	第三年	第四年	第五年
普通动量	12.49	−1.10	−0.32	−2.77	−2.96
早期动量	16.70	6.19	5.85	1.53	−0.11
晚期动量	6.84	−5.35	−3.91	−6.33	−4.78

注：研究区间为 1965—1995 年，选择纽约证券交易所股票，收益率数据为原始数据；风险调整后收益率的变化趋势类似，此处省略。

资料来源：Lee and Swaminathan(2000)。

经行业调整后策略收益如图 13-1 所示。

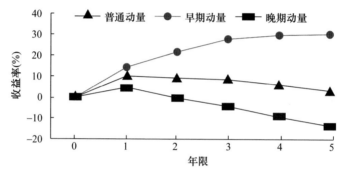

图 13-1　经行业调整后交易量-动量策略收益(1965—1995 年)

资料来源：Lee and Swaminathan(2000)。

经规模调整后策略收益如图 13-2 所示。

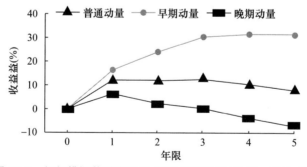

图 13-2　经规模调整后交易量-动量策略收益(1965—1995 年)

资料来源：Lee and Swaminathan(2000)。

从以上图表可以清晰地看到，对于普通动量策略和晚期动量策略，虽然两者(纵坐标有所区别)在第一年产生显著的超额收益,但从第二年开始,整体收益率开始下降;相反,早期动量策略不仅在第一年相对另外两种策略拥有更好的收益率,且在未来五年均有较好的持续性。交易量似乎可以预测动量策略在未来的适用性。

为了更清晰地显示早期动量策略和晚期动量策略的影响,Lee and Suaminathan(2000)对不同投资组合进行以下时间序列检验:

$$r_{t+K,i} = a_K + b_K r_{t,i} + u_{t+K,i} \tag{13-1}$$

其中,$r_{t+K,i}$是第i只股票K年后收益,$u_{t+K,i}$是随机误差项。结果显示,对于普通动量策略而言,其1年后收益与当年收益显著正相关,4年后收益、5年后收益与当年收益显著负相关。对于早期动量策略而言,其3年内收益均与当年收益显著正相关,且自回归系数更高;反之,晚期动量策略从第二年开始就呈显著的负相关性。这与前文的发现是一致的。

进一步对策略进行稳健性检验后发现,无论是分组变更为5组、仅仅选择市值最大的50只股票,还是选择不同的检验时段,均能得到类似的结论。由此可见,交易量-动量策略不是数据挖掘带来的结果。

动量生命周期:对价格动量与价格反转的整合解释

交易量为什么具有预测性? Lee and Swaminathan(2000)发现,简单的流动性问题并不能很好地解释此现象,交易量与流动性的关联系数并不显著。

Lee and Swaminathan(2000)检验股票基本面信息、交易量变动、分析师预测收益等,发现交易量更多地显示出股票估值的特点:高交易量的股票往往是明星股票,高估值、高增长、分析师覆盖度高、账面市值较低、权益收益率较高等;反之,低交易量的股票通常是价值型股票,增长性一般,估值较低。通过观察发现,高交易量股票的运营效率往往更好,然而令人意外的是,高交易量股票在未来的运营效率明显低于低交易量股票,这与分析师的估计是相反的,说明分析师会高估高交易量股票。最后一点值得注意的是,虽然我们在上一节提到交易量与未来股票收益成反比,但交易量较高股票的当期收益率往往较高。

由于分析师往往会高估高交易量股票的收益,当最新盈利公告发布时,市场能够纠正这种错误估价,直接导致高交易量股票在盈利公告发布时的收益低于低交易量股票。Lee and Swaminathan(2000)指出,无论是赢家组合还是输家组合,在盈余公告发布后,低交易量股票收益率显著高于高交易量股票。当我们单纯地根据交易量对股票进行分类,在未来8个季度盈余公告发布后,低交易量股票相较于高交易量股票有平均0.6%的超额收益。他们还发现,早期动量策略相较于晚期动量策略,在盈余公告发布后有显著的超额收益。这表明交易量在一定程度上确实反映了人们的投资情绪。

Lee and Swaminathan(2000)还对交易量变化量对收益率的影响进行了研究,他们以过去6个月交易量、过去4年交易量、过去4年交易量变化量作为自变量对收益率进行回归,发现交易量对收益率的影响主要体现在交易量变化量上。

对于价格动量和价格反转,学界也有不同解释,大体可以归结为对信息的反应过度和反应不足。然而,这两种模型并不能很充分地解释以上结论,故动量生命周期假说应运而生。

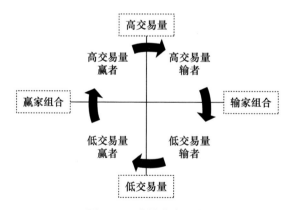

图 13-3　动量生命周期

资料来源:Lee and Swaminathan(2000)。

图 13-3 简要地说明了动量生命周期假说。根据动量生命周期假说,股票交易可分割为投资者追捧期和冷淡期。赢家组合在左侧象限,输家组合在右侧象限。成长型股票由于好消息的刺激,收益率上升,顺时针旋转至赢家组合同时受到追捧(左上象限);价格升到一定程度后回归价值,收益率降低,顺时

针旋转至输家组合并最终回到冷淡期(右下象限);当价格降到一定程度时,又会再次受到追捧开始新一轮的循环。

基于这个框架,我们发现交易量对定位股票所在周期位置具有一定的作用。简单地说,当股票受到追捧时,其交易量先上升后下降。动量生命周期显示,高交易量赢者和低交易量输者是周期末股票,其价格很快将开始反转;而低交易量赢者和高交易量输者是周期初股票,其价格将在一定时段内保持动量趋势。投资者可以参考交易量预测股票未来价格的大体走势。

13.3 评价动量策略

动量策略得到了广泛的应用。然而人们发现,虽然动量策略在某些时段有较高的收益,但其回撤较大、风险较高。是否有弥补其高风险的方法呢?动量策略在考虑了交易成本的实际操作中是否仍然有效呢?本节针对动量策略的实际应用,对以上问题进行考量。

13.3.1 动量策略的改进

"动量+价值"策略

目前市场上最常用来与动量策略组合使用的就是价值策略。有趣的是,虽然价值指标通常与动量指标呈显著的负相关性,但两者组合使用的策略比两者单独使用具有更高的收益。其中,对"动量+价值"组合策略研究最具代表性的是 Asness et al. (2013),他们针对美国、英国、日本、欧洲四个地区的股票、指数、外汇、固定收益类、大宗商品等八大类产品构建组合,并进行测试。Asness et al. (2013)以账面市值比作为价值指示量、过去 12 个月平均收益率作为动量指示量,分别由高至低分为三组,一共产生 48 组($3\times2\times8$)资产组合,构建买入-卖出投资策略。结果显示,"动量+价值"组合策略相比于单独使用动量策略或价值策略具有更高的收益率和夏普比率。此外,这种高收益率和夏普比率在不同资产、不同国家上都体现了较高的一致性。

然而,宏观因子并不能很好地解释这种高收益,流动性风险溢价可以部分解释动量策略带来的收益,但如何对不同类型资产的收益率做出统一的解释在学界仍未达成共识。

"动量+特质波动率"策略

Arena et al. (2008)指出,对于特质波动率高的股票,动量策略带来的收益率更高。特质波动率是单一股票对市场回归的残差标准差,可以反映人们对公司特质信息的反应不足。他们的研究结果显示,根据特质波动率对1965—2002年数据分组构建动量策略,相比低特质波动率组,高特质波动率组的年化收益率高10.56%。

"动量+公司创新能力"策略

Vassalou and Apedjinou(2004)发现,价格动量与公司创新能力具有高度的相关性。公司创新能力是公司毛利率变化中不能被人力资源和资本解释的部分。简单地说,根据公司创新能力高低分组,其结果与根据以往价格分组是相似的;同样,该策略的有效性随时间加长而逐渐弱化。

13.3.2 动量策略盈利性分析——考虑交易成本

理论上,虽然动量策略可以获得较显著的收益,但我们之前忽略了实际操作中的一个重要问题——交易成本。交易成本除了包括佣金,更重要的是买卖价差。虽然美国股票市场在1975年取消了固定佣金制,但买卖价差或流动性问题仍是影响最终收益的重要因素。

交易成本对收益的影响体现在两方面。一方面,大盘股相比于小盘股具有更高的流动性,故有更低的买卖价差;并且低成交量股票的佣金费用高于高成交量股票,这表明大盘股动量策略的时效性相比小盘股会更早消失。另一方面,制度限制的卖空成本使得买入赢家组合的时效性短于卖空输家组合的时效性。那么,当我们充分考虑一些现实因素后,动量策略是否还能获得显著的正向收益?交易成本的合理范围应该是什么?

Jegadeesh and Titman(1993)考虑了 0.5%的交易成本后,仍得到动量策略有效的结论。Lesmond et al.(2004)则认为 0.5%的交易成本不能反映市场的完整情况,因为大盘股的交易成本低于小盘股,而动量策略中的收益主要来自小盘股。他们发现,大盘股单向交易成本为 1%~2%,小盘股由于市场深度等问题,交易成本为 5%~9%,综合交易成本是 1.5%而不是 0.5%。在这种情况下,动量策略盈利基本被交易成本夺走。Lesmond et al.(2004)分别对不同市值规模和换手率的股票运用动量策略并对不同组考虑相应的交易成本,遗憾地发现其收益并不显著。

Korajczyk and Sadka(2004)基于交易成本的考虑,对动量策略进行改进,相比以往构建的等权组合,他们还考虑了市值加权、流动性加权、市值流动性混合加权的股票组合,并仅仅买入赢家组合且不卖空(因为一般卖空成本较高)。经过以上调整,股票发现 11/1/3 策略(根据过去 11 个月业绩排序,间隔 1 周后持有 3 个月)和 5/1/6 策略(根据过去 5 个月业绩排序,间隔 1 周后持有 6 个月)在考虑交易成本后仍具有一定的盈利性。

对于 A 股股票,其交易成本的构成包括印花税(0.1%)、佣金(小于 0.3%)、过户费每千股 1 元(深交所不收)、证管费(0.02%)和买卖价差,在不考虑买卖价差的情况下,A 股股票的交易成本约为 0.3%~0.5%。然而,小盘股流动性短缺问题十分严重且卖空成本很高。学界对 A 股市场交易成本的研究并不多,主要由于动量策略在 A 股交易上显著性仍是不确定的。

13.3.3 动量策略的衍生

考虑到动量策略在我国的局限性,下面介绍几个动量策略的衍生策略,其中的行业动量和基金动量等策略在我国具有一定的适用性。

均线策略

均线或移动平均线策略最早由 Robery Levy 教授在 1967 年提出,并不断地演化。本质上,Jegadeesh and Titman(1993)和 Jegadeesh and Titman(2001)的研究中对组合的构建体现的就是均线的思想。

均线策略有多种构建方式:Levy(1967)提出当股票价格高于其27个月均值时买入;Reilly and Norton(2003)提出当短期均线(如50天均值)高于长期均线(如250天均值)时买入;Park(2010)衍生出50天均线/250天均线的比值,并根据比值高低排序分组,买入比值高的组合、卖空比值低的组合,最终得到1.64%的风险调整后月度收益率(基于1964—2004年的数据)。调整短期均线时间长短或长期均线时间长短,我们也能得到类似的超额收益。当然,对于不同国家和地区,最有效的比值是不同的。目前,我国学界和投资领域针对最佳比值的探索亦不在少数。

52周最高/最低策略

另一种技术分析方法是比较当前价格与52周最高值的比值。George and Hwang(2004)利用1963—2001年的数据,对股票的这个比值进行排序,买入比值最高30%的股票、卖空比值最低30%的股票,构建买入-卖空策略,持有期为6个月,最终得到0.45%的月度收益率。这与Jegadeesh and Titman(2001)取得的0.48%月度收益率是类似的。George and Hwang(2004)还发现,相比过去6个月收益率,当前价格与52周最高价格的比值对未来收益具有更高的预测性,并且这种策略在长期未发生价格反转现象。

行业动量策略

一些研究表明,不同股票的动量现象是行业动量驱使的。Moskowitz and Grinblatt(1999)发现,行业动量策略比股票动量策略具有更高的收益。他们构建了20组市值加权的行业组合,并根据Jegadeesh and Titman(1993)的方法买入3个赢家行业组合、卖空3个输家行业组合,形成6/6策略,对1963—1995年的月度数据进行检验。其研究结果显示,这种方法构建的策略组合比单独股票的动量策略具有更高的收益。有趣的是,股票动量收益率经行业调整后,余下的收益并不显著,说明这一动量收益很可能来自行业。O'Neal(2000)利用行业基金进行类似的组合构建,同样发现动量策略的收益很可能来自行业。

基金动量策略

随着基金型基金(FOF)的兴起,越来越多的研究将动量策略应用于基金而非单独的股票。Sapp(2011)利用1970—2004年共同基金的数据,根据基金过去52周基金净值(NAV)最高值进行分组排序,构建6/6买入-卖空策略,发现存在0.33%的原始月度收益率,且收益率主要来自赢家组合。值得注意的是,由于基金无法卖空,因此买入-卖空策略只能停留在理论层面。若我们根据当前基金净值与52周最高值的比值对基金进行排序分组,并且买入赢家组合,则持有3个月、6个月和12个月的年化收益率分别为15.6%、15.96%和15.35%。

对我国A股基金施以类似的策略,根据3个月基金净值进行排序分组,同样发现类似的结果,感兴趣的读者不妨进行尝试。

本章小结

在本章,我们讨论了动量策略和反转策略,及其背后的理论依据与衍生策略。目前,学界发现股票价格存在中期动量、长期反转的效应,并给出了较规范的定义方法。

对于为何同时存在价格动量和价格反转,学界一直存在不同的看法。本章主要介绍动量生命周期假说,即交易量在一定程度上可以反映价格趋势是处于中期动量还是处于长期反转中。在一个动量生命周期中,起先会出现价值被低估,此时价值尚未被发现,故交易量低、短期内收益较高;人们发现这个机会后就会不断买进,形成高交易量赢家组合;随着买入价格被抬高至价值之上,收益降低,形成高交易量输家组合,人们开始卖出;最终,随着投资者逐渐清仓,股票回落至低交易量输家组合,并开启下一个循环。

当然,单纯的动量策略存在高回撤、高风险的特点,故衍生出许多组合策略,如"动量+价值"策略、"动量+特质波动率"策略、"动量+公司创新能力"策略、均线策略、52周最高/最低策略、行业动量策略、基金动量策略等。本章还指出,在考虑交易成本后,动量策略的收益会受到一定影响。

思考与讨论

1. 学界对于利用股票历史收益预测股票未来收益有三个主要的发现,分别是什么?
2. 什么是动量生命周期假说?
3. 除了传统的股票价格动量,还有哪些形式的动量策略?

参考文献

[1] Arena, M. P., K. S. Haggard and X. S. Yan, 2008, Price momentum and idiosyncratic volatility, *Financial Review*, 43(2): 159 – 190.

[2] Asness, C. S., T. J. Moskowitz and L. H. Pedersen, 2013, Value and momentum everywhere, *The Journal of Finance*, 68(3): 929 – 985.

[3] George, T. J. and C. Y. Hwang, 2004, The 52-week high and momentum investing, *The Journal of Finance*, 59(5): 2145 – 2176.

[4] Jegadeesh, N. and S. Titman, 2001, Profitability of momentum strategies: An evaluation of alternative explanations, *The Journal of Finance*, 56: 699 – 720.

[5] Jegadeesh, N. and S. Titman, 1993, Returns to buying winners and selling losers: Implications for stock market efficiency, *The Journal of Finance*, 48: 65 – 91.

[6] Korajczyk, R. A. and R. Sadka, 2004, Are momentum profits robust to trading costs? *The Journal of Finance*, 59(3): 1039 – 1082.

[7] Lee, C. M. and B. Swaminathan, 2000, Price momentum and trading volume, *The Journal of Finance*, 55: 2017 – 2069.

[8] Lesmond, D. A., M. J. Schill and C. Zhou, 2004, The illusory nature of momentum profits, *Journal of Financial Economics*, 71(2): 349 – 380.

[9] Levy, R., 1967, Relative strength as a criterion for investment selection, *The Journal of Finance*, 22: 595 – 610.

[10] Moskowitz, T. J. and M. Grinblatt, 1999, Do industries explain momentum? *The Journal of Finance*, 54(4): 1249 – 1290.

[11] O'Neal, E. S., 2000, Industry momentum and sector mutual funds, *Financial Analyst Journal*, 56: 37 – 49.

[12] Park, Seung-Chan, 2010, The moving average ratio and momentum, *The Financial Review*, 45: 415 – 447.

[13] Reilly, F. K. and E. A. Norton, 2003, *Investments*, 6th Edition, Thomson, Florence, KY: South-Western.

[14] Sapp, T. R., 2011, The 52-week high, momentum, and predicting mutual fund returns, *Review of Quantitative Finance and Accounting*, 37(2): 149 – 179.

[15] Vassalou, M. and K. Apedjinou, 2004, Corporate innovation, price momentum, and equity returns, Working Paper.

第 14 章
市场情绪信号

在前面几章中,我们已经介绍了两种市场信号,并探讨了投资者如何利用这些信号修正模型。事实上,除了市场参与者信号与市场价格信号,市场中的情绪信号也影响市场价格与投资策略,常作为投资因子被纳入考量。

早在 20 世纪 80 年代,人们发现以有效市场假说和理性人假设为核心的传统金融学理论越来越无法完全、有效地解释市场中出现的异常剧烈波动。在广泛吸收心理学、社会学、人类学、数学、行为决策等学科的研究成果后,行为金融学应运而生,它修正了传统金融学理论中的完全理性人假设。行为金融学认为,投资者认知过程中的偏差、情感、情绪和偏好等心理因素使其无法以理性方式做出无偏估计,其中最重要的是市场情绪理论,它用全新的视角考察证券市场中人与市场的互动关系,成功地解释了很多市场异象。

四十多年来,市场情绪受到学者的普遍重视。本章从市场情绪与封闭式基金之谜出发,介绍市场情绪的定义与衡量方式,并探讨市场情绪在投资中的策略应用。

14.1 市场情绪与封闭式基金之谜

封闭式基金是相对于开放式基金而言的,是指基金规模在发行前已确定,并在发行完毕和规定期限内保持固定不变的投资基金。由于封闭式基金单位不能被投资者赎回,只能通过二级市场转让,因此基金的交易价格由市场供求决定,单位资产净值(NAV)由其持有的资产价格决定。这意味着,封闭式基金的交易价格有可能高于或低于单位资产净值,这种现象被称作封闭式基金的溢价交易或折价交易。

从传统金融学的理论出发,在完全理性人假设和有效市场假设下,基金的收益满足资本资产定价模型,无法获得超额收益。不同基金之间的收益差异来自各自风险偏好的不同,在高风险下获得高收益,在低风险下获得低收益。理论上,基金的交易价格应该等于单位资产净值;但在现实中,封闭式基金的价格与单位资产净值长期处于背离状态,这几乎是金融学界最令人困惑的异象之一。

早期学者认为封闭式基金折价是由基金持有的投资组合的某些特征引起的,颇具代表性的传统解释有三种:代理成本理论、资产流动性缺陷理论和资本利得税理论。但这些理论均不能完全解释封闭式基金之谜。在传统解释的解释力不足的情况下,学界出现了行为金融学解释。在这些解释中,最全面、系统的研究来自Lee et al. (1991),他利用投资者情绪理论全面地解释了封闭式基金折价现象。

Lee et al. (1991)认为,基金折价的变化来自情绪的波动,其情绪模型建立在 De Long et al. (1990)提出的噪声交易者模型(DSSW Model)的基础上。噪声投资者模型将投资者分为理性投资者和噪声投资者。理性投资者会根据资产价格信息的变动做出理性的交易行为;噪声投资者则会将市场中的各种噪声考虑在内,做出非理性的交易,这种非理性就是投资者情绪。投资者情绪理论认为,在封闭式基金的市场中,同样存在一些噪声交易者。这些噪声交易者对未来收益的预期很容易受到不可预测的变动的影响,并且常常出现反应过度。

在实证检验中,由于我们很难直接观测投资者情绪,其应用受到很大限制。因此,我们通过间接验证以下三个假设来说明问题。

假设一:不同基金的折价变动具有联动性。如果基金折价反映情绪,情绪变化所产生的风险应该是系统的,那么情绪也会影响其他基金,不会仅仅作用于个别基金上。

假设二:新基金上市时间选择在折价收窄的时间段。根据投资者情绪理论,新的基金往往在投资者情绪较乐观时开始发行,即在已有基金的折价幅度较小时发行。

假设三:小公司的收益率变动和基金折价之间呈负相关关系。如果基金折价的变动是个人投资者的情绪引起的,而小市值的股票也主要由个人投资者持有,那么基金折价和小市值股票的收益率之间就存在负相关关系。

Lee et al. (1991)选取 68 只封闭式基金作为样本,选择 1956 年 7 月至 1985 年 11 月的单位净资产、股票价格和基金份额折价的周数据进行研究,实证结果很好地印证了这三个假设。

首先,他们统计了所有封闭式基金在 1960—1986 年每年年末的折价水平和折价变化情况,发现基金的年末平均折价率的相关系数为 0.497,基金折价年度变化之间的相关系数为 0.389,都具有高度的相关性;而对 10 只主要基金的月度折价和折价变化进行的相关检验也得到了相同的结论,月末平均折价率的相关系数为 0.530,平均折价变化的相关系数为 0.248。此外,他们还发现基金折价与整体股市的收益并不密切相关,说明折价变化反映了个人投资者不同的情绪。

其次,Lee et al. (1991)绘制了 1961—1986 年每年基金上市的数量和该年年初基金的折价水平,发现 12 年内有多于 1 只基金上市,其平均年初折价率为 6.4%;而其他 14 年间没有基金上市,其平均年初折价率为 13.64%。这两个子样本的平均折价率之间的差异在 1% 的统计水平上显著,说明新的封闭式基金确实会择时上市。

最后,Lee et al. (1991)将纽约证券交易所上市的所有股票按规模等分为 10 组,其中第 1 组为规模最小,第 10 组为规模最大。考虑各组收益率、市场收益率、封闭式基金折价之间的时间序列关系,发现对于第10组来说,当折价下降时股价也相对表现走低;而对于其他9个投资组合来说,当折价下降时股价表现良好。同时,在这9个投资组合中,第1组表现得最为明显。这些结果验证了封闭式基金的折价与小公司股票的收益率成反向变动的假设。

其实,不仅在封闭式基金市场,整个证券市场都存在大量的个体投资者,不可避免地会出现噪声交易者。证券市场中同时存在理性投资者和非理性投资者,导致市场中同时存在理性行为和非理性行为。投资者情绪是投资者对证券未来收益和走势的态度,往往表现为过度乐观或过度悲观,使得资产价格无法合理地反映市场的基本面信息,从而使价格偏离价值。这就是本章讨论的核心——市场情绪,也称投资者情绪。

前文已介绍,投资者情绪很好地解释了封闭式基金折价之谜。同时,Lee et al.(1991)检验并发现若干宏观变量与基金折价无关,说明基金折价中不包含基本面因素,从而得到一个推论:封闭式基金折价率能够反映个体投资者的情绪,可以作为衡量市场情绪的指标。这就进入我们的第二个问题:如何有效地衡量市场情绪?

14.2 市场情绪综合指标:BW 指数

市场情绪反映了市场参与者的投资意愿和预期,这种意愿和预期并不容易量化,所以市场情绪难以定量测量。投资者能够感觉到市场情绪的客观存在,但是它到底有多高、近期发生了何种变化,基于持仓、风格、财富、地位等因素的不同,每个个体投资者会给出不同的答案。在关于市场情绪测度的研究中,影响最为深远的应该是 Baker and Wurgler(2006)。① 该文不仅指出了当时市场情绪研究领域的主要研究问题,还构造了衡量投资者情绪的指标。

封闭式基金折价率可以作为反映投资者情绪的指标;类似地,还有一些单一指数也可以作为情绪指标,如首次公开募股首日收益及发行量、首次公开募

---

① 在 Baker and Wurgler(2007)中,两位研究者对 Baker and Wurgler(2006)进行了更清晰的概述。

股首日换手率、新增开户数(NIA)、卖空比率(short sales to total sales)、共同基金净买入(mutual fund flow)等。这些指标都是与交易相关的单一指数,从侧面反映市场情绪,但它们只能从某一方面反映投资者的心理变化。单一指标可以衡量投资者情绪,但由这些单一指标构建的综合指标能描绘出一幅更完整的市场情绪图景。

在构建综合市场情绪指标时,使用最广泛的方法是主成分分析法(principal component analysis,PCA)。① 现有的单一情绪指标多达十几种,这给研究者选择一个统一的、有代表性的情绪指数带来了很大困难。而主成分分析法能够过滤出每个指标中与情绪无关的特质成分,从而得到更准确的市场情绪信号。主成分分析法是一种数学变换方法,通过统计分析的方法实现数据降维以减少研究变量的个数,同时又能最大限度地保留原始变量中的信息。自从Baker and Wugler(2006)利用主成分分析法构建了BW指数(见图14-1)之后,主成分分析法得到了学术界的广泛认可,并成为构建情绪指标的主要方法。

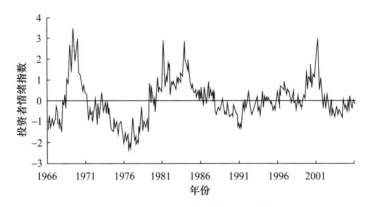

图14-1 BW指数衡量的市场情绪

资料来源:Baker and Wugler(2007)。

---

① 主成分分析法是把给定的一组相关变量通过线性变换转成另一组不相关变量,这些新的变量按照方差依次递减的顺序排列。在数学变换中保持变量的总方差不变,使第一变量具有最大的方差,称为第一主成分;第二变量的方差次大,并且与第一变量不相关,称为第二主成分。依次类推,I个变量就有I个主成分。其目的是用较少的变量解释原来资料中的大部分变量,将许多相关性很强的变量转化成彼此相互独立或不相关的变量。通常是选出比原始变量个数少、能解释大部分资料中变量的几个新变量(所谓主成分),作为解释资料的综合性指标。由于该统计方法较复杂且不是本章内容的重点,在这里不做更多的介绍,感兴趣的读者可以进一步学习了解。

Baker and Wugler(2006)选取了封闭式基金折价率(CEFD)、纽约证券交易所股票成交量、首次公开募股数量、首次公开募股首日收益、股票占新发股比例、股利溢价这六个潜在情绪指标进行主成分分析。由于每个情绪变量可能包含情绪成分、异质性或者与情绪无关的成分,也可能包含能够在一定程度上解释基本面的成分,因此必须对情绪变量进行处理。他们基于一组宏观经济指标(包括工业产值增速、耐用品实际增速、非耐用品实际增速、服务消费量、就业率增速等),对每一情绪指标进行回归,将每个回归的残差作为处理后的情绪指标。对这六个处理后的情绪指标采用主成分分析法提取第一主成分,从而形成情绪代理指标 BW 指数[①],较好地拟合了样本周期内的市场状况。

此后的情绪指标的构建基本上采取主成分分析法,综合情绪指标的构建相对比较复杂,读者自行构建的可行性较低,可以直接参考学者的研究结果,作为考量市场情绪的依据。

14.3 市场情绪信号的应用

在上一节中,我们对市场情绪进行了有效度量,得到了市场情绪指标。这些指标在实际的投资操作中如何应用呢?本节主要从预测未来市场收益和预测横截面股票收益两个方面进行讨论。

14.3.1 预测未来市场收益

市场情绪最直接的应用是预测未来市场收益,许多学者针对这一问题进行了研究。Brown and Cliff(2002)在对投资者情绪与短期股票收益率之间的关系进行研究时发现,情绪和市场收益是相关的。准确地说,股票市场的近期历史收益与情绪显著相关,而情绪对未来短期收益则不具有预测能力。但就市场情绪对未来长期收益的影响而言,情绪与未来 1~3 年的股票收益负相关。也就是说,市场情绪对股票市场的长期收益具有预测能力,可以解释资产

---

① 读者可以前往 Wurgler 的网站(http://pages.stern.nyu.edu/jwurgler)查询 BW 指数。

价格对内在价值的偏离现象。

Ben-Rephael et al.(2012)证明了共同基金净买入可以作为市场情绪指标,解释股票市场的超额收益。他们调查了美国市场中债券基金和股票基金的月度转换(每月股票基金合计净转换率),发现这一指标与当期股票市场的超额收益正相关:转换率每提高1%,市场超额收益率上升1.95%,并且85%的样本会在4个月内发生反转,而全部样本均在10个月内完成反转。

Arif and Lee(2014)发现,市场中的总投资额可以作为衡量市场情绪的指标,并发现公司总投资的高峰期在市场情绪乐观时期,其在未来往往带来负收益。实证研究表明,在控制变量的情况下,当年总投资每增加1%,下年市场收益率会下降7.1%。将样本扩展到全球14个发达国家市场中,他们发现公司总投资与未来市场收益之间的反向关系在13个国家市场中是显著的。

基于BW指数,Huang et al.(2014)提出一种新的、与预测总体股票市场目的一致的投资者情绪指数。他们只选取六个投资者情绪变量中最相关的共有部分,并使用偏最小二乘回归(PLS)构建一致投资者情绪指数。当他们使用截至t月的信息预测$t+1$月的市场收益率时,发现BW指数没有统计显著的样本外预测能力,而一致情绪指数有远高于BW指数的预测能力。Huang et al.(2014)的研究结果呈明显的负相关关系:第t月计算的投资者情绪越高,第$t+1$月的市场收益越低。他们还研究了更长期间内情绪指标的预测能力,发现一致情绪指标能够显著地反向预测12个月以内的收益率,其预测能力从1个月开始逐渐上升,在12个月达到峰值后逐渐下降。

14.3.2 预测横截面股票收益

在构建出情绪指标后,Baker and Wurgler(2006)对市场情绪如何影响横截面股票收益进行了研究。基于"市场情绪是进行投机的倾向"这一思想,他们认为市场情绪左右了投机性投资的需求,使得投资者情绪在横截面上对特定股票收益的影响最明显。

Baker and Wurgler(2006)利用构建的指标对股票收益率进行回归,发现难以定价、难以套利的股票确实对市场情绪更为敏感,即市场情绪对这一类股票的价格造成更大的影响。从图14-2中可以看到,对越难定价、越难套利的股票来说,市场情绪的影响系数大于1%;而对于债券类股票,市场情绪的影响则为负值。这一点其实很好理解,当股票存在卖空限制且股票价格被高估时,理性投资者只能通过卖出手头持有的全部头寸来表达意见,但无法卖空。这在很大程度上限制了理性投资者的情绪表达,使之不能起到良好的价格修正作用。此时,股票价格往往受到非理性的投资者情绪的影响。

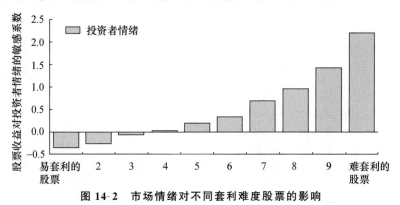

图14-2 市场情绪对不同套利难度股票的影响

资料来源:Baker and Wugler(2007)。

Stambaugh et al.(2012)系统地总结了市场情绪对横截面股票收益中诸多市场异象的影响,包括规模、动量、盈利能力、总应计盈余、投资等11种异象。他们选择BW指数作为市场情绪的衡量指标,并对每一类因子构建多空策略,发现以下现象:(1)在当前市场情绪过高时,未来套利组合的超额收益更加明显;(2)在当前市场情绪过高时,未来异象的空头端更能反映股票的错误定价,因此空头端的超额收益更加明显;(3)由于市场情绪在卖空限制的情形下倾向于高估股票价值,因此其对异象的多头端收益没有明显的影响。

总而言之,由于市场中存在卖空约束,市场情绪更多地表现为乐观情绪下的股票高估,导致各种异象均在乐观情绪之后更加显著。按照该结论,投资者可以根据当下的市场情绪选择相应的投资策略。

本章小结

在本章，我们重点讨论市场情绪对证券市场的影响。以封闭式基金折价之谜为例。首先，我们了解了市场情绪的定义；其次，我们以经典的 BW 指数为例，探讨了衡量市场情绪的方法；最后，我们从预测未来市场收益和预测横截面股票收益两个角度，阐述了市场情绪的应用价值。

在金融的不断发展中，传统金融学越来越无法解释市场中的异常股价波动。作为行为金融学的核心理论之一，市场情绪理论越来越受到学者的重视和研究。市场情绪与投资者的行为息息相关，在进行价值投资的过程中，了解并利用市场情绪信号对修正模型有着很大的现实意义。对于投资者而言，市场情绪既可以用作简单的择时——在市场情绪处于历史高位时卖空，在市场情绪处于历史低位时买进；也可以用作动态调整选股因子权重的手段——在当前市场情绪很高时，选股因子预期会在未来发挥更显著的效果。

思考与讨论

1. 什么是封闭式基金之谜？其成因是什么？
2. Baker and Wugler(2006)提出的 BW 市场情绪综合指标是如何构建的？
3. 市场情绪指标可以应用于哪些方面？

参考文献

[1] Arif, S. and C. M. C. Lee, 2014, Aggregate investment and investor sentiment, *The Review of Financial Studies*, 27(11): 3241 - 3279.

[2] Baker, M. and J. Wurgler, 2006, Investor sentiment and the cross-section of stock returns, *The Journal of Finance*, 61(4): 1645 - 1680.

[3] Baker, M. and J. Wurgler, 2007, Investor sentiment in the stock market, *Journal of Economic Perspectives*, 21(2): 129-152.

[4] Ben-Rephael, A., S. Kandel and A. Wohl, 2012, Measuring investor sentiment with mutual fund flows, *Journal of Financial Economics*, 104(2): 363-382.

[5] Brown, G. W. and M. T. Cliff, 2002, Investor sentiment and asset valuation, *Journal of Business*, 78(2): 405-440.

[6] De Long, J. B., A. Shleifer, L. H. Summers and R. J. Waldmann, 1990, Noise trader risk in financial markets, *Journal of Political Economy*, 98: 703-738.

[7] Huang, D., F. Jiang, J. Tu and G. Zhou, 2015, Investor sentiment aligned: A powerful predictor of stock returns, *The Review of Financial Studies*, 28(3): 791-837.

[8] Lee, C., A. Shleifer and R. Thaler, 1991, Investor sentiment and closed-end fund puzzle, *The Journal of Finance*, 46(1): 75-109.

[9] Stambaugh, R. F., J. Yu and Y. Yuan, 2012, The short of it: Investor sentiment and anomalies, *Journal of Financial Economics*, 104(2): 288-302.

第 15 章
公司关联信号

在前面三章我们讨论了三种市场信号对市场价格与投资者模型的影响,除此之外,公司之间的关联信号也会对股票的收益产生影响。具有某些相同特征的公司的股价往往会存在关联,一些股票对共同信息的反应更快,因此相关公司的股价变动存在领先-滞后效应。许多学者从这一信号出发,利用关联公司的信号构建动量策略,从而实现超额收益。

本章我们讨论公司关联与股票收益的关系,从关联产生的背景出发,进一步具体介绍行业关联、供应链关联、多元单一关联、技术关联和分析师覆盖关联等重要的动量策略,并对市场上存在的其他关联信号进行简要介绍。

15.1 概述

具有相同特征的公司的股价往往会共同变动,然而实证研究表明这种变动存在显著的领先-滞后效应,即这些共同变动并不是完全同步的,一些股票对于共同信息的反应先于其他股票,因而我们可以根据这种领先-滞后效应对公司的股票收益进行预测。在本章中,我们从公司之间的相似特征出发,寻找公司之间的关联,然后利用关联公司的收益去预测股票的未来收益,买入预测收益高的股票组合,据此构建关联动量策略,获取超额收益。在介绍具体的公司关联信号前,我们先对公司关联信号产生的背景进行了解。

投资者有限注意力

心理学中有大量的文献涉及个体在任务之间分配注意力的能力,这些文献表明个体很难同时处理许多任务。由于注意力是一种稀缺的认知资源,对一项任务的注意力必然需要从其他任务中替代认知资源。鉴于可获得的信息量巨大,而且个体的认知能力有限,投资者可能只选择少数几个重要信息来源。

有大量的文献记录了投资者对于包含实质性价值含义的信息的有限关注模式及其影响。例如,研究投资者有限注意力对证券价格的影响,交易者较少的股票因无法分担风险而折价出售。许多研究发现,投资者的有限注意力导致信息认知的延迟,从而产生收益的可预测性,这超出了传统资产定价模型的解释。越来越多的实证文献也为这些模型的预测提供了有力的支持。Hou (2007) 及 Cohen and Frazzini(2008) 等发现,投资者对吸引他们注意力的信息反应迅速(例如,刊登在《纽约时报》上的消息,近期表现极端的股票的超额收益或交易量,以及更多人关注的股票),而往往忽视那些不那么突出但对公司价值有重要意义的信息。此外,投资者有限的注意力会导致金融市场资产收益的显著可预测性,投资者对目标公司的经济关联公司(如客户公司)的业绩关注有限,因此目标公司的股票价格不会立即包含其关联公司的消息,从而产生可预测的未来价格变动。有关行业关联、技术关联等实证研究也证实了这一观点。

投资者对信息的理解能力

从投资者的角度来看,除了有限注意力的影响,投资者对信息的理解能力也对自身的投资行为及市场的股价产生影响。以往研究分析了投资者对信息的延迟和偏见反应,如果投资者收集、解释并最终交易与价值相关信息的能力有限,那么我们预计资产价格只能逐步包含信息。

投资者对信息的解释和理解可能带有个人偏见,投资者倾向于过度看重先前的信念、初始赋值以及私有信号,而低估可观测的公开信号,这可能导致资产的可预测性。实证研究也证实了这一预测,发现投资者通常对公司特定的信息以及各种公开宣布的公司事件反应不足。例如,投资者对公司事件公告、股票分割和商誉注销等信息往往反应不足,并且这种投资者的反应不足(或过度反应)会导致仅仅基于公开可得信息的显著的收益可预测性。

任务复杂度

与有限注意力密切相关的是任务复杂度(这里指信息处理复杂度)的概念。注意力需要花费精力,同样,执行复杂任务也需要花费精力。某些类型的信息越不明显、越难以从数据中予以破译,学术研究结果显示这种类型的信息反映在市场价格中的速度越慢。例如,Cohen and Lou(2012)构造一个新颖的研究设计,直接测试信息处理复杂度对价格调整的影响,发现信息处理更简单的伪多元化公司组合的价格相比多元化公司组合的价格先变化。Lee et al.(2017)也发现,投资者可能对有价值但更为复杂的技术领域的公司关联信息反应不足。

信息处理复杂度的影响在其他许多研究中也得以体现,在每种研究情形下,预测信号都需要详细分析和处理公开的可得数据。例如,市场参与者可能了解分析师盈余修正的数值(即数量大小),但不了解其质量(即哪个分析师发布的修正,以及该修正是向一致预期靠近还是远离)。又如,与"温水煮青蛙"假设一致,市场参与者倾向于忽视频繁且逐渐发生的历史收益的动量效应,但是能够充分理解偶然发生的剧烈的历史收益的动量效应。

这些研究支持了信息处理复杂度影响市场价格调整速度的观点,即更不明显和难以理解的新信息更有可能导致市场价格调整的延迟。显然,信息处理复杂度是导致市场无法破译信息内涵的重要因素。

综上所述,由于投资者自身存在有限注意力以及信息处理能力受限,并且受到任务复杂度的影响,再加上投资者面临市场摩擦,使得信息在市场中传播缓慢,资产价格无法立即包含信息而是将其逐步纳入,从而导致资产价格的可预测性。接下来的章节,我们将从具体的关联信号入手,利用这种关联动量获取超额收益。

15.2 公司之间的关联信号及其动量效应

15.2.1 行业关联

领先-滞后效应及其来源

在讨论行业关联之前,我们首先关注到的是领先-滞后效应的存在。相当多的证据表明股票市场存在领先-滞后效应——一些公司的股价表现出对其他公司股票价格变化的延迟反应,而基于这种延迟反应构建投资策略首先要了解其影响因素。

投资者的重要关注点之一是了解公司如何把信息传递给市场,以及市场如何将信息包含在股票的价格之中。传统的资产定价模型假定在一个完全无摩擦的市场上,信息的扩散是立即发生的,所有的公司能够同时获得信息并对信息做出反应。然而实际上,投资者面临很大的市场摩擦,而且信息在市场上的传播速度有时候很慢。如果某些公司对共同信息的反应比其他公司慢,那么这些公司接收到信息以及面对信息的反应相对于其他公司会更慢,由此造成股票收益的领先-滞后效应。

这种信息的缓慢传播可能有多种来源,包括不完全市场、有限的股票市场参与、噪声交易者、投资者注意力有限、交易成本、卖空限制、机构投资者面临的法律限制以及其他各类市场摩擦和制度约束。在市场上没有摩擦的条件下,一旦市场了解到与行业业绩相关的信息,投资者就应该对该行业中所有公司的股价做出调整。这种调整应该是普遍的,不应仅局限于行业中的某些公司,即调整范围与规模无关。而资本市场上的市场摩擦是普遍存在的,信息的处理需要成本,投资者收集小公司的特定信息所需成本较大,同时其有限注意力可能使投资者更多地关注大公司,并且小公司股票的流动性相对较小,对于行业内信息的反应也较慢,这也使得领先-滞后效应得以产生。

行业关联与领先-滞后效应

根据上文的分析,如果领先-滞后效应是由共同信息的缓慢扩散驱动的,那么它应该主要是一种行业内现象。同行业企业在同一产品市场上竞争,其经营决策反映了它们之间的战略互动关系,它们在产品和技术创新方面彼此密切联系,并对供需状况的变化以及监管环境的变化做出类似的反应。此外,由于在行业内同期经历了扩张和收缩,因此同行业企业的成长机会、投资和融资决策是高度相关的。这些共同点表明,某一公司所产生的信息可能对行业内部的企业而非外部的企业产生重大的价值影响。因此,如果领先-滞后效应是由于企业间信息传递缓慢造成的,那么在行业层面上的信息集聚会引起同行业企业间的领先-滞后效应。

Hou(2007)以1963—2001年的美国公司为样本,对行业间的领先-滞后效应进行了实证检验。Hou(2007)将样本公司分为12个行业,并保证每个行业内样本的充足性,接着将每个行业内公司按其6月末市值分为三组(最低30%、中间40%、最高30%),计算每组第t年7月至第$t+1$年6月间的周加权平均收益率。研究发现,每个行业内小公司的平均收益率总是高于大公司的平均收益率,即领先-滞后效应具有显著的行业内成分;并且,大公司滞后收益率与小公司当前收益率的相关性高于小公司滞后收益率与大公司当前收益率的相关性,这也与小公司的股价对市场信息反应更迟钝相一致。

随后,Hou(2007)进行了行业内和行业间领先-滞后效应有效性的比较,在控制行业外大公司的历史收益后,同行业内大小公司间的领先-滞后效应仍然更强且更显著;在控制行业内大公司的历史收益后,行业外大公司的历史收益无法预测小公司的未来收益,说明行业内的龙头企业(即大公司)比行业外的大公司更能预测小公司的股票收益。这一结果与行业内信息传播导致领先-滞后效应的假设是一致的。

盈余公告后股价漂移

在第6章中,我们对盈余公告后股价漂移现象进行了探讨,并且说明了这种现象背后的机制是价格的滞后反应,包括交易成本的存在、迟钝的市场反应等原因,这与行业内的领先-滞后效应存在相似之处。因此,我们考虑了行业内领先-滞后效应与盈余公告后股价漂移的相关性,大公司的盈余消息增加了有关小公司未来前景的信息,而这些信息并不包含在小公司自身的盈余消息之中,在大公司发布盈余公告后,小公司对新增信息的反应缓慢导致了股票收益的领先-滞后效应。

图 15-1 展示的是行业内最小规模 30% 的公司在同行业大公司公布超预期收益后的 4～12 周的平均累计超常收益率。在每一行业内,我们计算了最大规模 30% 的公司相对于特征基准投资组合的平均超常收益率,这些基准投资组合与公司规模、账面市值比和过去一年围绕季度财报公布的周收益率相匹配。我们把平均超常收益率高于 90% 分位点的周定义为积极盈余事件,把平均超常收益率低于 10% 分位点的周定义为消极盈余事件。对于每一个日历周 t,我们对公司规模、账面市值比和过去一年收益率匹配的等权重公司投资组合进行基准测试,计算出在 $t-k$ 周($k=[-4,12]$)满足行业内盈余事件发生条件的每一家小公司的超常收益率。为了计算事件周 k 的小公司的平均超常收益率,我们平均了每个日历周的各公司及跨期的个别超常收益率。

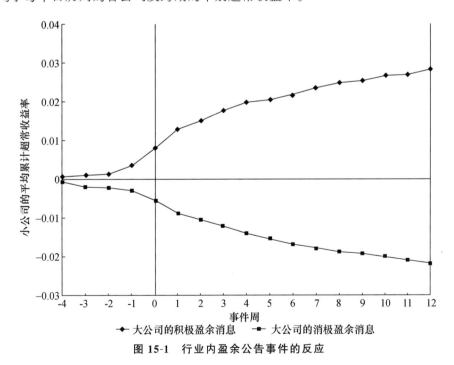

图 15-1　行业内盈余公告事件的反应

Hou(2007)先用事件研究法考察了大公司公布超预期收益后对同行业小公司的影响(见图 15-1),提出由于信息的缓慢扩散,大公司收益公布后小公司的股价会延迟上涨的假设;接着,用超额收益和标准化未预期盈余两个变量度量未预期盈余,实证发现当同行业大公司公布超高/超低收益后,小公司股票也获得 44(−28)个基点、t 值 5.72(−3.93)的超额收益,与假设一致;最后,回归检验了行业内领先-滞后效应与盈余公告后股价漂移的相关性,发现股票收益的滞后效应是由于大公司发布盈余公告后小公司的反应缓慢所导致的,并且就小公司的未来收益预测而言,大公司的历史收益比历史超额收益包含更少的噪声信号。

15.2.2 供应链关联

客户-供应商关联

市场中的公司并非以独立个体而存在,往往通过多种关联而相互联系和相互影响,在这些情况下,关联伙伴公司是彼此运营的利益相关者,能够为彼此的现金流和未来预期互相提供信息,也会对彼此的经营活动产生影响。因此,对一家公司的任何冲击都可能对其关联伙伴公司产生影响。我们在上节对同行业公司间的关联进行了分析,提出了领先-滞后策略,本节重点关注的是供应链关联,即公司间的客户-供应商关联。如果投资者关注到公开的且通常是长期存在的客户-供应商关联,那么当关联公司的消息发布到市场上时,相关公司的股价也应该产生相应的调整;而相反,如果忽视这种公开联系,那么关联公司的股价对合作(关联)伙伴公司的新信息做出的反应就会产生可预测的滞后。

根据美国 SFAS No.131 法令的规定,上市公司必须在中期财务报告中披露占其总销售额 10%以上的客户的信息,因此客户-供应商关联的信息是公开且可得到的。在 Cohen and Frazzini(2008)的关联样本中,客户占供应商公司销售额的比重平均为 20%,也可以证明客户是供应商公司的实质性利益相关者,并且在很多情况下,供应商与客户之间的关联是长期的且具有明确的合同关系。因此,了解客户-供应商关联对投资者来说是可操作的并且对其投资策略有所帮助,在下文我们将详细说明与客户-供应商关联相关的股价影响。

值得注意的是,由于相关研究感兴趣的是投资者在形成和更新股价时是否确实考虑了客户-供应商关联,原则上没有理由将分析局限于客户动量策略。然而,目前的金融法规要求企业报告主要客户而非主要供应商,因此大部分学者主要关注供应商对客户冲击的股价反应。

客户动量

由于投资者注意力有限,对一项任务的注意力必然会替代对其他任务的注意力,因此投资者可能只选择少数几个重要的信息来源。当忽视客户-供应商关联时,投资者对供应商公司的客户相关信息的关注度较低,忽视客户的特定信息对供应商公司的影响,并且信息在市场上传播缓慢,投资者会对供应商公司的客户相关信息存在反应的滞后性和不充分性。这些投资者往往会阻碍信息的传递,导致供应商公司的股价变动对客户相关信息带来的价值变化反应不足,股票价格不会立即反映经济关联公司的信息,从而产生资产间收益的可预测性。因此,买入近期经历好消息的客户公司(即收益率高的客户公司)的股票,并卖出近期经历坏消息的客户公司(即收益率低的客户公司)的股票,会产生积极的后续收益,这就是客户动量策略。

Cohen and Frazzini(2008)使用 1980—2004 年的 11 484 个客户-供应商关联对,实证检验供应链关联对供应商公司股价的影响。Cohen and Frazzini(2008)利用上市公司之间存在的客户-供应商关联,在第 t 月开始时,根据第 $t-1$ 月客户公司的收益率将其供应商公司升序排列并均分为五份,所有股票在每个组合中都按市值加权(或等权重),并且每月重新平衡组合以保持权重。他们采用客户动量策略,买入客户收益率排前 20% 的股票并卖出客户收益率排后 20% 的股票,构建出零成本的套利组合。在一个有效的市场中,这种投资策略应该获得零超额收益。而研究发现,当前客户公司的高收益率能够预测较高的关联公司随后的股票收益率时,该零成本多空投资组合能够获得显著正收益。高客户收益之后的高超额收益表明存在客户动量,这与对相关公司的信息反应不足或股价反应迟钝相一致。

尽管客户动量策略两端的超额收益都是巨大且显著的,但客户动量收益是不对称的:多空投资组合的超额收益在很大程度上是由坏消息的缓慢传播所驱动的。这一模式与市场摩擦(如卖空限制)相一致,坏消息的到来会加剧股价对新信息的延迟反应。

总之,客户动量策略是利用客户和供应商在业务上的实质性关联,通过客户公司披露的消息所带来的股价变化预测供应商公司的股价及其实际表现,并利用投资者的反应不足获得超额收益。对于投资实践而言,"客户动量"旨在提醒投资者关注公司上下游的相关信息并及时做出反应,从而产生一个有效且收益率较高的投资策略。

反应不足系数与股价的后续漂移

在对客户动量有了初步的了解之后,我们应考虑以下问题:供应商公司的股价变动对于客户信息的反应是否充分?

Cohen and Frazzini(2008)对这一问题进行了研究,提出了客户与供应商的反应不足系数 URC。URC 作为随后的超额收益的一小部分,衡量了对给定冲击的初始价格反应。URC 的计算公式为当月收益率 RET 与当月收益率和累计收益率(RET+CAR)之比,代表股票反应不足的程度。如果市场能够有效吸收所有新信息,那么 URC 应该平均等于 1;若 URC 小于 1,则意味着反应不足的存在以及股价对客户新信息的缓慢反应;相反,若 URC 大于 1,则意味着对包含客户收益的新信息的反应过度。

图 15-2 展示的是基于客户公司在第 t 月收益率所构建的多空组合在第 $t+k$ 月的平均累计收益率。在每个日历月开始时,所有股票根据它们主要客户公司的股票上月末超常收益率升序排列并均分为五个组合。图 15-2 展示的是通过买入客户收益率排前 20% 的股票、卖空客户收益率排后 20% 的股票构建的零成本组合的平均超额收益。

Cohen and Frazzini(2008)衡量了供应商公司和客户公司在客户公司受到冲击当月和接下来六个月的收益情况,发现市场对供应商公司的反应明显不

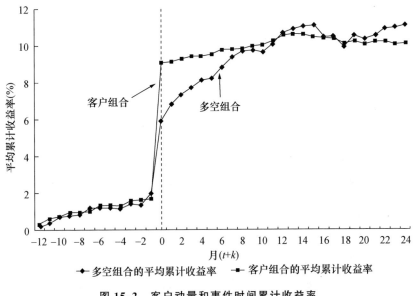

图 15-2 客户动量和事件时间累计收益率

足,这一点在小公司股票上表现得尤为明显。平均而言,股价对关联客户新信息的反应不足约 40%,即当客户公司在第 t 月产生较大收益时,相关供应商公司的股价反应为:在第 t 月包含 60% 的初始价差,在接下来的六个月反映剩余的 40%。也就是说,虽然为客户公司带来巨大价格变动的信息很快就被反映在客户公司的股票价格中,但只有一小部分(60%)的初始价格反应会溢出到公司供应商的股票价格上,并且产生巨大的股价后续漂移,从而激发客户动量投资组合的盈利能力。此外,反应不足系数倾向于与规模负相关,尽管大盘股和小盘股的客户动量总超常收益率大致相同,但大盘股的价格趋向于更快地收敛。

15.2.3 多元单一关联

信息处理摩擦及价格更新

大多数资产定价模型都包含代理人收集、解释和交易信息,直到价格更新到能够充分反映可得信息。然而在现实市场中,投资者对信息的反应是延迟和有偏见的。由于投资者的信息处理能力和资本容量有限,复杂的信息处理过程会使得价格反应延迟,因此信息处理摩擦对信息被纳入企业价值方式的影响受到广泛的关注。一种新颖的方式是：选取两组[①]同时受到相同信息影响的公司,利用这一简单与复杂的信息处理分类,探索阻碍信息处理的摩擦和约束对资产价格横截面的实质可预测性的影响作用。

参考前人的研究,这里主要考虑两种企业类型——单一型企业和多元型企业。单一型企业是指仅在一个行业经营,其报告分部销售额占总销售额的80%以上；而多元型企业是指不止在一个行业经营,且其所有报告分部合计销售额占比超过公司总销售额的80%。因此,相比于单一型企业,具有多个行业分部的多元型企业往往需要更复杂的信息处理过程,而这种信息处理的复杂性会导致价格反应延迟。

用一个例子以更好地阐述这个问题。假设一项新的研究表明巧克力可以延长寿命,将这些信息纳入专注于巧克力生产企业的价格中是非常直接且简单明了的,因为企业只从巧克力这一商品中获得收入；然而,将巧克力行业这一积极冲击信息纳入一家同时生产巧克力、玉米卷饼和灯泡的多元型企业的价格中则是困难的,因为各行业分部贡献的收入占比随着时间的推移而变化,企业需要进行更多的研究和信息处理。因此可以预计巧克力行业的这一积极信息会首先反映在那些易于分析的巧克力企业的价格中。由此说明,将行业特定信息整合到仅在该行业运营的企业中相对简单,而将同样的信息更新到具有多个跨行业经营分部的企业需要更复杂的分析,因此将信息反映在其价格中会更加滞后。

多元单一关联及策略

由上述分析可见,投资者处理信息的资源和能力有限,这反过来导致同一信息被包含在公司价值中会产生不同的滞后,将行业信息整合到单一型企业中相对于多元型企业更加简单。根据美国 SFAS No. 14 和 SFAS No. 131 法

[①] 这两组的唯一区别是,一组公司比另一组公司需要更复杂的信息处理才能将同一信息反映到价格中。

令的规定,上市公司必须披露占其合并年度总销售额10%以上的行业分部的相关财务信息。Cohen and Lou(2012)提出"伪多元型企业"[①]指标,以多元型企业中每个行业分部主营业务占比为权重,构建不同行业分部的单一型企业投资组合,对多元型企业的未来价格变动进行预测,用以下公式表达:

$$\text{PCRET}_{i,t-1} = w_{1i,t-1}\text{SRET}_{1,t-1} + w_{2i,t-1}\text{SRET}_{2,t-1} + \cdots + w_{ni,t-1}\text{SRET}_{n,t-1}$$
(15-1)

其中,$w_{ji,t-1}$表示i企业第j个行业分部在第$t-1$期的占比,$\text{SRET}_{j,t-1}$表示第j个行业分部的单一型企业在第$t-1$期的收益率。

Cohen and Lou(2012)选取CRSP/Compustat数据库中约30 000家多元型企业和68 000家单一型企业为样本,对多元单一关联进行实证研究。在每月开始时,根据上月对应的"伪多元型企业"收益率将多元型企业排序并均分为十份,买入"伪多元型企业"收益率排前10%的股票并卖出"伪多元型企业"收益率排后10%的股票,构建零成本套利组合,这就是多元单一策略。研究发现,信息处理复杂度影响信息整合到价格中的速度;进一步对1977—2009年的交易数据进行回测,得到等权重对冲组合的月度收益率为118基点、年化收益率超过14%,价值加权对冲组合的月度收益率为95个基点、年化收益率为11.4%。如图15-3所示,套利组合长期的累计收益率向上漂移,更重要的是没有出现收益逆转,这排除了正向收益是由投资者对多元型企业价值的过度反应带来,说明多元单一策略捕捉到了多元型企业的股价对基本面信息延迟更新的机制。Cohen and Lou(2012)通过回归分析,也证明了多元单一策略与传统的行业动量及客户动量有所区别,多元型企业的收益可预测性不是由其他已知的收益决定因素或行业收益的持续性引起的,而是由投资者有限的信息处理能力与多元型企业所需的复杂估值分析决定的。

图15-3展示的是投资组合形成后6个月内对冲投资组合的累计收益率。在每个日历月开始时,所有多元型企业根据它们对应的"伪多元型企业"在上月末的超额收益升序排列。在一个给定的组合中,所有股票都是价值加权(等

[①] "伪多元型企业"是指使用多元型企业每个行业分部的单一型企业构建的投资组合。

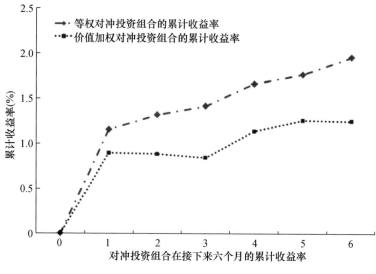

图 15-3 后续 6 个月对冲组合的累计收益率

权重)的,并且组合在每个日历月都会重新调整以保持相同的加权(等权重)。对冲投资组合是通过买入上月"伪多元型企业"收益率排前 10% 的股票、卖空上月"伪多元型企业"收益率排后 10% 的股票而构建的零成本对冲组合。

总之,多元型企业所需的复杂信息处理会导致整个行业信息反映在其价格中的时间产生后续延迟,而这样的延迟反过来又会导致相应的单一型企业对多元型企业产生显著的可预测收益。对于投资实践而言,多元单一策略旨在提醒投资者关注不同的信息处理过程和多元型企业资产价格的可预测性,并且利用公司间关联,通过一组公司的收益率预测另一组公司的价格走势,是对传统的动量效应的有效补充。

15.2.4 技术关联

相互关联的技术创新

在当今知识经济时代,技术创新已经成为公司发展和商业变革的核心驱动力,科技实力构成一个公司短期盈利和长期生存的重要因素,技术对投资者的投资决策而言也越来越重要。然而,技术创新能力的价值难以衡量,越来越多的文献报告认为投资者并不特别擅长评估技术创新能力,往往忽视评估创新,低估创新的效率和创意。不同于以往文献聚焦于企业自身的创新效应,Lee et al. (2017)研究了技术关联的同行企业之间的创新效应,发现投资者忽视了另一个潜在的重要技术信息来源:近期影响其他技术关联公司价格的相关新闻。

此外,创新不是闭门造车,企业并不是孤立地进行技术研究,企业与企业之间具有一定的联动性,譬如合作研发、技术外溢等。许多学者考察了企业创新的相互作用,发现企业之间在技术创新方面的相互作用非常紧密,导致以知识溢出为特征的创新过程,并且在技术链上拥有类似技术的企业也可以从彼此的创新活动的溢出效应中获益。世界上的科技巨头,如谷歌、苹果、亚马逊、特斯拉等公司,它们的行业和产品可能截然不同,但在科技层面却有着千丝万缕的联系。这种技术关联超越了传统的行业界限,但通常不易从公司财务报告中辨别出来。因此,我们应该超越企业自身的创新特征,分析企业在创新过程中的互动影响。

基于上述两点可以推测,由于投资者的有限注意力以及信息处理能力的局限性,他们对技术关联的认识有限,以至于技术关联公司的技术进步不能即时且充分地反映在目标公司的资产定价中。

基于技术关联的技术动量策略

根据上文的分析,如果投资者明白并且考虑到事前公开、可得的技术关联,那么当目标公司的技术关联公司的消息到达市场时,目标公司的股价能够完全得到调整;而如果投资者对技术关联公司的新闻了解缓慢或者没有给予足够的关注,那么目标公司的股价对于近期影响其技术关联公司的消息将表现出可预见的滞后。因此,投资者对技术关联信息的有限的处理能力和注意力赋予资产定价的含义是,技术关联公司之间的股价变动是可预测的,目标公司股价将随着技术关联公司所经历的冲击而滞后调整。

Lee et al. (2017)沿用 Bloom et al. (2013)的方法计算技术关联度指标。他们使用谷歌专利数据库提供的专利数据,将公司所有的授权专利与美国专利与商标局（United States Patent and Trademark Office, USPTO）规定的427种分类一一对应，确认其所属类别。在任一时点，计算两家公司过去5年间所授权的专利在不同专利分类中的分布，进而算出专利分布向量的相关系数，得到公司两两之间的技术关联度，最小为0，最大为1，两家公司的专利分布越相似，其专利分布向量的相关系数越高，技术关联度也越高。图15-4展示了两家公司（Illumina和Regeneron）2002—2006年的专利分布情况。Regeneron是一家制药公司，而Illumina生产生命科学检测仪器并提供基因分析服务，这两家公司处于完全不同的行业且在供应链方面没有什么联系。但是，技术关联度从全新的角度揭示了它们之间的关联——两家公司在435专利分类（分子生物学和微生物学）均拥有很多专利，它们之间的技术关联度高达0.71。由此可见，技术关联度可以揭示被行业以及上下游产业链忽视的公司间关联，这种关联在选股方面大有可为。

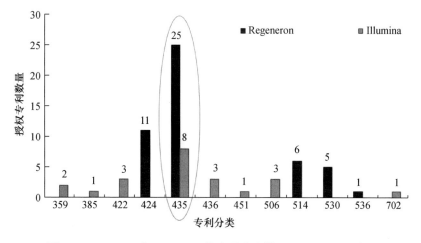

图15-4 Illumina和Regeneron的专利分布情况（2002—2006年）

找到技术关联公司之后，就可以利用技术关联公司过去的股票收益率，预测目标公司未来的股票收益率，也就是所谓的"技术动量"。Lee et al.(2017)沿用技术关联度的经典度量，构建一个基于技术关联的选股因子并检验其有效性。他们对每一个目标公司i，以样本中其他公司与目标公司的技术关联度为权重，对对应的技术关联公司收益率进行加权，计算目标公司的技术关联收

益率,公式为:

$$\text{TechRet}_i = \sum_{j \neq i} \text{Tech}_{ij} \times \text{Ret}_j / \sum_{j \neq i} \text{Tech}_{ij} \quad (15\text{-}2)$$

其中,技术关联收益率 TechRet_i 是公司 i 的因子取值,Ret_j 为公司 j 的收益率,Tech_{ij} 表示公司 i 与公司 j 的技术关联度。所有除公司 i 以外的公司的收益率以它们之间的技术关联度 Tech_{ij} 为权重加权,构成选股因子。

基于技术关联因子,Lee et al. (2017)选取 1963—2012 年 Google、CRSP、Compustat 共同包含的普通股公司,对技术关联动量进行实证研究。在每个日历月开始时,将股票按技术关联公司上月的加权收益率升序排列并均分为十份,买入收益率排前 10% 的股票、卖出收益率排后 10% 的股票,持有一个月,构建出零成本套利组合。研究发现,技术动量策略能够获得超额收益,每月的加权收益率为 117 个基点(t 值为 5.47),且该超额收益在资本资产定价模型(CAPM)以及三因子、四因子、五因子、六因子模型中均存在,这证明技术关联公司的收益率能够预测目标公司的收益率。

Lee et al. (2017)通过回归进一步检验技术关联因子的有效性,用市值加权的行业收益率来排除行业的影响,其他控制变量包括公司规模的滞后项、账面市值比、盈利能力、总资产增长率、研发支出与销售收入之比,同时控制目标公司的上月收益率以刻画可能存在的收益率回转效应。结果表明,技术关联因子的影响仍然存在,并且不能用行业动量、客户动量等效应解释,该因子具有很强的稳健性。

进一步地,Lee et al. (2017)检验了技术关联度指标的稳定性,即当技术动量策略分别基于滞后一年、两年、三年的技术关联度指标时收益可预测性的强度。结果表明,技术动量策略的收益率与相应的滞后一年、两年、三年的技术关联度指标显著正相关,并随着滞后年份的增大,相关系数减小。这说明技术关联因子非常稳健,即使基于滞后三年的技术关联度指标度量的策略也相当有效,公司在技术空间中的位置相当稳定,对于没有及时获得专利信息的投资者来说,也仍然能够基于技术关联策略做出良好的收益预测。此外,Lee et al. (2017)还对技术动量策略的长期收益模式进行了考量。投资者可能会先对某些公司的某些技术产生热情,然后滞后买进技术相关的其他公司股票,从而导致反应过度。如果这是收益可预测性背后的主要驱动力,那么预计在较长时期内价格会出现全面逆转。而如果技术动量确实反映了对目标公司实际基本面价值的冲击的更新,那么应该不会看到未来的价格逆转。Lee et al. (2017)进一步检验了投资组合形成后 6 个月内对冲投资组合的累计收益率,如图15-5所示。从长期来看,随着投资组合持有期的逐渐增加,超额收益逐渐减少,并且技术动量策略收益率没有逆转,这表明技术动量是一个价格发现的过程,随着投资者逐渐意识到技术关联公司的新信息,股价也随之逐渐反应完全。

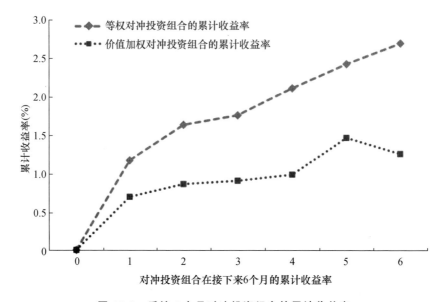

图 15-5　后续 6 个月对冲投资组合的累计收益率

图 15-5 展示的是组合形成后 6 个月内对冲投资组合的累计收益率。在每个日历月开始时,所有公司根据技术关联公司组合上月末的超额收益升序排列并等分为十份。在一个给定的组合中,所有股票都是市值加权(等权重)的,并且在每个日历月重新调整组合以保持加权(等权重)。对冲投资组合是通过买入上个月技术关联公司组合收益率排前 10% 的股票、卖出上个月技术关联公司组合收益率排后 10% 的股票而构建的零成本组合。样本排除了金融类公司(在 6 位 SIC 代码中只有 1 位)以及在持有期期初价格低于 1 美元/股的

股票,共包含1963年7月至2012年6月561 989个公司-月度观测值。

基于Lee et al.(2017)的研究,我们可以得出如下结论:可以根据技术关联度指标,按技术关联公司收益率实现对基本面的预测,进一步实现对相关目标公司预期收益的预测,基于技术关联公司的收益率构建每日换仓的投资组合,可以为投资者带来显著的超额收益。

15.2.5 分析师覆盖关联

分析师共同覆盖

如果某个公司的投资者或者分析师的注意力是有限的,那么该公司的股票价格就可能对其他公司的信息反应缓慢。因此,基本面相似或者具有基本面关联的公司就会产生动量溢出效应,即一个公司的历史收益能够预测另一个相关或者相似公司的收益。分析师共同覆盖是一个衡量公司及关联公司的基本面联系的代表指标,因此分析师共同覆盖因子可以帮助投资者更有效地识别动量溢出效应,成为更深入地探究动量溢出来源的工具。首先,分析师需要收集与基本面相关的信息,包括关联公司(如客户与供应商、竞争对手等)的信息,这反过来表明,由于跟踪相关公司所得到的信息具有互补性,分析师倾向于同时覆盖基本面相互关联的公司。其次,分析师关联能够识别独立的一对关联公司,而不像其他研究将公司划分为不同的组别。例如,在划分行业动量和地理动量时,同一行业或同一地域的公司相互之间的联系并不是完全相同的。再次,相对于以前识别公司特定关联的研究,分析师关联在全球大多数的上市公司中都是可得的。最后,由于一对关联公司被共同覆盖的分析师数量并不是0−1变量(相比之下,两个公司是否在同一个行业是0−1变量),公司关联程度可以使用共同覆盖的分析师数量来更加精确地衡量,可以使用与目标公司有共同分析师的数量作为关联公司的权重,这在其他行业、地理等动量效应中是难以实现的。因此,分析师覆盖关联为我们研究投资策略提供了一个新的视角和思路。

Ali and Hirshleifer(2020)首先对分析师覆盖关联进行了定义。他们选取

CRSP 数据库中 1983 年 12 月至 2015 年 12 月纽交所和纳斯达克上市公司数据,使用 IBED 文件识别通过共同分析师覆盖而相联系的股票。在每月末,若至少一个分析师同时覆盖了两只股票,则将其定义为"关联";若分析师在过去 12 个月内发布了至少一次 FY1 或 FY2 的盈余预测,则认为分析师覆盖该公司。通过对关联股票的描述性统计可以发现,平均每家公司通过分析师覆盖与 86 只股票相互关联,其中大约一半的关联与之前的研究有所重叠,这与分析师倾向于覆盖经济上相互关联的公司的观点是一致的。此外,样本股票的市值相对较大,因为分析师倾向于覆盖大公司。平均而言,样本占全体股票市值的 98%、全体股票数量的 77%。

在对分析师共同覆盖动量因子的收益可预测性进行分析之前,我们考察分析师共同覆盖的公司是否具有相似的基本面。具体地,将公司的营业收入及盈利增长指标对其关联公司的平均增长指标进行回归,发现分析师覆盖关联公司的销售增长率和季度标准化未预期收益率对目标公司的当期及未来相应指标具有强有力的预测作用,而其他关联动量因子仅影响目标公司的当期指标。这些结果表明,公司与其分析师覆盖关联公司的基本面具有强同期相关性,并且与先前研究中的关联因子相比,分析师覆盖关联公司的基本面更加相似。

分析师覆盖关联股票动量效应

找到分析师覆盖关联公司之后,就可以利用分析师覆盖关联公司过去的股票收益,预测目标公司未来的股票收益,也就是所谓的"分析师覆盖动量"。Ali and Hirshleifer(2020)首先构建了一个分析师覆盖关联公司组合收益率指标(即 CF 收益率,CFRet)作为选股因子,每个公司 i 的 CF 收益率等于与其有共同分析师覆盖的公司按共同覆盖的分析师数量加权的组合收益率。

$$\text{CFRet}_{i,t} = \frac{1}{\sum_{j=1}^{N} n_{ij}} \sum_{j=1}^{N} n_{ij} \text{Ret}_{j,t} \qquad (15\text{-}3)$$

其中,$\text{CFRet}_{i,t}$ 是股票 i 的分析师覆盖关联公司在第 t 月的组合收益率,$\text{Ret}_{j,t}$ 是股票 j 在第 t 月的收益率,n_{ij} 是同时覆盖股票 i 和股票 j 的分析师数量,N 是本月关联股票的总数量。被更多分析师共同覆盖的股票更可能彼此相似,从而获得更高的权重。

在此基础上,他们首先将每只股票关联到一个由分析特定股票的分析师所覆盖的股票投资组合,每月底,将股票根据 CF 收益率进行五分位数排序,并计算下月这些五分位数投资组合的价值和等权重组合的收益率,发现过去的 CF 收益率和未来的股票收益率之间具有很强的单调关系。接着,买入前五分位数组合的股票、卖出后五分位数组合的股票,构建 CF 动量投资组合。研究发现,多空组合的四因子平均月度超额收益率为 0.89%(价值加权)及 1.81%(等权重),并且多头与空头组合均有显著的超额收益;将短期反转加入回归方程之后,多空组合的平均月度超额收益率为 1.19%(价值加权)及 2.10%(等权重),证明分析师覆盖关联公司的收益能够预测目标公司的收益。

Ali and Hirshleifer(2020)对该动量策略的长期收益模式进行了研究,未来 12 个月的价值加权及等权重的多空组合收益率如图 15-6 所示。虽然第 $t+1$ 月收益率最高,多空组合的净值在剩余月度内仍然会持续向上漂移,其价值加权及等权重组合的年累计收益率分别为 3.21% 和 6.68%,这也说明分析师覆盖关联公司的历史收益能够强有力地预测目标公司的未来基本面。其中,收益的可预测性在等权重组合中更加显著,这与小市值股票套利及信息有限因而更容易被错误定价的假设相一致。此外,分析师覆盖关联动量效应持续长达一年,并且之后没有发生逆转,强有力地表明分析师覆盖关联动量是由反应不足驱动的,而不是由过度反应或流动性效应导致的。

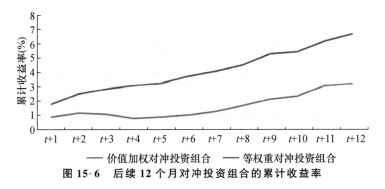

图 15-6 后续 12 个月对冲投资组合的累计收益率

Ali and Hirshleifer(2020)还检验了分析师覆盖关联动量与其他七种动量因子的跨期回归和横截面回归结果。在控制了市场、市值、账面市值比、动量及反转因子后,所有动量因子均具有显著的正向超额收益,并且分析师覆盖关联动量的收益最高,其五因子月度超额收益率为1.68%。在加入分析师覆盖关联动量因子后,其他动量因子的超额收益减小且变得不显著;当将分析师覆盖关联动量对四因子、五因子以及其他动量因子回归后,分析师覆盖关联动量的超额收益仍具有显著性,并且针对国际市场的实证检验也得出类似的结果。这说明,过去的CF收益率是目标公司未来收益率的一个强有力的预测因子,并且分析师覆盖关联因子能够识别许多以前研究过的关联因子所没有捕捉到的重要联系,先前研究的行业、地理、供应链、多元单一及技术等其他动量策略的收益可以通过它们在分析师覆盖关联动量因子上的负荷加以解释。

综上所述,分析师对于相关联公司的信息反应迟缓,并且分析师覆盖关联的领先-滞后效应对于更复杂和间接的联系会更强——与有限的投资者注意力一致,动量溢出效应这个统一的现象被共同的分析师覆盖率捕获。通过分析师共同覆盖的关联公司的股票收益,能够帮助我们实现对目标公司预期收益的预测并构建投资组合,从而获得超额收益。

15.3 其他关联信号

15.3.1 企业联盟关联

许多学者对于企业间的战略联盟进行了大量研究,主要集中于联盟企业的形成及其价值创造来源,也有学者关注联盟企业之间的业绩影响。Cao et al.(2016)关注了对企业联盟关联中的信息反应不足现象,研究了联盟伙伴企业的股票收益对标的企业的影响,虽然Boone and Ivanov(2012)发现企业在合伙人的破产申请中经历了负面的价格反应,但Cao et al.(2016)的研究表明联盟伙伴企业的正收益和负收益都会影响标的企业下月收益。每月,Cao et al.(2016)首先根据联盟伙伴企业上月平均收益率将企业划分为五分位数投资组合,然后买入前五分位数联盟企业组合的股票、卖出后五分位数联盟伙伴企业组合的股票,构建多空投资组合。结果显示,1991—2012年的样本期内,该投资策略的月度平均收益率为 89 个基点,并且这一结果在不同的风险调整、排除客户-供应商关联的联盟伙伴以及控制行业收益率的情况下都具有稳健性,证明企业联盟关联因子的有效性。

Cao et al.(2016)还证实正是企业联盟的形成而不是联盟伙伴之间预先存在的联系,导致基于企业联盟关联策略的高收益。相对于匹配企业样本,联盟成员之间的收益相关性在企业联盟形成后得以增强。并且,Heckman 样本选择测试表明,这一结果并不是由存在现有经济联系企业联盟造成的样本选择偏差驱动的,从而表明企业联盟关联的存在违反半强有效市场的效率。

15.3.2 地理关联

顾名思义,地理关联指同一区域或城市公司的股票表现之间存在的关联。同一区域公司的股票走势相关并不稀奇,许多股市行情软件都设置了区域板块指数,一些学者也对具有共同地理特征的相关公司及其领先-滞后效应的存在及来源进行了深入的探讨。

为了理解地理动量的来源,我们需要理解企业之间的关联。在分析师共同覆盖关联的基础上,Parsons et al.(2018)进一步提出区分单个公司层面以及关联公司对之间的分析师覆盖率,即不同公司被一个或者多个分析师覆盖的程度。要做到这一点,需要寻求一组公司,即使它们的个别成员暴露在共同的基本面变化之下,这些公司也通常不被同一组分析师覆盖。

如图 15-7 所示,总部位于同一城市且在相同行业运营的公司——西雅图的 Costco 和 Amazon 满足这一条件。越来越多的研究表明,共同总部的公司受到共同的基本面冲击,这会导致它们的股票收益率发生共同变动,并且由于股票分析师倾向于按行业分类而非总部所在地进行专业化,同一组分析师覆盖不同行业的公司是不寻常的,即便拥有大量分析师的公司也是如此。例如,2013 年,有 12 个分析师覆盖了 Costco,17 个分析师覆盖了 Amazon,然而没有一个分析师同时覆盖二者。由此可以提出如下假设:即使在严格审查的公司中,这种微小的分析师覆盖重叠也会导致地理关联的领先-滞后效应。

图 15-7 共同分析师 VS 共同基本面

图 15-7 展示的是两个公司可能共享的分析师跟踪和公司基本面的四种可能组合。在纵轴上,我们采用共同分析师重叠(例如,是否有任何一对公司被普通分析师共同覆盖),而在横轴上,我们采用共同基本面(例如,是否有任何一对公司拥有相同的基本面,通常由行业关联度表示)。大多数投资者关注的是左上角公司(如行业同行),而我们关注的是左下角公司(如本地同行)——突出基本面和股票收益的共同动态。

Parsons et al. (2018)开发了一个程式化模型,即一家公司提前公布收益,而另外两家公司晚些时候公布收益,收益由行业因素、地理因素和公司特定因素共同决定。因此,早期收益公告提供了关于行业因素和地理因素的信息,有助于预测后期公告者的收益。如果投资者得到充分的信息,两个后期公告者的股票价格将立即包含提前公告者的收益所隐含因素的信息,这种情况下就不存在领先-滞后效应;而如果后期公告者的股票价格只有在披露收益时才会做出反应——它们无法对早期收益公告所隐含的行业因素和地理因素做出反应,就会导致行业或地理分类投资组合之间的领先-滞后效应。Parsons et al. (2018)实证检验了同地理位置但不同行业、同行业但不同地理位置的两个投资组合的领先-滞后效应,发现两个组合的回归系数均显著,并且地理关联投资组合预测的收益率约为行业关联投资组合的 $\frac{1}{3} \sim \frac{1}{2}$。

接下来介绍地理动量组合的分析结果。每月,Parsons et al. (2018)都会根据总部位于同一城市但不属于同一行业的公司的等权重组合滞后收益率对每个公司进行排序,然后构建五分位数的价值加权投资组合并持有一个月,投资组合每月都会重新调整以保持等权重。结果表明,地理动量多空组合策略的月度平均收益率高达 42 个基点且非常显著,其阿尔法也高度稳健,这证明了地理动量因子的有效性。

综上所述,地理动量因子拓宽了投资决策的关注因素。虽然这些研究并不能明确地得出分析师应该以地理区域为重点的结论,但实证结果表明基于地理位置的收益信息可以补充证券分析师的行业信息,从而获取超额收益。

本章小结

在本章,我们主要介绍了公司间的关联信号和相关的动量策略,及其背后的理论依据和收益可预测性的影响机制。目前,学术界已经发现公司间的行业关联、供应链关联、多元单一关联、技术关联、分析师覆盖关联等动量策略,并且不断地寻找新的公司间关联信号。

投资者的重要关注点之一是了解公司如何把信息传递给市场,以及市场如何将信息包含在股票价格之中。传统的资产定价模型假定在一个完全无摩擦的市场上,信息的扩散是立即发生的,所有的公司能够同时获得信息并对信息做出反应。而实际上,由于投资者自身的有限注意力和信息处理能力的局限性,并且受到任务复杂度的影响,再加上投资者面临的市场摩擦,使得信息在市场中传播缓慢,资产价格只能逐步纳入信息,从而导致资产价格的可预测性。也就是说,我们可以通过这种领先-滞后效应,预测关联公司的股票收益。本章从具体的关联信号入手,利用公司间的关联动量因子(如客户动量、技术动量等),构建零成本的多空投资组合,从而获取超额收益。对于投资者而言,这些关联信号补充了其信息来源,拓宽了投资决策应考虑的因素,帮助他们更好地进行投资决策。

思考与讨论

1. 公司间关联信号为什么会影响资产价格的可预测性？
2. 公司间的关联信号及关联动量有哪些？
3. 如何理解行业关联与领先-滞后效应？
4. 简述客户动量策略及其原理。
5. 什么是技术动量？Lee et al. (2017)是如何构建技术动量投资策略的？
6. 简述对分析师覆盖动量的认识。

参考文献

[1] Ali, U. and D. Hirshleifer, 2020, Shared analyst coverage: Unifying momentum spillover effects, *Journal of Financial Economics*, 136(3): 649–675.

[2] Bloom, N., M. Schankerman and J. Van Reenen, 2013, Identifying technology spillovers and product market rivalry, *Econometrica*, 81(4): 1347–1393.

[3] Boone, A. L. and V. I. Ivanov, 2012, Bankruptcy spillover effects on strategic alliance partners, *Journal of Financial Economics*, 103: 551–569.

[4] Cao, J., T. Chordia and C. Lin, 2016, Alliances and return predictability, *Journal of Financial & Quantitative Analysis*, 51(5):1689–1717.

[5] Cohen, L. and A. Frazzini, 2008, Economic links and predictable returns, *The Journal of Finance*, 63(4): 1977–2011.

[6] Cohen, L. and D. Lou, 2012, Complicated firms, *Journal of Financial Economics*, 104(2): 383–400.

[7] Hou, K., 2007, Industry information diffusion and the lead-lag effect in stock returns, *Review of Financial Studies*, 20(4): 1113–1138.

[8] Lee, C., S. T. Sun, R. Wang and R. Zhang, 2017, Technological links and predictable returns, *SSRN Electronic Journal*.

[9] Parsons, C. A., R. Sabbatucci and S. Titman, 2018, Geographic lead-lag effects, *Social Science Electronic Publishing*.

第四部分

前沿量化投资方法

只有掌握更先进的量化投资方法,才能从纷繁复杂的数据中,更加及时、准确地挖掘有价值的信息

本部分主要介绍量化投资领域新兴的数据分析方法,并着眼于文本分析和大数据两方面,阐述如何运用这些前沿量化方法来优化投资实践。

第 16 章
文本分析

在本书的第三部分,我们已分别从市场参与者、市场价格、市场情绪及公司关联信号的角度,系统地学习了如何利用市场信号辅助投资决策。如今,在大数据时代的背景下,随着信息技术飞速发展,越来越多新兴的数据分析方法被日益广泛地应用于经济金融领域,为捕捉各种市场信号提供了更加即时与准确的手段。因此,在接下来的第四部分,我们将介绍一些极具应用价值的前沿量化投资方法,并基于文本分析和大数据两个方面,详细阐明如何借助这些方法提取增量信息、优化投资实践。

文本分析作为新兴数据分析方法的典型代表,已被应用于资本市场研究的诸多方面。在本章,我们将着眼于如何运用文本分析,从纷繁复杂的非结构化文本数据中挖掘阿尔法因子。首先,本章在初识文本分析一节,介绍文本分析的基本原理与主要实现技术,并针对将文本分析应用于量化投资的优缺点展开讨论;其次,聚焦基于文本分析的语调因子,说明如何提取文本中蕴含的丰富信息,并从管理层、投资者、分析师和媒体四个角度,详细介绍如何运用语调因子来解释和预测资本市场现象;最后,进一步以可读性和关注度为例,介绍文本分析在金融市场中的其他应用。阅读本章之后,读者将能够更加透彻地理解如何通过文本分析改进基本面量化投资流程,进而在投资实践中赢取超额收益。

16.1 初识文本分析

事实表明,管理层披露公司经营情况的表述方式,分析师评价公司现状和前景的语言特征,新闻媒体报道公司事件的情感偏向,以及社交平台上相关评论的集中程度等,都在一定程度上与股票后续的市场表现有关。

除了传统的定量信息,还有海量的定性信息隐藏在这些公开可得的文本中,极大地扩充了投资者可用于资产估值和投资决策的数据源。但是,这些信息隐晦的形式和复杂的内容,导致投资者将其纳入股价的速度非常缓慢,由此为我们从中找出阿尔法因子提供了契机。例如,Cohen et al. (2020) 发现,财务报告语言和结构的变化,能够有效预测公司未来的业绩,但是,在报告最初发布时,投资者会遗漏其中很大一部分信息,随着时间的推移,才会逐渐理解其中的含义,这导致报告文本的变化对股价存在显著但滞后的影响。因此,基于公司年报和季报做空"改变者"并买入"不变者"的投资组合,可以在后续一年获得 30~50 个基点的月收益,这些收益能持续累加 18 个月且没有发生逆转。从这个例子可以看出,采用适当的方法及时挖掘并充分利用文本中丰富的信息,将有助于我们更全面地还原公司与市场的真实面貌,更合理地构建投资组合,更高效地赢取超额收益。

首先,本节将阐明文本分析的含义、特征及其对基本面量化投资的作用;其次,简单介绍文本分析在财务领域的主要实现步骤与方法,搭建基础的概念框架;最后,引出将文本分析应用于投资实践时应注意的一些事项,希冀能带给读者一些启发。

16.1.1 什么是文本分析?

文本分析(textual analysis)是指通过量化从文本中抽取的特征词来表征文本信息。近年来,随着网络数据的指数级增长以及电脑或系统计算能力的快速提高,文本数据的收集和传输成本已显著降低,文本分析的准确度已大幅提升。

从样本来源看,文本数据可以采集自个人、企业、机构、政府部门及媒体等多种渠道。公司报告、电话会议记录、分析师报告、监管部门文件、新闻报道,以及贴吧、推特、微博等平台为应用文本分析提供了大量素材。不同于主要以年、季、月为发布周期的传统金融数据,文本数据的收集时频可以高达秒级,从而为高频研究奠定了基础。

文本分析在经济金融领域的应用,为优化基本面投资组合提供了无限可能。与公司当前和未来的经济活动相关的文本信息,对公司的预期收益具有重要的预测作用。投资者可以利用文本分析,挖掘目标文本集合中有意传递的信息,以及更重要的那些无意间透露的有用信息。例如,可以捕捉公司财务报告与电话会议记录中隐含的微妙情绪进行估值,还可以实时监控新闻报道及社交媒体以获取信息优势,并将这些优势转化为阿尔法因子。

16.1.2 基本原理与实现技术

通过文本分析提取阿尔法因子的关键在于,准确有效地从文本数据中找出有解释力或预测力的信息。这一过程通常包括三步:第一步,将非结构化的原始文本转化为结构化的数据矩阵;第二步,将数据矩阵转化为语调、可读性、关注度等目标信息序列;第三步,将目标信息序列用于解释和预测资本市场现象。接下来,我们先简单介绍前两步的技术背景,更细致地讨论第三步。

从原始文本到数据矩阵

我们需要将非结构化的文本信息转化为数据矩阵的形式,再利用传统的或者基于文本的方法进一步加工数据矩阵。这一过程主要涉及分词技术和词嵌入技术。

在英文语境中,分词通过空格就能简单实现,但实际操作时会将单个词语扩展至包括多个单词的词组。在中文语境中,连续的汉字序列需要按一定规范切分为词或词组。分词技术主要包括基于字符串匹配、基于理解、基于统计(最大概率/最大熵分词法)三类。对于中文分词,我们经常使用的是 NLPIR 汉语分词系统、中科院汉语词法分析系统以及 Python 的 jieba 分词工具。为了提高分词精度,在具体运用这些方法时,可以补充量化投资领域的一些重要的专有词,例如财务术语和公司名称。

实现分词后,我们需要将由所有词语构成的高维矩阵进行降维,这时词嵌入技术就派上用场了。词嵌入把维数为总词量的高维空间嵌入低维的连续向量空间,实现将文本中的词转化为词向量。词嵌入技术中常见的 Word2Vec 和 GloVe,都可以用来表示文本特征,并已被广泛应用于文本分析。

从数据矩阵到信息序列

将数据矩阵转化为目标信息序列的方法,根据事先是否存在带标签的训练集,可以分为无监督学习法和有监督学习法两类。在商业文本分析领域,常用的无监督学习法主要包括词典法和主题分类模型。有监督学习法则包括:以支持向量机和朴素贝叶斯算法为代表的经典的机器学习方法,以神经网络为代表的新兴的深度学习方法。此外,还有许多更复杂、分辨能力更强的算法正逐渐被开发和应用于文本分析。

无监督学习法

(1) 词典法。在实际应用中,词典法经常被当作文本分析的一种基准方法。词典法根据预先设定的词典,统计文本中不同类别词语出现的次数,并结合不同的加权方法提取文本信息。

词典法的第一步,是决定使用哪种词典表征目标属性。已有一些特定词典被广泛地应用,包括亨利词典(Henry Word List)、哈佛通用调查词典(Harvard General Inquirer Word Lists, GI)、乐观与悲观词典(Diction Optimism and Pessimism Word Lists)、LM 词典(Loughran and McDonald Word Lists 2011),以及中文的知网 Hownet 词典和台湾大学的 NTUSD 情感词典。这些词典可用于衡量年报、公司电话会议、招股说明书、报纸文章及新闻稿等蕴含的信息。目前,财务文本分析更多使用的是 LM 词典。LM 词典基于大量 10-K 文件的词语使用情况,根据一个词在商业场景中最可能的解释来建表。LM 词典分为六个部分(分别为积极的、消极的、不确定的、诉讼的、强情态的、弱情态的),较为全面地囊括了财务沟通中常见的正面词及负面词。

此外,还有许多自行构造词表不断涌现,对特定词典进行补充拓展。例如,财务导向词表(Matsumoto et al.,2011)、经理人欺骗性语言词表(Larcker and Zakolyukina,2012)、经济词表(Da et al.,2014)、财务约束词表(Bodnaruck et al.,2015)、经济政策不确定性词表(Baker et al.,2016)、产品描述词表(Hoberg and Phillips,2016)、油价词表(Loughran et. al.,2019)等。针对中文语境,也有学者就具体问题编制了新的词集,例如财经媒体词表(汪昌云和武佳薇,2015)、金融科技词表(王靖一和黄益平,2018)、YZZ 词表[①](You et al.,2018)、金融情绪词表(Li et al.,2019)等。我们在本章参考文献中列出了应用这些词表的论文,以供读者根据目标文本的特征选取合适的词表,或自行调整构建新的词表。

在确定词典后,第二步是对词语赋权。除了简单地使用比例加权,在某些情境下,我们还想根据词的重要性调整其权重。常见的加权方法包括等权重、词频-逆文本频率加权(TF-IDF)和对应变量加权,三种方法各有千秋。等权重法假定每个词的重要性等同,非常简便易行。而 TF-IDF 同时考虑了词在文档中出现的频率以及含有该词的文档数,赋予出现较少但有重要含义的词较大权重,赋予出现较多但缺乏实际含义的词较小权重。对于中文语境和年报文本,TF-IDF 的分类精度通常比等权重法要高。而对应变量加权,顾名思义,是根据词语与收益率、波动率等对应变量的关系来加权。因此,这种方法不依赖于词典的设定,同时能够降低人为赋权的主观性。

综上所述,根据具体应用场景选择合适的词典,并采用恰当的方法赋予词语合适的权重,可以提高识别能力和分类精度。鉴于词典法的内在属性,该方法对于短文本和词间逻辑关系较弱的文本具有更强的信息提取能力。

(2)主题分类模型。在商业文本分析中,另一种常用的无监督学习法是主题分类模型。主题分类模型可以用于识别文本或文本集的主题,进而将文本或文本集按主题分类。该方法依据每个词与主题的内在关系来降低文本矩阵的维度,本质上类似于对词进行因子分析。

---

① You et al.(2018)基于中文财经新闻文本的词表(简称 YZZ 词表)。

潜在语义分析（latent semantic analysis，LSA）是出现最早的一种主题分类模型。该模型通过奇异值分解来实现降维，可以避免基于计数的方法对同义词和多义词的限制。后来，LSA又发展为概率潜在语义分析（probabilistic latent semantic analysis，PLSA）和潜在狄利克雷分布（latent Dirichlet allocation，LDA）。LDA可用于识别文本集合中潜在的主题结构，并找出最能代表数据的主题模型。与LSA类似，LDA也是使用文档矩阵将词语空间降维至用户指定的程度，并生成概念或主题的权重。但是，二者的估计框架存在差异。LSA利用奇异值分解识别维度约束的正交基础，而LDA基于贝叶斯模型将文本视为潜在主题的混合体。需要注意的是，LSA和LDA应用于大型文本是最有效的。

有监督学习法

如果已具备高质量的训练集与明确的模型选择标准，我们还可以使用有监督学习法进行文本分析。

（1）经典的机器学习方法。文本分析中最常用的机器学习方法包括支持向量机（support vector machine，SVM）和朴素贝叶斯算法（naïve Bayes）。此外，K近邻算法、最大熵法等在文本分析中也有应用，但它们的表现和前两者相似。

支持向量机的基本思想是，找出能正确划分训练集而且能使不同类别的点间几何间隔最大的分离超平面。支持向量机进行分类和回归分析的一般步骤为：首先，采用独热表示法（one-hot repnsentation）或Word2Vec方法等将文本转换为向量；其次，通过训练集学习文本向量与所属类别的关系，交叉验证所得模型；最后，将训练出的最优模型用于预测所有文本的类别。支持向量机已被应用于资本市场研究的许多方面，例如度量论坛帖子中的投资者情绪以及提取新闻中隐含的波动率指数。

朴素贝叶斯算法基于贝叶斯理论分析样本文档及训练程序，是资产定价领域目前最受欢迎的有监督词语分类方法。朴素贝叶斯算法处理文本分类问题的一般步骤为：首先，根据训练集学习文本中词语与所属类别的关系，计算文本属于不同类别的先验概率和条件概率分布；其次，根据文本中的词语特征,结合贝叶斯条件概率公式,求出该文本属于不同类别的条件概率;最后,根据最大后验假设,将目标文本归入有最大后验概率的一类。如今,朴素贝叶斯算法也已被应用于诸多类型的商业文本。

(2)新兴的深度学习方法。深度学习的概念起源于人工神经网络,包含多个隐藏层的多层感知器就是一类典型的深度学习结构。不同于传统方法,新兴的深度学习方法探索样本数据的内在规律和表征层次,可以更有效地进行非线性分类;但是,该方法要求有足够大的训练集以训练参数。随着训练样本不断扩大,深度学习方法的优势更加明显。

深度学习方法基于类似人脑的网络组织,利用多重非线性变换构成多个处理层,从而对数据进行高层抽象。该方法的实现过程可以概述为:输入层的特征向量经多个隐藏层的变换,最后在输出层实现分类。常用的深度学习方法包括卷积神经网络(convolutional neural network,CNN)、循环神经网络(recurrent neural network,RNN)和深度神经网络(deep neural network,DNN)。人工智能技术的飞速发展,使得深度学习方法在文本分析应用中的强大能力日益凸显。

16.1.3 讨论与展望

综上所述,文本分析可以通过更充分地开拓和挖掘数据源,帮助市场参与者将非结构化的模糊信息转化为更易于分析的结构化数据,并获得更多有助于估值和投资的增量信息。这种天然优势,使文本分析在量化投资领域具有光明的应用前景,但在具体操作文本分析时,有几处需要注意的地方。

首先,文本分析以及更一般的定性分析,与定量分析最显著的区别在于不精确性。定量研究在提取样本信息时,通常会利用特定的规范来确定具体的统计方法和推断技术。而当我们运用文本分析提取文字的深层信息时,必须意识到词语的含义是不明确的。多数情况下,词语的含义取决于上下文以及它是何时由谁撰写的。此外,文本有意或无意传达的信息都值得挖掘。例如,经理人在电话会议中使用较多诸如"可能""或许"的弱情态词,可能表明公司正面临麻烦。

其次，利用词典进行文本分析具有明显的优势，但也存在一些必须避开的陷阱。优势在于：第一，词典一旦选定，可以避免研究者的主观性；第二，计算机程序会将词频制表，因此该方法可以扩展到大样本；第三，词典的可复制性便于我们重复已有的分析。但是，一些词典可能存在错误分类。例如，在哈佛通用调查词典中，近75%的负面词（如资本成本、折旧、董事会监督等）在财务报告中出现时一般没有消极含义。此外，一些负面词可能只是特定行业中的常用词。例如，当制药、石油和采矿业公司使用癌症、原油和矿山等词语时，很可能并不包含消极信息。因此，我们在分析商业文本的语调时，不应使用根据商业领域外情境得出的词典，而应采用专门为商业交流而设计的词典。不过，如果将根据年报文件总结出的LM词典不加修改地应用于电话会议记录、报刊文章、帖子推文等其他文本，或者直接翻译成中文应用于中文语料，也可能出现问题。为应对这一问题，我们可以根据目标语料的具体应用场景，采用更具针对性的词典或对已有词典进行调整，也可尝试将多种词典结合使用或针对研究问题自行搭建新的词典。

除了词典，我们还需要仔细考虑已有的算法和程序在量化投资领域的适用性与有效性。财务文本中大量的术语、列表以及其他复杂的格式，增加了消除句子歧义的难度，导致一般的算法和程序不能很好地应用于财务文本。所以，除非被证明在量化投资领域是有效的，否则我们同样应避免直接使用从其他学科得到的算法或程序。最好的解决办法还是采用基于资本市场开发的技术，例如Notre Dame财会软件存储库[①]（SRAF）中的Python程序等。

再次，在分析的过程中，看似简单的一步其实可能是复杂的，而且在很多情况下并不稳定。根据齐普夫定律（Zipf's Law），大多数文本经常使用极少数词语，因此一个词语的错误分类就可能严重影响文本分析结果。在现实中，导致这种错误分类的因素有很多。例如，人们很少会通过否定负面词进行积极的陈述，但经常使用正面词进行消极的陈述，就像一个细心的经理人在解雇员工时，使用的词可能绝大部分是正面的。虽然这个问题貌似可以通过定位正

[①] Notre Dame Software Repository for Accounting and Finance，下载地址：http://sraf.nd.edu。

面词周围的否定词来解决,但这实际上远比在目标词前寻找"不"和"不是"等词复杂得多。这一问题可能会降低词表的增量信息,导致所测得的语调是模糊的。目前,多数文本分析应用依赖于词典法,而非其他更复杂的特征选择方法。比如,朴素贝叶斯算法就是对词语进行识别和加权的另一种手段。但是,究竟是简单的算法转换(如 TF-IDF)还是复杂的学习方法更适用于分类,还有待商榷。虽然词典法在某些情境下是最优的,但基于机器学习的现代方法在性能方面或许更胜一筹,可能具备更强的收益预测能力。

最后,对词语非穷尽的选择还可能导致内生性问题。如果一个词被公认为正面的,那么管理层可能会故意多使用这个词;反之,如果一个词被打上负面的标签,那么管理层可能更倾向于避开这个词。因此,语言的精微玄妙使人类而非机器才是信息最有效的仲裁者,这也促使我们在文本分析领域不断开拓新的边界。

16.2　基于文本分析的语调因子

语调(tone)是指文本信息所表达的积极(正面)或消极(负面)的情感倾向。在金融市场领域的文本分析中,最常被用于刻画文本特征的就是语调因子。更加积极的语调,可以通过采用更积极的方式进行表述或集中阐述积极的结果来实现(Henry,2008)。公司管理层、投资者、分析师及媒体等相关方的语调越积极,往往预示着股票未来的收益率越高、波动性越低;相反,各方有意或无意间流露的消极情绪,则可能与较低的股票收益率和较大的波动性相关。接下来,本节就将从管理层语调、投资者语调、分析师语调和媒体语调四个方面,具体阐述如何使用语调因子来解释和预测资本市场现象,为读者从中发掘阿尔法因子提供一些思路。

16.2.1　管理层语调

公司管理层发布的文件,是公司与市场投资者沟通的窗口,也是投资者了解上市公司业绩的重要信息来源。相较于数字化的财务报表,管理层披露的其他文本对捕捉公司基本面信息同样甚至更加重要,能够为公司的利益相关者提供增量信息。这些文本主要包括公司财务报告、盈余公告、电话会议记录、招股说明书、社会责任报告等。

已有研究表明,管理层在分析当前经营状况和讨论未来发展前景时流露出的语调具有前瞻性,能较为准确地预测公司未来的业绩,并往往会引发显著的市场反应(Li,2010;Loughran and McDonald,2011;谢德仁和林乐,2015)。管理层的话语能既直接又微妙地表达其对公司业绩的预期,其语调的积极程度通常与公司未来的股票表现正相关,即更乐观的语调往往预示着更高的股票收益,而悲观的语调可能预示着股价走势不尽如人意。需要注意的是,管理层试图利用语言来告知还是误导市场参与者尚未可知。Huang et al. (2014)研究发现,公司在财务报告和盈利新闻稿中异常积极的语气,可能与后续盈利及现金流表现不佳有关。此外,Rogers et al. (2011)从诉讼风险的角度指出,盈余公告乐观程度更高的公司,更有可能被股东起诉。

为了使读者对语调因子有更清晰的了解,我们以 Li(2010)为例,具体介绍利用管理层语调进行公司基本面分析的内在机理。Li(2010)以 1994—2007 年为研究期间,采用朴素贝叶斯机器学习算法,对超过 14 万份 10-Q 和 10-K 文件中约 1 300 万条前瞻性陈述的语调和内容进行分类,探讨管理层讨论与分析部分(MD&A)中前瞻性陈述的决定因素与信息含量。

Li(2010)首先从 10-Q 文件的管理层讨论与分析部分随机选取 3 万个前瞻性陈述句,并按语调(积极、消极)和内容(盈利能力、流动性等)两个维度进行手工分类;然后,将这些句子作为训练数据,对 10-Q 和 10-K 文件中其他前瞻性陈述的语调和内容进行分类。研究发现,当期业绩更好、应计项目更少、规模更小、市账率更低、收益波动性更小、成立时间更长、管理层讨论与分析的 Fog 指数更低的公司,往往具有更积极的前瞻性陈述,即使在控制了影响未来业绩的其他因素后,前瞻性陈述的平均语调也与未来盈利和流动性正相关。Li(2010)还表明,尽管旨在增加管理层讨论与分析披露的法规不断强化,但管理层讨论与分析的信息内容并未随时间的推移而发生系统性变化。此外,管理层讨论与分析的语调有助于减轻应计项目的错误定价。若管理层警告了应计项目对未来业绩的影响,即当应计项目为负(正)时,管理层讨论与分析的语调为正(负),则应计项目与未来收益无关。最后,Li(2010)发现,基于词典(Diction)、哈佛通用调查词典(General Inquirer,GI)、语言调查和单词计数词典(Linguistic Inquiry and Word Count,LIWC)三种常用词典来衡量语调,并不能有效预测公司未来业绩,这表明词典法可能不适用于分析公司财务报告。

因此,公司财务报告中管理层讨论与分析部分前瞻性陈述的语调对公司未来的业绩与流动性有很强的解释力,这表明管理层信息披露文本的语调具有丰富的信息含量,有助于投资者进行量化分析。

16.2.2 投资者语调

投资者是金融市场的直接参与者,他们对市场的心理预期会直接影响股市的交易量和波动性。搜索引擎、财经贴吧、推特、微博、微信公众号及其他数据库,都可以作为分析投资者语调的语料库。网络信息的交互性与即时性,允许我们按周频、日频、时频甚至分、秒等更高的频率,挖掘投资者的搜索关键词、帖子及推文等信息。投资者的乐观程度通常与公司股价对盈余公告的即时反应和未来超额收益正相关(Bartov et al.,2018),而语调的分歧越大,后续的股票交易量与股价波动性可能越大(Antweiler and Frank,2004)。此外,投资者的负面情绪对成交量和报价量的影响远大于正面情绪,其恐慌情绪对市场的冲击往往更为猛烈(Agrawal et al.,2018)。

接下来,我们以 Bartov et al.(2018)为例,更详细地介绍如何利用投资者语调来预测公司盈余和股价走势。Bartov et al.,(2018)以 2009—2012 年作为研究期间,基于罗素 3000 指数 3 604 家公司的 33 186 个公司季度的总计 869 733 条推文,分析推特信息对季度盈余和股价的预测作用。他们分别使用贝叶斯方法和词典法,度量每条关于股票评价的推文的语调,进一步得出观测窗口期内相关推文的总体语调,语调得分越高意味着评价越积极。

Bartov et al.(2018)首先考察推特信息的语调能否预测季度盈余,检验发布季度盈余公告前 9 个交易日的推文对季度盈余的预测作用,发现推特信息有助于预测公司盈余。其次,该研究分析推特信息能否预测未来收益。

Bartov et al.(2018)检验发布季度盈余公告前9个交易日的推文的语调能否预测季度盈余公告日前后1个交易日的买入并持有的超额收益,发现语调的系数显著为正,即推特信息有助于预测股票的未来收益,推文语调越积极则预期收益表现越好。

因此,推特信息的语调能够预测公司的季度盈余和股票收益。该结论的逻辑可以用"群体智慧"来解释:推特多样化的用户能从多维度提供相互独立的见解,这在一定程度上克服了传统信息渠道中潜在的从众效应,从而更准确地预测公司盈余和股票收益。

16.2.3 分析师语调

分析师是资本市场上的重要信息中介,可以通过收集资料、数据分析、实地调研等方式,就公司业绩等方面发布研究报告,由此向市场传递有关公司价值的信息。分析师对公司基本面的真实表述和可靠预测,有助于提高信息透明度、引导价值投资、优化资源配置。分析师报告是分析师的最终研究成果,反映了分析师对企业未来发展的预估与判断。典型的分析师报告,不仅提供了盈利预测、目标股价、推荐评级等定量信息,还包含了诸如前瞻性陈述等许多定性信息,这些信息能够弥补财务报告的不足。分析师撰写报告时语调的乐观程度,往往与报告发布后的市场反应显著正相关。如果分析师报告对某家公司的语调更积极,就可能预示着该公司的财务状况稳定、发展前景良好;而当分析师察觉到公司存在较大的不确定性时,出于风险规避的偏好,可能会表露更消极的语调(Twedt and Rees,2012;Huang et al.,2014)。

我们以 Huang et al. (2014)为例,具体说明分析师语调如何提供增量信息,进而帮助投资者做出更合理的决策。Huang et al. (2014)以 1995—2008 年作为研究期间,使用朴素贝叶斯机器学习方法,从标准普尔500公司发布的363 952份分析师报告中提取文本意见。他们将报告中超过2 700万条句子分为中性、积极或消极,统计显示分析师报告平均由53%的中性句子、33%的积极句子和14%的消极句子组成,报告的语调随着股市的繁荣和萧条而变化,且在2001年后变得不那么乐观。

Huang et al.(2014)发现,市场对文本意见的反应是显著的。文本意见的利好程度每增加1个标准差,就会带来41个基点的两日超额收益。此外,当附带的文本意见更积极(消极)时,市场对报告中有利(不利)的量化指标的反应也更强烈。这表明,分析师报告文本既能独立地提供信息,也能帮助投资者解读报告中的其他信号。Huang et al.(2014)通过比较投资者对积极和消极文本的不同反应,发现投资者对消极文本的反应更强烈。他们进一步地探讨报告的不同特征对文本信息内容的影响,发现当分析师报告更强调非财务主题、写得更确切或更简洁、同一报告中其他信息的感知有效性更低时,投资者对分析师报告文本意见的反应更强烈。

在盈利预测方面,Huang et al.(2014)证明了分析师报告文本可以预测随后五年的盈利增长,而且比定量指标的预测能力更强。这是由于分析师在报告文本中提供了详细的基本面分析,其中的很多内容(如对公司管理质量、资本投资和战略联盟的评价)都会影响长期盈利。此外,消极文本在预测盈利增长方面的信息量几乎是积极文本的两倍,这与投资者对消极文本的反应较强相一致。

因此,分析师报告的语调,有助于真实、客观地反映分析师对公司未来财务状况的态度,比定量指标提供了更多有关公司预期盈利的信息。投资者可以通过解读分析师阐述公司现状与展望公司前景时的语调,预测公司基本面的变化。

16.2.4 媒体语调

除了公司管理层、投资者及分析师,新闻媒体作为市场信息的主要收集者、加工者与传播者,也能为我们进行基本面量化投资分析提供重要参考。新闻媒体报道,尤其是财经类新闻,包含与公司经营活动相关的许多有用信息。若媒体对某公司或基金使用的语调更积极,则该公司或基金未来可能会获得更多的投资额并产生更高的收益,公司股价也会上升;而媒体较为悲观的语调,可能与后续较低的股票收益以及较大的股市波动有关(Tetlock et al.,2008)。此外,微博、推特等社交媒体作为新型信息的核心来源,具有全球性和即时性的特征,也能提供大量有助于估值和投资的文本(Loughran and McDonald,2016)。但是,社交媒体信息中多种多样的俚语、讽刺语、表情符号以及其他多变的表达方式,增加了区分媒体语调的难度。

我们以 Tetlock et al.(2008)为例,说明如何挖掘媒体中蕴含的丰富信息,以预测股票的未来收益。Tetlock et al.(2008)以 1980—2004 年作为研究期间,将标准普尔 500 公司和来自 DJNS 与 WSJ 的超过 35 万篇新闻报道作为研究对象,利用词袋模型将报道中的文本信息向量化,并运用 Harvard-IV-4 社会心理学词典分析新闻媒体中词汇的语调,进而得出消极语调词汇的词频。

考虑到如果媒体报道中的负面信息能够预测股价,那么需要包含有关公司未来现金流或投资折现率的新信息,Tetlock et al.(2008)先检验了媒体报道中的负面信息能否预测公司盈余。其研究发现,在[−30,−3]的时间窗口,消极语调词汇的系数显著为负,在控制了历史收益、分析师预测等其他信息后,这种关系仍然存在。所以,新闻媒体报道中的负面词汇可以预测公司基本面。

基于此,Tetlock et al.(2008)又检验了新闻媒体报道中的负面词汇能否预测股价。他们将股票按前 1 个交易日的媒体语调分为积极与消极两组,语调积极一组为买入组,语调消极一组为卖出组,每日换仓一次。回测结果显示,在不考虑交易成本的情形下,该策略可获得 21.1% 的累计年化收益率。使用 Fama-French 三因素模型、Carhart 四因素模型的回归结果显示,该策略的超额收益十分显著,阿尔法为每日 10.13 个基点。进一步地,Tetlock et al.(2008)探讨了与公司基本面直接相关的新闻报道是否预测能力更强。他们根据新闻报道中是否包含"盈利"(earn)一词来判断新闻是否与公司基本面相关,发现与公司基本面直接相关的新闻报道具有更强的预测能力。

因此,媒体报道中的相关负面词汇能够补充已有信息,有助于实现对公司基本面的预测,进而实现对预期收益的估计。基于媒体语调构建投资组合,可以为投资者带来显著的超额收益。

16.3 其他应用

在前两节,我们了解了如何使用文本分析的技术方法对市场上的非结构化信息进行量化分析,以及如何基于文本分析的语调因子构建基本面量化投资策略。接下来,我们将聚焦于可读性和关注度这两个方面,进一步介绍文本分析的其他应用。

16.3.1 可读性

文本首先要可读,才能被市场参与者利用。可读性是衡量信息披露的一个关键属性,不同于语调侧重于从文本中提炼出有用的信息,可读性试图衡量文本使用者的解读能力,因为这决定了使用者能否合理、高效地提取文本所包含的信息。

在量化投资实践中,可读性代表了投资者和分析师将商业文件中的估值相关信息整合到股价中的能力。为了准确捕捉到价值信号,投资者需要充分理解目标文本的内容。显然,清晰、简洁的文字更易被投资者理解,即更具可读性。此外,投资者的注意力较为有限,烦冗的语言会分散投资者对重要信息的注意力。所以,在其他条件相同的情况下,文本的可读性越强,市场反应往往越积极,盈余反应系数和累计超额收益也会越高。

当公司的层级结构或商业模式的复杂程度越高时,所提供年报的篇幅往往越大,也越难读懂,由此会降低投资者将信息快速纳入当前股价的能力,股票后续的收益率和波动性也会受到影响。年报可读性越高的公司,通常其业绩表现越好,盈利持续性越强,也越受投资者青睐;相反,业绩较差的公司,需要使用更多的文字篇幅和语言技巧向投资者充分解释情况,导致其年报往往较难阅读。分析师报告等其他文本的可读性,也与市场反应有关。分析师报告的可读性越强,后续引发的交易量通常越大。但是,文件更易读也可能导致不成熟的投资者对信息反应过度。

可读性的度量主要依据文本大小、句子长度、词语数量、复杂词语占比、图表数量等。其代理指标大多是句长和音节等相关指标的线性组合。例如传统的可读性指标(如 Fog 指数)就取决于文本的平均句长(每句的平均字数)和复杂词(音节超过两个的单词)占比。例如 Flesch-Kincaid 指数只是将 Fog 指数的第二个输入项换成单词的平均音节数。而 Flesch Reading Ease 指数,使用的是与 Flesch-Kincaid 指数相同的输入项,不过将线性组合的范围扩展到 0~100。

但是,这类指标并不完全适用于商业文本。根据 Fog 指数的假设,多音节词占比的增加会降低文档的可读性,然而商业文本中出现频率最高的多音节词是"公司"(company)、"财务"(financial)、"管理"(management)、"员工"(employee)和"客户"(customer)等容易被投资者理解的词语。此外,多音节词在制药等行业中也经常出现。因此,将音节数作为复杂词的界定标准失之偏颇。

针对 Fog 指数的这一缺陷,一些替代性指标应运而生。例如,文件大小、年报页数、字符长度,以及文件词汇量、常用词量、术语量等,都能用于衡量商业文本传递增量信息的有效性。不过,虽然文件大小等指标适用于年报等文本,但它们对较短、变动较小的商业文件(如新闻稿和电话会议记录)可能并不适用。鉴于这些指标过于简单以致不够准确,近年又有 Bog 指数等新的指标被相继提出。Bog 指数由专用软件生成,同时考虑了文件句长、复杂词、术语、弱动词及被动语态,为衡量文本的可读性开辟了另一条途径。此外,还有一些针对中文文本的调整,比如中文年报可读性指数(丘心颖等,2016)、常用汉字词语占比(孟庆斌等,2017)、文本逻辑和字词的复杂性(王克敏等,2018)等。我们在量化投资实践中确定可读性指标时,必须结合具体的应用场景。

16.3.2 关注度

信息只有被市场参与者关注到,才能经由交易行为传递到资产价格中。无论是投资者、分析师还是媒体,其注意力都是有限的,并非所有的股票都会得到关注。因此,除了语调和可读性,不同主体对特定公司、行业或市场的关注度也可以为基本面估值和投资提供丰富的增量信息。

分析投资者对股票的关注度,有助于预测股价的未来表现。由于散户投资者持有的股票较少、信息加工能力较弱、对新消息的反应不足,因此高散户关注度往往预示着较高的短期收益率,但长期可能出现收益率反转(Barber and Odean,2008;Da et al.,2011)。机构投资者由于持仓较多、处理信息的技巧更娴熟,因此能更迅速地捕获和利用重要信息(Ben-Rephael et al.,2017)。反映散户投资者关注度的文本数据,主要包括股民在百度、谷歌等搜索引擎中对特定股票的搜索次数、在网络论坛的发帖量以及财经节目的收视情况等;而直接反映机构投资者关注度的文本数据相对较少。鉴于彭博社的用户主要是机构投资者,我们可以分析彭博社使用者对股票新闻的搜索与阅读频率等,衡量机构投资者关注度。

分析师关注度也蕴含与价值相关的增量信息。分析师依靠收集、加工信息的相对优势,为市场参与者提供反映证券内在价值的信息。我们可以用跟进公司的分析师数量来衡量分析师关注度。跟进某家公司的分析师越多,说明市场对该公司信息的需求越大,而分析师通过持续跟进,从公司获得的信息也会越多(Bhushan,1989)。同时,跟进一家公司的分析师数量的增加会加剧竞争,使预测准确度随之提升,从而有助于提升资本市场的信息透明度。因此,分析师关注度包含了有关后续市场表现的重要信息,可以用于预测股票未来的超额收益。

本章小结

在本章,我们详细阐述了文本分析的主要方法以及如何将文本分析应用于基本面量化投资。文本分析可以更充分地拓展和挖掘数据,帮助市场参与者将非结构化的模糊信息转化为更易于分析的结构化数据,从中获得更多的有助于估值和投资的增量信息。在金融市场领域的文本分析中,我们可以提取公司年报、定期公告、分析师报告、新闻媒体、社交媒体等包含的文本信息,构建刻画语调、可读性、关注度等文本特征的指标以预测股票收益,发现阿尔法因子并指导投资决策。

思考与讨论

1. 使用文本分析时应关注哪些因素？
2. 金融市场领域的文本特征的刻画指标有哪些？
3. Tetlock et al. (2008)是如何利用文本分析获得超额收益的？

参考文献

[1] Agrawal, S., P. D. Azar, A. W. Lo and T. Singh, 2018, Momentum, mean-reversion, and social media: Evidence from Stock Twits and Twitter, *The Journal of Portfolio Management*, 44(7): 85-95.

[2] Antweiler, W. and M. Z. Frank, 2004, Is all that talk just noise? The information content of internet stock message boards, *The Journal of Finance*, 59(3): 1259-1294.

[3] Baker, S. R., N. Bloom and S. J. Davis, 2016, Measuring economic policy uncertainty, *The Quarterly Journal of Economics*, 131(4): 1593-1636.

[4] Barber, B. M. and T. Odean, 2008, All that glitters: The effect of attention and news on the buying behavior of individual and institutional investors, *The Review of Financial Studies*, 21(2): 785-818.

[5] Bartov, E., L. Faurel and P. S. Mohanram, 2018, Can Twitter help predict firm-level earnings and stock returns? *The Accounting Review*, 93(3): 25-57.

[6] Ben-Rephael, A., Z. Da and R. D. Israelen, 2017, It depends on where you search: Institutional investor attention and underreaction to news, *The Review of Financial Studies*, 30(9): 3009-3047.

[7] Bhushan, R., 1989, Firm characteristics and analyst following, *Journal of Accounting and Economics*, 11(2-3): 255-274.

[8] Bodnaruk, A., T. Loughran and B. McDonald, 2015, Using 10-K text to gauge financial constraints, *Journal of Financial and Quantitative Analysis*, 50: 623-646.

[9] Brogaard, J. and A. Detzel, 2015, The asset-pricing implications of government economic policy uncertainty, *Management Science*, 61(1): 3-18.

[10] Bushee, B. J., J. E. Core, W. Guay and S. J. Hamm, 2010, The role of the business press as an information intermediary, *Journal of Accounting Research*, 48(1): 1-19.

[11] Carhart, M. M., 1997, On persistence in mutual fund performance, *The Journal of Finance*, 52(1): 57-82.

[12] Cohen, L., C. Malloy and Q. Nguyen, 2020, Lazy prices, *The Journal of Finance*, 75(3): 1371-1415.

[13] Da, Z., J. Engelberg and P. Gao, 2011, In search of attention, *The Journal of Finance*, 66(5): 1461-1499.

[14] Da, Z., J. Engelberg and P. Gao, 2014, The sum of all fears investor sentiment and asset prices, *The Review of Financial Studies*, 28(1): 1-32.

[15] Fama, E. F. and K. R. French, 1993, Common risk factors in the returns on stocks and bonds, *Journal of Financial Economics*, 33(1): 3-56.

[16] Henry, E., 2008, Are investors influenced by how earnings press releases are written? *Journal of Business Communication*, 45(4): 363-407.

[17] Hillert, A., H. Jacobs and S. Muller, 2014, Media makes momentum, *The Review of Financial Studies*, 27(12): 3467-3501.

[18] Hoberg, G. and G. Phillips, 2016, Text-based network industries and endogenous product differentiation, *Journal of Political Economy*, 124(5): 1423-1465.

[19] Huang, A. H., A. Y. Zang and R. Zheng, 2014, Evidence on the information content of text in analysts' reports, *The Accounting Review*, 89(6): 2151-2180.

[20] Huang, X., S. H. Teoh and Y. Zhang, 2014, Tone management, *The Accounting Review*, 89(3): 1083-1113.

[21] Huberman, G. and T. Regev, 2001, Contagious speculation and a cure for cancer: A nonevent that made stock prices soar, *The Journal of Finance*, 56(1): 387-396.

[22] Larcker, D. F. and A. A. Zakolyukina, 2012, Detecting deceptive discussions in conference calls, *Journal of Accounting Research*, 50(2): 495-540.

[23] Li, F., 2010, The information content of forward-looking statements in corporate filings: A Naïve Bayesian machine learning approach, *Journal of Accounting Research*, 48(5): 1049-1102.

[24] Li, J., Y. Chen, Y. Shen, J. Wang and Z. Huang, 2019, Measuring China's stock market sentiment, Available at SSRN 3377684.

[25] Loughran, T. and B. McDonald, 2014, Measuring readability in financial disclosures, *The Journal of Finance*, 69(4): 1643-1671.

[26] Loughran, T. and B. McDonald, 2016, Textual analysis in accounting and finance: A survey, *Journal of Accounting Research*, 54(4): 1187-1230.

[27] Loughran, T. and B. McDonald, 2011, When is a liability not a liability? Textual analysis, dictionaries and 10-Ks, *The Journal of Finance*, 66(1): 35-65.

[28] Loughran, T., B. McDonald and I. Pragidis, 2019, Assimilation of oil news into prices, *International Review of Financial Analysis*, 63: 105-118.

[29] Matsumoto, D., M. Pronk and E. Roelofsenr, 2011, What makes conference calls

useful? The information content of managers' presentations and analysts' discussion sessions, *The Accounting Review*, 86(4): 1383-414.

[30] Pástor, L. and R. F. Stambaugh, 2003, Liquidity risk and expected stock returns, *Journal of Political Economy*, 111(3): 642-685.

[31] Rogers, J. L., A. Van Buskirk and S. L. Zechman, 2011, Disclosure tone and shareholder litigation, *The Accounting Review*, 86(6): 2155-2183.

[32] Tetlock, P. C., 2007, Giving content to investor sentiment: The role of media in the stock market, *The Journal of Finance*, 62(3): 1139-1168.

[33] Tetlock, P. C., M. Saar-Tsechansky and S. Macskassy, 2008, More than words: Quantifying language to measure firms' fundamentals, *The Journal of Finance*, 63(3): 1437-1467.

[34] Twedt, B. and L. Rees, 2012, Reading between the lines: An empirical examination of qualitative attributes of financial analysts' reports, *Journal of Accou8nting and Public Policy*, 31(1): 1-21.

[35] You, J., B. Zhang and L. Zhang, 2018, Who captures the power of the pen? *The Review of Financial Studies*, 31(1): 43-96.

[36] 孟庆斌、杨俊华、鲁冰，2017，管理层讨论与分析披露的信息含量与股价崩盘风险——基于文本向量化方法的研究，《中国工业经济》，第12期，第132—150页。

[37] 丘心颖、郑小翠、邓可斌，2016，分析师能有效发挥专业解读信息的作用吗？《经济学（季刊）》，第4期，第1483—1506页。

[38] 汪昌云、武佳薇，2015，媒体语气，投资者情绪与IPO定价，《金融研究》，第9期，第174—189页。

[39] 王靖一、黄益平，2018，金融科技媒体情绪的刻画与对网贷市场的影响，《经济学（季刊）》，第4期，第1623—1650页。

[40] 王克敏、王华杰、李栋栋、戴杏云，2018，年报文本信息复杂性与管理者自利——来自中国上市公司的证据，《管理世界》，第12期，第120—132页。

[41] 谢德仁、林乐，2015，管理层语调能预示公司未来业绩吗？基于我国上市公司年度业绩说明会的文本分析，《会计研究》，第2期，第20—27+93页。

第 17 章
大数据方法

在前一章,我们介绍了利用文本信息分析衡量公司价值以构建投资策略。同样,互联网的快速发展也创造了很多新型数据,这些数据和文本信息一样,能够一定程度地预测股票后续的市场表现。运用大数据方法从这些新型数据中选取有效的阿尔法因子来构建选股模型,已成为越来越多投资者关注的量化投资策略。本章将从大数据方法概览、大数据方法在量化选股上的应用场景两个部分介绍如何利用大数据这一新兴的方法进行量化投资。

17.1 大数据方法概览

事实表明,亚马逊网站的商品评价信息、推特上的推文、大众盈余预测平台的预测数据、公司线上交易数据等,都能够反映股票的基本面信息,预测股票的市场表现。这些数据内容复杂、体量巨大,导致投资者关注较少、市场反应迟缓,因而我们可以利用这些信息很好地预测股票后续的市场表现并获取超额收益。当我们发现某一数据类型可能对股票的后续表现有预测作用时,运用大数据方法进行检验和分析往往是一个不错的选择。

首先,本节阐明大数据方法的含义,以及大数据方法如何应用在基本面量化投资领域;其次,简单介绍大数据方法的特征,帮助读者更好地理解大数据方法的优势;最后,阐述大数据方法的发展及其与基本面量化投资的关系,希冀能给读者带来一些思考。

17.1.1 什么是大数据方法?

大数据方法是通过获取数据并生成数据集,对数据集进行处理,运用机器学习的各种方法和技术来分析数据集,进而完成诸如模型训练、结果输出等任务的方法。它可以大致分为两大部分,即数据集的获取、处理和数据的分析。大数据方法普遍应用于各个研究领域,本章关注的是大数据方法在基本面量化投资领域的应用。

那么,大数据方法是如何应用于基本面量化投资领域的呢?首先我们可能发现某一类数据与股票的后续市场表现有关,然后从基本面信息出发,分析该类数据与基本面信息是否相关联,若是则可运用大数据分析方法对数据进行研究和验证,从中选取有效的阿尔法因子。这就是大数据方法应用于基本面量化投资的思路。以公司线上交易信息为例。线上交易运营好的公司,其管理费用、销售费用可能较低,创新和运营能力强,科技和人力投入回报高,从而可以利用这些信息预测公司未来收益的增长。因此,线上交易信息反映了公司的部分基本面状况,从而可以运用大数据方法进行分析。实证研究也证实了线上交易信息可以很好地预测股票后续的市场表现,进而证明了运用大数据方法获取阿尔法收益的基本面量化投资新思路的可行性。

17.1.2 大数据方法的特征

大数据方法最重要的两个部分:一是数据本身,二是对数据的分析。因而,我们将从数据特点和分析方法两方面对大数据方法的特征进行介绍。

从数据特点来看,首先是数据量大,通过实时地、不断地记录和存储信息,其数据量可以达到百万级甚至千万级。在本章有关大数据方法的实际应用中,客户评价意见案例使用了亚马逊网站上近1450万条客户评价信息,社交媒体数据案例则使用了约1000万条推特上的推文,可见数据量之巨大。其次是数据获取和传播迅速,即通过计算机可以快速完成数据的获取和传播。大数据方法对于数据集的整理和分析往往需要多台设备合作实现,数据在多台设备之间的快速传播,成为数据的第二个特征。最后是数据的形式多样。数据在传播的过程中,可以是 CSV、SQL 等结构化形式,也可以是 JSON、HTML 等半结构化形式,还可以是博客、视频等非结构化形式。例如,固定的商品及其对应的价格就是结构化数据;而种类不断增加的商品及其对应的价格是半结构化数据,因为商品的种类不断变化,导致原本结构化的数据也不断地增加且变化;推特上的推文、社交媒体上的图片和各类视频,它们形式多样,没有具体的结构,则是非结构化数据。

从分析方法来看,运用机器学习进行数据分析是大数据方法不可或缺的一部分。机器学习是计算机科学和统计学相结合的产物,让计算机运用统计学的各种方法对数据进行分析来完成预测、分类等任务。在金融投资领域,机器学习的运用往往是创建一个模型,利用历史数据来训练模型,通过模型揭示变量间的关系,并预测未知的结果。MATLAB、Python 和 R 语言等编程语言集成了很多机器学习方法和模型,并结合 TensorFlow、MXNet 等人工智能框架,使得复杂数据集的分析更加便捷和高效。

由于大数据方法适用于数据量大、形式多样的数据,数据的获取和传播迅速,并且结合了机器学习分析方法,使其区别于传统的数据分析方法,这为我们寻找有效的阿尔法因子提供了更有效的工具。

17.1.3 大数据方法的发展及其与基本面量化投资的关系

我们每一次使用移动支付、线上购物、发微博或分享朋友圈,都在互联网上留下了足迹,产生了新的数据。互联网的快速发展以及手机应用程序的普及,让这些数据的产生速度飞速增长,创造了各种海量的数据来源;计算机硬件的不断更新升级,家用计算机计算速度普遍达到兆数量级,数据存储能力在二十多年间增长近千倍,存储成本不断下降,为海量数据的计算和存储提供了保证;机器学习与人工智能近年来大受追捧,各类研究与创新方兴未艾,运用这两项技术分析复杂数据的方法不断涌现,让高效、准确地分析海量数据成为可能。可以说,互联网的快速发展、计算机性能的不断提高,以及机器学习和分析复杂数据方法的不断创新,为大数据方法的发展奠定了坚实的基础,并为其发展提供了巨大的动力。

接下来,我们思考大数据方法和基本面量化投资的关系是什么样的。

一方面,对于量化投资领域来说,大数据方法的应用只是基本面量化投资的方向之一。正如摩根大通 2017 年在报告 Big Bata and AI Strategies: Machine Learning and Alternative Data Approach to Investing 中所言,大数据方法对于投资领域的影响是巨大的。传统的数据源(如企业的年报、半年报和分析师给出的各项指标)都具有一定的发布周期,因而数据量有限。而大数据方法使用的数据源,数据每时每刻都在不断地更新与增加,并且可以被实时地获取和利用,这将使得市场对于信息的反应加速,而传统的数据源也将逐步丧失信息价值。同时,数据的获取和整理非常消耗时间与精力,很多研究团队更倾向于从公开的数据库或者数据公司购买已整理好的数据集,从而形成一条数据收集公司出售数据集、投资者购买数据并对数据进行分析的大数据投资产业链。值得注意的是,大数据方法仍然离不开基本的价值投资理论,它所分析的数据都与公司基本面有关,本质上仍然是价值投资理论的延伸,因而大数据方法在投资领域的应用只是基本面量化投资的其中一个发展方向,为选取有效的阿尔法因子提供新的工具方法。

另一方面,对于大数据方法的发展趋势来说,在量化投资领域的应用只是它的发展方向之一。例如,在农业方面,利用大数据方法对卫星和无人机拍摄的农田实时图像进行筛选、处理、分析,预测农作物产量、病虫害情况、最佳施肥和农药使用时间等农业生产关键因素的表现;在环境保护领域,运用大数据方法处理卫星监测数据等新型环境数据,也为更多研究者所关注。线上购物应用程序的系统智能推荐也是基于大数据方法实现的,即在购买某一类商品后,系统会推荐购买其他相关商品。由此可见,量化投资只是大数据方法发展的一个方向,我们对于大数据的认识不应局限于投资领域,大数据在其他许多领域都发挥着重要的作用。

17.2 运用大数据方法构建投资策略

在前一节,我们对大数据方法的具体内容及其发展趋势有了基本的了解,在本节,我们将具体使用客户评价意见、社交媒体数据、大众盈余预测和线上销售数据四个例子,分别介绍如何运用大数据方法构建阿尔法因子,形成相应的投资策略,帮助投资者通过这些信息获取超额收益。

我们将按照大数据方法应用于基本面量化投资领域的思路进行案例的介绍:首先从基本面相关数据出发,分析数据能否直接或间接地反映公司基本面信息,若能,则从大数据方法的数据获取、处理和数据分析两部分,对数据进行研究和验证,从中选取有效的阿尔法因子。

17.2.1 客户评价意见

客户评价意见与股价预测

客户评价意见是大数据量化投资非常重要的一部分,公司获取现金流的能力很大程度上取决于其为客户创造的价值。客户作为公司产品和服务的使用者,对产品质量及公司价值持有一定的信息。投资者如果能够通过客户对公司产品的评价意见挖掘出客户持有的那部分信息,就可以制定相应的投资策略,赚取超额收益。

然而,客户评价意见的使用面临许多问题。首先,由于"搭便车"问题的存在,客户缺乏提供产品真实信息的动机;其次,客户缺乏相应的专业知识,导致其对产品的评价可能存在系统性偏误;最后,客户也可能会受到广告及厂商诱导行为的影响,从而给出片面的评价。上述种种因素的存在导致客户评价意见被认为是主观且充满噪声的信息,这增加了利用客户评价意见预测股票价格的难度。Subrahmanyam and Titman(1999)提出,即使偶然性信息充满噪声,但如果将这类信息汇总起来,就仍然能够为公司估值提供有用的信号,这使得我们能够通过大数据方法利用客户评价意见进行量化投资。Huang

(2018)利用亚马逊网站上的顾客评价数据,实证检验基于客户评价意见的投资策略。在此,我们将详细介绍 Huang(2018)的研究,展示客户评价意见对于基本面量化投资的重要影响。

数据来源与处理过程

亚马逊是世界上最大的线上零售平台,自1995年公司开始允许顾客发布评价以来,亚马逊收集了超过2亿条顾客评价。顾客除了可以对商品进行评级,还可以发布附带的文字评价,这些评价将一直被亚马逊保留,即使是那些断货的商品也不例外。这使得客户评价意见可以被获取并得到相应的分析。

为了获取构建投资策略的数据,Huang(2018)利用网络爬虫方法,爬取了2004年7月至2015年12月超过1450万条关于346家上市公司近27万种商品的评论数据。对于每一种商品,商品名称、品牌名称、ASIN码都进行了记录,并且对于每一条评价,评价者的亚马逊ID、评价日期、星级评分以及文字评价也都收录在后台数据库中,从而为投资策略的制定提供了强有力的数据支持。

因子构建及相应的投资策略

Huang(2018)构建了"异常客户评分"指标,即某上市公司当月的平均客户评分减去前12个月的平均客户评分。在构建该因子后,将公司按照"异常客户评分"进行排序,并采取买入评分最高1%的股票、卖出评分最低1%的股票的投资策略。根据投资权重的不同,Huang(2018)构建了两种投资组合:第一种是以"评分数量"为权重构建投资组合,这种方法可以更好地发挥群体智慧的优势,提供更精确的信息;第二种是平均分配投资权重。

按"评分数量"权重买入评分最高1%的股票、卖出评分最低1%的股票,可以获得0.730%的超额收益;按平均分配投资权重买入评分最高1%的股票、卖出评分最低1%的股票,可以获得0.557%的超额收益。并且,这种投资组合的超额收益并不是由其他风险因子导致的,这说明客户评级能够反映企业的个体信息和个体风险。

Huang(2018)认为利用"异常客户评分"策略所赚取的超额收益是源于挖掘出没有被市场利用的信息。如果这个假设成立,那么对于套利成本高、分析师覆盖少、市场规模小的公司,这种收益将更加明显,因为这些公司拥有更多的没有被市场挖掘的信息。为此,Huang(2018)分别利用特质波动率、分析师覆盖率和公司规模进行相应的检验,结果与假设一致。为了验证新挖掘的信息是有关公司基本面的,Huang(2018)改变股票持有期长度,对策略收益的时间结构进行检验,其结果并没有产生明显的价格反转,从而说明"异常客户评分"策略挖掘的是反映公司基本面情况的信息。此外,Huang(2018)还利用Fama-MacBeth回归,验证了在控制诸如广告投入、盈利能力、交易量等公司特征之后,"异常客户评分"仍然对股票未来收益具有预测能力,这说明"异常客户评分"为预测公司基本面提供了新的信息,而不是其他已知因子的一种表现形式。

投资策略评价与展望

Huang(2018)利用亚马逊网站的顾客评价数据,证明了"异常客户评分"对公司股票未来收益的预测能力,为利用客户评价意见进行量化投资提供了一种思路。而随着交易渠道的发展,客户评价方式也愈加多元化,利用客户评价意见的投资策略也将发挥越来越重要的作用。

值得注意的是,在Huang(2018)的研究中,数据全部来自亚马逊网站,而亚马逊网站的商品种类可分为日常生活用品、娱乐用品、汽车零部件、电子产品和小型工业用品,其数据只包括部分行业的信息,而能源、医药、银行、保险等重工业及金融业的客户信息并未囊括到研究中,因此"异常客户评分"投资策略对于上述未被研究的行业的有效性仍待验证。

对于我国而言,目前基于客户评价意见对股票市场影响的研究较少,但国内网络购物交易可以提供大量的客户评价意见,"异常客户评分"策略具有很大的分析和研究价值。随着大数据技术的不断发展,客户评价意见在中国市场也将发挥更大的作用。

17.2.2 社交媒体数据

社交媒体数据与股价预测

随着互联网的高速发展,网络社交媒体得到大面积的应用,每时每刻提供着大量的信息,其中不乏各种商业数据,可以反映公众对于各大上市公司的实时情绪与看法。已有研究探讨传统媒体信息和股价间的关系,如 Tetlock(2007)运用最小二乘法论证媒体信息与股价之间的关系,而社交媒体数据能否预测股价的变化日益受到学者们的关注。Stubinger et al. (2018)利用因子分解机模型,选取推特上 2014 年和 2015 年的数据,研究利用社交媒体数据的投资策略。在此,我们将详细介绍 Stubinger et al. (2018)的研究成果,说明社交媒体数据对于基本面量化投资的独特意义。

社交媒体、网络新闻、博客、论坛和公告中的信息每周 7 天、每天 24 小时地发布,不断地进行着更新,变化十分迅速,并且其中部分信息可以反映出公众和投资者对上市公司的实时情绪和看法。在社交媒体中关注度高、评价好的公司,其产品和服务的销售额可能相对较高,未来更可能提高营业收入和利润并获得良好的商誉。对应的关注度低、评价差的公司,其营业收入和利润增长相对缓慢,甚至可能出现负增长的情况。基于以上分析,社交媒体数据可以反映公司的部分基本面信息,可以运用大数据方法对其进行分析。

数据获取及背景

Stubinger et al. (2018)选取 2014 年和 2015 年推特上所有有关标准普尔 500 公司的推文和高频信息(来自 S&P Dow Jones Indices 网站),建立一种基于不同复杂度因子分解机的统计套利策略,即支持向量机(SVM)、二阶 FM(SFM)、三阶 FM(TFM)和自适应阶 FM(AFM)四个模型,并在股市休市期间(下午 4:00 点到次日上午 9:30)观察标准普尔 500 公司的推文,根据收集到的信息预测股票未来的价格变化,从而决定买进和卖出,以获取超额收益。

下面是相关数据的种类和来源的介绍。

推特拥有约 13 亿个账户,每天超过 5 亿条帖子以及 40 多种语言。每条推文限制在 140 个字符以内,具有高于平均水平的信息密度。数据集包含 2014 年 1 月至 2015 年 12 月期间标准普尔 500 公司的所有推文,约 1 000 万条。

财务数据来自 QuantQuote(高分辨率日内历史股票数据的领先提供商),获取 2014 年 1 月至 2015 年 12 月标准普尔 500 公司每分钟的股票价格,相应的交易时间为美国东部时间周一至周五上午 9:30 至下午 4:00。

数据处理及因子构建

在运用大数据方法进行分析前,要对数据进行相应的处理。Stubinger et al. (2018)选取 2014 年 1 月至 2015 年 12 月有关标准普尔 500 指数成分股及其价格的所有推文。整个数据集被分为 473 个重叠的研究阶段,每个阶段的时间间隔为一天。如图 17-1 所示,前期(即形成期)在样本训练的基础上估计模型参数并确定最合适的股票,后期(即交易期)则对相应的交易集进行预测。下面,我们将详细描述形成期和交易期。

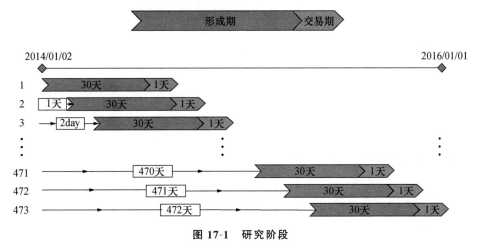

图 17-1 研究阶段

在 30 天的形成期内,每相邻的两天为一组,在每一组中,选取第一天下午 4:00 到第二天上午 9:30 时间段内的所有推文(假设有 i 条),一条推文只对应一个公司,并按照 Knoll et al. (2018)的方法,把每条推文转化为对应的文档矩阵 X_i,分别计算对应公司的预期收益 y_i。Visaltanachoti and Yang (2010)指出开盘后平均15分钟内,价格就包含了新闻信息,由此选取9:45的股票价格进行比较,即第二天上午9:45的股票价格相对于第一天下午4:00收盘价格的变动百分比。把 X_i 作为解释变量、y_i 作为被解释变量来训练模型。在形成期共有29组,按照上述方法对模型进行训练。在训练完成后,再用模型预测形成期内每条推文对应公司股票的预期收益率,与其实际观测收益率进行比较,计算对应公司股票预期收益率和实际收益率之间的均方根误差。最后选出均方根误差最小的前 S 只股票。所选股票在形成期内平均每天必须有25条以上的推文,以选出信息充足的顶级股票,并将这 S 只顶级股票转移到交易期。

如图17-2所示,在1天的交易期内,对于每只顶级股票,分别计算对应的收益率 y^o,即从最后一天下午4:00的收盘价格到当前交易日上午9:30的价格的变动百分比;然后,对于每一只顶级股票,观察休市期间该顶级股票对应公司的推文(假设有 n 条),即在下午4:00到上午9:30之间发布的推文;把该公司的每条推文 i 转化为文档矩阵 X_i,使用形成期训练完成的模型预测从下午4:00到目标时间上午9:45的预期收益率 y_i,每条推文对应一个预期收益率,并计算该顶级股票预期收益率的期望值 $\hat{\mu}_i(x)$ 和标准差 $\hat{\sigma}(x)$。

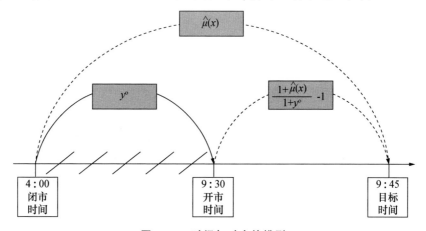

图17-2 时间与对应的模型

根据预期收益率和实际收益率之间的误差,定义成本 $c=2$ 和风险因子 $b=3$。如果在夜间没有观察到与顶级股票相关的推文,就不会执行任何交易。如果在夜间观察到至少1条与顶级股票相关的推文,那么我们将应用以下交易规则：

$$\frac{1+\hat{\mu}(x)}{1+y^0}-1 > c+b\times\hat{\sigma}(x) \tag{17-1}$$

股票被低估，则买入股票。

$$\frac{1+\hat{\mu}(x)}{1+y^0}-1 < -c-b\times\hat{\sigma}(x) \tag{17-2}$$

股票被高估，则卖出股票。

$$-c-b\times\hat{\sigma}(x) < \frac{1+\hat{\mu}(x)}{1+y^0}-1 < c+b\times\hat{\sigma}(x) \tag{17-3}$$

股票处于正常范围，则不做操作。

在交易日，用执行交易的所有顶级股票的收益计算当日的收益率。473个重叠的研究阶段对应473个连续的交易日，从而计算出年收益率。结果表明，AFM模型的年收益率最高，达到20.7%（不考虑交易成本）或13.5%（考虑交易成本）。观察四个模型的长期收益情态，如图17-3所示，投资组合长期的累计收益率向上漂移，说明社交媒体数据具有长期的预测意义。

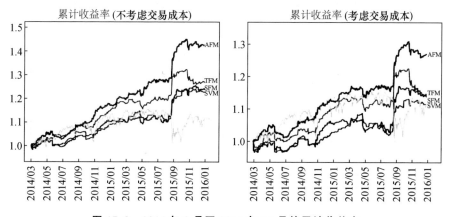

图 17-3　2014 年 3 月至 2015 年 11 月的累计收益率

Stubinger et al. (2018)发现，综合考虑社交媒体信息及财务信息，并在休市期间持续关注相关推文，投资者可以更加准确地预测股票的未来收益，并且可以利用社交媒体信息赚取超额收益。这说明社交媒体数据和传统媒体数据同样具有信息含量，且市场没有及时地针对休市期间社交媒体数据做出反应。

随着互联网的进一步发展,相信社交媒体数据将会在基本面量化投资领域发挥更大的作用。

17.2.3 大众盈余预测

大众盈余预测与股价预测

在过去,投资者在投资一家公司之前,往往会参考专业分析师对公司未来前景的预测情况。但由于分析师与公司之间经常存在直接的利益关系,使得其提供的预测往往是有偏的,并不能使投资者获得预期的超额收益。而随着技术的发展,更客观、更准确的大众盈余预测数据为投资者提供了新的思路。一方面,大众市场参与者和被预测公司之间通常没有直接的利益关系,因而没有动机提供有偏的预测数据;另一方面,由于数量众多和背景多元化,大众能够从更多的视角对公司进行分析,从而更好地利用群体智慧进行盈余预测。从这些方面来看,大众盈余预测数据具有独特的优势,但是否具有投资价值还需要经过市场的检验。Jame et al.(2016)利用 Estimize 平台提供的美国市场 2012 年和 2013 年的盈余预测数据进行研究,发现大众盈余预测的确具有信息含量并且能够给投资者带来超额收益。在此,我们将详细介绍 Jame et al.(2016)的研究成果,阐释大众盈余预测信息对于基本面量化投资的独特意义。

大众盈余预测的数据来源

市场上存在多种盈余预测信息来源,例如 Whisper 网站和 Seeking Alpha 平台。但是,这些信息来源均存在一定的缺陷。Whisper 网站采用各种方式收集信息,并且经内部人员分析形成 Whisper 预测,但是这种预测并没有得到机构投资者的认可,而且其内部分析过程是一个"黑匣子",没有体现出群体智慧的优势。Seeking Alpha 平台可以提供反映大众盈余预测的信息,但是往往只能提供非结构化的数据,在应用方面存在一定的缺陷。其他来源(诸如 StockTwits 平台)也存在类似的问题,并不是好的大众盈余预测信息来源。

Jame et al.(2016)选取并采用 Estimize 平台数据。该数据是通过众包的方式、利用群体智慧、量化投资情绪来提供盈余预测的,其预测参与者不仅包括独立分析师、买方分析师和卖方分析师,还包括私人投资者和学生,因而能够较好地反映大众盈余预测信息。

因子构建及相应的投资策略

为了利用大众盈余预测信息构建投资策略,我们首先要检验大众盈余预测是否具有投资价值。这主要体现在两个方面:一是当投资者获得大众盈余预测这一增量信息后,能够对公司盈余做出更加准确的预测;二是当投资者获得大众盈余预测信息并改变投资决策后,能够在市场上获得超额收益。

关于大众盈余预测能否提高预测的准确度,Jame et al. (2016)采用PMAFE指标来衡量,其公式为:

$$\text{PMAFE}_{ij,t} = (\text{AFE}_{ij,t} - \overline{\text{AFE}_{j,t}}) / \overline{\text{AFE}_{j,t}} \qquad (17-4)$$

其中,$\text{AFE}_{ij,t}$表示分析师i对于j公司第t期盈余预测偏差的绝对值。因此,PMAFE指标可以阐释为:个体盈余预测偏差的绝对值,减去对j公司全部预测偏差绝对值的平均值,再除以对j公司全部盈余预测偏差绝对值的平均值。从式(17-4)中可以看出,PMAFE越小,说明个体盈余预测与平均盈余预测的差距越小,预测的相对准确度越高。

IBES(IBES能够提供机构盈余预测信息)、Estimize以及综合两种数据的PMAFE的值表明:虽然单独的大众盈余预测并不能提供比机构盈余预测更为准确的信息,但是在机构盈余预测的基础上加入大众盈余预测,却表现出比单独使用大众盈余预测或机构盈余预测更好的结果,预测的准确度有了显著的提升,并且随着预测期的缩短,加入大众盈余预测后的预测准确度也提高得越来越多。出现这种现象的原因是:大众盈余预测集中在预测期较短的区域,而参与预测的人数越多,大众盈余预测对预测准确度的提高就会越明显。

接下来,Jame et al. (2016)实证检验了大众盈余预测能否在市场上赚取超额收益。预测结果表明,当选择三天持有收益率作为被解释变量时,实际盈余和一致性预测盈余的差值越大,三天持有收益率增长越多;并且,综合考虑大众盈余预测和机构盈余预测比单独考虑大众盈余预测可以赚取更高的收益,同理,单独考虑大众盈余预测也比只考虑机构盈余预测能赚取更高的收益。当我们在回归中同时包含 Estimize 和 IBES 的一致预测偏差时,虽然 Estimize 的系数略微大一点,但单个系数的差别不大且都是统计显著的,这说明大众盈余预测和机构盈余预测在市场上的效果类似,彼此之间不存在包含关系。当我们在模型中加入交互项及预测参与者的数量时,发现大众盈余预测的市场反应会随着参与者数量的增多而提高,这说明当参与者数量增加时,大众盈余预测能够更好地整合市场预期信息。

通过上述分析可知,综合考虑大众盈余预测及机构盈余预测信息可以更加准确地预测公司未来发展状况,并且投资者可以利用大众盈余预测信息赚取超额收益。本质上,这说明大众盈余预测具有信息含量,但是市场没有及时地针对大众盈余预测信息做出反应;并且,大众盈余预测的信息价值会随着参与者数量的增加而提高。随着技术的发展,相信会有越来越多的普通投资大众参与大众盈余预测数据集的构建,大众盈余预测策略也将在量化投资领域起到越来越重要的作用。

17.2.4 线上销售数据

线上销售数据与公司基本面

2003 年被称为中国的大数据元年,淘宝、京东等电子商务平台在这一年开始崛起,标志着中国线上销售业务开启了高速发展的二十年(马述忠和房超,2020)。2019 年,淘宝移动年活跃用户数达到 7.11 亿,京东年活跃用户数达到 3.62 亿,拼多多年活跃用户数达到 5.85 亿。电子商务作为互联网经济的代表,在中国市场展现出极大的发展潜力。

随着网络购物的持续发展,越来越多的商品出现在电子商务平台上,产生了大量可以衡量和预测公司未来发展的非财务信息数据。在之前各节中,我们介绍了基于亚马逊网站客户评价数据来衡量公司价值的策略,那么,由电子商务平台产生的线上销售信息,是否和客户评价意见一样可以应用到基本面量化投资之中呢?在此,我们将介绍张然等(2021)的研究成果,继续讨论基于电子商务平台的线上销售信息对于公司价值和股票预期收益的影响。

线上销售运营好的公司,其管理费用、销售费用可能较低,创新和运营能力强,科技和人力投入收益率高,从而可以利用这些信息预测公司未来收益的增长状况。也就是说,线上销售信息反映了公司的部分基本面情况,作为非财务报表数据,还具有可靠性方面的优势,可以提供更为及时的公司业绩信息,从而可以运用大数据方法进行分析。

数据获取及背景

张然等(2021)选取数达咨询(Sandalwood Advisors)中来自天猫、拼多多、京东的 A 股上市公司的线上销售数据,实证检验线上销售数据对股票收益的可预测性。张然等(2021)将 2015 年 1 月至 2020 年 4 月、2015 年 1 月至 2019 年 12 月来自天猫、拼多多、京东的 A 股上市公司的线上销售数据划分为投资组合检验样本和横截面回归检验样本。

2015 年 1 月至 2020 年 4 月的投资组合检验样本,共包含 283 家线上销售公司,公司—月度样本 10 781 个。2015 年 1 月至 2019 年 12 月的横截面回归检验样本,共包含 270 家线上销售公司,公司—月度样本 7 637 个。财务数据和股票交易数据来自国泰安(CSMAR)数据库,三因子、五因子数据来自锐思(RESSET)数据库。

数据分析和因子构建

公司线上销售月度同比增长率不但能体现线上销售的增长潜力,而且能消除季节性差异对指标的影响,可以作为代表公司线上销售增长的因子。张然等(2021)将该因子加入 Fama and French(2015)提出的五因子模型,设定如下模型进行 Fama-MacBeth 回归:

$$\text{Ret}_{t+i} = \alpha_0 + \alpha_1 \text{SGO}_{t-1} + \alpha_2 \text{Size}_t + \alpha_3 \text{BM}_t + \alpha_4 \text{Ret}_t + \\ \alpha_5 \text{Turnover}_t + \alpha_6 \text{AG}_t + \alpha_7 \text{ROA}_t + \alpha_8 \text{ATG}_t + \varepsilon_t \quad (17\text{-}5)$$

其中，Ret_{t+i} 为第 $t+i$ 月的原始股票收益率，SGO_{t-1} 为第 $t-1$ 月的线上销售增长率，并加入规模(Size)、账面市值比(BM)、短期收益逆转(Ret)、换手率(Turnover)、资产增长率(AG)、盈利能力(ROA)和资产周转增长率(ATG)作为控制变量。为便于比较变量的经济显著性，股票收益率(Ret)及换手率(Turnover)取百分数。由于数达咨询数据平台的线上销售数据次月更新，因此采用第 $t-1$ 月的线上销售指标预测第 $t+i$ 月的股票收益率，并控制第 t 月末最近公开可得的基本面指标值以避免指标构建的前视偏差。

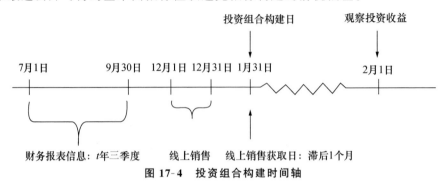

图 17-4　投资组合构建时间轴

张然等(2021)首先对所选取的线上销售数据样本进行描述性统计分析，Spearman 相关系数的结果初步证明线上销售相关指标对股票未来收益的预测效果。

进一步地，张然等(2021)利用 2015 年 1 月至 2020 年 4 月的 10 781 个公司—月度观测值，对线上销售数据的收益可预测性进行实证检验。张然等(2021)根据每月初线上销售增长率(SGO)进行排序并等分为三组，买入排前 1/3 的股票、卖出排后 1/3 的股票，构建出相应的投资组合，在每月初重建这些组合，按等权平均的方式计算月度原始股票收益率、月度经 Fama-French 三因子模型及 Fama-French 五因子模型调整的股票收益率。结果显示，投资组合的月均收益率为 1.16%，即年均收益率约 13.9%；经三因子、五因子模型调整的收益率分别为 1.17% 和 1.16%。单变量投资组合检验为证明线上销售增长率可以预测股票收益率提供了有力证据。

张然等(2021)对横截面回归检验样本进行 Fama-MacBeth 回归，计算可知线上销售增长率 SGO_{t-1} 与未来股票收益率的回归系数为正值，且统计显著，说明线上销售相关指标可以有效预测股票收益率。在纳入相关控制变量集后，上述结果依旧维持不变。

为了进一步说明线上销售指标的投资价值，张然等（2021）进一步考察线上销售增长率在较长期间的预测效果。当被解释变量为第 $t+2$ 月的线上销售公司的原始股票收益率 Ret_{t+2} 时，线上销售增长率 SGO_{t-1} 的回归系数为正值且统计显著，说明线上销售相关指标可以有效预测未来两个月内的股票收益率。当被解释变量为第 $t+3$ 月及之后的线上销售公司的原始股票收益率时，解释变量均不显著，表明线上销售数据无法预测三个月及以上的股票收益率。

综上所述，张然等（2021）通过投资组合检验和横截面回归检验，证明线上销售相关指标对股票预期收益率具有预测效果。随着线上交易的发展和互联网技术的不断进步，线上交易业务的市场份额不断扩大，许多公司的线上销售比例不断提升，线上销售信息将进一步丰富，对公司价值和股票预期收益率的预测效果也会更加准确，从而可以更广泛地应用于基本面量化投资领域。

本章小结

本章首先介绍了利用大数据解决问题的基本流程和方法，然后从客户评价意见、社交媒体数据、大众盈余预测和线上销售数据四个角度对大数据方法应用于基本面量化投资做了较为详细的阐释，论证了大数据在基本面量化投资研究中的重要地位。

大数据方法近年来发展迅速，数据的种类、规模及频率每年都有显著的增长。与传统的量化投资方法相比，大数据量化投资方法能够挖掘出被忽略的信息，构造出有效的量化因子，庞大的数据量还可以为构建投资策略提供坚实的统计学基础。但相应地，激增的数据量往往会带来更多的噪声，数据的准确性、可信度也越来越难以考察，这些都给大数据量化投资方法的使用平添了难度。因此，仅仅拥有大数据源是不够的，更重要的是如何从大数据中提取出真实、有效的信息，并将其应用到量化投资策略之中，这不仅需要数据技术的支持,还需要金融学者及从业人员的辛勤探索。随着时代的发展,金融行业对大数据量化投资的研究需求与日俱增,我们相信,未来大数据基本面量化投资将在金融行业发挥越来越重要的作用!

思考与讨论

1. 利用客户评价意见进行量化投资的基本原理是什么?最具代表性的 Huang(2018)利用这类数据构建的指标以及投资策略是什么?

2. 大众盈余预测数据的优势是什么?

3. 简述张然等(2021)是如何基于电子商务平台的线上交易信息构建指标及投资策略的?

参考文献

[1] Fama, E. F. and J. D. MacBeth, 1973, Risk, return, and equilibrium: Empirical tests, *Journal of Political Economy*, 81(3): 607-636.

[2] Fama, E. F. and K. R. French, 2015, A five-factor asset pricing model, *Journal of Financial Economics*, 116(1): 1-22.

[3] Huang, J., 2018, The customer knows best: The investment value of consumer opinions, *Journal of Financial Economics*, 128(1): 164-182.

[4] Jame, R., R. Johnston, S. Markov and M. C. Wolfe, 2016, The value of crowdsourced earnings forecasts, *Journal of Accounting Research*, 54(4): 1077-1110.

[5] Knoll, J., J. Stubinger and M. Grottke, 2019, Exploiting social media with higher-order factorization machines: Statistical arbitrage on high-frequency data of the S&P 500, *Quantitative Finance*, 19(4): 571-585.

[6] Kolanovic, M. and R. T. Krishnamachari, 2017, Big data and AI strategies: Machine learning and alternative data approach to investing, J. P. Morgan Quantitative and Derivatives Strategy Report.

[7] S&P Dow Jones Indices, 2015, Equity S&P 500 index. New York, USA. Available from https://us.spindices.com/indices/equity/sp-500.

[8] Stubinger, J., W. Dominik and K. Julian, 2018, Financial market predictions with factorization machines: Trading the opening hour based on overnight social media data, *The Eco-*

nomics and Finance Letters, 5(2): 28–45.

[9] Subrahmanyam, A. and S. Titman, 1999, The going-public decision and the development of financial markets, *The Journal of Finance*, 54(3): 1045–1082.

[10] Tetlock, P. C., 2007, Giving content to investor sentiment: The role of media in the stock market, *The Journal of Finance*, 62(3): 1139–1168.

[11] Visaltanachoti, N. and T. Yang, 2010, Speed of convergence to market efficiency for NYSE-listed foreign stocks, *Journal of Banking & Finance*, 34(3): 594–605.

[12] 马述忠、房超,2020,线下市场分割是否促进了企业线上销售——对中国电子商务扩张的一种解释,《经济研究》,第7期,第123—139页。

[13] 张然、平帆、汪荣飞,2021,线上销售、公司价值与股票收益率,中国人民大学工作论文。

第五部分

量化投资实践

基本面量化投资一直在追求的，无非是持续、有效地转换更多的好因子

本部分主要介绍基本面量化投资的实践，包括阿尔法模型、风险模型、投资组合优化和业绩归因分析，并在中国A股市场的基础上构建一个以现代价值投资理念为基础的多因子选股模型。

第 18 章
量化投资组合:实施与管理

前面的章节中,我们详细介绍了许多量化投资思想,包括现代价值投资理念(价值+质量)以及如何利用市场参与者的信号等。在实际操作中,我们不仅要从量化投资思想中提炼出可行的投资策略,还要把这些投资策略应用到投资组合中。能否有效地实施和管理投资组合是基本面量化能否取得成功的关键。

投资组合管理中会遇到的常见问题有:量化投资策略往往被称作一个个的因子,该如何选择这些因子?又该如何有效地组合所选的因子?量化投资的最大特点在于风险可控,该如何控制投资组合的风险?如何确定个股的权重?又该如何分析投资组合的业绩?

在本章,我们以多因子模型为主线,按照基本面量化投资的流程,分别介绍阿尔法模型、风险模型、投资组合优化和业绩归因分析的内容。通过本章的学习,读者可以对基本面量化投资的流程有一个清晰的认识。

18.1 什么是阿尔法?

量化投资的目的是获取超额收益,也就是通常所说的阿尔法(α)。阿尔法是量化投资中常见的术语,也一直被当作量化投资的标签。然而,到底什么是阿尔法？不同的投资者可能持有不同的观点。下面我们介绍三种常见的阿尔法。

18.1.1 相对业绩基准的阿尔法

假设投资组合的收益为 r_P，业绩基准的收益为 r_B，则有以下等式：

$$r_P = r_B + \alpha \qquad (18\text{-}1)$$

这里的阿尔法就是相对业绩基准的阿尔法（benchmark α）。因为定义简单，这是基金经理讨论得最多的阿尔法类型。如果基金经理获得了相对业绩基准的超额收益，就等于击败了市场。在中国 A 股市场上，业绩基准往往被设定为中证 500 指数收益或沪深 300 指数收益。通常，相对业绩基准的阿尔法也称主动收益（active return）。

18.1.2 资本资产定价模型的阿尔法

假设投资组合的收益为 r_P，市场组合的收益为 r_M，则有以下等式：

$$r_P = \beta r_M + \alpha \qquad (18\text{-}2)$$

式（18-2）中，投资组合的收益被分解为与市场收益相关的部分（βr_M）以及与市场收益无关的部分（α），后者就是资本资产定价模型的阿尔法（CAPM α），式（18-2）也被称作资本资产定价模型。资本资产定价模型考虑了投资组合和市场收益的相关性（以贝塔系数衡量），并认为与市场收益相关的部分不是超额收益。举例来说，如果一位投资者使用 1 倍的杠杆投资于沪深 300 指数（假定业绩基准和市场组合均为沪深 300 指数，使用杠杆的成本忽略不计），当期沪深 300 指数收益为 10%，那么该投资者的收益为 20%。此时，相对业绩基准的阿尔法为 10%（投资组合收益减去业绩基准收益），而资本资产定价模型的阿尔法为 0，因为投资组合所有的收益均与市场收益相关，实际上承担了两倍的市场风险（贝塔系数为 2）。从这个例子可以看出，采用资本资产定价模型的阿尔法是一种风险调整的收益，因此也被称作剩余收益。

18.1.3 多因子模型的阿尔法

假设投资组合的收益为 r_P,有 k 组风险因子,因子收益分别为 $f_1,\cdots,f_k$,则有以下等式:

$$r_P = \beta_1 f_1 + \cdots + \beta_k f_k + \alpha \qquad (18\text{-}3)$$

式(18-3)是一个典型的多因子模型。多因子模型认为,许多风险因子($f_1,\cdots,f_k$)影响股票预期收益,$\beta_1,\cdots,\beta_k$ 是投资组合对风险因子的暴露度。投资组合收益被分解为与风险因子有关的部分($\beta_1 f_1 + \cdots + \beta_k f_k$)以及与风险因子无关的部分($\alpha$),后者就是多因子模型的阿尔法(multifactor α)。相比资本资产定价模型的阿尔法,多因子模型的阿尔法有着更严格的风险调整机制,通常也被称作特殊收益(specific return)。在后续小节中,我们将介绍作为一种方法论的多因子模型在基本面量化投资中发挥的重要作用。

18.1.4 对各种阿尔法的评价

什么导致了不同类型的阿尔法定义同时存在?核心原因是各类投资者对超额收益的评价标准不同。如果投资者认为打败市场就是获取超额收益,他就会偏好使用相对业绩基准的阿尔法。事实上,大多数基金经理的业绩报酬和同业比较都直接与相对业绩基准的阿尔法挂钩。如果投资者认为市场风险是一种风险来源,与市场风险相关的收益并不能算作超额收益,他就会偏好使用资本资产定价模型的阿尔法。

不过,多因子模型中风险因子的收益是一个仁者见仁、智者见智的问题。许多传统的阿尔法因子捕捉的其实是这些风险因子的收益,因为不断修正的风险模型将这些阿尔法因子转变成了风险因子,所以传统的阿尔法也变成了所谓的"聪明贝塔"。不过在学术研究中,这些风险因子的构建缺乏令人信服的理论基础,实证解释也颇有争议(许多行为金融学派的研究者认为,这些风险因子的收益实际上是投资者行为偏差或套利有限性所导致的)。当然,如果你相信任何与风险因子相关的收益都不是超额收益,那么使用多因子模型的阿尔法或许就是最佳选择。

18.2 阿尔法模型

典型的基本面量化投资的流程如下：首先，利用阿尔法模型形成股票预期收益；其次，利用风险模型形成股票预期风险；再次，利用预期收益和预期风险进行投资组合优化，以确定投资组合中个股的最优权重；最后，对投资业绩进行事后的归因分析，评判业绩好坏并做出相应调整。其中，阿尔法模型是基本面量化投资的核心，也是获取超额收益的最关键环节。在本节中，我们详细介绍阿尔法模型的相关内容。

18.2.1 模型选择

阿尔法模型的本质是多因子模型。如式(18-3)所示，在多因子模型的框架下，股票收益被表达为各类因子暴露度(factor exposure, β)和因子收益(factor return, f)乘积之和。阿尔法模型的目的是寻找预期收益更高的因子，结合股票对因子的不同暴露度，从而形成更高的股票预期收益。这些因子就是阿尔法模型中的选股因子，而如何找到更好的选股因子是学界和业界一直以来最关心的话题。

需要特别指出的是，这里讨论的阿尔法模型与上一小节中多因子模型的阿尔法并不相同。阿尔法模型的目的是获取更高的股票预期收益，选股因子体现为多因子模型中的特定风险因子；而多因子模型的阿尔法则是不能为风险因子所解释的收益，即特殊收益。由于因子选择的不同，多因子模型的具体形式存在很大差异：一个多因子模型中风险因子的收益，很可能是另一个多因子模型中不能被风险因子解释的特殊收益。

在实际操作中，人们通常选择一个基准多因子模型，以确定不同投资组合的超额收益。在学术界，研究者通常使用 Fama-French 三因子模型、Carhart 四因子模型(Carhart,1997)或 Fama-French 五因子模型；在业界，基金经理通常使用 Barra 提供的多因子模型。虽然从形式上看，阿尔法模型中的选股因子是多因子模型中的风险因子，但根据阿尔法模型构建的投资组合，其收益却不能被基准多因子模型中的风险因子完全解释,因此才称为阿尔法模型。

一般存在两种阿尔法模型:基本面因子模型(fundamental factor model)和宏观因子模型(macroeconomic factor model)。顾名思义,基本面因子模型主要利用基本面因子(如市净率因子、规模因子),实际操作中应根据历史数据估计因子收益,但在投资时点可以直接获得因子暴露度;宏观因子模型则主要利用宏观经济因子(如汇率因子、利率因子),实际操作中不仅要根据历史数据估计因子暴露度,还要根据历史数据估计因子收益,因此估计误差较大。Lee et al. (2015)发现,基本面因子模型是更好的衡量股票预期收益的指标。同时,基本面因子模型也更适用于基本面量化投资,因此我们在此只讨论基本面因子模型。

18.2.2 因子选择

如何选择阿尔法模型中的选股因子?最关键的标准是选股因子是否符合经济直觉。一个好的选股因子,一定可以用简单的语言描述其背后的选股逻辑;否则,即便其回溯测试的收益再高、细节做得再完善,也不能加入阿尔法模型中。量化投资最危险的地方在于失去对模型的控制,巴菲特只在自己熟悉的领域进行投资,量化投资者亦然。

在选股因子符合经济直觉后,我们进一步考虑因子选择的技术细节。在实际操作中,许多方法可供投资者判断选股因子的好坏,下面简要介绍几种常见的方法。

单变量回归

假设 i 股票第 $t+1$ 期的收益为 $r_{i,t+1}$,i 股票第 t 期末对特定因子的暴露度为 $\beta_{i,t}$,则有以下等式:

$$r_{i,t+1} = \alpha_{i,t} + f_t \beta_{i,t} + \varepsilon_{i,t} \tag{18-4}$$

式(18-4)是最简单的一元线性回归模型,对股票未来收益与当前因子暴露度进行横截面回归,估计系数 f_t 表明特定因子与股票未来收益的相关关系。如果估计系数 f_t 显著异于 0,说明该因子对股票未来收益具有显著的预测效果。通常,我们在每期都做这样的横截面回归,再对每期的系数求算数平均值和标准误,得到该系数的估计及相应统计量,这就是所谓的 Fama-Macbeth 估计法。

单变量回归方法简单易行,因此通常作为判别因子是否有用的初始手段。不过,由于单变量回归没有考虑其他因子的影响,其局限性是显而易见的。

投资组合测试

另一个常见的判别方法是投资组合测试。以市净率因子(P/B)为例。假设我们要检验市净率因子对月度收益的预测效果,通常的做法是在每个月末,将样本所有股票按照最近可得的市净率因子从小至大排序,分成 5 组或 10 组,计算每个投资组合下股票的平均月收益;最高组收益减去最低组收益称为套利组合的平均收益,这是检验因子有效性最关键的投资组合。每个月进行类似的分组,再计算每个套利组合平均月收益的平均值和标准误,从而得到套利组合的平均收益和相应的统计量。如果套利组合的平均收益显著异于 0,则说明市净率因子对股票未来收益具有预测作用。

多元线性回归

假设 i 股票第 $t+1$ 期的收益为 $r_{i,t+1}$,i 股票第 t 期末对 k 因子的暴露度为 $\beta_{ik,t}$,则有以下等式:

$$r_{i,t+1} = \alpha_{i,t} + f_{1,t}\beta_{i1,t} + \cdots + f_{k,t}\beta_{ik,t} + \varepsilon_{i,t} \tag{18-5}$$

在多元线性回归模型中,所有待选因子会放到一起进行横截面回归,显著的因子将作为阿尔法模型的选股因子。值得注意的是,在单变量回归模型或投资组合测试中不显著的因子,在多元线性回归模型中可能显著,因为多元线性回归模型中控制了其他因子,从而避免了遗漏变量的估计误差。

不过在多元线性回归模型中,最容易出现的问题是样本的过度拟合。基金经理通常会尝试许多不同的因子组合,但最终只会选定表现最优异的几组因子,这种在样本内的过度拟合很难保证在样本外仍然有效。为了最大限度地避免这一问题,基金经理必须保证选股因子具备坚实的理论基础和可理解的选股逻辑,并且进行大量的稳健性测试,以确保设定的模型不存在严重的过度拟合问题。

选择合适的选股因子是量化投资的核心,不仅要求投资者具备清晰的投资逻辑,还要求投资者在数据处理中把握好数据分析和数据挖掘之间的平衡。上述三种方法只是概括性的技术方法,在具体实施中,对逻辑和细节的掌控才是决定量化投资成败的关键。

18.2.3　因子权重

挑选出若干选股因子后,接下来的任务是确定阿尔法模型中各因子的权重。一般来说,我们应该对因子暴露度进行标准化处理,即在横截面上减去均值再除以标准差,将各类因子的暴露度转化为均值为0、方差为1的标准化变量,该变量的值通常称为因子得分。此外,我们还应该将因子得分的方向调整为与预期收益一致。经过这样的处理后,各类因子的暴露度便能直接相加,从而形成多因子得分。下面我们简要介绍几种常见的加总因子得分的方法。

等权

最简单的方法是将所有因子得分等权加总,赋予每个因子相同的权重。这一方法的优势在于简单易行,并且能够避免数据的过度拟合。但不足之处也很明显,等权加总忽视了每个因子对股票未来收益预测效果的不同,也没有考虑因子之间的相关性。为了避免对相同性质的信息重复赋权,在实际操作中,我们可以将选股因子按照因子之间的相关性分成若干组,先计算每组因子的标准化得分,然后等权相加每组因子的标准化得分,得到多因子得分。

经验加权

虽然经验加权的方式显得过于粗糙且主观,但其在实际操作中仍然发挥着重要的作用,其首要优势在于:经验加权能够使得投资组合的选股逻辑更加清晰,尤其对于在选股上拥有丰富经验的基金经理而言,采用"拍脑袋"式的因子配权方案往往会收到不错的效果。例如,一个以价值投资为核心的量化选股策略可能会赋予价值因子50%的权重,其他所有因子占剩余50%的权重。

波动率加权

另一种常见的方法是将因子按照因子收益波动率加权,因子收益波动率越高,赋予该因子的权重就越小。在实施这一加权方案时,先计算因子滚动收益(可以通过构建套利组合或横截面回归求得),再计算因子收益波动率,最后根据设定的目标因子波动率计算每组因子的权重。该方法的优势在于:充分考虑因子的风险并动态降低高风险因子的权重,使得目标投资组合的收益不出现大幅波动。但该方法的劣势有两点:其一,波动率加权更适合因子收益分布左偏(下行风险较大)的因子,对于其他因子反而可能起到负面作用;其二,该加权方案同样没有考虑因子之间的相关性。

多元线性回归加权

为了考虑因子之间的相关性,一种较为科学的方法是采用多元线性回归确定权重。假设 i 股票第 $t+1$ 期的收益为 $r_{i,t+1}$,i 股票第 t 期期末对 k 因子的标准化暴露度为 $z_{ik,t}$,可以进行以下横截面回归:

$$r_{i,t+1} = \gamma_i + \delta_1 z_{i1,t} + \cdots + \delta_k z_{ik,t} + \varepsilon_{i,t} \qquad (18\text{-}6)$$

其中,估计系数 $\hat{\delta}_k$ 即 k 因子所占的权重。将所有因子按照估计系数加权加总再进行标准化,就能得到最终加总的标准化多因子得分。在进行横截面回归时,采用的样本应当位于滚动窗口期,以避免可能存在的过度拟合。一般来说,对于月度样本而言,滚动窗口期至少需要 5 年以上,基金经理还必须进行大量的稳健性测试,以确保得到的因子权重不是单纯的数据挖掘。

无论采用何种方式加权,最终都能够得到一个加总的标准化多因子得分。标准化多因子得分代表着选股策略的核心信息,也是未来超额收益的直接来源。

18.2.4 预期收益

在生成标准化多因子得分后,许多方法可以将该得分转变为股票预期收益,其中一种是采用一元线性回归:

$$r_{i,t+1} = \gamma_i + \delta z_{i,t} + \varepsilon_{i,t} \qquad (18\text{-}7)$$

其中，$r_{i,t+1}$ 为 i 股票第 $t+1$ 期的收益，$z_{i,t}$ 为标准化多因子得分。只要估计出系数 δ 和截距项 γ_i，就能得到 $r_{i,t+1}$ 的拟合值，即预期收益。

由于多因子得分 $z_{i,t}$ 是均值为 0、方差为 1 的标准化变量，我们还可以将上述回归拟合过程进行简单的转换，得到另一种生成预期收益的方法：

$$E(r_{i,t+1}) = \frac{\text{Cov}(r_{t+1}, z_t)}{\text{Var}(z_t)} z_{i,t} = \rho(r_{t+1}, z_t)\sigma(r_{t+1}) z_{i,t}$$

$$= \text{IC} \times \text{Volatility} \times \text{Score} \quad (18\text{-}8)$$

其中，IC 系数为当期标准化多因子得分与下期原始收益的相关系数，称作信息系数；Volatility 为下期股票的预期风险；Score 为标准化多因子得分。此时，只要将股票风险的可靠估计值代入式(18-8)即可计算出预期收益。

在实际操作中，如果使用商业软件(如 Barra)进行投资组合管理，有时会要求输入多因子模型的阿尔法(这里多因子模型特指 Barra 风险模型，要求输入的实际上是经风险模型调整的超额收益，即特殊收益)。此时，有几种方法可供选择：第一，可以直接输入标准化多因子得分，通常商业软件配置的内部机制可以将其转换成多因子模型的阿尔法；第二，可以利用类似式(18-7)的线性回归方法，将因变量变为多因子模型的阿尔法；第三，可以利用类似式(18-8)的计算方法，将 IC 系数变为当期标准化多因子得分与下期多因子模型的阿尔法之间的相关系数。

总而言之，通过阿尔法模型，我们可以将选股因子最终转变为股票预期收益。接下来，我们介绍如何通过多因子模型的框架估计股票预期风险，并在收益风险优化的框架内确定最终投资组合的个股权重。

18.3 风险模型

量化投资意味着风险可控。实际上，完全控制风险几乎是不可能做到的。但在绝大多数情况下，通过风险模型，我们的确可以达到降低投资组合风险的目的。风险的度量方式有很多种，本节先简要介绍风险的定义，再详细介绍以多因子模型为框架的风险模型。

18.3.1 什么是风险?

从人们最早对风险进行度量开始,"风险"便有许多定义方式,但追根究底都是对收益率分布的刻画。最简单的是收益率的标准差,也就是一般所说的波动率,这是使用最普遍的风险度量。

基于波动率,可以衍生出半方差(semi variance)和下行风险(downside risk)两组指标。这两组指标与波动率类似,但计算方差时只使用低于平均值的收益率,因此能够更好地捕捉较差情形的概率。

除此之外,还有两个重要的风险度量:损失概率(shortfall probability)和风险价值(value at risk,VaR)。前者表示收益小于某特定值的概率,后者表示在某规定概率下的最大损失值。例如,某投资组合每月损失超过10%的概率为3.4%(损失概率),损失超过208万元的可能性为1%,则其1%水平下的风险价值为208万元。

在实际应用中,风险模型主要关注的风险指标是收益率标准差。后文提及的风险指标,特指收益率标准差这一定义。

18.3.2 投资组合风险

对于单一资产而言,风险可以由下式表达:

$$\sigma_i = \sqrt{\frac{1}{T-1}\sum_{t=1}^{T}(r_{i,t} - \bar{r}_l)^2} \qquad (18\text{-}9)$$

其中,$\bar{r}_l$是该资产T期的平均收益。在估计个股风险时,通常可以采用日度、周度或月度收益数据进行估计。

然而,量化投资者以投资组合的方式进行投资,不仅需要知道单只股票的风险,还需要知道股票与股票之间收益的相关性。对于一个n只股票的投资组合,这些信息可以用投资组合的方差-协方差矩阵$\mathbf{Q}$表示:

$$\mathbf{Q} = \begin{bmatrix} \sigma_1^2 & \rho_{12}\,\sigma_1\,\sigma_2 & \rho_{13}\,\sigma_1\,\sigma_3 & \cdots & \rho_{1n}\,\sigma_1\,\sigma_n \\ \rho_{21}\,\sigma_2\,\sigma_1 & \sigma_2^2 & \rho_{23}\,\sigma_2\,\sigma_3 & & \\ \rho_{31}\,\sigma_3\,\sigma_1 & \rho_{32}\,\sigma_3\,\sigma_2 & \sigma_3^2 & & \vdots \\ \vdots & & & & \\ \rho_{n1}\,\sigma_n\,\sigma_1 & & \cdots & & \sigma_n^2 \end{bmatrix} \qquad (18\text{-}10)$$

假定 **h** 为任意个股权重的投资组合:

$$\mathbf{h} = \begin{bmatrix} \omega_1 \\ \omega_2 \\ \vdots \\ \omega_n \end{bmatrix} \qquad (18\text{-}11)$$

其中,

$$\sum_n \omega_i = 1$$

则投资组合 **h** 的风险可用下式表达:

$$\sigma_h = \sqrt{\mathbf{h}'\mathbf{Q}\mathbf{h}} \qquad (18\text{-}12)$$

18.3.3 利用多因子模型估计风险

虽然投资组合的风险可以很简单地由式(18-12)给出,但是在实际估计中会遇到很大困难。最大的问题在于,方差-协方差矩阵需要估计的参数太多了。例如,要估计 2 000 只股票的方差-协方差矩阵,则须估计 2 001 000 个参数(0.5×2 000×2 001)。即使使用日度样本进行估计,样本量也很难多于待估计参数的数量,从而无法满足参数估计所需的自由度要求,造成无法估计的情形。此外,利用个股收益数据估计的噪声很大,也难以估计缺乏历史数据的新股票。因此在实际操作中,我们很少直接使用个股历史收益数据估计投资组合风险。

多因子模型可以较好地解决风险估计的问题。如前所述,在多因子模型中,股票收益被分解为共同因子收益和特殊收益(多因子模型的阿尔法):

$$\begin{bmatrix} r_1 \\ r_2 \\ \vdots \\ r_n \end{bmatrix} = \begin{bmatrix} b_{11} & \cdots & b_{1k} \\ b_{21} & & b_{2k} \\ \vdots & & \vdots \\ b_{n1} & \cdots & b_{nk} \end{bmatrix} \begin{bmatrix} f_1 \\ f_2 \\ \vdots \\ f_k \end{bmatrix} + \begin{bmatrix} u_1 \\ u_2 \\ \vdots \\ u_n \end{bmatrix} \quad (18\text{-}13)$$

利用矩阵形式,式(18-13)可改写为:

$$\mathbf{r} = \mathbf{Bf} + \mathbf{u} \quad (18\text{-}14)$$

其中,$\mathbf{r}$ 为 $n\times 1$ 的股票收益矩阵,$\mathbf{f}$ 为 $k\times 1$ 的因子收益矩阵,$\mathbf{u}$ 为 $n\times 1$ 的特殊收益矩阵,$\mathbf{B}$ 为 $n\times k$ 的因子暴露度矩阵。

此时,投资组合的方差-协方差矩阵可以表示为:

$$\mathbf{Q} = \mathrm{Var}(\mathbf{r}) = \mathrm{Var}(\mathbf{Bf} + \mathbf{u}) = \mathbf{B\Sigma B}' + \mathbf{\Delta}^2 \quad (18\text{-}15)$$

其中,$\mathbf{\Sigma}$ 为 $k\times k$ 的因子收益方差-协方差矩阵,$\mathbf{\Delta}^2$ 为 $n\times 1$ 的特殊收益方差矩阵。此时,只需估计 $\mathbf{\Sigma}$ 和 $\mathbf{\Delta}^2$ 的参数即可,需要估计的参数数量减至 $k(k+1)/2+n$,估计工作量大幅减少,估计误差大幅降低。投资组合 $\mathbf{h}$ 的风险可用下式表达:

$$\sigma_h = \sqrt{\mathbf{h}'(\mathbf{B\Sigma B}' + \mathbf{\Delta}^2)\mathbf{h}} \quad (18\text{-}16)$$

在实际估计投资组合风险时,有以下三种常见的因子模型:

(1) 统计模型。统计模型利用主成分分析法提取影响股票收益的主成分作为因子,其优势在于对样本内的解释效果较好,对数据采集的需求较低;但劣势在于样本外的解释能力可能较差,并且因子缺乏经济解释。

(2) 宏观因子模型。宏观因子模型利用 GDP、利率、通货膨胀率、原油价格等影响股价的宏观经济指标作为因子,其优势在于因子直观、易于理解;但劣势在于必须通过时间序列回归来估计因子暴露度,并且因子收益随时间变化的幅度不大,估计的稳定性和样本外效果均较差。

(3) 基本面因子模型。与解释预期收益的基本面因子模型类似,解释风险的基本面因子模型利用基本面信息获取当前时点的因子暴露度,并通过横截面回归来估计因子收益。基本面因子模型能够较好地识别和解释投资组合的风险,并且在样本外的表现也较为优异,因此是主流的风险模型。在市场上应用范围最广的 Barra 风险模型即采用基本面因子模型。在下一节,我们以 Barra 中国风险模型为例,简要介绍模型所使用的各类因子。

18.3.4 Barra 中国风险模型

2012年,Barra公司发布了最新一代中国风险模型(CNE 5)。Barra中国风险模型的样本涵盖中国所有A股上市公司,模型包括1类国家因子、32类行业因子和10类风格因子。其中,国家因子捕捉市场相对于无风险收益的超额收益;行业因子根据GICS行业分类标准(Global Industry Classification Standard),将10个部门和24个行业重新组织成32类行业因子。风格因子则包括以下10类:

(1) 规模因子。该因子捕捉大规模股票和小规模股票在未来收益上的差别,用市值的自然对数衡量规模。

(2) 贝塔(β)因子。该因子捕捉国家因子所不能解释的市场风险,用过去252个交易日个股超额收益对市场超额收益进行回归估计贝塔系数。

(3) 动量因子。该因子捕捉过去6~12个月高收益股票和低收益股票在未来收益上的差别,计算动量收益时应剔除最近1个月股票收益,以避免短期反转现象。

(4) 特质波动率因子。该因子捕捉高特质波动率股票和低特质波动率股票在未来收益上的差别。在构建该因子时应对贝塔因子和规模因子进行正交化处理,以避免严重的共线性问题。

(5) 非线性规模因子。该因子捕捉中等规模公司相对于其他规模公司在未来收益上的差别,用标准化规模因子的立方衡量。

(6) 账面价值比因子。该因子捕捉价值股相对于成长股在未来收益上的差别,账面价值比等于普通股账面价值除以总市值。

(7) 流动性因子。该因子捕捉低流动性股票和高流动性股票在未来收益上的差别,主要采用不同窗口(1个月、3个月、12个月)的日度换手率衡量流动性因子,并在构建时对规模因子进行正交化处理。

(8) 盈利率因子。该因子捕捉高盈利率股票和低盈利率股票在未来收益上的差别,采用不同方式定义的市盈率倒数予以衡量。

(9) 成长性因子。该因子捕捉高成长性股票和低成长性股票在未来收益上的差别,主要采用盈利能力的短期增长、长期增长和销售收入的长期增长予以衡量。

(10) 杠杆因子。该因子捕捉高杠杆股票和低杠杆股票在未来收益上的差别,主要采用不同方式定义的财务杠杆予以衡量。

值得注意的是,在计算行业因子和风格因子的因子收益时,Barra中国风险模型均考虑纯因子收益(pure factor return)。所谓纯因子收益,是指构建的无风险套利组合只在特定因子上具有暴露度,而在其他风格因子和行业因子上的暴露度为0。在验证行业因子和风格因子的因子收益的显著性时,Barra中国风险模型采用月度数据进行横截面回归,并重点考察估计系数(因子收益)和平均t值绝对值的大小。

18.3.5 对Barra中国风险模型的评价

Barra中国风险模型的构建方法严谨、数据结果可信度很高,对于成熟度较低的中国A股市场,无疑可以称得上是业界标杆。即便不采用其投资组合的风险估计,单纯研究各类纯因子收益的走势,也能对市场有着更深入的理解。不过,Barra中国风险模型并不是完美的,主要存在以下几个问题:

首先,Barra中国风险模型选取的一些因子有待商榷。一方面,风险因子选取的重要标准是具有显著的因子收益(按照Barra的标准,横截面回归系数的t值绝对值的平均值要大于2),否则将难以稳健地估计方差-协方差矩阵。但从实证结果来看,成长性因子和杠杆因子在两个子时间段的测试结果均不符合要求。另一方面,从长期来看,风险模型的因子收益应当符合因子背后的选股逻辑。在Barra中国风险模型中,盈利率因子(E/P)年化收益为负,这与直观意义上的价值投资理念不符,也与Barra美国风险模型的结论相反,可能的问题是变量的测量误差。

其次,Barra中国风险模型存在一定的过度拟合问题。这一问题主要体现在其构建方式的复杂性和不透明性。例如,计算风格因子暴露度时各类子因子权重的选择,估计因子收益方差-协方差矩阵时半衰期的选择,估计投资组合风险时历史区间长度的选择等。这些优化措施在样本内会产生更好的结果,但却难以保证在样本外同样有好的结果。

最后,Barra 中国风险模型对尾部风险的反映不足,这也是绝大多数风险模型的通病。所有风险的估计都是基于历史数据得到,虽然可以根据最新的样本进行动态调整,但当"黑天鹅"事件真的到来、投资者最需要风险控制的时候,风险模型往往不能提供有效的帮助。

尽管如此,但 Barra 中国风险模型仍然是非常强大的,并能在绝大部分时间提供相对可靠的风险估计。

18.4 投资组合优化

当通过阿尔法模型和风险模型分别估计出股票的预期收益与预期风险后,我们便能进行投资组合优化,确定最终的个股权重。优化的主要目的是兼顾投资组合的收益和风险,以得到经风险调整后的最优业绩。此外,在优化的过程中,基金经理还可以设置多种约束条件,使得投资组合达到特定目的。在本小节,我们先介绍最经典的均值-方差优化模型,再简要介绍引入约束条件和交易成本后的优化思路。

18.4.1 均值-方差优化模型

Markowitz(1952)提出均值-方差分析法,奠定了现代投资组合理论的基础。此后长达半个多世纪的时间里,利用均值-方差模型优化投资组合逐渐成为量化投资中必不可少的环节。

均值-方差优化模型的原理很简单:均值代表股票预期收益,标准差(方差)代表股票预期风险,目标变量为个股权重。对于每类特定的个股权重列表,都可以对应唯一的投资组合的收益和风险。设定相应的优化条件,我们就可以得到给定预期收益下风险最小的投资组合,或者给定预期风险下收益最大的投资组合。

下面讨论无任何约束条件的均值-方差优化模型。假定有 n 只股票,需要优化的变量是 n 只股票的权重,记为 $n \times 1$ 的矩阵 $\mathbf{w}$ 如下:

$$\mathbf{w} = \begin{bmatrix} \omega_1 \\ \omega_2 \\ \vdots \\ \omega_n \end{bmatrix} \tag{18-17}$$

已知股票的收益矩阵 $\boldsymbol{\mu}$（$n\times 1$ 矩阵）和方差-协方差矩阵 $\boldsymbol{\Sigma}$（$n\times n$ 矩阵）分别如下：

$$\boldsymbol{\mu} = \begin{bmatrix} E(r_1) \\ E(r_2) \\ \vdots \\ E(r_n) \end{bmatrix} \tag{18-18}$$

$$\boldsymbol{\Sigma} = \begin{bmatrix} \mathrm{Var}(r_1) & \mathrm{Cov}(r_1,r_2) & \cdots & \mathrm{Cov}(r_1,r_n) \\ \mathrm{Cov}(r_2,r_1) & \mathrm{Var}(r_2) & & \\ \vdots & & & \vdots \\ \mathrm{Cov}(r_n,r_1) & & \cdots & \mathrm{Var}(r_n) \end{bmatrix} \tag{18-19}$$

则投资组合的预期收益为 $\boldsymbol{\mu}_p = \mathbf{w}'\boldsymbol{\mu}$，预期方差为 $\sigma_p^2 = \mathbf{w}'\boldsymbol{\Sigma}\mathbf{w}$。再定义 $n\times 1$ 的单位矩阵 $\mathbf{l}$，均值-方差优化就可以简单表示为：

$$\min_{w} \mathbf{w}'\boldsymbol{\Sigma}\mathbf{w}$$

满足
$$\mathbf{w}'\boldsymbol{\mu} = \mu_0, \quad \mathbf{w}'\mathbf{l} = 1 \tag{18-20}$$

引入拉格朗日乘子，通过矩阵运算得到最终的优化结果如下：

$$\mathbf{w} = \lambda\,\boldsymbol{\Sigma}^{-1}\mathbf{l} + \gamma\,\boldsymbol{\Sigma}^{-1}\boldsymbol{\mu}$$

其中

$$\lambda = \frac{C - \mu_0 B}{AC - B^2}, \quad \gamma = \frac{\mu_0 A - B}{AC - B^2}$$

$$A = \mathbf{l}'\,\boldsymbol{\Sigma}^{-1}\mathbf{l}, \quad B = \mathbf{l}'\,\boldsymbol{\Sigma}^{-1}\boldsymbol{\mu}, \quad C = \boldsymbol{\mu}'\,\boldsymbol{\Sigma}^{-1}\boldsymbol{\mu} \tag{18-21}$$

矩阵 $\mathbf{w}$ 的结果就是经优化的股票权重。根据优化结果，我们还可以推导出以下公式：

$$\sigma_0^2 = \mathbf{w}'\boldsymbol{\Sigma}\mathbf{w} = \frac{A\mu_0^2 - 2B\mu_0 + C}{AC - B^2}$$

其中，
$$A = \mathbf{l}'\,\boldsymbol{\Sigma}^{-1}\mathbf{l}, \quad B = \mathbf{l}'\,\boldsymbol{\Sigma}^{-1}\boldsymbol{\mu}, \quad C = \boldsymbol{\mu}'\,\boldsymbol{\Sigma}^{-1}\boldsymbol{\mu} \tag{18-22}$$

式(18-22)刻画了 σ_0^2 和 μ_0 的对应关系。对应每一个给定的 μ_0，都能找到相应的 σ_0^2。由 (σ_0^2, μ_0) 组成的曲线就是所谓的有效前沿(efficient frontier)。

上述优化方法是在给定预期收益(μ_0)下寻找风险最小的投资组合。事实上，我们还可以给定预期风险(σ_0^2)，找到预期收益最大的投资组合，优化的目标方程如下：

$$\max_w \mathbf{w}'\mathbf{\mu}$$

满足
$$\mathbf{w}'\mathbf{\Sigma}\mathbf{w} = \sigma_0^2, \quad \mathbf{w}'\mathbf{l} = 1 \tag{18-23}$$

必须定量控制风险的基金经理通常会设定投资组合的预期风险水平，因此式(18-23)的优化思路在投资实践中更为常见。

此外，还有一种应用较为广泛的优化方式如下：

$$\max_w \mathbf{w}'\mathbf{\mu} - \lambda\, \mathbf{w}'\mathbf{\Sigma}\mathbf{w}$$

满足
$$\mathbf{w}'\mathbf{l} = 1 \tag{18-24}$$

其中，λ 是风险系数，更大的 λ 意味着风险相对收益而言所付出的成本更高。这种优化方式本质上是优化经风险调整的收益，常应用于 Barra 等商业软件中。

18.4.2 考虑约束条件

虽然基准均值-方差优化模型的逻辑很简洁，但在实际应用中，基金经理往往必须加入更多的约束条件，使得投资组合实际可行或满足相应的标准。

最常见的约束条件是不允许卖空。在很多时候，由于市场制度或者投资产品的限制，基金经理无法卖空一只股票，该约束条件在优化函数中的表达如下：

$$\mathbf{w} \geqslant 0 \tag{18-25}$$

另一个常见的约束条件是设定股票权重的范围。这样做有两个好处：一是可以避免投资组合过于集中化，从而导致投资组合的特质性风险过高；二是可以降低由优化模型误差导致对特定股票过度赋权的情形。类似地，基金经理也会对行业或者部门的权重加以限制。该约束条件的表达式如下：

$$\mathbf{w}_1 \leqslant \mathbf{w} \leqslant \mathbf{w}_2 \tag{18-26}$$

其中,$\mathbf{w}_1$ 和 $\mathbf{w}_2$ 为指定行业或部门的权重范围。

为了控制投资组合的交易成本,基金经理通常还会限制每只股票的交易量,使得单只股票的权重不能超过日均交易量的特定比例。如果单只股票的交易量过大,可能会造成很大的价格冲击,从而影响投资组合的业绩。该约束条件的表达式如下:

$$w \leqslant cv \tag{18-27}$$

其中,$\mathbf{v}$ 是日均交易量,c 是设定的目标比例。

对于任何不想暴露的风险,基金经理都可以通过约束条件加以控制。对于式(18-14)中 $n\times k$ 的因子暴露度矩阵 $\mathbf{B}$,投资组合的风险暴露度可以通过简单加权得到,即 $\mathbf{B}'\mathbf{w}$。该约束条件的表达式如下:

$$\mathbf{B}_1 \leqslant \mathbf{B}'\mathbf{w} \leqslant \mathbf{B}_2 \tag{18-28}$$

对于具有业绩基准的投资组合而言,基金经理可能更关心相对业绩基准的暴露度,假设业绩基准股票权重为 $\mathbf{w}_b$,投资组合股票权重为 $\mathbf{w}_p$,式(18-28)可以改写为:

$$\mathbf{B}_1 \leqslant \mathbf{B}'(\mathbf{w}_p - \mathbf{w}_b) \leqslant \mathbf{B}_2 \tag{18-29}$$

在实践中,为了减少与业绩基准的误差,基金经理通常还会设定目标跟踪误差(tracking error,TE)的约束条件。跟踪误差是投资组合收益(r_p)与业绩基准收益(r_b)之差的标准差,其方差形式表达如下:

$$\mathrm{TE}^2 = \mathrm{Var}(r_p - r_b) = \mathrm{Var}(\mathbf{w}_p'\mathbf{r} - \mathbf{w}_b'\mathbf{r}) = (\mathbf{w}_p - \mathbf{w}_b)'\mathbf{\Sigma}(\mathbf{w}_p - \mathbf{w}_b) \tag{18-30}$$

为了限制目标投资组合的跟踪误差,可以设定如下的约束条件:

$$(\mathbf{w}_p - \mathbf{w}_b)'\mathbf{\Sigma}(\mathbf{w}_p - \mathbf{w}_b) \leqslant \sigma_0^2 \tag{18-31}$$

除以上提及的约束条件外,还有诸如限制换手率、贝塔系数、股票个数、个股规模、组合风险水平和组合目标税负等。在这些条件中,有的体现为二项式的形式,有的则更为复杂,只能找到局部最优解;同时,各类条件之间也存在相互制约。在没有充分考虑细节之前,如果加入过多的约束条件,可能使得最终优化的结果异常,基金经理也会失去对模型的控制。因此,虽然优化中的约束条件看起来十分诱人(只要优化函数有解,理论上可以加入任何想要的条件),但在实际运用时务必多加小心。

18.4.3 考虑交易成本

与传统的股票投资方式相比,量化投资的持股期间较短、持股数量较多,因此会产生较高的交易成本。虽然每笔交易产生的交易成本看起来很小,但若按复利计算,对投资组合的累计收益会产生很大的影响。

一般来说,交易成本分为两类:显性交易成本和隐性交易成本。显性交易成本包括佣金和印花税等,是每笔交易发生时看得见的成本;隐性交易成本则包括买卖价差(bid-ask spread)、价格冲击(price impact)和机会成本(opportunity cost),这些成本只有当执行交易时才会发生。买卖价差是股票卖出价和买入价之间的差额,股票的流动性越差,买卖价差越大;价格冲击是指股票交易对价格产生的负面影响,买入股票会进一步抬高股价,卖出股票会进一步压低股价;机会成本是由延迟交易产生的预期损失,这一类型的成本在高频交易中最为常见。

理论上,每类交易成本的计算模型是不同的,详细计算要花费大量的精力,还可能因测量误差而导致计算结果出现偏差。因此在实践中,基金经理往往直接设定交易金额的固定比例 c,作为交易成本的估计。假设投资组合总金额为 $\mathbf{V}$,调仓前个股权重为 $\mathbf{w}_1$,调仓后个股权重为 $\mathbf{w}_2$,则交易成本 TC 可表达为:

$$\text{TC} = \mathbf{V}(\mathbf{w}_2 - \mathbf{w}_1)'\mathbf{c} \tag{18-32}$$

接下来,我们考虑如何将估计的交易成本加入均值优化模型中。特别需要注意的是,交易成本在交易时点就发生了,因此在计算预期收益时,不仅要扣除交易成本,还要扣除交易成本这部分资金带来的收益。考虑交易成本后的预期收益变为:

$$\mu_p^{\text{new}} = \mu_p - (\mathbf{w}_2 - \mathbf{w}_1)'\mathbf{c} - (\mathbf{w}_2 - \mathbf{w}_1)'\mathbf{c}\mu_p \tag{18-33}$$

其中,$(\mathbf{w}_2 - \mathbf{w}_1)'\mathbf{c}\mu_p$ 代表交易成本带来的收益,在绝大多数情形下,这部分的金额非常小。为了使优化更加简洁,通常会省略这一部分,直接进行以下优化:

$$\min_{w_1} \mathbf{w}'\mathbf{\Sigma}\mathbf{w} \tag{18-34}$$

满足 $\mathbf{w}_1'\boldsymbol{\mu} - (\mathbf{w}_2 - \mathbf{w}_1)'\mathbf{c} = \mu_0, \quad \mathbf{w}_1'\mathbf{1} = 1$

总体上,选择什么样的优化模型、加入哪些约束条件,既体现了量化投资"量化"的特征,又体现了基金经理的经验和技巧。相对于阿尔法模型而言,投资组合优化更像一个"黑盒子",基金经理在优化过程中应当保持高度谨慎。

18.5 业绩归因分析

从选择因子到构建投资组合,这其实只完成了工作的一小部分。量化投资是一个循环往复的过程:所有的预测都要通过实践来检验,实践经验反过来能够帮助形成下期更好的预测。因此,对实际投资组合的业绩分析尤为重要。基于业绩分析的结果,基金经理才能知道投资组合是否真的获得了超额收益、超额收益的来源是什么、哪些因子的表现符合预期、哪些因子的表现不符合预期。业绩分析使基金经理能够更及时地了解当前时点的市场环境,从而辅助其对选股因子和组合优化的细节做出调整(或者不调整,这当然也是一种决策),以减轻量化投资对市场环境变化反应不够及时的不足。本节先简要介绍衡量业绩的主要指标,再详细介绍业绩归因的逻辑和方法。

18.5.1 业绩评价指标

业绩评价指标主要分为三类:收益指标、风险指标和经风险调整的业绩指标。

收益指标

当投资组合运行一段时间后,基金经理便可以计算该期间获得的收益。与阿尔法模型中的预期收益不同,业绩评价中的收益指标是基金经理在事后根据实际的收益率构建,通常采用以下公式计算:

$$r_{i,t} = \frac{p_{i,t} + d_{i,t} - p_{i,t-1}}{p_{i,t-1}} \tag{18-35}$$

其中,$p_{i,t-1}$是期初股票价格,$p_{i,t}$是期末股票价格,$d_{i,t}$是该期间内收到的每股现金股利。当个股收益计算出来后,便能够得到投资组合收益:

$$r_{p,t} = \sum_{i=1}^{n} w_{pi,t-1}\, r_{i,t} \tag{18-36}$$

其中,$w_{pi,t-1}$是期初投资组合中i股票的权重,$r_{i,t}$是i股票的收益。一段时间内投资组合的收益可以采用日度、周度或月度计算,为了使得各个投资组合的收益可比,通常会进行年化处理:

$$r^{\text{ann}} = (1+r)^{\frac{T^{\text{ann}}}{T}} - 1 \tag{18-37}$$

其中,r是投资组合期间总收益,r^{ann}是相应的年化收益,T是投资组合实际交易期间,T^{ann}是相应的年化乘数。年化乘数的取值标准为:如果按日度收益计算,取值252;如果按周度收益计算,取值52;如果按月度收益计算,取值12;以此类推。

假设在同一期间,业绩基准的年化收益为r_b^{ann},投资组合收益为r_p^{ann},则年化主动收益可以定义为:

$$r_a^{\text{ann}} = r_p^{\text{ann}} - r_b^{\text{ann}} \tag{18-38}$$

风险指标

与收益指标类似,业绩评价时的风险指标也是根据事后的股票收益计算得到。常见的计算频率有日度、周度和月度。

投资组合年化风险的计算公式如下:

$$\sigma(r_p)^{\text{ann}} = \sqrt{\frac{1}{T-1}\sum_{t=1}^{T}(r_{p,t} - \bar{r}_p)^2} \times \sqrt{T^{\text{ann}}} \tag{18-39}$$

其中，$r_{p,t}$ 是投资组合每期收益，$\bar{r}_p$ 是投资组合各期的平均收益，T 是投资组合实际交易期间，T^{ann} 是相应的年化乘数。年化乘数的取值标准为：如果按日度收益计算，取值252；如果按周度收益计算，取值52；如果按月度收益计算，取值12；以此类推。

类似地，我们也可以计算出年化主动风险：

$$\sigma(r_a)^{\text{ann}} = \sqrt{\frac{1}{T-1}\sum_{t=1}^{T}(r_{a,t}-\bar{r}_a)^2} \times \sqrt{T^{\text{ann}}} \qquad (18\text{-}40)$$

$$r_{a,t} = r_{p,t} - r_{b,t}$$

其中，$r_{p,t}$ 是投资组合每期收益，$r_{b,t}$ 是业绩基准每期收益。在实践中，$\sigma(r_a)^{\text{ann}}$ 通常用来衡量跟踪误差，式(18-30)是式(18-40)的矩阵形式。

除了收益率标准差，贝塔系数也被广泛应用于衡量投资组合的风险。当贝塔系数大于1时，说明投资组合承担了较高的市场风险，即投资组合收益随市场涨跌的幅度比业绩基准更大。业绩指标中贝塔系数的计算公式如下：

$$\beta(r_p, r_b) = \frac{\text{Cov}(r_p, r_b)}{\text{Var}(r_b)} \qquad (18\text{-}41)$$

其中，$\text{Cov}(r_p, r_b)$ 是一段时间内市场收益与业绩基准收益的协方差，$\text{Var}(r_b)$ 是同期的业绩基准收益的方差，计算所用的收益率数据均为事后值。

此外，最大回撤（max draw down, MDD）也是基金经理偏爱的风险指标。该指标衡量投资组合在历史期间的某一时刻开始运行的最大可能亏损。计算最大回撤指标要用到净值（net asset value, NAV）的概念，定义 τ 时刻投资组合的净值如下：

$$\text{NAV}_{p,\tau} = \prod_{t=1}^{\tau}(1+r_t) \qquad (18\text{-}42)$$

接着定义 $\text{NAV}_{p,\tau}^{\max}$ 为 τ 时刻前投资组合的历史最大净值，对于整个投资期间 T，最大回撤可以表示为：

$$\text{MDD}_{p,T} = \text{abs}\left[\min_{\tau}\left(\frac{\text{NAV}_{p,\tau} - \text{NAV}_{p,\tau}^{\max}}{\text{NAV}_{p,\tau}^{\max}}\right)\right] \qquad (18\text{-}43)$$

通常，计算最大回撤时会加上绝对值，并且表示为百分数形式。

经风险调整的业绩指标

算出主要的收益指标和风险指标后,我们就可以进一步计算经风险调整的业绩指标。

首先是资本资产定价模型的阿尔法。该指标与式(18-2)中的阿尔法表现形式一样,不同之处在于式(18-2)中的阿尔法是事前的预期,而业绩评价中的阿尔法是事后的计算,计算公式如下:

$$\alpha_p^{ann} = r_p^{ann} - \beta(r_p, r_b) r_b^{ann} \tag{18-44}$$

夏普比率(Sharpe ratio, SR)是最常见的经风险调整的业绩指标之一,衡量投资组合承担单位风险时获取收益的能力,通常使用年化指标,计算公式如下:

$$SR_p^{ann} = \frac{r_p^{ann} - r_f^{ann}}{\sigma(r_p)^{ann}} = \frac{r_p^{ann} - r_f^{ann}}{\sqrt{\frac{1}{T-1}\sum_{t=1}^{T}(r_{p,t} - \bar{r}_p)^2} \times \sqrt{T^{ann}}} \tag{18-45}$$

其中,r_f^{ann} 是年化无风险利率。

另一个常见的指标是信息比率(information ratio, IR),衡量投资组合承担单位主动风险时获取主动收益的能力。对于进行积极投资组合管理的基金经理而言,该指标能直接衡量其积极管理的业绩,计算公式如下:

$$IR_a^{ann} = \frac{r_p^{ann} - r_b^{ann}}{\sigma(r_a)^{ann}} = \frac{r_p^{ann} - r_b^{ann}}{\sqrt{\frac{1}{T-1}\sum_{t=1}^{T}(r_{a,t} - \bar{r}_a)^2} \times \sqrt{T^{ann}}} \tag{18-46}$$

其中

$$r_{a,t} = r_{p,t} - r_{b,t}$$

18.5.2 归因分析

根据前述的业绩评价指标,基金经理已经能够大致判断实际投资业绩的好坏。但这些结果仍不够具体,基金经理还希望了解超过业绩基准的收益(主动收益)的来源到底是什么,以便在以后的投资决策中予以优化。业绩归因分析便是进行此类分析的得力工具。我们先介绍 Brinson 模型,再介绍基于多因子模型的因子归因模型。这两类模型都试图将主动收益拆分成不同种类,只不过由于理念不同,其拆分的具体项目有所差异。

Brinson 模型

Brinson 模型是经典的业绩归因模型,该模型将主动收益区分为配置效应(allocation effect,AE)和选股效应(stock-selection effect,SSE)。简单地说,配置效应是投资组合相对于业绩基准,超配或低配特定部门所带来的超额收益;而选股效应是主动收益中不能被配置效应解释的部分。

(1) 定义部门权重和部门收益。对于投资组合而言,其在 j 部门的权重为所有属于该部门的股票权重($w_{p,i,j}$)的总和:

$$w_{p,j} = \sum_i w_{p,i,j} \tag{18-47}$$

类似地,对于业绩基准,j 部门的权重为:

$$w_{b,j} = \sum_i w_{b,i,j} \tag{18-48}$$

(2) 按照业绩基准的部门权重和个股收益,推导出部门收益为:

$$r_{b,j} = \frac{\sum_i w_{b,i,j}\, r_{i,j}}{w_{b,j}} \tag{18-49}$$

式(18-49)中,分子项代表业绩基准各部门的实际收益,分母项代表部门权重,两者相除即得到剔除权重影响的部门收益。

(3) 利用投资组合计算的部门权重($w_{p,j}$)和业绩基准计算的部门收益($r_{b,j}$),便能够计算主动收益的配置效应:

$$\mathrm{AE} = \sum_j w_{p,j}\, r_{b,j} - r_b \tag{18-50}$$

式(18-50)中,r_b 是业绩基准收益。注意,业绩基准收益可以写成 $\sum_j w_{b,j} r_{b,j}$,因此配置效应本质上是捕捉投资组合和业绩基准因部门权重不同而导致的超额收益。

(4) 主动收益($r_p - r_b$)等于投资组合收益减去业绩基准收益,其中不能被配置效应解释的部分即选股效应,计算公式如下:

$$\mathrm{SSE} = r_p - \sum_j w_{p,j}\, r_{b,j} \tag{18-51}$$

Brinson模型($r_p-r_b=$AE+SSE)的特色在于简洁明了。它告诉了基金经理,主动收益是来自有效的部门间配置效应,还是来自部门内部的选股效应。量化投资的优势是选股能力而不是部门间的配置能力,因此基金经理最希望看到的结果是投资组合获得正的主动收益,并且主动收益中的大部分来自选股效应。进一步地,如果部门间的配置效应对投资组合业绩的作用为负,基金经理就可以考虑在下一期减少投资组合与业绩基准的部门权重之差($|w_{p,j}-w_{b,j}|$);如果选股效应带来的超额收益很小甚至为负,基金经理则应该认真反思选股时使用的阿尔法模型是否有效。

因子归因模型

多因子模型可以用来事先计算股票预期收益、预期风险,当然也可以用来进行事后的业绩评价。式(18-3)既可以应用在投资组合中,也可以应用在个股中。对于i股票,其股票收益可以分解为以下类似形式:

$$r_i = \beta_{i,1} f_1 + \cdots + \beta_{i,k} f_k + \alpha_i \tag{18-52}$$

投资组合收益即个股收益的加权求和$\sum_i w_{p,i} r_i$。沿着这一思路,主动收益可以表达为以下形式:

$$\begin{aligned} r_p - r_b &= \sum_i w_{p,i} r_i - \sum_i w_{b,i} r_i \\ &= \sum_i (w_{p,i} - w_{b,i})(\beta_{i,1} f_1 + \cdots + \beta_{i,k} f_k + \alpha_i) \\ &= \sum_i w_{a,i} \beta_{i,1} f_1 + \cdots + \sum_i w_{a,i} \beta_{i,k} f_k + \sum_i w_{a,i} \alpha_i \end{aligned} \tag{18-53}$$

其中,$w_{a,i}$是投资组合相对业绩基准对i股票的主动权重。在基本面因子模型中,因子暴露度提前可知,我们还可以通过横截面回归得到因子收益,因此式(18-53)中的每一项都可以分解。例如,在主动收益(r_p-r_b)中,归属于因子f_1的部分为$\sum_i w_{a,i} \beta_{i,1} f_1$,归属于因子$f_k$的部分为$\sum_i w_{a,i} \beta_{i,k} f_k$,特殊收益为$\sum_i w_{a,i} \alpha_i$。

类似地,多因子模型可以写成方差形式为:

$$\begin{aligned}
\mathrm{Var}(r_p - r_b) &= \mathrm{Var}\bigg(\sum_i w_{p,i} r_i - \sum_i w_{b,i} r_i\bigg) \\
&= \mathrm{Var}\bigg[\sum_i (w_{p,i} - w_{b,i})(\beta_{i,1} f_1 + \cdots + \beta_{i,k} f_k + \alpha_i)\bigg] \\
&= \bigg(\sum_i w_{a,i} \beta_{i,1}\bigg)^2 \mathrm{Var}(f_1) + \cdots + \bigg(\sum_i w_{a,i} \beta_{i,k}\bigg)^2 \mathrm{Var}(f_k) + \\
&\quad \bigg(\sum_i w_{a,i}\bigg)^2 \mathrm{Var}(\alpha_i) + 2\sum_m \sum_n \bigg(\sum_i w_{a,i} \beta_{i,m} \sum_j w_{a,j} \beta_{j,n}\bigg) \mathrm{Cov}(f_m, f_n)
\end{aligned}$$

(18-54)

式(18-54)中的每一项也可以代入实际值计算,不过由于计算方差需要的样本量较大,因此在实际应用中,通常使用日度因子暴露度和因子收益数据。根据式(18-54),我们便能够确定主动风险 $\mathrm{Var}(r_p - r_b)$ 的来源。例如,归属于因子 f_1 的风险为 $\big(\sum_i w_{a,i} \beta_{i,1}\big)^2 \mathrm{Var}(f_1)$,归属于因子 f_k 的风险为 $\big(\sum_i w_{a,i} \beta_{i,k}\big)^2 \mathrm{Var}(f_k)$,特殊风险为 $\big(\sum_i w_{a,i}\big)^2 \mathrm{Var}(\alpha_i)$。需要指出的是,在上述计算中,我们实际上忽视了因子间的协方差,如果采用上述方法分解风险,还要添加一个考虑因子协方差的调整项[①]:

$$2\sum_m \sum_n \bigg(\sum_i w_{a,i} \beta_{i,m} \sum_j w_{a,j} \beta_{j,n}\bigg) \mathrm{Cov}(f_m, f_n) \quad (18\text{-}55)$$

表18-1总结了使用多因子模型进行业绩归因的主要结果。运用因子归因模型,基金经理可以将主动收益和主动风险的来源一一分解,对收益和风险进行更细致的分析,承担希望承担的风险以获取相应的超额收益,同时尽量避免不希望承担的风险。这一过程不仅适用于投资组合,也适用于个股。此外,在基本面因子模型中,由于因子暴露度提前可知,基金经理还可以在个股层面和投资组合层面生成一系列实时更新的因子暴露度报告,以更好地应对市场环境的变化。

[①] Menchero and Davis(2011)指出,这种调整项的方式不利于准确分解因子来源,并提出 x-sigma-rho 方法,将归属于特定因子的风险表达为因子暴露度(x)、因子方差(sigma)、因子和投资组合收益的相关系数(rho)的乘积。当前 Barra 软件中的业绩归因即使用该方法。

表 18-1 因子归因模型

主动收益归因	计算公式
因子 f_1	$\sum_i w_{a,i} \beta_{i,1} f_1$
$\vdots$	$\vdots$
因子 f_k	$\sum_i w_{a,i} \beta_{i,k} f_k$
特殊收益	$\sum_i w_{a,i} \alpha_i$
主动风险归因	
因子 f_1	$\left(\sum_i w_{a,i} \beta_{i,1}\right)^2 \mathrm{Var}(f_1)$
$\vdots$	$\vdots$
因子 f_k	$\left(\sum_i w_{a,i} \beta_{i,k}\right)^2 \mathrm{Var}(f_k)$
特殊风险	$\left(\sum_i w_{a,i}\right)^2 \mathrm{Var}(\alpha_1)$
因子协方差调整项	$2\sum_m \sum_n \left(\sum_i w_{a,i} \beta_{i,m} \sum_j w_{a,j} \beta_{j,n}\right) \mathrm{Cov}(f_m, f_n)$

本章小结

本章试图向读者展示基本面量化投资的全过程：如何利用阿尔法模型估计收益，如何利用风险模型估计风险，如何利用优化模型生成投资组合中的个股权重，如何通过业绩归因模型分解主动收益和主动风险的来源。通过这样的流程，量化基金经理便能够将一个好的投资想法实施到投资组合中，最终获取超额收益。

在具体的实施环节中，每位基金经理会呈现不同的特征：有的更擅长选取阿尔法因子，有的更擅长估计风险，有的在优化方法方面拥有独到的经验，还有的可能更擅长估计交易成本。这些都是"独门秘笈"，也是不同基金经理获取差异化超额收益的原因。但归结来看,基本面量化投资一直在追求的无非是"持续、有效地转换更多的好因子"(Kahn,2010)。这是一门"知行合一"的学问,只有知道好的因子并且有效执行,才能真正获取超额收益,也才能真正明白因子的价值。正如王阳明所言:"知之真切笃实处即是行,行之明觉精察处即是知。"

思考与讨论

1. 常见的阿尔法有哪几种类型?什么导致不同类型的阿尔法定义同时存在?
2. 判断选股因子的好坏有哪几种方法?
3. 如何确定阿尔法模型中各因子的权重?
4. 为什么要用多因子模型估计投资组合的风险?
5. Barra 中国风险模型包括哪些因子?如何评价该模型?
6. 什么是均值-方差优化模型?其核心参数有哪些?
7. 业绩评价指标主要分为哪几类?各自的定义是什么?
8. 什么是业绩归因分析?有哪些常见的归因分析模型?

参考文献

[1] Carhart, M. M., 1997, On persistence in mutual fund performance, *The Journal of Finance*, 52(1): 57-82.

[2] Chincarini, L. B., 2006, *Quantitative Equity Portfolio Management: An Active Approach to Portfolio Construction and Management*, McGraw Hill.

[3] Kahn, R. N., 2010, Quantitative equity investing: Out of style, *Journal of Portfolio Management*, 36(2): 5-6.

[4] Lee, C., E. C. So and C. C. Wang, 2015, Evaluating firm-level expected-return proxies, Working Paper.

[5] Markowitz, H., 1952, Portfolio selection, *The Journal of Finance*, 7(1): 77-91.

[6] Menchero, J. and B. Davis, 2011, Risk contribution is exposure times volatility times correlation: Decomposing risk using the x-sigma-rho formula, *Journal of Portfolio Management*, 37(2): 97-106.

[7] Orr, D. J., I. Mashtaler and A. Nagy, 2012, The Barra China equity model (CNE5), MSCI Empirical Notes.

第 19 章
多因子选股模型：将价值投资理念转化为超额收益

至此，本书已经介绍了大部分内容。我们从个股财务分析开始，进而介绍基于财务分析的基本面量化投资，详细阐述了估值维度和五个质量维度——盈利能力、经营效率、盈余质量、投融资决策和无形资产，并将"估值＋质量"总结为现代价值投资理念。同时，我们还强调利用市场参与者信号、市场价格信号、市场情绪信号和公司关联信号对投资策略进行修正。此外，我们也介绍一些前沿的量化投资方法，利用文本和大数据构建投资策略。在第 18 章，我们介绍了基本面量化投资在实际操作中的基本流程，包括阿尔法模型、风险模型、投资组合优化和业绩归因分析。不过，一个严谨、细致的投资流程只能保证基金经理有效地将投资策略表达为投资组合，而不能保证投资组合会带来超额收益。基本面量化投资的核心在于阿尔法模型的选择，一个优秀的阿尔法模型才是超额收益的源泉。

多因子选股模型是最具代表性的阿尔法模型。在本章，我们将整合前面介绍的现代价值投资理念，提出一个自主开发的多因子选股模型，通过该模型在中国 A 股市场选股，并详细阐述策略逻辑、因子分析和组合业绩。希望通过本章的学习，读者能够意识到基本面量化在中国 A 股市场上的可行性。

19.1 策略逻辑

本章介绍的多因子模型将以现代价值投资理念为基础,同时结合在中国A股市场投资的实际情况加以修正。具体而言,我们将策略表达为估值、质量、市场信号和规模四类因子,并在选股时分别赋予相应的权重,构建出多因子选股模型。本节主要介绍策略逻辑和单因子的选择。

19.1.1 估值

估值是价值投资的重要维度,投资者必须清晰地意识到:好公司不等于好股票。即便公司的前景再好,如果其股票价格过于昂贵,投资该公司的股票也很难获得超额收益。虽然真正廉价(例如,市值小于账面净资产)的公司如今已经难以找到,但投资者仍然可以避免购买价格过高的公司,从而避免做出非理性决策。

为了全面、简洁地表达公司估值,我们选择两个因子:市净率和市盈率。在本书的第 5 章,我们已经详细介绍了这两个估值因子的特性。简单来说,市净率和市盈率分别用净资产与盈利水平作为公司价值的衡量指标,再比较它们与当前股价的相对大小。净资产和盈利水平虽然有一定的相关性,但分别捕捉了公司价值的一部分,因此市盈率和市净率对未来超额收益的预测效果并不完全相同,预期能够产生叠加的效果。

19.1.2 质量

质量是现代价值投资理念的另一个维度,也是更重要的维度。事实上,大部分廉价公司的质量都较差[①],如果直接买入廉价的公司,就很容易陷入所谓的"价值陷阱"。投资者总是想找便宜又好的公司,本书介绍的五个质量维度都可以作为评价好公司的参考依据。

---

① 这一关系在使用市净率衡量廉价程度时最明显。当我们使用市盈率衡量廉价程度时,由于指标本身涉及盈利能力,此时选出的股票质量较好。

第 19 章　多因子选股模型:将价值投资理念转化为超额收益

在多因子选股模型中,我们挑选了两个最具代表性的质量维度——盈利能力和经营效率(分别在第 6 章和第 7 章进行了详细介绍)。具体而言,我们用净资产收益率衡量盈利能力,用资产周转率的变化衡量经营效率。净资产收益率越高,说明公司盈利能力越强;资产周转率同比增长,说明公司经营效率在提升。特别地,这两组因子一个是水平值,一个是变化值,预期能够捕捉不同层面的信息。

19.1.3　市场信号

价格是所有市场参与者共同决定的,在这些市场参与者中,既有聪明人(即理性人)也有非理性人。在本书第 12 章至第 15 章,我们介绍了如何利用市场参与者信号、市场价格信号、市场情绪信号和公司关联信号对投资策略进行修正。例如,如果利用估值维度和质量维度选出的股票普遍不被分析师看好,也许是因为公司出现了负面特质,而公司特质信息并没有为估值维度和质量维度所捕捉,这时选出来的股票获得超额收益的可能性就会大大减小。

显然,适当地利用市场信号能够优化选股策略,问题的关键在于如何正确理解市场信号中的信息含量:如果市场信号是聪明人发出的,那么优势策略是做出相同的决策;如果市场信号是非理性人发出的,那么优势策略是做出相反的决策。在多因子选股模型中,我们分别考虑一个聪明的市场信号和一个非理性的市场信号。具体而言,聪明的市场信号为分析师盈余预测修正(analyst forecast revision, FREV),非理性的市场信号为短期(过去 1 个月)价格反转(short-term reversal, SREV)。分析师是公司基本面信息的传播者,其发布的向上盈余修正往往预示着公司基本面的改善,向上盈余修正的幅度越大,未来收益越高。短期价格反转则代表着投资者短期的追涨行为,过去 1 个月股价的涨幅越大,未来收益越低。在中国 A 股市场上,由于以散户为主体的交易结构及涨跌停板的规定(还包括实行一段时间即关闭的熔断制度),投资者短期追涨杀跌的行为十分常见,这往往会形成短期价格过高,从而发生后续的价格反转。国外相关文献亦证实,短期价格反转在国外同样存在(Jegadeesh, 1990; Lehmann, 1990)。

19.1.4 规模

在中国A股市场上,除了本书介绍的逻辑,还有一个重要的因素要考虑,即公司规模。无论是学界经典的多因子定价模型,还是业界通用的多因子风险模型,都将规模列为解释股票预期收益和预期风险的重要因子。虽然近十年来,规模因子逐渐在美国及其他发达市场失去效果[①],但在中国A股市场仍起到举足轻重的作用。国外文献认为,规模因子异象的主要原因是小规模股票的资本成本较高,投资者要求更高的风险溢价作为补偿。而在A股市场,规模因子的逻辑可能与国外市场有所差异:小规模股票由于盘子小、股价变化快、基本面信息波动大且不透明而得到投机者的青睐,投机者偏好购买小盘股股票,以实现快速盈利或资本运作,对小盘股的非基本面需求一直存在。因此,在A股市场进行基本面量化时,公司规模因子也是重要的超额收益的来源。

更重要的是,业界实践和学术研究都表明:现代价值投资理念在小盘股中更加有效。巴菲特早期资产增长最快的时期(20世纪七八十年代),买入的大多是小盘股;Asness et al. (2015)的研究也表明,当控制公司质量后,小盘股的表现有显著提升。其实这是很简单的道理:当前时点,即便苹果公司还有上涨的空间,其股价能再翻10倍吗?很难。但三十多年前的苹果公司就完全有可能(实际上远远不止10倍),因为当时苹果公司的规模很小,增长空间很大。

19.1.5 多因子模型框架

整合这些因子后,我们就得到一个多因子选股模型,如表19-1所示。表19-1的左列展示了模型的因子及其权重。为了清晰地表达策略逻辑并避免过度拟合,我们采用经验加权法。首先,将性质相似的因子划分为大类;其次,分

---

① 感兴趣的读者可以浏览Ken French个人网站,下载美国及全球市场规模因子(SMB)的月度收益数据并绘图,不难发现最近十年来规模因子在美国市场和全球市场的表现均不佳。需要提醒读者的是,Ken French的全球市场特指发达国家市场,并不包括中国A股市场。

别给予估值因子、质量因子、市场信号因子和规模因子以 30%、30%、20% 和 20% 的权重;最后,将大类因子权重均分给每个单因子。向上的箭头表示该因子的值越大越好,向下的箭头则表示该因子的值越小越好。在将单因子整合至大类因子时,我们加总单因子排序变量的标准化变量,并将大类因子的方向调整为与预期收益方向一致;将大类因子排序变量再标准化后,按所示比例加总就能得到最后的多因子得分。该模型设定的调仓频率为月度调仓,每月末我们都能计算出多因子得分,并基于此调整投资组合。表 19-1 的右列则展示了单因子的定义,为了避免前视偏差,构建因子所需变量在构建投资组合前应公开可得。

表 19-1 多因子选股模型

模型	定义
估值(Valuation)30% ↑	
市净率(P/B)15% ↓	流通市值除以最近季度净资产
市盈率(P/E)15% ↓	流通市值除以最近季度营业利润
质量(Quality)30% ↑	
净资产收益率(ROE)15% ↑	最近季度营业利润除以净资产
总资产周转率变动(DATO)15% ↑	最近季度营业收入除以总资产的同比变化
市场信号(Market Signals)20% ↑	
盈余预测修正(FREV)10% ↑	分析师标准化一致预期相对 6 个月前的变化
短期股票收益(SREV)10% ↓	最近 1 个月股票收益
规模(Scale)20% ↑	
市值(SIZE)20% ↓	流通市值的自然对数

总体上,这是一个以价值投资理念为基础、综合考虑市场信号和公司规模的平衡模型。在后续部分,我们将利用历史数据对该模型进行回溯测试,以验证模型的效果。

19.2 因子分析

回溯测试的重要环节是分析模型中的因子,这是阿尔法模型研究中最重要的部分。在绝大部分情形下,只有单因子能够获得显著的超额收益才能进行下一步的分析。不过,要系统性地分析因子收益不是一件容易的事:在没有经验的研究员手中,一个再好的投资想法也可能无法产生超额收益,而一个纯粹的数据挖掘则可能被认为是制胜法宝。基本面量化的方法说起来其实并不难,但执行起来却必须加倍小心。

19.2.1 样本选取

进行回溯测试,首先是选择合适的样本。我们选择 2005 年 1 月至 2019 年 12 月作为回溯测试样本期,对于更早期的,由于公司数量较少、市场成熟度较低、季度财务报表数据缺失等因素,在此并没有加以考虑。对于基本面量化而言,回溯样本期间至少要跨越一个牛熊周期,才能确保结果相对稳健。

确定选股样本时,进一步采用以下筛选条件:(1) 剔除选股月底处于非正常交易状态的股票;(2) 剔除季度营业收入、总资产和净资产小于 0 的公司;(3) 剔除除分析师盈余预测修正外,其他因子变量缺失的样本;(4) 剔除金融行业股票;(5) 剔除横截面流通市值处于后 10% 的所有样本。其中,前三个条件是为了避免数据出现异常值;第四个条件是为了避免金融行业资产负债表结构差异造成的变量不可比;第五个条件则是为了避免选择的股票流动性太差,且股票的交易成本很高,也无法容纳较大的资金量。

在进行回溯测试时,我们使用多个数据库以保证特定数据的质量。公司财务数据来自万得(Wind)数据库,股票交易数据和分析师预测数据均来自国泰安(CSMAR)数据库。

在计算各个因子时,特别要注意避免前视偏差。以财务数据为例。由于中国 A 股公司必须在第 $t+1$ 年 4 月底前披露第 t 年年报和第 $t+1$ 年第一季报,第 $t+1$ 年 8 月底前披露第 $t+1$ 年半年报,第 $t+1$ 年 10 月底前披露第 $t+1$ 年第三季报。由于设置了月末调仓,在月末匹配财务数据时,我们统一选取可得的最新财务报表。具体而言,在每年的 4 月末至 7 月末使用公司当年第一季报数据,8 月末至 9 月末使用公司当年半年报数据,10 月末至下年 3 月末使用公司当年的第三季报数据。这样计算保证了每次横截面比较的数据都来自同一期间,并且是最新的财务数据。

19.2.2 单因子分析

在第 18 章我们介绍了判断因子效果的常见方法,这里使用投资组合测试检验单因子效果。具体而言,每月末将所有单因子按照因子得分从小到大的顺序分成 5 组,计算每个投资组合月均收益,并计算套利组合(因子得分最高组减去最低组)的月均收益、T 统计量和年化夏普比率。在计算平均收益时,为了使得最终的投资组合更加稳健,我们统一使用流通市值加权。

表 19-2 展示了单因子分组组合的业绩。其中,组 1 是因子得分最低组,组 5 是因子得分最高组,各组收益是各期流通市值加权收益的平均值。从表 19-2 可以看出,所有指标的收益呈现单调趋势,并且方向与表 19-1 的预期方向一致。例如,市净率、市盈率、短期股票收益和市值各组收益呈递减趋势,净资产收益率、总资产周转率变动和盈余预测修正各组收益呈递增态势。需要特别指出的是,由于分析师只覆盖了部分上市公司且早年样本的覆盖度更低,因此内含分析师覆盖度因子得分的样本只占样本总数的 60% 以下。在构建多因子模型时,因子得分缺失的样本通常会按照 0 值输入,这可能会减弱因子的效果。

表 19-2 单因子分组组合月均收益   单位:%

因子	起始月	截止月	月份数	组 1	组 2	组 3	组 4	组 5
P/B	2005/01	2019/12	180	1.80	1.88	1.71	1.51	1.24
P/E	2005/01	2019/12	180	2.11	1.80	1.55	1.21	1.14
ROE	2005/01	2019/12	180	1.15	1.42	1.47	1.70	2.03
DATO	2005/01	2019/12	180	1.33	1.37	1.54	1.89	1.91
FREV	2005/01	2019/12	180	1.30	1.38	1.62	1.81	2.22
SREV	2005/01	2019/12	180	2.12	1.98	1.87	1.48	0.80
SIZE	2005/01	2019/12	180	2.88	2.18	1.71	1.53	1.32

表 19-3 展示了单因子套利组合的业绩。从表 19-3 可以看出,所有的单因子套利组合在回溯期间均获得了显著的超额收益(至少在 10% 的统计水平上显著)。以市盈率(P/E)因子为例,套利组合月均收益为 -0.98%,T 统计

量为－3.45,说明该值在1%的统计水平上显著小于0;套利组合的年化夏普比率为－0.89(假设无风险利率为0),这已经是一个相当好的业绩了。在所有的单因子中,套利组合月均收益较高的是市值(SIZE)因子,月均套利收益为－1.56%(即买入流通市值最小20%的股票、卖空流通市值最大20%的股票,每月平均可以获得1.56%的股票收益)。值得特别指出的是,相比本书第一版,第二版新添加了2015—2019年共5年的样本外测试期间,而绝大部分因子在样本外都获得了优异的表现且没有减弱的迹象,这说明这些因子背后的逻辑在中国A股市场上仍然成立,基本面量化在中国方兴未艾。

表19-3 单因子套利组合业绩评价

因子	起始月	截止月	月份数	套利组合月均收益(%)	T统计量	年化夏普比率*
PB	2005/01	2019/12	180	－0.56	－1.80	－0.46
PE	2005/01	2019/12	180	－0.98	－3.45	－0.89
ROE	2005/01	2019/12	180	0.88	2.93	0.76
DATO	2005/01	2019/12	180	0.59	4.10	1.06
FREV	2005/01	2019/12	180	0.92	3.43	0.89
SREV	2005/01	2019/12	180	－1.33	－4.13	－1.07
SIZE	2005/01	2019/12	180	－1.56	－4.56	－1.18

注:*假设无风险利率为0。在本章后续的计算公式中,统一做此假设。

19.2.3 大类因子分析

每个单因子都在回溯中体现出良好的预测效果。接下来,我们按照因子性质将单因子分成若干大类,这样做的目的一方面是使得投资逻辑更加清晰,另一方面是减少大类因子之间的相关性、提高模型效率。分类既可以通过比较因子暴露度或因子收益的相关性来完成,也可以通过对因子逻辑的主观分析来完成,这里我们采用主观判定的方法。具体而言,我们将市净率和市盈率归为一类,记为估值因子;将净资产收益率和总资产周转率变动归为一类,记为质量因子;将盈余预测修正和短期股票收益归为一类,记为市场信号因子;将市值单独归为一类,记为规模因子。同时,在加总生成大类因子时,将因子得分方向与预期收益方向调整一致,以便计算最终多因子的得分。

图 19-1 展示了四组大类因子的分组业绩表现。从图 19-1 可以直观地看出,四组大类因子投资组合的平均收益均随着因子得分的上升而增加,并且得分最高组和得分最低组的收益存在较明显的差别。这说明四组因子在区分股票收益时均发挥了良好的效果。这说明在经典价值投资理念的基础上,适当考虑市场参与者的信号的确能够显著提升策略业绩。

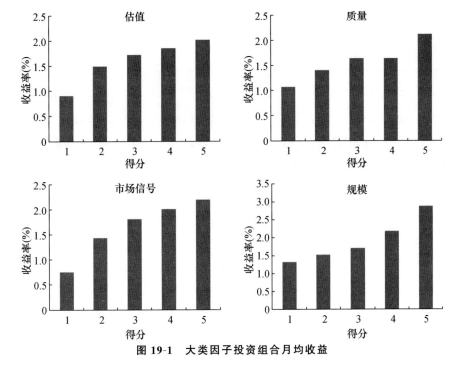

图 19-1 大类因子投资组合月均收益

不仅如此,各组大类因子之间还体现了较低的相关性。表 19-4 展示了四组大类因子的因子暴露度的 Pearson 相关系数矩阵,除了估值因子和质量因子具有较高的相关性①(仍在可接受的范围内),其他因子之间的相关性都很低。尤其值得指出的是,质量因子和规模因子之间呈现负相关关系,这是尤为难得的情形。一方面,质量因子得分高的股票,其规模因子的得分往往较低(例如,

---

① 估值因子和质量因子相关性较高的主要原因,是估值因子中的市盈率和质量因子中的净资产收益率在指标定义上的相似性。

盈利能力高的股票通常是大盘股);另一方面,这两组因子都能够正向预测股票未来收益——这是因子组合的绝佳机会。这样,如果投资者买入小规模且高质量公司的股票,就能够显著地提高投资收益。

表 19-4　大类因子相关系数矩阵(Pearson 相关系数)

大类因子	估值	质量	市场信号	规模
估值	1.00			
质量	0.37	1.00		
市场信号	0.04	0.04	1.00	
规模	0.00	−0.15	0.02	1.00

量化投资实践有一个十分流行的主动管理基本定律(fundamental law of active management)。该定律由 Grinold and Kahn(2000)提出,指出信息比率(information ratio,IR)等于信息系数(information coefficient,IC)乘以广度(breadth,BR)的平方根,公式如下:

$$\text{IR} = \text{IC} \times \sqrt{\text{BR}} \tag{19-1}$$

式(19-1)虽然对于赚取超额收益没有直接帮助,却是一个很好的概念框架。[①] 在多因子选股模型的情境下,提高信息系数可以通过选择更有效的因子来实现,而提高广度则可以通过选择更多彼此相关性低的因子来实现。简而言之,多因子选股模型的目的就是选出更多的好因子。

19.3　组合业绩

将大类因子的得分生成排序变量再标准化后,按照表 19-1 中列示的因子权重进行加总,就能得到最后的多因子得分。每月末,我们在符合样本筛选条件的股票池中挑出多因子得分最高的 100 只股票,并采用流通市值加权确定个股权重。进一步地,我们设定调仓频率为月度调仓,业绩基准为中证 500 指

---

① Kahn(2010)在式(19-1)中还加入一项,即转换系数(transfer coefficient,TC),指选股因子最终转换为投资组合收益的效率。Kahn(2010)指出,持续的超额收益来自不断转换更多的好因子。

数收益[1],如此便构建出一个可操作的多因子组合。在本节,我们运用第18章介绍的业绩评价的诸多指标,对多因子组合进行业绩评价。

需要特别指出的是,本章仅使用多因子选股模型构建投资组合,并没有考虑风险模型、投资组合优化、相关约束条件(尤其是行业偏离度、贝塔中性等条件),并且采用经验加权法选取因子权重。虽然很难说是正面影响还是负面影响,但这些流程的缺失的确会影响投资组合的最终业绩。我们采用多因子选股模型直接构建投资组合,一方面是希望投资组合能够简洁清晰地展示本书介绍的核心内容,另一方面是希望选股模型能够适用于不同类型的投资者。投资者完全可以将多因子选股模型当作构建阿尔法模型的参考框架,并根据实际需求加入相应的风险模型、优化函数和约束条件。

19.3.1 多因子组合

表19-5展示了多因子组合的业绩评价指标,指标的相关定义参照第18章的相关内容。其中,业绩基准为中证500指数,目标投资组合为多因子组合,投资期间为2005年1月至2019年12月,投资标的为中国A股上市公司。在15年的投资期间内,业绩基准总收益为427%,而多因子组合总收益高达7 783%!这充分展示了在累计复利下,积累的投资优势能在长期展现出多大的效果。多因子组合年化收益为33.80%,年化主动收益为22.08%;年化风险为35.18%,年化主动风险只有8.94%。多因子组合的年化夏普比率(假设无风险利率为0)和年化信息比率分别为0.96与2.47,而业绩基准的年化夏普比率只有0.35。同时,多因子组合几乎达到贝塔中性(贝塔系数为1.01),并与业绩基准的最大回撤几乎相同(多因子组合最大回撤为67.29%,而业绩基准最大回撤为69.27%)。

---

[1] 由于我们选择的样本池剔除了金融行业,而中证500指数成分股也基本不包括金融行业股票,与沪深300指数相比,中证500指数由市值较小的股票组成,因此是较合适的业绩基准。

表 19-5 多因子组合业绩评价

项目	中证 500 指数	多因子组合
起始月	2005/01	2005/01
截止月	2019/12	2019/12
月份数	180	180
投资组合总收益(%)	427	7 783
投资组合年化收益(%)	11.71	33.80
年化主动收益(%)	N/A	22.08
投资组合年化风险(%)	33.76	35.18
年化主动风险(%)	N/A	8.94
贝塔系数	1.00	1.01
最大回撤(%)	69.27	67.29
年化夏普比率	0.35	0.96
年化信息比率	N/A	2.47

总体上,多因子组合显著跑赢了业绩基准,并且获得了相当高的主动收益和信息比率,这充分说明利用多因子选股模型构建的投资组合在中国 A 股市场上是十分有效的。当然,由于我们构建的是只多(long-only)投资组合,因此同样无法避免在市场熊市时的下跌。为了避免过大的回撤,进一步的优化思路包括采用股指期货进行对冲、加入择时策略、加入防御性因子(如低波动率)等,感兴趣的读者可以自行尝试。

19.3.2 考虑交易成本

在实际投资中,交易成本是不容忽视的重要因素,而我们的多因子组合目前还没有考虑这一点。在第 18 章中,我们已经提到交易成本的重要性:量化投资的持股期间较短、持股数量较多,因此会产生较高的交易成本。对于本章的多因子选股模型而言,由于偏好短期收益较差的公司,造成投资组合的换手率较高,从而带来更高的交易成本;同时,由于偏好小公司,隐性交易成本也更大。这些交易成本的存在会吞噬投资收益,因此本节特别考虑交易成本对多因子组合的影响。

第 18 章已经提到,基金经理在实践中往往直接设定交易金额的固定比例,作为对交易成本的估计。考虑到中国 A 股市场的实际情况,我们分别设定双边交易成本为 1‰、3‰ 和 5‰,以测定不同程度的交易成本对投资业绩的影响。所谓双边交易成本,是指将股票的买卖分别计算交易成本。考虑交易成本后的收益计算公式参见第 18 章的式(18-33),此处不再赘述。

表 19-6 展示了考虑交易成本后的投资业绩。随着交易成本的增加,多因子组合的投资收益随之递减。以年化夏普比率为例,不考虑交易成本的年化夏普比率为 0.96,交易成本为 1‰ 的年化夏普比率为 0.90,交易成本为 3‰ 的年化夏普比率为 0.79,交易成本为 5‰ 的年化夏普比率为 0.67。不过,即便考虑最苛刻的交易成本(5‰),投资业绩仍然远远好于业绩基准(业绩基准的年化夏普比率为 0.35)。

表 19-6 多因子组合业绩评价(考虑交易成本)

项目	多因子组合	交易成本(1‰)	交易成本(3‰)	交易成本(5‰)
起始月	2005/01	2005/01	2005/01	2005/01
截止月	2019/12	2019/12	2019/12	2019/12
月份数	180	180	180	180
投资组合总收益(%)	7 783	6 113	3 754	2 288
投资组合年化收益(%)	33.80	31.69	27.56	23.56
年化主动收益(%)	22.08	19.98	15.85	11.84
投资组合年化风险(%)	35.18	35.14	35.06	34.98
年化主动风险(%)	8.94	8.93	8.90	8.88
贝塔系数	1.01	1.01	1.00	1.00
最大回撤(%)	67.29	67.61	68.26	68.89
年化夏普比率	0.96	0.90	0.79	0.67
年化信息比率	2.47	2.24	1.78	1.33

图 19-2 展示了多因子组合的净值走势。最上面的线是多因子组合(不考虑交易成本)的净值走势,中间的线是交易成本为 3‰ 的多因子组合的净值走势,最下面的线是业绩基准(中证 500 指数)的净值走势。从图 19-2 中,我们可以得出以下三点结论:第一,多因子组合业绩远远好于业绩基准;第二,交易成本的确会对净值产生很大的影响;第三,即便考虑交易成本,多因子组合业绩也显著优于业绩基准业绩。

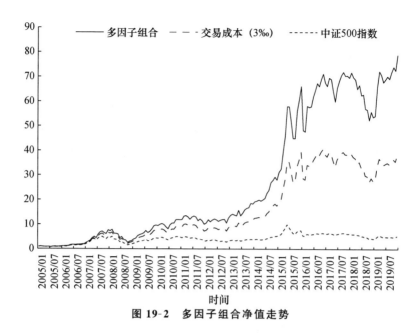

图 19-2 多因子组合净值走势

图 19-3 进一步展示了各年度收益。左边的黑色柱是多因子组合的年化收益，中间的深灰柱是交易成本为 3‰ 的多因子组合的年化收益，右边的浅灰

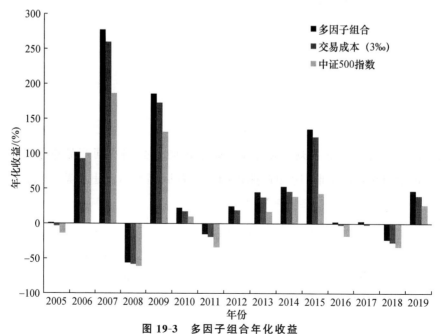

图 19-3 多因子组合年化收益

柱则是业绩基准(中证 500 指数)的年化收益。从图 19-3 可以看出,无论是牛市还是熊市,多因子组合都能在绝大部分年份跑赢业绩基准。特别地,相比于本书第一版,第二版新添加了 2015—2019 年共 5 年的样本外测试期间,在这 5 年间多因子组合均战胜了业绩基准,年化超额收益达 23.13%,扣除 3‰ 的交易成本后,年化超额收益仍有 17.21%。这一样本外测试结果充分说明了基本面量化投资的价值!虽然从年化收益的角度来看,每年的超额收益或许并不那么亮眼,但持续超额收益加以累积是取得长期财富增长的关键。

19.4　讨论与展望

我们通过模型框架搭建选股因子回溯测试和投资组合分析,系统地展示了现代价值投资理念在中国 A 股市场的可行性。在考虑了 3‰ 的交易成本后,多因子组合在 2005—2019 年的 15 年间仍然能够获得 27.56% 的年化收益和 15.85% 相对于业绩基准的年化超额收益,夏普比率为 0.79,信息比率为 1.78。读者可能会有疑惑,为什么在真实的投资世界中,同期能够达到这样优秀业绩的基金几乎没有?我们认为,可能原因有以下四方面:

第一,基金经理在真实投资时会面临更多的套利成本,如基金经理可能面临最大回撤限制(比如设置强制平仓线)、可投资标的限制(比如只能在业绩基准的股票池进行交易)、市场冲击成本(比如频繁买卖流动性较差的股票带来的价格冲击成本)、交易规则限制(比如禁止同一公司不同产品进行反向交易)、资金申购赎回限制(比如在熊市因资金赎回而被迫卖出股票)等,这些套利成本都会阻碍基金经理获取理想的超额收益。

第二,本章的多因子组合并没有系统地考虑风险优化,而基金经理为了业绩的稳健,通常会设定更低的目标风险、更小的行业主动暴露度、更低的风格因子主动暴露度等,这些优化条件和约束条件的设置也可能使得真实业绩与回溯测试结果产生偏离。

第三，本章展示的多因子模型是样本内回溯测试的结果，虽然我们尽可能地避免过度拟合与数据挖掘，但仍然不可避免地存在一定程度的数据拟合；而实际投资采用的均为样本外业绩，自然会差于样本内测试的结果。

第四，在我们的回溯测试区间，中国 A 股市场上以基本面量化策略为主的投资资金占比较小，因此存在的套利机会较现在和未来更大。不过我们相信，随着基本面量化在中国的不断发展，未来会有更多、更优秀的基金经理遵循基本面量化理念进行投资，在获取相对稳健的超额收益的同时提升市场效率。

随着大数据时代的来临，近年来，一种观点十分流行：量化分析师即将完全取代主观分析师，机器即将完全取代人。对此，我们持不同的观点。我们认为，应当正视量化投资的优点和缺点，做到有所为、有所不为。量化分析师在进行投资时，虽然能在投资组合的层面避免判断和决策时的非理性偏差，但这种投资方法往往无法深入理解个股的特质信息；同时，由于股票的持有期限一般较短，可能会错过具有长期超额收益但未来 3～6 个月表现不佳的公司。主观分析师则不同，他们基于对公司的深入调研，以及对宏观经济、行业前景的前瞻性预测，更有可能挖掘出被错误定价的"伟大"的公司，如几十年前的可口可乐公司、苹果公司等。从这个角度来说，主观分析师拥有量化分析师无法替代的地方，并且两者最终选出的股票也会有所差异。

这些差异表明，量化投资的方法需要不断更新，以适应日益复杂的投资环境。基本面量化投资的兴起，正是受益于 20 世纪 60 年代后财务数据的公开可得。在当前的大数据时代，大量公司特质的非财务数据，以及宏观、行业等数据逐渐被开发和利用，如公司高管个人特征的数据、公司申请专利的数据、区域建设运输的实时数据、行业销售的实时数据等。这些信息能够帮助量化投资者更及时、更深入地了解公司，理解宏观、行业和公司特质信息如何影响公司的价值。将大数据的信息提炼成有价值的阿尔法因子并应用于投资实践，这将是量化投资未来最值得期待的发展方向。

第 19 章 多因子选股模型：将价值投资理念转化为超额收益

本章小结

在本章，我们构建了一个以价值投资理念为基础、综合考虑市场信号和公司规模的多因子选股模型，并通过回溯测试，证实该模型在中国 A 股市场上具有很高的应用价值。基本面量化的本质是利用信息分析优势捕捉市场的非效率行为，相比于西方成熟资本市场，这一方法在中国 A 股市场上更加适用。其关键原因在于 A 股市场的有效性较弱、股票波动较大，因此只要拥有少量的信息分析优势，就能够有效地捕捉市场的非效率行为，从而带来可观的超额收益。

虽然基本面量化在中国 A 股市场的前景是乐观的，但并不是没有阻力。我们认为最大的阻力来自市场中潜在的内幕交易。在只需提前获取信息就能获取超额收益的市场中，信息分析和处理能力带来的超额收益显得如此"微不足道"。

然而，一个有信仰的投资者，必然无法忍受一个充斥着欺诈、操纵和内幕信息的市场。我们所能做的最好的事，就是去践行基本面量化，以实际行动纠正市场的非效率。以自己的利益行事，同时也让这个世界变得更好，何乐而不为呢？对本书所有的读者，我们都抱有这样的期待。

思考与讨论

1. 本章介绍的中国 A 股市场多因子模型主要包括哪些因子？其背后的逻辑是什么？
2. 在回溯测试中，设定了哪些样本筛选条件？为何要设定这些筛选条件？
3. 为什么要将单因子分成若干大类因子进行分析？
4. 为什么要在回溯测试中考虑交易成本？结果会发生怎样的变化？

参考文献

[1] Asness, C. S., A. Frazzini, R. Israel, T. J. Moskowitz and L. H. Pedersen, 2015, Size matters, if you control your junk, Working Paper.

[2] Grinold, R. C. and R. N. Kahn, 2000, *Active Portfolio Management: A Quantitative Approach for Providing Superior Returns and Controlling Risk*, McGraw-Hill, New York.

[3] Jegadeesh, N., 1990, Evidence of predictable behavior of security returns, *The Journal of Finance*, 45(3): 881–898.

[4] Kahn, R. N., 2010, Quantitative equity investing: Out of style, *Journal of Portfolio Management*, 36(2): 5–6.

[5] Lehmann, B. N., 1990, Fads, martingales, and market efficiency, *The Quarterly Journal of Economics*, 105(1): 1–28.